Globale Politische Ökonomie

Herausgegeben von
Prof. em. Ph.D. Brigitte Young, Universität Münster, Deutschland
Prof. Dr. Hans-Jürgen Bieling, Universität Tübingen, Deutschland
Prof. Dr. Oliver Kessler, Universität Erfurt, Deutschland
Prof. Dr. Andreas Nölke, Goethe-Universität Frankfurt am Main, Deutschland

Im Zuge der beschleunigten Globalisierung seit den 1970er Jahren ist ein neues interdisziplinäres Forschungs- und Diskussionsgebiet entstanden, das als Globale Politische Ökonomie (GPÖ) bezeichnet wird. Die GPÖ markiert ein Schnittfeld, auf dem sich eine Vielzahl sozialwissenschaftlicher Disziplinen – von der Politik- und Wirtschaftswissenschaft, über die Soziologie und Geschichtswissenschaft bis hin zur Geographie und Rechtswissenschaft – begegnen und sich in der Analyse inter- und transnationaler politökonomischer Phänomene wechselseitig befruchten und inspirieren. In der jüngeren Vergangenheit haben sich mehrere, jeweils spezifisch zugeschnittene Analyseperspektiven herauskristallisiert, die ihre Aufmerksamkeit auf das Zusammenspiel von Produktion, Marktorganisation und politischer Regulierung unter Einschluss von politisch-soziologischen Machtverhältnissen, zivilgesellschaftlichen Kooperations- und Kommunikationsformen oder rechtlich-institutionellen Verfahren richten. Mit anderen Worten, die GPÖ befasst sich in der Analyse des globalen bzw. globalisierten Kapitalismus nicht zuletzt mit den vielfältigen materiellen und diskursiven Konflikten, die diesem eingeschrieben sind. Dies signalisiert, dass die Buchreihe bestrebt ist, ein breites Spektrum an Studien zu Wort kommen zu lassen, die unterschiedliche theoretische und methodische Zugänge abbilden. Ohne Anspruch auf Vollständigkeit geht es unter anderem um folgende Schwerpunkte:

- Historische Entwicklungslinien spezifischer Gegenstandbereiche der Globalen Politischen Ökonomie;
- Kritik und/oder Weiterentwicklung etablierter politökonomischer Theoreme, Paradigmen oder Kapitalismus-Konzeptionen;
- Feministisch-ökonomische Ansätze der Interaktion von globalen, lokalen und regionalen Wirtschafts- bzw. Entwicklungsprozessen;
- Wandel globaler Kräfteverhältnisse, d.h. politökonomischer Machtbeziehungen und staatlicher Organisationsmuster;
- Internationale Arbeitsteilung und Entwicklung der Nord-Süd-Beziehungen;
- Genese und Funktionsweise internationaler oder globaler Institutionen und Regime (Produktion, Handel, Finanzmärkte, Sicherheit, Umwelt, Energieversorgung etc.) sowie hierauf bezogener transnationaler Netzwerke;
- Regionale Integrationsprozesse sowie diese prägende Institutionen, Akteure und Kräfteverhältnisse;
- Grenzüberschreitende politökonomische Krisen, vor allem Verschuldungs-, Finanz- oder Stagnationskrisen;
- Globalisierung und Globalisierungskritik unter Einschluss globalisierter Kulturbeziehungen.

Ein wesentliches Ziel der Buchreihe besteht darin, die vielfältigen Analyseperspektiven der GPÖ nicht nur darzustellen, sondern auch kommunikativ miteinander zu vernetzen. In diesem Sinne sind auch Vorschläge für interdisziplinär angelegte und kohärent strukturierte Sammelbände willkommen. Publikationsideen und Manuskripte nehmen die Herausgeberinnen entgegen.

Joscha Wullweber • Antonia Graf
Maria Behrens (Hrsg.)

Theorien der Internationalen Politischen Ökonomie

Herausgeber
Dr. Joscha Wullweber
Universität Kassel, Deutschland

Prof. Dr. Maria Behrens
Universität Wuppertal, Deutschland

Antonia Graf
Westfälische Wilhelms-Universität
Münster, Deutschland

ISBN 978-3-658-02526-7   ISBN 978-3-658-02527-4 (eBook)
DOI 10.1007/978-3-658-02527-4

Die Deutsche Nationalbibliothek verzeichnet diese Publikation in der Deutschen Nationalbibliografie; detaillierte bibliografische Daten sind im Internet über http://dnb.d-nb.de abrufbar.

Springer VS
© Springer Fachmedien Wiesbaden 2013
Das Werk einschließlich aller seiner Teile ist urheberrechtlich geschützt. Jede Verwertung, die nicht ausdrücklich vom Urheberrechtsgesetz zugelassen ist, bedarf der vorherigen Zustimmung des Verlags. Das gilt insbesondere für Vervielfältigungen, Bearbeitungen, Übersetzungen, Mikroverfilmungen und die Einspeicherung und Verarbeitung in elektronischen Systemen.

Die Wiedergabe von Gebrauchsnamen, Handelsnamen, Warenbezeichnungen usw. in diesem Werk berechtigt auch ohne besondere Kennzeichnung nicht zu der Annahme, dass solche Namen im Sinne der Warenzeichen- und Markenschutz-Gesetzgebung als frei zu betrachten wären und daher von jedermann benutzt werden dürften.

Lektorat: Verena Metzger, Monika Mülhausen

Gedruckt auf säurefreiem und chlorfrei gebleichtem Papier

Springer VS ist eine Marke von Springer DE. Springer DE ist Teil der Fachverlagsgruppe Springer Science+Business Media.
www.springer-vs.de

Inhalt

Theorien der Internationalen Politischen Ökonomie 7
Joscha Wullweber / Antonia Graf / Maria Behrens

I. Akteursorientierte Theorien

Ordoliberalismus – Neoliberalismus – Laissez-faire-Liberalismus 33
Brigitte Young

Keynesianismus 49
Hansjörg Herr

Rational Choice 67
Thilo Bodenstein

II. Strukturorientierte Theorien

Regulationstheorie 85
Thomas Sablowski

Weltsystemtheorie 101
Stefan Schmalz

Systemtheorie 117
Oliver Kessler

III. Institutionalistische Theorien

Institutionalismus 135
Laura Horn

Varieties of Capitalism 151
Stefan Beck / Christoph Scherrer

Domestic Politics-Theorien und Societal Approach 167
Stefan A. Schirm

IV. Postpositivistische Theorien

Neogramscianismus 185
Hans-Jürgen Bieling

Feministische Theorien 201
Gülay Caglar

Kritischer Realismus 217
Hans Pühretmayer

Poststrukturalismus 233
Joscha Wullweber

V. Themen, Konzepte und aktuelle Diskussionen

Finanzialisierung 253
Marcel Heires / Andreas Nölke

Macht - ihr diskursives Regierungspotenzial 267
Antonia Graf / Doris Fuchs

Subjekttheorie, Hegemonien und Identitäten 283
Friederike Habermann

Internationalisierung des Staates 299
Ulrich Brand

Internationale Politische Ökonomie und akademische Disziplin 315
Kees van der Pijl

Autorinnen und Autoren 331

Theorien der Internationalen Politischen Ökonomie
Joscha Wullweber / Antonia Graf / Maria Behrens

1. Einleitung

Im deutschsprachigen Raum ist die Internationale Politische Ökonomie (IPÖ) als eigenständige Disziplin relativ neu. Während mit Studien zur Globalisierung und zur Global Governance seit einiger Zeit explizit unter dem Label der IPÖ publiziert wird, gibt es innerhalb der Deutschen Vereinigung Politische Wissenschaft (DVPW) erst seit dem Jahr 2003 eine Ad-hoc-Gruppe Internationale Politische Ökonomie, die im Jahr 2007 zu dem Arbeitskreis Internationale Politische Ökonomie aufgewertet wurde. Dementsprechend wurde die IPÖ im deutschsprachigen Raum meist als Subdisziplin der Internationalen Beziehungen (IB) angesehen. International und verstärkt auch in der hiesigen Wissenschaftsgemeinde wird der IPÖ jedoch ein eigenständiger Status zugeschrieben.[1]

> The whole point of studying international political economy rather than international relations is to extend more widely the conventional limits of the study of politics, and the conventional concepts of who engages in politics, and of how and by whom power is exercised to influence outcomes. Far from being a subdiscipline of international relations, IPE should claim that international relations are a subdiscipline of IPE (Strange 1994: 218).

Bislang existiert kein deutschsprachiger Band, der eine systematische Übersicht über die verschiedenen Theorien der Internationalen Politischen Ökonomie geben würde.[2] Auch die englischsprachige Literatur ist diesbezüglich dünn gesät (vgl. Caporaso/Levine 1992; Palan 2013a). Standardwerke und Lehrbücher der Internationalen Politischen Ökonomie (siehe z. B. Gilpin 2001; Behrens et al. 2005; Ravenhill 2008;

---

1 Manche Publikationen verwenden den Begriff *Globale Politische Ökonomie*, um die Eigenständigkeit der Disziplin gegenüber den Internationalen Beziehungen zu betonen (vgl. Palan 2000: 1). Letztlich werden beide Begriffe in der Literatur aber nicht trennscharf verwendet und sind weitgehend austauschbar (vgl. Palan 2013b: 1). In diesem Band wird daher nur der Begriff Internationale Politische Ökonomie benutzt.

2 Wird in diesem Band von der Internationalen Politischen Ökonomie (IPÖ) als Disziplin gesprochen, so werden die Anfangsbuchstaben großgeschrieben. Wenn vom Feld und Untersuchungsgegenstand der Disziplin die Rede ist, so wird der Begriff internationale politische Ökonomie (ipÖ) kleingeschrieben.

Weingast und Wittman 2008; O'Brien/Williams 2010; Bieling 2011; Schirm 2013) gehen oft nur am Rande auf die Theorien der Disziplin ein.[3]

Hinsichtlich der Einteilung der verschiedenen Theorierichtungen wird in vielen Fällen, zurückgehend auf Gilpin (1987), von den drei Hauptparadigmen Liberalismus bzw. neoliberale Ökonomie, merkantilistischer Realismus und Marxismus bzw. historischer Materialismus gesprochen (vgl. Crane/Amawi 1997a; Miller 2008; O'Brien/Williams 2010; Bieling 2011; Jäger/Springler 2012). Laut Watson (2005: 27) sind die Theorien der Internationalen Politischen Ökonomie stark durch diese dreiteilige Struktur gekennzeichnet: „[…] students are encouraged to believe that all possible positions on the nature of the world economy must have an affinity with one of the trichotomous poles of liberalism, realism, and Marxism" (vgl. auch Ravenhill 2008). Andere vollziehen ebenfalls diese Dreiteilung, sprechen aber stattdessen z. B. von einer pluralistischen Perspektive, einer Management- bzw. Führungsperspektive und einer Klassenperspektive (vgl. Alford/Friedland 1985).

Eine weitere gängige Unterteilung unterscheidet zwischen orthodoxen und heterodoxen[4] IPÖ-Theorien. Heutzutage werden als orthodoxe und daher vorherrschende IPÖ-Theorien vor allem (neo)liberal-institutionelle Ansätze gesehen, die wiederum stark vom Rational-Choice-Ansatz dominiert sind.[5] Auch merkantilistisch (neo) realistische IPÖ-Theorien können dazu gezählt werden (vgl. Gilpin 2001; Helleiner 2002; Keohane 2009). Heterodoxe Theorien sind dann schlicht alle Theorien, die von den orthodoxen Theorien abweichen. Angestoßen von Cohen (2007, 2008a) hat es in den letzten Jahren eine Debatte gegeben, die ontologische und epistemologische Differenzen geographisch lokalisiert und eine *amerikanische IPÖ* und eine *britische IPÖ* unterscheidet (siehe z. B. die Debatte im *Special Issue* der Zeitschriften *New Political Economy* und *Review of International Political Economy* im Jahr 2009). Wenige Bände gehen indes auf die theoretischen Entwicklungen der letzten Jahre ein (siehe aber Hartmann/Kunze/Brand 2009; Blyth 2009 und Palan 2013b). Wenn überhaupt, beschäftigen sie sich mit theoretisch-konzeptionellen Entwicklungen innerhalb eines Theoriestrangs der Internationalen Politischen Ökonomie (vgl. z. B. Gilpin 2001; Brand/Raza 2003; de Goede 2006; Frieden/Lake/Schultz 2009; Young/Scherrer 2010; Opratko/Prausmüller 2011).

In diesem Band wird aufgezeigt, dass das Feld der Theorien der IPÖ sehr viel breiter ist und in der Disziplin eine lebhafte Theoriediskussion stattfindet, die sich

---

3   Für die IB siehe etwa Schieder/Spindler (2010).

4   Hetero: abweichend, anders, ungleich; doxa: Lehre, Meinung, Vorstellung, daher in etwa abweichend von der dominierenden (Lehr-)Meinung.

5   Die Begriffe Public Choice und Rational Choice sind nicht trennscharf voneinander abgegrenzt. Im Folgenden wird der Begriff Rational Choice verwendet.

Theorien der Internationalen Politischen Ökonomie

inzwischen weit ausdifferenziert hat.[6] Neben den klassischen IPÖ-Theorien und deren Weiterentwicklungen gibt es eine Vielzahl weiterer IPÖ-Theorien, die vielen Studierenden der Politik- und Sozialwissenschaft kaum oder gar nicht bekannt sind. Die Unkenntnis über die Breite der Theorieangebote schränkt nicht nur den analytischen Blick ein, sondern führt auch dazu, dass eine Vielzahl alternativer Herangehensweisen und Analysemöglichkeiten des empirischen Feldes nicht wahrgenommen werden können. Zugleich ist unbestritten, dass die (kritische) theoretische Auseinandersetzung mit und Weiterentwicklung von Liberalismus, (merkantilistischem) Realismus und historischem Materialismus das theoretische Fundament darstellen, auf dem die heutigen Theorien der Internationalen Politischen Ökonomie fußen.

Dieser einleitende Beitrag beleuchtet zunächst die bürgerlich-liberalen, die merkantilistisch-realistischen und die marxistischen Fundamente der IPÖ. Anschließend wird auf das Forschungsfeld und den Gegenstandsbereich der IPÖ eingegangen. Nach einem Rekurs auf die metatheoretischen Wurzeln der Disziplin werden die Theorien und die Beiträge in diesem Band im Hinblick auf ihre akteurs- oder strukturorientierten Anteile eingeordnet. Die Bandbreite der Theorien reicht dabei von Ansätzen, die fast ausschließlich auf die strukturelle Dimension fokussieren, bis hin zu Theorien, in denen im Gegensatz dazu die Akteure als ausschlaggebend und zentral angesehen werden.

2. Fundamente der Internationalen Politischen Ökonomie

Die Wurzeln der Internationalen Politischen Ökonomie gehen auf die Politische Ökonomie u. a. von Adam Smith, David Ricardo und Stuart Mill zurück. Die *Klassische Politische Ökonomie* kann als Antwort auf und Kritik an dem vom 16. bis zum 18. Jahrhundert vorherrschenden Merkantilismus – dem Colbertismus (John Baptiste Colbert) in Frankreich sowie dem Kameralismus als deutscher Variante (Johann Joachim Becherer) – verstanden werden. Diese Theorieentwicklung vollzog sich in einer Zeit veränderter gesellschaftspolitischer Bedingungen: dem Übergang vom Feudalismus zur bürgerlichen Gesellschaft und dem zunehmenden politischen Einfluss der Kaufleute und des Unternehmertums.

Der merkantilistische Realismus sah das internationale (Handels-)System aus der Sicht des Staates als Nullsummenspiel: Der Außenhandelsüberschuss des einen Landes ist das Außenhandelsdefizit des anderen Landes. Zugleich ist die Menge an

---

6   Der Theoriebegriff in dieser Einleitung folgt dem allgemeinen Verständnis von politischen Theorien als (mehr oder weniger) geordneten und kohärenten Aussagesystemen zur Beschreibung und Erklärung von gesellschaftlicher Realität. Zu den Funktionen von Theorien in epistemologischer Hinsicht siehe etwa Schieder/Spindler 2010: 23.

Reichtum global begrenzt. Letztlich wurde Reichtum schlicht an der Menge von Gold gemessen, das in einem Land als Reserve angehäuft wurde. Der Staat hat in dieser Perspektive die Aufgabe, den Exportüberschuss eines Landes zu steigern und den Import so weit wie möglich zu beschränken. Denn je mehr Reichtum ein Staat anhäufen konnte, umso mächtiger war er. *Markt*beziehungen sind demnach *Macht*beziehungen. Die Intervention des Staates in die Ökonomie gehört zur *raison d'état* und daher zur Pflicht des Staates. Staat und Ökonomie sind aus dieser Perspektive nicht nur eng miteinander verbunden: Sie müssen notwendigerweise gemeinsam agieren, um den Wohlstand einer Nation zu sichern. Theoretisch ist die Ökonomie daher immer schon in das internationale System staatlicher Machtbeziehungen eingebettet (vgl. Bieling 2011: 29ff.).

Der Moralphilosoph und Ethiker Adam Smith, der als einer der Urväter der Klassischen Ökonomie angesehen wird, kritisierte den Merkantilismus. Zusammen mit David Hume legte er damit den Grundstein für die spätere Entwicklung einer liberalen Außenhandelstheorie. Für Smith waren offene Märkte für alle beteiligten Länder von Vorteil und die Grundvoraussetzung für Wachstum und Wohlstand. Theoretisch fokussiert er vor allem auf das innovative und profitorientierte Handeln der Individuen:

Nicht vom Wohlwollen des Metzgers, Brauers und Bäckers erwarten wir das, was wir zum Essen brauchen, sondern davon, daß sie ihre eigenen Interessen wahrnehmen. Wir wenden uns nicht an ihre Menschen-, sondern an ihre Eigenliebe, und wir erwähnen nicht die eigenen Bedürfnisse, sondern sprechen von ihrem Vorteil (Smith 1974 [1776]: 17).

Dieses nutzenmaximierende Handeln von freien Individuen führt demnach zum allgemeinen gesellschaftlichen Wohlstand:

> Tatsächlich fördert er [der Mensch] in der Regel nicht bewußt das Allgemeinwohl, noch weiß er, wie hoch der eigene Beitrag ist. Wenn er es vorzieht, die nationale Wirtschaft anstatt die ausländische zu unterstützen, denkt er eigentlich nur an die eigene Sicherheit und wenn er dadurch die Erwerbstätigkeit so fördert, daß ihr Ertrag den höchsten Wert erzielen kann, strebt er lediglich nach eigenem Gewinn. Und er wird in diesem wie auch in vielen anderen Fällen von einer unsichtbaren Hand geleitet, um einen Zweck zu fördern, den zu erfüllen er in keiner Weise beabsichtigt hat. […] gerade dadurch, daß er das eigene Interesse verfolgt, fördert er häufig das der Gesellschaft nachhaltiger, als wenn er wirklich beabsichtigt, es zu tun (Smith 1974 [1776]: 371).

Die Gesellschaft ist für Smith eine Ansammlung von Individuen, deren Hang zum Tausch die Grundlage und Voraussetzung der auf Warentausch basierenden Ökonomie ist. Der Preis von Waren, aber auch der Arbeitskraft, entsteht über Angebot und Nachfrage. Länder bzw. die Wirtschaften in den jeweiligen Ländern sollten nun auf die Produktion von Gütern fokussieren, die sie kostengünstiger als andere Länder produzieren können, bei denen sie also einen *absoluten Kostenvorteil* innehaben.

Gleichwohl waren Smith die Grenzen des freien Marktes bekannt. So ging er davon aus, dass nicht alle Güter von einzelnen Unternehmen in hinreichendem Maße zur Verfügung gestellt werden können. Vor allem kollektive Güter, wie Bildung oder Gesundheitsversorgung, sollten weiterhin durch den Staat angeboten werden. Das wohlverstandene Eigeninteresse (*prudence*), der Motor für Arbeitsteilung und den freien Handel, ist dabei der Norm der Gerechtigkeit (*justice*) untergeordnet. Gerechtigkeit legt als Norm somit den übergeordneten Rahmen fest, innerhalb dessen sich das Eigeninteresse entfalten kann (Smith 2007). Das moralisch verantwortliche Handeln stellte damit für Smith eine zentrale Grundbedingung für das Funktionieren des Kapitalismus dar und wird heute angesichts zunehmender Wirtschaftskrisen der letzten Jahrzehnte z. B. von Krugman (2009) wieder eingefordert.

David Hume argumentierte, dass eine merkantilistische Außenhandelsstrategie nur bedingt zur Mehrung von Wohlstand führe. Der Merkantilismus würde auf der falschen Annahme beruhen, dass der Geldwert stabil sei. Tatsächlich würde der Geldwert aber sinken, wenn stetig mehr Geld ins Land hinein- als hinausfließt. Denn mehr Geld im Land steigere die Nachfrage. Da der Nachfrage aber nur begrenzte Güter gegenüberstehen, hätte das die Verteuerung der Güter zur Folge. Es käme zu einer Inflation und damit zur Abwertung des Geldwerts. Bei gleichzeitigem stabilem Wechselkurs würden die Exportgüter teurer, was wiederum mit Wettbewerbsverlust einhergehe.

Den entscheidenden Schritt zur Entwicklung einer liberalen Außenhandelstheorie und des internationalen Freihandels tat einige Jahre später David Ricardo, u. a. mit seiner Theorie der komparativen Kostenvorteile. Nach Ricardo profitieren alle Länder vom Handel, selbst wenn ein Land in allen Sektoren produktiver ist als das andere (vgl. Schirm 2013: 27ff.). Voraussetzung ist, dass sich jedes Land auf die Aktivitäten mit *relativ höherer Produktivität* konzentriert. Selbst ohne *absoluten* Kostenvorteil kann sich hierdurch ein *komparativer* Kostenvorteil ergeben (vgl. Bodenstein in diesem Band). Durch Freihandel und Spezialisierung erhöht sich auch der Profit der Unternehmer: Nach Ricardo ist eine Profitsteigerung nur möglich, indem die Löhne gesenkt werden. Die Löhne hängen aber wiederum von den Kosten ab, die ein Arbeiter hat, um sich zu reproduzieren. Wenn die Reproduktionskosten durch billigere Importgüter gesenkt werden, können auch die Löhne gesenkt werden. Ricardo schreibt diesbezüglich in den *Grundsätzen der Politischen Ökonomie*:

> Es war mein Bestreben, durch dieses ganze Werk zu zeigen, daß die Profitrate niemals anders als durch eine Senkung der Löhne erhöht werden kann und daß eine dauernde Senkung der Löhne nur durch ein Sinken [der Preise] der lebenswichtigen Güter, für welche die Löhne verausgabt werden, eintritt. [...] Wenn wir, anstatt unser eigenes Getreide anzubauen oder die Kleidung und die anderen lebenswichtigen Güter des Arbeiters selbst zu erzeugen, einen neuen Markt entde-

cken, durch den wir uns mit diesen Waren wohlfeiler versorgen können, so werden die Löhne fallen und der Profit wird steigen (Ricardo 1959 [1817]: 119).

Bis heute lassen sich die Theorierichtungen der IPÖ in ihrer Entwicklung bzw. durch ihre kritische Abgrenzung auf diese Vordenker beziehen. Drei entscheidende Dynamiken sind oftmals charakteristisch für die Beschreibung und Erforschung von Marktwirtschaften: So erfolgt die Preisbildung über Angebot und Nachfrage als Bezugsrahmen für Kaufs- und Verkaufsinteressen und strebt dabei einem ausgewogenen Verhältnis zu. Des Weiteren gilt Wettbewerb als Taktgeber für individuelles und institutionelles Verhalten, das sich letztlich wohlfahrtssteigend auswirkt. Zudem sorgt das Prinzip der Effizienz für eine optimale Allokation von Ressourcen und ist regelgebend für die (Über-)Lebensfähigkeit wirtschaftlicher Akteure (vgl. Meyers 1989: 6).

Die wohl bekannteste Kritik an der Klassischen Politischen Ökonomie stammt von Karl Marx, dessen Opus Magnum *Das Kapital* folgerichtig auch den Untertitel *Kritik der Politischen Ökonomie* trägt. Nach Marx basiert die Politische Ökonomie auf einer märchenhaften Erzählung, wie in dem zynischen Zitat deutlich wird:

> In einer längst verflossenen Zeit gab es auf der einen Seite eine fleißige, intelligente und vor allem sparsame Elite und auf der andren faulenzende, ihr alles und mehr verjubelnde Lumpen. ... So kam es, daß die ersten Reichtum akkumulierten und die letztren schließlich nichts zu verkaufen hatten als ihre eigne Haut (Marx 1962 [1867]: 741).

Neben seiner politischen Kritik am Kapitalismus stellt Marx auf theoretischer Ebene die Frage, wie Profit entstehen kann, wenn laut der bürgerlich-liberalen Politischen Ökonomie letztlich alle Güter – auch das Gut Arbeitskraft – zu Gleichgewichtspreisen ausgetauscht werden. Marx' Antwort lautet, dass die warenproduzierende Arbeitskraft der Arbeiter eben nicht durch einen Äquivalententausch vonstattengeht, sondern ein Teil des von dieser Arbeitskraft produzierten Wertes durch den Arbeitgeber resp. *Kapitalisten* unentgeltlich angeeignet wird. Hierdurch erhält der Arbeitgeber einen Wertzuwachs – *einen Mehrwert* – in Form von Profit. Das Problem besteht nun nach Marx darin, dass eine profitorientierte Produktionsweise, wie der Kapitalismus, notgedrungen Profit produzieren muss, weil sonst die Stellung des Unternehmers im Vergleich zu seinen Konkurrenten geschwächt wird: Der Unternehmer (oder die Unternehmerin) hat ansonsten kein neues Kapital zur erneuten Investition zur Verfügung, verliert mitunter auch an Kreditwürdigkeit bei Anlegern und Banken und wird vom Markt verdrängt. Auf diese Weise kennzeichnet Marx die der kapitalistischen Wirtschaftsweise inhärente Logik der Notwendigkeit der Kapitalverwertung und Profitvermehrung. Der Drang zur überdurchschnittlichen Kapitalverwertung, mit all den negativen sozialen und ökologischen Auswirkungen, ist laut Marx in diesem System rational (vgl. Heinrich 2004: 37ff.). Anstatt, wie die Politische Ökonomie, auf Individuen zu fokussieren, interessiert Marx das Verhältnis zwischen den Individuen – das *gesellschaftliche Verhältnis*: „Die Gesellschaft besteht nicht aus Individuen, sondern drückt die Summe der Beziehungen, Verhältnisse aus, worin diese Individuen zueinander stehn" (Marx 1953 [1957/58]: 176).

3. Das Forschungsfeld der IPÖ

Viele Theorien haben sich auch deshalb von den gemeinsamen theoretischen Wurzeln gelöst und sich weiter ausdifferenziert, weil das jeweilige Forschungsfeld im Kontext sich wandelnder historischer Entwicklungen verstanden werden muss. Die Theorien der IPÖ „sind gedanklich vorgefasste [...] Ordnungsschemata", die im historischen Kontext jeweils zugänglich machen, „was für das Auge als Realität erscheint" (Haftendorn 1975: 9). Die IPÖ hat die Aufgabe, als Wissenschaft „die Untersuchung politisch-sozioökonomischer Prozesse in transnationalen gesellschaftlichen und politischen Systemen [...]" (Meyers 1989: 13) voranzutreiben. Die Integrationswissenschaft IPÖ besetzt die Schnittstelle zwischen Politik und Ökonomie und stellt einen Zusammenhang her, „den die klassische liberale Volkswirtschaftslehre leugnet: den zwischen dem sozialen Interaktionsfeld Staat und dem sozialen Interaktionsfeld Markt" (Meyers 1989: 15; vgl. Strange 1995: 155). Zugleich beschränkt sie sich nicht auf das Füllen dieser Schnittstelle, sondern stellt mannigfaltige Verbindungen zu einer Vielzahl von Politikfeldern auf unterschiedlichen Ebenen her.

Das Forschungsfeld der IPÖ trägt daher einer Welt mit komplexen Interdependenzen Rechnung (Keohane/Nye 1977) und geht von einer globalisierten Welt aus. Ein wichtiger Meilenstein für die Entwicklung des Feldes war die in *Bretton Woods* beschlossene Wechselkursbindung des US-amerikanischen Dollars an den Goldpreis. Zwar wurde die Goldpreisbindung unter Präsident Nixon wieder aufgelöst (der sog. *Nixon-Schock*), doch sind die Auswirkungen von *Bretton Woods* noch heute für die ipÖ relevant, weil dort auch die Schaffung des Internationalen Währungsfonds (IMF) und der Weltbank beschlossen wurde (für einen detaillierteren Überblick siehe etwa Weingast/Wittmann 2008: 757ff.).

Die Ölkrisen in den 1970er Jahren lenkten die Wahrnehmung von der Sicherheitspolitik als „*hard politics*" auf die zunehmende Bedeutung internationaler Wirtschaftsbeziehungen. Die Internationale Politische Ökonomie konstituierte sich zunächst in den USA unter dem Einfluss von Joan Spero (1977), Robert Gilpin (1987), Stephen Krasner (1978) und anderen als *Political Economy of International Relations* (vgl. Strange 1995: 164). Weniger der Bruch mit der bisherigen IB-Tradition, wonach die zwischenstaatliche Machtpolitik im Mittelpunkt des Interesses steht, sondern vielmehr die Erweiterung dieses Fokus um die ökonomische Dimension stand für diese WissenschaftlerInnen im Vordergrund. In Westeuropa, Kanada und Japan entwickelt sich nicht zuletzt aus der kritischen Auseinandersetzung mit den internationalen Wirtschaftsbeziehungen mehr und mehr ein Verständnis von Internationaler und *Globaler* Politischer Ökonomie jenseits zwischenstaatlicher Politiken (Strange 1988 Cox 1987; Gill/Law 1988; vgl. Behrens 2005: 15; vgl. auch Cohen 2008a; zur Entwicklung der akademischen Disziplin siehe van der Pijl in diesem Band).

Anfang der 1990er erhielt die Auseinandersetzung über das Verhältnis von Ökonomie und Ökologie in Deutschland einen (neuen) Aufschwung (vgl. Altvater 1991; Altvater/Mahnkopf 1999). Dabei ging es um den Einfluss von internationalen Regimen auf globale Politiken, etwa – im Widerspruch zum liberalen Paradigma – um die Legitimierung einer politisch motivierten staatlichen Regulierung des Welthandels oder auch – entgegen dem realistischen Paradigma – um NGOs sowie privatwirtschaftliche Unternehmen und Verbände als relevante Akteure neben Staaten in der Global Governance. Diese Debatte wurde und wird auch in Bezug auf umweltpolitische und soziale Mindeststandards, Menschenrechte, ArbeitnehmerInnenrechte und Genderthemen geführt (vgl. z. B. Scherrer/Frank/Greven 1998; Scherrer 2011; Young/Bakker/Elson 2011; Young/Scherrer 2010). Die Entstehung und Weiterentwicklung der IPÖ-Theorien muss daher vor dem Hintergrund der Notwendigkeit gesehen werden, konzeptionelle Analyserahmen für neue gesellschaftlich-ökonomische Problematiken zu überdenken und auszubauen (vgl. Schirm 2006).

Im Forschungsfeld der IPÖ nimmt der internationale Handel und die Wirtschafts- und Währungspolitik eine wichtige Stellung ein. Neben dem Handel mit Gütern und Dienstleistungen spielen vor allem die Finanzmärkte und die internationalen Finanzbeziehungen eine wichtige Rolle. Hinzu kommt Forschung zu multi- und transnationalen Unternehmen, globalen Wertschöpfungsketten und öffentlich-privaten Partnerschaften. Die Finanz- und Währungskrise hat die Fragestellungen innerhalb der IPÖ zusätzlich verbreitert und erneuert. Fragen zur wirtschaftlichen Stabilität und der nachhaltigen Entwicklung, aber auch nach Verschuldung von Staaten, Finanzprodukten, Wechselkursen und internationalen Regulationen werden seitdem verstärkt bearbeitet. Nicht nur, aber auch gerade vor dem Hintergrund der Krise spielen die Institutionen der globalen Finanzarchitektur wie Banken, internationale Abkommen zur Regulierung, wie Basel II und III, Ratingagenturen, aber auch supranationale Akteure und Institutionen, wie die Europäische Union, die Welthandelsorganisation, die *Organisation for Economic Co-operation and Development (OECD),* die Verhandlungen der führenden Industrienationen samt Russland (G8) und die erweiterte Runde der G20 eine wichtige Rolle. Nach wie vor sind die Wirtschaftsbeziehungen zwischen Ländern des Zentrums und der Peripherie und die jeweiligen Fragen ihrer regionalen Entwicklung für die IPÖ von Bedeutung. Aufstrebende

Staaten wie Brasilien, Russland, Indien und China sowie zunehmend auch Südafrika stellen unter dem Akronym BRICS oder dem Schlagwort der *emerging markets* einen wichtigen Forschungsbereich dar. Nicht weniger wichtig für die IPÖ, aber näher an entwicklungspolitischen Fragestellungen, sind im Gegensatz dazu auch die am wenigsten entwickelten Länder der Welt (LDCs, *Least Development Countries*).

Die Politikfelder, die von der IPÖ bearbeitet werden, spiegeln das weite Spektrum von Themen und Ansätzen wider. Sie reichen von Fragen der Steuerung in Umweltbelangen (etwa der *global environmental governance*) über die Bearbeitung internationaler sozialer Normen (etwa zur Vermeidung von Kinderarbeit der *International Labour Organisation*, ILO, oder der *Millenium Development Goals*, MDG) bis hin zu Geschlechterverhältnissen als Querschnittsgegenstand (etwa beim *gender budgeting* oder Mikrofinanzprogrammen) oder Fragen einer transparenten und gerechten Berichterstattung (etwa bei der Forschung zu *accounting standards*). Es ist eher die Regel als die Ausnahme, dass ein Politikfeld mit mehreren Theorien der IPÖ bearbeitet wird. Unterschiedliche ontologische und epistemologische Perspektiven bestimmen dabei häufig die Herangehensweise an die jeweilige Fragestellung und das Forschungsfeld.

4. Ontologische und epistemologische Grundlagen der IPÖ-Theorien

Der Begriff der Ontologie (die Lehre vom Sein) steht für die konzeptionellen Grundannahmen einer Theorie. Eine Ontologie beinhaltet eine bestimmte Art der Weltsicht bzw. Weltanschauung. Der Begriff wird klassischerweise von der Epistemologie (Lehre von der Erkenntnis) – *wie kann ich Wissen über die Welt erlangen* – und von der Methodologie (Lehre über die Vorgehensweise) – *wie und auf welche Weise studiere ich die Welt und gehe wissenschaftlich vor, um die Welt zu studieren* – abgegrenzt. Anders formuliert (siehe Hay 2002: 64): What's out there to know about? (Ontologie); What can we (hope to) know about it? (Epistemologie); How can we go about acquiring that knowledge? (Methodologie).

Die Reflexion der jeweiligen ontologischen Grundannahmen ist von großer Bedeutung, da diese das wissenschaftliche Arbeiten – häufig unbewusst – anleiten und strukturieren. Die Ontologie bedingt das jeweilige Verständnis von politischer und sozialer Realität: Geht es schlicht darum, als neutrale Beobachterin mit stetig verfeinerten Methoden die Realität der Ereignisse abzubilden (ergo eine *positivistische* Herangehensweise)? Oder wird um die Wahrheit von Ereignissen in einem niemals endenden Prozess gerungen und beinhaltet jede Analyse bis zu einem gewissen Grad auch eine wissenschaftliche Positionierung (ergo eine *postpositivistische* Herangehensweise)? Der jeweilige ontologische Theorierahmen drückt aus, was als adäquate, plausible und letztlich auch legitime politische Erklärung angesehen wird (vgl. Hay 2002: 61ff.). Nachfolgend werden die Theorien der Internationalen Politischen Ökonomie dahingehend diskutiert, ob deren Ontologie eher akteursorientiert oder strukturorientiert ausgerichtet ist (vgl. van der Pijl 2009). Die Bandbreite reicht von Theorien, die praktisch ohne Gesellschaftsbegriff auskommen, wie die Rational-Choice-Theorie, bis hin zu Theorien, in denen die globale gesellschaftliche Struktur stark die Entwicklungsgeschichte der Menschheit bestimmt, wie in der Weltsystemtheorie. Trotz dieser systematisierenden Einteilung darf jedoch nicht aus dem Blick geraten, dass jede Typologisierung eine *analytische* Typologisierung ist: „The world of scholarship is inherently messy, a cacophony of voices competing for attention. No one taxonomy can possibly do justice to them all" (Cohen 2008b: 31). Der Übergang zwischen den einzelnen Theorien ist fließend und viele AutorInnen kombinieren verschiedene Ansätze miteinander (vgl. Habermann in diesem Band). Allein die Existenz einer Vielzahl von Theorien der Internationalen Politischen Ökonomie, deren Ontologien sich nicht nur unterscheiden, sondern sich häufig auch grundsätzlich widersprechen, weist darauf hin, dass je nach theoretischer Orientierung sehr unterschiedliche Erklärungen gegeben werden (vgl. Heires/Nölke in diesem Band am Beispiel von Finanzialisierung). Auch kann es innerhalb desselben Theorierahmens zu sehr unterschiedlichen Interpretationen des gleichen oder zumindest eines ähnlichen empirischen Materials kommen, wie Bodenstein in seinem Beitrag aufzeigt. Letztlich – und das zeigt van der Pijl in seinem Beitrag – ist Theorieentwicklung selbst sozial, politisch und historisch eingebettet.

5. Akteursorientierte Theorien

In der Rational-Choice-Theorie wird, basierend auf mikroökonomischen Ansätzen wie der Grenznutzentheorie und der Spieltheorie, davon ausgegangen, dass Akteure stets nutzenmaximierend und zweckrational handeln. Die Ökonomie ist hier, wie schon in der bürgerlich-liberalen Ökonomik, eine Ansammlung von Individuen, die nach feststehenden Präferenzen vollständig informiert stets die optimale Entscheidung treffen (*Homo oeconomicus*). Es gibt keine klare Unterscheidung zwischen Ökonomie und Gesellschaft, wie der amerikanisch-österreichische Ökonom Ludwig von Mises betont:

> It is, therefore, illegitimate to regard the ‚economic' as a definite sphere of human action which can be sharply delimited from other spheres of action. Economic activity is rational activity. And since complete satisfaction is impossible, the sphere of economic activity is coterminous with the sphere of rational action (von Mises 1951: 124).

Die *Rational-Choice*-Theorie, auch als Neue Politische Ökonomie bezeichnet (vgl. Holzinger 2009), hat diesen Ansatz konsequent zu Ende geführt und analysiert politische Handlungen und Entscheidungsprozesse mittels mathematischer Modelle. Dass die Modelle von komplexitätsreduzierenden Prämissen und Annahmen geprägt sind, wird dabei für die Darstellung kausaler Wirkungsmechanismen in Kauf genommen.

In der allgemeinen Gleichgewichtstheorie stellt sich mittel- bis langfristig über den Preismechanismus ein allgemeines Gleichgewicht zwischen Nachfrage und Angebot ein. Der Preis einer gehandelten Ware bestimmt sich über dessen Grenznutzen, also anhand des bis zum Sättigungspunkt zunehmenden Nutzens mit jeder weiteren konsumierten Einheit. Allerdings kommt es durch staatliches Handeln oder beispielsweise auch durch den Einfluss von Gewerkschaften zu Marktverzerrungen, die potenziell Marktversagen zur Folge haben können. In der Spieltheorie wird von der Annahme eines allgemeinen gesellschaftlichen Gleichgewichts insofern abgewichen, als bestimmte zweckrational nachvollziehbare Akteurskonstellationen zu nicht-optimalen Resultaten führen können. Die neoklassische Theorie ist heutzutage so bestimmend, wenn es um die Interpretation ökonomischer Entwicklung geht, dass bisweilen von einem neuen *ökonomischen Imperialismus* gesprochen wird (vgl. Michie/Oughton/Wilkinson 2002). Zwar zeigt Young in ihrem Beitrag auf, dass die auf der neoklassischen Theorie beruhenden Denkschulen des Neoliberalismus, Ordoliberalismus und Laissez-faire-Liberalismus in der Literatur nicht trennscharf verwendet werden. Dennoch kann festgehalten werden, dass der analytische Schwerpunkt der Theorie auf einer Mikroperspektive liegt – es handelt sich um eine akteursorientierte Theorie.

Der Keynesianismus wendet sich ein Stück weit von der kompletten Fixierung auf den Homo oeconomicus und mikroökonomische Herangehensweisen ab, indem makroökonomische Überlegungen einbezogen werden. Geprägt von den Ereignissen und den Folgen der *Great Depression* – der schwersten Weltwirtschaftskrise des 20. Jahrhunderts – entwickelte John Maynard Keynes eine liberal-institutionalistische Theorie, die im Gegensatz zu der Neoklassik nicht davon ausgeht, dass individuelles zweckrationales Handeln allein zu einem ökonomischen Gleichgewicht führen wird. Auch könne sich ein Gleichgewicht auf einem relativ hohen Niveau von Arbeitslosigkeit einstellen. Vielmehr müsse der zweckrational handelnde Akteur durch einen zweckrational handelnden Kollektivakteur ergänzt werden – den Nationalstaat. Zumindest theoretisch handelt es sich beim Keynesianismus nicht um eine radikale Alternative zur Neoklassik. Deren Grundannahmen gelten prinzipiell auch für den Keynesianismus (für eine ausführliche Diskussion der Differenzen siehe den Beitrag von Herr in diesem Band). Der hauptsächliche theoretische Unterschied liegt darin, dass Keynes die Möglichkeit des Marktversagens anerkannte und die Bedeutung sozialer Strukturen als distinkt von einer reinen Ansammlung individueller Entscheidungen hervorhob. Zugleich betonte Keynes die Bedeutung von Massennachfrage und -konsum für eine stabile Ökonomie: „[...] capital is not a self-subsistent entity existing apart from consumption. On the contrary, every weakening in the propensity to consume regarded as a permanent habit must weaken the demand for capital as well as the demand for consumption" (Keynes 1973 [1936]: 106). Politische Konsequenz hieraus ist u. a. die Befürwortung staatlicher Eingriffe in das Marktgeschehen und die (politische wie ökonomische) Notwendigkeit von Vollbeschäftigung.

Der Keynesianismus setzt sich theoretisch insofern von der Neoklassik ab, als zwischen kurzfristigen und langfristigen Handlungen unterschieden wird: Was kurzfristig aus einer Mikroperspektive richtig ist, kann langfristig makroökonomisch fatale Folgen haben (siehe z. B. das sogenannte *Sparparadox*). Die Aufgabe des Staates ist es, die langfristige Perspektive im Auge zu behalten:

> I expected to see the State, which is in a position to calculate the marginal efficiency of capital-goods on long views and on the basis of the general social advantage, taking an ever greater responsibility for directly organizing investment (Keynes 1973 [1936]: 164).

Aus neoklassischer Sicht ist ein solches steuerndes Eingreifen nicht nur ökonomisch fragwürdig und politisch hoch problematisch. Wie Friedrich von Hayek in seiner Schrift Der Weg zur Knechtschaft (Hayek 2004 [1944]) ausführt, kann eine solche zentralisierte Steuerung letztlich nur zu totalitären Regimen führen (er hatte sowohl den Nationalsozialismus wie auch den Kommunismus vor Augen). Theoretisch argumentiert Hayek, dass es nicht möglich ist, sämtliche für das Marktgeschehen wichtige Informationen zu zentralisieren, da letztlich nur die individuellen Marktteilnehmer wüssten, welche Präferenzen und Wünsche sie haben (vertiefend zu den Klassikern der IPÖ vgl. Crane/Amawi 1997).

Auch der auf Friedrich List (2012 [1841]) zurückgehende Neomerkantilismus bzw. neomerkantilistische Realismus basiert auf neoklassischen Annahmen. Aufgrund von global unterschiedlichen Entwicklungspfaden und historischen Kräfteungleichgewichten kann ein zeitlich begrenzter Protektionismus notwendig sein, um eine nachholende und also aufholende Entwicklung zu ermöglichen (vgl. Chang 2003). Der Neoklassik wird auf diese Weise eine bislang fehlende historische Dimension hinzugefügt: Die Annahme, dass der Mensch als Homo oeconomicus zweckrational und egoistisch handelt, gilt weiterhin, nur führt das in der neomerkantilistischen Theorie nicht notgedrungen zu einem Gleichgewicht, da es unterschiedliche historische Entwicklungspfade gibt, die manche Marktteilnehmer oder Nationalstaaten bevorteilt und andere benachteiligt. Sobald diese jedoch in der Entwicklung aufgeholt haben, sollten protektionistische Maßnahmen zurückgenommen werden. Damit wird vor allem die Zeitlosigkeit neoklassischer Annahmen relativiert, weniger jedoch, dass zwischen gleichberechtigten Partnern die *unsichtbare Hand des Marktes* (Adam Smith) letztlich zu allgemeinem Wohlstand führt.

Zusammengefasst kann festgehalten werden, dass die neoklassische Theorie sich in der Analyse internationaler Ökonomie auf den (internationalen) Markt konzentriert. An diesem Markt partizipieren alle MarktteilnehmerInnen gut informiert und gleichberechtigt, zweckrational und nutzenmaximierend. Der Markt selbst fungiert als anonymer und neutraler Vermittler zwischen Angebot und Nachfrage. Paradigmatisch verdichtet wird diese Annahme in der Metapher des *Walras-Auktionators*, welcher solange die Preise der Güter verändert, bis sich Angebot und Nachfrage optimal entsprechen und es zu einem allgemeinen Gleichgewicht kommt. Die Pareto-Optimalität für den Tausch besteht darin, dass es eine ganz bestimmte Kombination von Preis und Menge gibt, von wo aus niemand mehr bessergestellt werden kann, ohne jemand anderen schlechterzustellen. Aus dieser Perspektive ist die Ökonomie die spontane Ordnung der Summe aller Individualentscheidungen. Eine makroökonomische Perspektive und damit die Anerkennung einer gesellschaftlichen Struktur in Form von sozialen Institutionen jenseits mikroökonomischer Entscheidungen wird weitestgehend ausgeblendet. Allerdings wird diese stark akteursorientierte Herangehensweise zunehmend aufgeweicht, indem Marktverzerrungen in die Theorie mit einbezogen werden (vgl. Dür 2012).

Realistisch-merkantilistischen wie liberal-institutionalistischen Theorien ist gemein, dass Staaten unter der Bedingung der Anarchie als zweckrationale Akteure konzipiert werden. Realistische Ansätze betonen vor allem die Struktur des internationalen Systems. Strukturelle Voraussetzung für den Freihandel ist nach Kindleberger (1973) und Gilpin (1987) eine hegemoniale Stabilität. Ein Hegemon ermöglicht Freihandel, indem er öffentliche Güter (militärische Sicherheit, Rechtssicherheit etc.) zur Verfügung stellt. Die außenwirtschaftlichen Verflechtungen hingegen haben aus liberal-institutionalistischer Perspektive die Wirkung der Anarchie abgemildert. Unter der Bedingung komplexer Interdependenz sind Staaten zu Kooperationen bereit, da sie dadurch Transaktionskosten senken können. Staaten werden ähnlich wie Unternehmen konzipiert (z. B. Aggarwal 1985; James/Lake 1989; Oatley/Nabors 1998; Richards 1999), die ihren Nutzen maximieren wollen. Aus dieser Perspektive können mathematische Modelle der Wirtschaftswissenschaften problemlos auf die Analyse des Verhaltens von Staaten übertragen werden.

6. Strukturorientierte Theorien

Während der methodologische Individualismus Grundlage akteursorientierter Theorien ist und das individuelle Handeln in den Mittelpunkt gestellt wird, fokussieren strukturorientierte Theorien vor allem auf die gesellschaftliche Struktur, z. B. in Form von gesellschaftlichen (Sub-)Systemen (Systemtheorie) oder auf die jeweilige sozioökonomische Entwicklungsweise (Regulationstheorie) oder auf die globale Struktur (Weltsystemtheorie). Die Grundannahme ist hier, dass soziale Strukturen ihre eigene Logik haben, die nicht oder nicht ausschließlich aus dem Handeln der Individuen einer Gemeinschaft abgeleitet werden kann. Dieser Gedanke ist bereits bei Hegel zu finden, für den die Welt ihre eigene Rationalität mit einer ihr inhärenten Logik besitzt. Die ontologische Dimension wird bei strukturorientierten IPÖ-Theorien gewissermaßen als analog zum Organismus gefasst: „It [the social system] has the characteristics of an organism, in that it has a life-span over which its characteristics change in some respects and remain stable in others" (Wallerstein 1974: 347). Die Funktionsweisen des Systems können zwar im Detail untersucht werden – sie können jedoch im Hinblick auf das gesamte System analysiert und verstanden werden.

Die theoretischen Konzepte der strukturorientierten Theorien beruhen auf bestimmten Strukturkategorien, wie z. B. dem Akkumulationsregime und der Regulationsweise in der Regulationstheorie oder dem durch den (ungleichen) Handel geprägten Zusammenspiel von Zentrum, Peripherie und Semiperipherie in der Weltsystemtheorie. Während das Individuum in liberalen Theorien als autonomer Akteur konzeptualisiert wird, das frei seine Entscheidungen treffen kann (siehe aber Wullweber in diesem Band zur fehlenden Entscheidungsfreiheit im Rational-Choice-Ansatz), wird der Akteur in strukturorientierten Theorien, sei es als einzelnes Individuum, als (Klassen-)Kollektiv, als Firma oder als Nationalstaat, dem sozialen System und damit auch tendenziell dessen funktionalen Erfordernissen untergeordnet. Insgesamt nehmen alle strukturorientierten Theorien innerhalb der Internationalen Politischen Ökonomie eine makropolitisch-ökonomische Perspektive ein. Die Ökonomie wird als strukturiertes Ensemble aus Subsystemen konzeptualisiert. Je nachdem, wie viel Handlungsspielraum einzelnen Akteuren innerhalb des (globalen) Systems eingeräumt wird, können schwache Systemtheorien (tendenziell mehr Handlungsspielraum der Akteure) und starke Systemtheorien (eher weniger Handlungsspielraum der Akteure) unterschieden werden. Die Regulationstheorie wie auch einige institutionalistische IPÖ-Theorien sind eher schwache Systemtheorien, während die Weltsystemtheorie und die systemtheoretische IPÖ eher starke Systemtheorien darstellen.

Jede Theorie hat unterschiedliche Schwerpunkte und Analyseperspektiven. Ausgangspunkt der Regulationstheorie war beispielsweise die Frage, auf welche Weise ein profitorientiertes und marktbasiertes System wie der Kapitalismus in der Lage ist, zumindest phasenweise relativ stabil zu sein, obwohl, so die Annahme, dieses System doch tendenziell stark krisenhaft ist (vgl. Aglietta 1979; Boyer 1990; Lipietz 1987). Insbesondere das sogenannte goldene Zeitalter des Fordismus, die Zeit zwischen Mitte der 1940er bis Mitte der 1970er Jahre, war Objekt vieler regulationstheoretischer Studien. Auch mit dem Übergang zu einer stärker auf der Finanzwirtschaft basierten profitorientierten Wirtschaftsweise wurde sich eingehend beschäftigt (siehe ausführlich Sablowski in diesem Band). Da sich bislang aber keine ähnlich stabile Phase wie der Fordismus herausgebildet hat, behilft sich die Regulationstheorie mit dem Begriff des Postfordismus, um die veränderten Regulations- und Akkumulationsweisen zu fassen (vgl. Brand/Raza 2003). Die Weltsystemtheorie hat unter den IPÖ-Theorien die ausgeprägteste Makroperspektive (siehe Schmalz in diesem Band). Das gilt sowohl räumlich, da die Analyseeinheit die gesamte globale Ökonomie – das Weltsystem – darstellt, als auch historisch: Nicht selten betrachten empirische Studien lange Zyklen und beginnen im 16. Jahrhundert oder früher (vgl. Wallerstein 1974). Die soziale und politische Komplexität wird notgedrungen und bewusst auf wenige Variablen reduziert. Die Ontologie der Weltsystemtheorie zeigt am deutlichsten die Charakterzüge eines Funktionssystems: Es ist das globale Weltsystem, das eine eigene Logik besitzt. Das Handeln der Akteure ist weitgehend durch das System determiniert. Sie handeln entsprechend den funktionalen Erfordernissen des Systems. Die Stärke der Weltsystemtheorie liegt in dem Aufzeigen großer historischer Zusammenhänge und Entwicklungen durch Komplexitätsreduktion.

Die systemtheoretische IPÖ nimmt insofern eine Sonderstellung ein, als hier Akteure im engen Sinne gar nicht mehr beachtet werden. Vielmehr interessieren die über Kommunikationsprozesse produzierten sozialen Ordnungsbildungsprozesse und deren Ausdifferenzierungen. Politik und Wirtschaft werden als zwei Funktionssysteme verstanden, die wiederum Teil eines größeren Funktionssystems, der Weltgesellschaft, sind (vgl. Kessler in diesem Band). Hierbei handelt es sich um ein autopoietisches System: „Die Systeme reproduzieren sich durch die stetige Produktion ihrer eigenen Elemente (Kommunikationen) und existieren nur im Vollzug ihrer eigenen Operationen" (vgl. Kessler S. 120).

7. Institutionalistische Theorien

Die institutionalistische IPÖ markiert gewissermaßen den Übergang von akteursorientierten zu strukturorientierten Theorien und kann daher im Hinblick auf ihre ontologische Dimension sowohl als akteurs- als auch strukturorientiert bezeichnet werden. In Theorien wie Varieties of Capitalism, Institutionalismus, der Neuen Institutionellen Ökonomie sowie der vergleichenden Kapitalismusforschung wird der gesellschaftlichen Struktur mehr Raum als in akteursorientierten Theorien eingeräumt. Dennoch sind institutionalistische Theorien ontologisch nah an akteursorientierten Theorien angesiedelt. Die gesellschaftlichen Akteure sind nun allerdings in gesellschaftliche Institutionen, verstanden als Gewohnheiten, Regeln und ritualisierte Handlungen, eingebettet (vgl. Horn in diesem Band). Institutionen rahmen den Handlungsspielraum und die Präferenzen der Akteure bis zu einem gewissen Grad ein (vgl. Schirm in diesem Band). Sie wirken aber bei Weitem nicht so handlungsleitend wie die sozialen Strukturen bei strukturorientierten Theorien der IPÖ, geschweige denn so determinierend wie das bei starken Systemtheorien der Fall ist.

Durch den theoretisch-analytischen Fokus auf gesellschaftliche Institutionen wird die historische Dimension und Entwicklungsdynamik gestärkt: Institutionen sind nicht starr. Sie verändern sich im Laufe der Zeit und passen sich an neue Umstände und Erfordernisse an. Gesellschaftliche Entwicklung bekommt einen hohen Stellenwert. Nicht ohne Grund erinnern diese Theorien stark an die darwinsche(n) Evolutionstheorie(n). Veblen (1998 [1898]) prägte den Begriff der Evolutionsökonomik: Institutionen wirken selektiv auf Handlungen ein. Zugleich setzen sich die ‚fitteren' Handlungen und Akteure durch und wirken dadurch wiederum verändernd auf die Institutionen ein:

> The life of man in society, just like the life of other species, is a struggle for existence, and therefore it is a process of selective adaptation. The evolution of social structure has been a process of natural selection of institutions. The progress ... is ... a natural selection of the fittest habits of thought and to a process of enforced adaptation of individuals to an environment which has progressively changed with the growth of the community and with the changing institutions under which men have lived (Veblen 1994 [1899]: 125).

Der Evolutionsmechanismus an sich ist allerdings eine Blackbox: Der Frage, wie und warum diese Form der Selektion vonstattengeht, wird nicht nachgegangen. Darwin sprach sich gegen die Idee aus, dass Evolution gleichbedeutend sei mit Fortschritt: „After long reflection I cannot avoid the conclusion that no inherent tendency to progressive development exists" (Darwin, zitiert nach Crane/Amawi 1997b: 3). Die Ökonomie bzw. die Märkte werden als eine unter vielen gesellschaftlichen Institutionen gefasst, die sich immer schon in einem sozialen Kontext befinden. Abstrakte, auf mathematischen Modellen basierende ökonomische Theorien werden aus institutionalistischer Perspektive zur Erklärung des Marktgeschehens abgelehnt. Stattdessen geht es darum, die historische, kulturelle und politische Varianz von Marktwirtschaften und Formen kapitalistischer Produktion aufzuzeigen, was sich im Namen Varieties of Capitalism (VoC) widerspiegelt.[7] Empirische Studien haben einen hohen Stellenwert, bisweilen, wie bei Veblen und auch Polanyi (1957), mit anthropologischem Einschlag. Insbesondere Arbeiten, die sich auf den Varieties-of-Capita-

---

[7] Allerdings rekurrieren einige Arbeiten innerhalb des Varieties-of-Capitalism-Ansatzes stark auf Rational-Choice-Theorien (vgl. Beck/Scherrer in diesem Band).

lism-Ansatz stützen, liefern dementsprechend umfangreiche und empirisch gesättigte Analysen (zum VoC-Ansatz vgl. Beck/Scherrer in diesem Band).

Bestimmte Formen des Institutionalismus können aber auch starke strukturtheoretische Annahmen enthalten, wie Polanyis Konzept der gesellschaftlichen Doppelbewegung (double movement): Auf der einen Seite befindet sich die Vorstellung eines sich selbst regulierenden Marktes mit potenziell zerstörenden Auswirkungen für die soziale Struktur der Gesellschaft und die Umwelt. Je stärker sich die Wirtschaft aber tatsächlich verselbstständigt und gesellschaftlich entbettet, umso stärker setzt auf der anderen Seite eine gesellschaftliche Gegenbewegung ein, indem der Nationalstaat Maßnahmen der sozialen Sicherung vornimmt und wieder stärker planerisch eingreift. In diesem Prozess kommt es zu gesellschaftlicher Transformation, worin sich der Evolutionsgedanke widerspiegelt (vgl. Polanyi 1957). Die oszillierende Doppelbewegung zwischen disembedding und reembedding beschreibt ein sich selbst regulierendes soziales System.

Zusammengefasst handelt es sich bei institutionalistischen IPÖ-Theorien weiterhin aber eher um akteursorientierte Theorien, die jedoch theoretischen Raum für gewisse Dynamiken geben, die das Handeln der Akteure vorstrukturieren. Es wird also auf einen starken Strukturbegriff verzichtet und eher auf einen weniger verfestigten Institutionenbegriff zurückgegriffen.

8. Postpositivistische Theorien

Es gibt eine ganze Reihe an Theorien der Internationalen Politischen Ökonomie, die weder übermäßig die Akteursperspektive privilegieren, noch die soziale Struktur theoretisch dominieren lassen. Da es sich hierbei um sehr heterogene Theorien handelt, werden diese hier aufgrund epistemologischer Ähnlichkeiten als *postpositivistische IPÖ-Theorien* zusammengefasst (vgl. Wullweber 2014).[8] Konsequenter als im Institutionalismus werden gesellschaftliche Akteure in raumzeitlich spezifischen sozialen Strukturen verortet. Zugleich besitzen diese Strukturen keine ihnen inhärente Logik wie bei strukturorientierten Theorien. Die sozialen Strukturen und gesellschaftlichen Akteure bedingen sich gegenseitig und stehen in einem permanenten sich gegenseitig bedingenden Verhältnis.

Im Hinblick auf ihre ontologische Dimension ist weniger die Festlegung auf eine Akteurs- oder eine Strukturorientierung entscheidend, als vielmehr der jeweilige Grad an gesellschaftlicher Stabilität und Destabilität und deren Verhältnis zueinan-

---

8   Das Präfix *post* verweist sowohl auf gewichtige theoretische Brüche als auch auf partielle Kontinuitäten mit dem Positivismus (es ist daher kein Antipositivismus, vgl. Wullweber in diesem Band für eine ähnlich gelagerte Diskussion des Begriffs Poststrukturalismus).

der. Insofern gehen postpositivistische Ansätze häufig von der sozialen Konstruktion gesellschaftlicher Realität aus, die grundsätzlich unabgeschlossen und umstritten ist. Am konsequentesten haben sicherlich die poststrukturalistischen Theorien verschiedener Couleur und der Kritische Realismus die Unabgeschlossenheit des Verhältnisses zwischen Akteur und Struktur betont. Hierzu zählen auch viele Ansätze innerhalb der feministischen IPÖ (siehe Caglar in diesem Band). Neogramscianische Theorien wie auch bestimmte Strömungen des historischen Materialismus gehören ebenfalls in diese Kategorie. Postpositivistische Theorien der IPÖ haben in der letzten Zeit an Bedeutung gewonnen und die Rezeption im deutschsprachigen Raum nimmt stetig zu.

In postpositivistischen Theorien werden Gesellschaft und Ökonomie als komplexes Ensemble sozialer Verhältnisse konzeptualisiert.[9] Obwohl die Reduktion von gesellschaftlicher Komplexität notwendig ist, um überhaupt allgemeine theoretische Aussagen treffen zu können, wird eine starke Komplexitätsreduktion von postpositivistischen Theorien kritisch gesehen. Die gesellschaftliche Rolle wissenschaftlichen Arbeitens und der Einfluss von Wissenschaft auf Gesellschaft werden von postpositivistischen Theorien hervorgehoben, weil argumentiert wird, dass wissenschaftliches Arbeiten ebenso gesellschaftlich eingebettet ist wie die Forschenden selbst. Aus diesem epistemologischen Verständnis heraus folgt, dass keine allgemein gültigen, also zeitlich und politisch dekontextualisierten, wissenschaftlichen Ergebnisse produziert werden können. Vielmehr sind wissenschaftliche Ergebnisse und Erkenntnisse stets *gesellschaftliche* Erkenntnisse und Wahrheiten sowie selbst Gegenstand hierarchisch geordneter Machtverhältnisse. Und da die Gesellschaft Veränderungen unterworfen ist, sind auch Erkenntnis und Wahrheit Veränderungen unterworfen. Das wiederum bedeutet, dass Wahrheit und (Fragen der) Macht zusammengehören. Entsprechend nehmen postpositivistische Theorien eher eine reflexive Perspektive auf den Akt der Wissensproduktion selbst ein und gesellschaftliche Veränderung wird als konstitutiv für Erkenntnis betrachtet (vgl. Graf/Fuchs in diesem Band).

Trotz dieser Gemeinsamkeiten, die es ermöglichen, verschiedene Theoriestränge miteinander zu kombinieren, hat jede dieser Theorien ihre jeweiligen Konzepte und analytischen Schwerpunkte. Zentral für neogramscianische Theorien ist das Konzept der Hegemonie. (Internationale) Hegemonie beschreibt ein gesellschaftliches Verhältnis, in dem es bestimmten sozialen Gruppen gelungen ist, ihre Partikularinteressen gesellschaftlich zu universalisieren (vgl. Bieling in diesem Band). Der Nationalstaat, der im (neo)merkantilistischen Realismus als einheitlicher Akteur und damit als Blackbox behandelt wird, wird theoretisch geöffnet und vor allem auf Prozesse innerhalb der Zivilgesellschaft fokussiert. Das Konzept der Zivilgesellschaft ist

---

9 Dieser Punkt gilt aber auch z. B. für die Regulationstheorie (vgl. Sablowski in diesem Band).

hier eine zum Staat querliegende Kategorie und es sind häufig transnationale Prozesse, denen besondere Beachtung geschenkt wird. Die Interessen und Präferenzen der Akteure sind hier nicht fixiert, sondern stets die von anderen sozialen Umständen abhängige Variable. Gerade das Ringen um die Ideen, Interessen und Präferenzen der Menschen – um den *Alltagsverstand*, wie Gramsci es nennt – ist für neogramscianische Analysen von großer Bedeutung.

Für feministische Theorien ist das Konzept Gender als Struktur-, Prozess- und empirische Kategorie zentral (vgl. Caglar in diesem Band). Es besagt, dass kein Individuum per se eine Frau oder ein Mann ist, sondern dass das Subjekt erst innerhalb eines gesellschaftlichen Sozialisations- und Zuschreibungsprozesses eine bestimmte Geschlechtsidentität annimmt (vgl. auch Habermann in diesem Band). Die Analysekategorie Geschlecht ermöglicht es, „geschlechtsspezifische Normierungs-, Segregations- und Hierarchisierungsprozesse in der globalen politischen Ökonomie herauszuarbeiten und somit die Herstellung von geschlechtsspezifischen Ungleichheitsverhältnissen zu analysieren" (Caglar S. 200 in diesem Band). Der analytische Fokus liegt daher auf den jeweiligen gesellschaftlichen Geschlechter*verhältnissen*. Feministischen Theorien zufolge sind die meisten heutigen Gesellschaften patriarchal strukturiert. Das bedeutet, dass Männer hinsichtlich ihrer Chancen und gesellschaftlichen Position einen Vorteil gegenüber Frauen haben – sie erhalten gewissermaßen eine „patriarchale Dividende" (Connell 1999: 100). Feministische Theorien können selbst wiederum aufgeteilt werden, je nachdem ob sie sich auf z. B. eine konstruktivistische, marxistische oder poststrukturalistische Ontologie beziehen.

Historisch-materialistische Theorien sehen das Verhältnis von Struktur und Akteur als dialektisch. Das bekannte Zitat von Marx aus dem *Achtzehnten Brumaire des Louis Bonaparte* verweist auf ein solches Verhältnis:

> Die Menschen machen ihre eigene Geschichte, aber sie machen sie nicht aus freien Stücken, nicht unter selbstgewählten, sondern unter unmittelbar vorgefundenen, gegebenen und überlieferten Umständen. Die Tradition aller toten Geschlechter lastet wie ein Alp auf dem Gehirne der Lebenden (Marx 1969 [1852]: 115).

In der marxistischen Tradition finden sich sowohl Arbeiten, die stärker auf die (kapitalistische) Struktur fokussieren (z. B. der strukturale Marxismus) als auch neomarxistische und neopoulantzianische Arbeiten (vgl. Brand in diesem Band). Letztere beziehen auch die (Klassen-)Akteure stärker in die Analyse mit ein und schaffen so Raum für die eigenständige Bedeutung gesellschaftlicher Rationalitäten. Im Kritischen Realismus, der zum Teil stark von der Kritischen Theorie geprägt ist, setzte man sich sehr explizit mit verschiedenen ontologischen Fragen wie dem Akteur-Struktur-Verhältnis auseinander. Eigene theoretische Kategorien wie Kausalität/

kausale Kraft, Emergenz, Tendenz und analytischer Dualismus (vgl. Pühretmayer in diesem Band) zeugen von diesen Arbeiten.

Poststrukturalistische und konstruktivistische Theorien fokussieren häufig auf die Frage, wie vermeintliche Wahrheiten konstruiert und gesellschaftlich durchgesetzt werden. Zentral ist hier das Konzept des Diskurses. Es benennt eine verfestigte und über gesellschaftliche Handlungen und Verhältnisse stabilisierte Wahrheitskonstruktion. Das Diskurskonzept fungiert in poststrukturalistischen Theorien als Strukturkategorie und ist nicht auf einen bestimmten Bereich der Gesellschaft beschränkt (vgl. Wullweber in diesem Band). Auch wenn bestimmte Wahrheiten relativ stabil sein können und einen quasi-objektiven Status einnehmen, ist doch prinzipiell jede Wahrheit und jedes gesellschaftliche Verhältnis veränderbar. Das spezifische Verhältnis von Wahrheitskonstruktion und gesellschaftlichen Machtverhältnissen wird in diesen Theorien am explizitesten theoretisiert, analysiert und *dekonstruiert* (vgl. Graf/Fuchs in diesem Band).

9. Ausblick

Globalisierungsprozesse haben die Ordnungsmuster von Politik und Ökonomie zum Teil grundlegend verändert und eine Verschiebung von Kräfteverhältnissen zur Folge gehabt (vgl. Dicken 2011). Auch jüngste Ereignisse wie etwa die Finanzkrise beeinflussen die Disziplin der IPÖ und werden in theoretischer Hinsicht wieder aufgenommen. So kann die recht junge Disziplin der IPÖ, wenn nicht als historische, so doch als historisch sensible Disziplin angesehen werden. Die Theorien in diesem Band spiegeln diese komplexen und vielschichtigen gesellschaftlichen und historischen Entwicklungen wider: Nicht nur besteht ein breites Spektrum an Theorieangeboten, deren ontologische Grundlagen und damit auch deren epistemologische und methodologische Herangehensweisen sich zum Teil erheblich unterscheiden. Auch kann innerhalb jeder der hier diskutierten Theorien und teilweise auch zwischen den Theorien eine lebhafte Entwicklung und theoretische Auseinandersetzung verzeichnet werden.

Die starke Ausdifferenzierung der Theorien der Internationalen Politischen Ökonomie weist daraufhin, dass sich die Disziplin immer stärker etabliert. Obwohl die Theorien das Spektrum der IPÖ nicht vollständig abbilden können, gibt der Band einen Überblick über das breite theoretische Repertoire der IPÖ und zeigt, dass jede Theorie ihre jeweilige Stärke und Perspektivität besitzt. Zugleich werden Differenzen und Anschlusspunkte zwischen den Theorien sichtbar gemacht. Insgesamt soll dieser Band dazu beitragen, die IPÖ als eigenständige Disziplin stärker im deutschsprachigen Raum zu etablieren und zu verankern. Denn trotz der großen Unterschiede zwischen den einzelnen Theorien wird deutlich, dass sie alle eine Gemeinsamkeit teilen:

Sie bieten spezifische theoretische und damit auch analytische Perspektiven an, die weder von den IB noch von den Wirtschaftswissenschaften in dieser Form abgedeckt werden. Da die Disziplin *per definitionem* interdisziplinär ist, bedeutet das zugleich, offen für politisch und wissenschaftlich relevante Debatten aus anderen Disziplinen zu sein, wie aus der Ökonomik, der Soziologie, der Geographie, der Philosophie, Anthropologie, Psychologie und natürlich den IB und den Wirtschaftswissenschaften.

Ziel des Bandes ist es schließlich, Begeisterung zu wecken für ein Forschungsfeld, das nicht nur stetig an Bedeutung gewinnt, sondern auch theoretisch überaus spannend und herausfordernd ist. Eine Forschungsdisziplin, die sich der Analyse hochinteressanter und politisch wichtiger empirischer Felder annimmt, welche sich im Spannungsfeld zwischen Politik, Ökonomie und Gesellschaft auf lokaler, nationaler, regionaler, internationaler und transnationaler Ebene befinden; eine Disziplin also, die sich den wissenschaftlichen und politisch-ökonomischen Herausforderungen unserer Zeit stellt.

***

Wir bedanken uns ganz herzlich bei allen Autorinnen und Autoren, die an diesem Band mit ihrem Beitrag und ihren konstruktiven Anmerkungen zur Gesamtkonzeption mitgewirkt haben. Aufgrund der guten Zusammenarbeit, stellte das gegenseitige Begutachtungs- und Feedbackverfahren gewissermaßen einen *intradisziplinären* Diskussionsprozess dar, der nicht zuletzt durch den AutorInnen-Workshop im Juni 2012 in Kassel bestärkt wurde. Auch im Namen der AutorInnen gilt unser Dank zudem den beiden anonymen GutachterInnen. Für die konzeptionelle und organisatorische Begleitung danken wir den HerausgeberInnen der Reihe *Globale Politische Ökonomie* – insbesondere Andreas Nölke. Für die finanzielle Unterstützung des Bandes möchten wir uns bei der DVPW und dem Lehrstuhl für Internationale Politik in Wien sowie den an der Herausgabe beteiligten Lehrstühlen in Wuppertal, in Münster und insbesondere in Kassel bedanken. Besten Dank zudem an Verena Metzger vom VS Verlag, an Uta Marini für das Lektorat, Till-Jorrit Gerwers für die Literaturkorrektur sowie an Lukas Neißl und Aylin Kaya für die Übersetzung. Für Hinweise zu früheren Versionen der Einleitung danken wir Ulrich Brand, Marian Feist, Ulrich Hamenstädt und Richard Meyer-Eppler. Etwaige Fehler haben selbstverständlich ausschließlich wir zu verantworten.

Joscha Wullweber (Kassel), Antonia Graf (Münster) und Maria Behrens (Wuppertal) im Mai 2013

Literatur

Abdelal, Rawi 2009: Constructivism as an Approach to International Political Economy, in: Blyth, Mark (Hrsg.): Routledge Handbook of International Political Economy (IPE), New York, NY: Routledge, 62–76.
Aggarwal, Vinod K. 1985: Liberal Protectionism, Berkeley, CA: University of California Press.
Aglietta, Michel 1979: A Theory of Capitalist Regulation: The US Experience, London: New Left Books.
Alford, Robert R./Friedland, Roger 1985: Powers of Theory: Capitalism, the State, and Democracy, Cambridge: Cambridge University Press.
Altvater, Elmar 1991: Die Zukunft des Marktes. Ein Essay über die Regulation von Geld und Natur nach dem Scheitern des ,real existierenden Sozialismus', Münster: Westfälisches Dampfboot.
Altvater, Elmar/Mahnkopf, Brigitte 1999: Grenzen der Globalisierung. Ökonomie, Ökologie und Politik in der Weltgesellschaft, 4. Auflage, Münster: Westfälisches Dampfboot.
Bakker, Isabella/Gill, Stephen 2003: Power, Production, and Social Reproduction: Human in/Security in the Global Political Economy, New York, NY: Palgrave Macmillan.
Behrens, Maria (Hrsg.) 2005: Globalisierung als Politische Herausforderung. Global Governance zwischen Utopie und Realität, Wiesbaden: VS Verlag.
Behrens, Maria/Hummel, Hartwig/Scherrer, Christoph 2005: Internationale Politische Ökonomie. Eine Einführung, Studienbrief Fernuniversität Hagen.
Bieling, Hans-Jürgen 2011: Internationale Politische Ökonomie. Eine Einführung, 2. Auflage, Wiesbaden: VS Verlag.
Blyth, Mark (Hrsg.) 2009: Routledge Handbook of International Political Economy (IPE): IPE as a Global Conversation, London: Routledge.
Boyer, Robert 1990: The Regulation School: A Critical Introduction, New York; NY: Colombia University Press, NY.
Brand, Ulrich/Raza, Werner (Hrsg.) 2003: Fit für den Postfordismus? Theoretisch-politische Perspektiven des Regulationsansatzes, Münster: Westfälisches Dampfboot.
Broome, Andre 2013: Constructivism in International Political Economy, in: Ronen Palan (Hrsg.): Global Political Economy, London: Routledge, 193–203.
Caporaso, James A./Levine, David P. 1992: Theories of Political Economy, Cambridge: Cambridge University Press.
Chang, Ha-Joon 2003: Kicking Away the Ladder: Development Strategy in Historical Perspective, London: Anthem.
Cohen, Benjamin J. 2007: The Transatlantic Divide: Why Are American and British IPE so Different?, in: Review of International Political Economy 14: 2, 197–219.
Cohen, Benjamin J. 2008a: International Political Economy: An Intellectual History, Princeton, NJ: Princeton University Press.
Cohen, Benjamin J. 2008b: The Transatlantic Divide: A Rejoinder, in: Review of International Political Economy 15: 1, 30–34.
Connell, Robert W. 1999: Der gemachte Mann. Konstruktion und Krise von Männlichkeiten, Wiesbaden: VS Verlag.
Cox, Robert W. 1987: Production, Power, and World Order: Social Forces in the Making of History, New York, NY: Columbia University Press.
Crane, George T./Amawi, Abla (Hrsg.) 1997a: The Theoretical Evolution of International Political Economy: A Reader, 2. Auflage, Oxford: Oxford University Press.
Crane, George T./Amawi, Abla 1997b: Theories of International Political Economy, in: Crane, George T./ Amawi, Abla (Hrsg.): The Theoretical Evolution of International Political Economy, Oxford: Oxford University Press, 3–34.
de Goede, Marieke (Hrsg.) 2006: International Political Economy and Poststructural Politics, Basingstoke: Palgrave Macmillan.
Dicken, Peter 2011: Global Shift: Mapping the Changing Contours of the World Economy, 6. Auflage, Los Angeles, CA: SAGE.

Dür, Andreas 2012: Rational Choice: Ein kritisches Plädoyer für Theorien der rationalen Entscheidung, in: Österreichische Zeitschrift für Politikwissenschaft 41: 1, 73–83.
Frieden, Jeffry A./Lake, David A./Schultz, Kenneth A. 2009: World Politics: Interests, Interactions, and Institutions, New York: W. W. Norton.
Frieden, Jeffry A./Lake, David A./Broz, J. Lawrence (Hrsg.) 2010: International Political Economy: Perspectives on Global Power and Wealth, 5. Auflage, New York, NY: W. W. Norton & Co.
Gill, Stephen/ Law, David 1988: The Global Political Economy: Perspectives, Problems, and Policies, New York: Harvester, Wheatsheaf.
Gilpin, Robert 1987: The Political Economy of International Relations, Princeton, NJ: Princeton University Press.
Gilpin, Robert 2001: Global Political Economy: Understanding the International Economic Order, Princeton, NJ: Princeton University Press.
Haftendorn, Helga/Hoyng, Hans/Krause, Joachim (Hrsg.) 1975: Theorie der Internationalen Politik. Gegenstand und Methoden der Internationalen Beziehungen, Hamburg: Hoffmann und Campe.
Hartmann, Eva/Kunze, Caren/Brand, Ulrich (Hrsg.) 2009: Globalisierung, Macht und Ökonomie. Perspektiven einer kritischen Internationalen Politischen Ökonomie, Münster: Westfälisches Dampfboot.
Hay, Colin 2002: Political Analysis: A Critical Introduction, Basingstoke: Palgrave Macmillan.
Hayek, Friedrich A. von 2004 [1944]: Der Weg zur Knechtschaft, Tübingen: Mohr Siebeck.
Heinrich, Michael 2004: Kritik der politischen Ökonomie. Eine Einführung, Stuttgart: Schmetterling.
Helleiner, Eric 2002: Economic Nationalism as a Challenge to Economic Liberalism? Lessons from the 19th Century, in: International Studies Quarterly 46: 3, 307–329.
Holzinger, Katharina 2009: Vom ungeliebten Störenfried zum akzeptierten Paradigma? Zum Stand der (Neuen) Politischen Ökonomie in Deutschland, in: Politische Vierteljahresschrift 50: 3, 539–576.
Jäger, Johannes/Springler, Elisabeth (Hrsg.) 2012: Ökonomie der internationalen Entwicklung, Wien: Mandelbaum.
James, Scott C./Lake, David A. 1989: The Second Face of Hegemony: Britain's Repeal of the Corn Laws and the American Walker Tariff of 1846, in: International Organization 43: 1, 1–29.
Keohane, Robert O. 2009: The Old IPE and the New, in: Review of International Political Economy 16: 1, 34–46.
Keohane, Robert O./Nye, Joseph S. 1977: Power and Interdependence: World Politics in Transition, Boston, MA: Little, Brown.
Kessler, Oliver 2012: Sleeping with the Enemy? On Hayek, Constructivist Thought, and the Current Economic Crisis, in: Review of International Studies 38: 2, 275–299.
Keynes, John M. 1973 [1936]: The General Theory of Employment, Interest and Money, London: Macmillan.
Krugman, Paul 2009: Die neue Weltwirtschaftskrise, Frankfurt a. M.: Campus Verlag.
Lipietz, Alain 1987: Mirages and Miracles: The Crisis of Global Fordism, London: Verso.
List, Friedrich 2012 [1841]: Das nationale System der politischen Oekonomie: Der internationale Handel, die Handelspolitik und der deutsche Zollverein, Bremen: Dogma.
Marx, Karl 1953 [1957/58]: Grundrisse der Kritik der politischen Ökonomie, MEW Band 42, Berlin: Dietz.
Marx, Karl 1962 [1867]: Zur Kritik der Politischen Ökonomie, MEW Band 23, Berlin: Dietz.
Marx, Karl 1969 [1852]: Der achtzehnte Brumaire des Louis Bonaparte, in: MEW Band 8, Berlin: Dietz: 115-207.
Meyers, Reinhard 1989: Wie viele Schwalben machen einen Sommer? (Re)Naissance der Internationalen Politischen Ökonomie?, in: Neue Politische Literatur 34: 1, 5–40.
Michie, Jonathan/Oughton, Christine/Wilkinson, Christine 2002: Against the New Economic Imperialism, in: American Journal of Economics and Sociology 6: 1, 351–365.
Miller, Raymond C. 2008: International Political Economy: Contrasting World Views, New York, NY: Routledge.
von Mises, Ludwig 951: Socialism: An Economic and Sociological Analysis, New Haven, CT: Yale University Press.
Mügge, Daniel 2013: The Political Economy of Europeanized Financial Regulation, in: Journal of European Public Policy 20: 3, 1–13.
O'Brien, Robert/Williams, Marc 2010: Global Political Economy: Evolution and Dynamics, 3. Auflage, Basingstoke: Palgrave Macmillan.
Oatley, Thomas/Nabors, Robert 1998: Redistributive Cooperation: Market Failure, Wealth Transfer, and the Basel Accord, in: International Organization 52: 1, 35–54.

Opratko, Benjamin/Prausmüller, Oliver 2011: Gramsci global. Neogramsicanische Perspektiven in der Internationalen Politischen Ökonomie, Hamburg: Argument.
Palan, Ronen (Hrsg.) 2000: Global Political Economy: Contemporary Theories, London: Routledge.
Palan, Ronen (Hrsg.) 2013a: Global Political Economy: Contemporary Theories, 2. Auflage, London: Routledge.
Palan, Ronen 2013b: New Trends in Global Political Economy, in: Palan, Ronen (Hrsg.): Global Political Economy, London: Routledge, 1–14.
Polanyi, Karl 1957: The Great Transformation: The Political and Economic Origins of Our Time, Boston, MA: Beacon Press.
Ravenhill, John 2008: Global Political Economy, 2. Auflage, Oxford: Oxford University Press.
Ricardo, David 1959 [1817]: Über die Grundsätze der politischen Ökonomie und der Besteuerung, Berlin: Akademie-Verlag.
Richards, John E. 1999: Toward a Positive Theory of International Institutions: Regulating International Aviation Markets, in: International Organizations 53: 1, 1–37.
Rosenau, James N./Czempiel, Ernst-Otto (Hrsg.) 1992: Governance without Government: Order and Change in World Politics, Cambridge: Cambridge University Press.
Scherrer, Christoph (Hrsg.) 2011: China's Labor Question, München: Rainer Hampp Verlag.
Scherrer, Christoph/Frank, Volker/Greven, Thomas 1998: Sozialklauseln. Arbeiterrechte im Welthandel, Münster: Westfälisches Dampfboot.
Schieder, Siegfried/Spindler, Manuela (Hrsg.) 2010: Theorien der Internationalen Beziehungen, Opladen: Leske + Budrich.
Schirm, Stefan A. (Hrsg.) 2006: Globalisierung. Forschungsstand und Perspektiven, Baden-Baden: Nomos.
Schirm, Stefan A. 2013: Internationale Politische Ökonomie. Eine Einführung, 3. Auflage, Baden-Baden: Nomos.
Smith, Adam 1974 [1776]: Der Wohlstand der Nationen. Eine Untersuchung seiner Natur und seiner Ursachen, München: Beck.
Smith, Adam 2007 [1790]: The Theory of Moral Sentiments, München: Grin Verlag.
Strange, Susan 1988: States and Markets, London/ New York: Pinter.
Strange, Susan 1994: Wake up, Krasner! The World Has Changed, in: Review of International Political Economy 1: 2, 209–219.
Strange, Susan 1995: Political Economy and International Relations, in: Ken Booth und Steve Smith (Hrsg.): International Relations Theory Today, Cambridge, UK: Polity Press, 154–174.
Stubbs, Richard/Underhill, Geoffrey R. D. (Hrsg.) 2006: Political Economy and the Changing Global Order, 3. Auflage, Oxford: University Press.
van der Pijl, Kees 2009: A Survey of Global Political Economy: Working Notes, in: http://www.sussex.ac.uk/ir/research/gpe/gpesurvey; 04.01.2013.
Veblen, Thorstein 1994 [1899]: The Theory of the Leisure Class, Oxford: Oxford University Press.
Veblen, Thorstein 1998 [1898]: Why Is Economics Not an Evolutionary Science?, in: Cambridge Journal of Economics 22: 4, 403–414.
Wallerstein, Immanuel 1974: The Modern World-System. Capitalist Agriculture and the Origins of the European World-Economy in the Sixteenth Century, New York, NY: Academic Press.
Watson, Matthew 2005: Theoretical Traditions in Global Political Economy, in: Ravenhill, John (Hrsg.): Global Political Economy, Oxford: Oxford University Press, 27–65.
Weingast, Barry R./Wittman, Donald A. (Hrsg.) 2008: The Oxford Handbook of Political Economy, Oxford: University Press.
Wullweber, Joscha 2014: Post-Positivist Political Theory, in: Gibbons, Michael T. (Hrsg.): The Encyclopedia of Political Thought, Chichester: Wiley-Blackwell, i. E.
Young, Brigitte/Bakker, Isabella/Elson, Diane (Hrsg.) 2011: Questioning Financial Governance from a Gender Perspective, New York: Routledge.
Young, Brigitte/Scherrer, Christoph (Hrsg.) 2010: Gender Knowledge and Knowledge Networks in International Political Economy, Baden-Baden: Nomos.

I.
Akteursorientierte Theorien

Ordoliberalismus – Neoliberalismus – Laissez-faire-Liberalismus

Brigitte Young

1. Einleitung

Es ist ein Paradox der ökonomischen Ideengeschichte, dass just der Begriff Neoliberalismus und der damit verbundene deutsche Ordoliberalismus, der in den 1930er Jahren gegen den Laissez-faire-Liberalismus des 19. Jahrhunderts in Paris kreiert wurde, in Zeiten der Globalisierung mit den Ideen des Laissez-faire-Liberalismus (und später mit der Chicagoer Schule) und dessen Marktgläubigkeit und Antistaatsideologie assoziiert wird. Denn der Begriff *Neoliberalismus,* der während des Walter-Lippmann-Symposiums in Paris im Jahre 1938 von Wilhelm Röpke, Alfred Müller-Armack, Alexander Rüstow, Walter Eucken, Franz Böhm (später Mitglieder der Freiburger Schule) geprägt wurde, verstand sich als Alternative gegen eine Wirtschaftspolitik des „sozialen Darwinismus des Laissez-faire" (Röpke 1979: 265). Gleichzeitig war es aber auch eine Absage an die totalitären Zwangsherrschaften von Faschismus und Kommunismus (Sally 1996; Berghahn/Young 2013). Der sogenannte „Dritte Weg" war somit eine ordnungspolitische Antwort auf die durch den vorherrschenden Glauben an einen selbstregulierenden Markt ausgelöste Große Depression und deren verheerende soziale Folgen der 1930er Jahre (Polanyi 1944). Der *Neoliberalismus* der 1930er Jahre, der den Laissez-faire-Individualismus allein als „Quelle aller Werte" (Müller 2007: 98) ablehnt und „Menschen nicht nur als Mittel zum Zweck" sieht (Müller 2007: 99), wird nach dem Scheitern des Keynesianismus in den 1970er Jahren mit dem radikalen Marktfundamentalismus der Thatcher- und Reagan-Ära in den 1980er Jahren gleichgesetzt. Der Paradigmenwechsel der 1980er Jahre hat Parallelen mit dem britischen Versuch des 19. Jahrhunderts, eine reine Marktutopie zu etablieren (Gill 2000). Ungeachtet der historischen Entstehung wird in der aktuellen Diskussion der „alte" ordnungspolitische und ursprüngliche Anti-laissez-faire-Neoliberalismus zum Synonym für die Schattenseiten des Kapitalismus und steht

„für die Unterdrückung im Namen der Freiheit" der letzten 30 Jahre des 20. Jahrhunderts (Müller 2007: 97; Fox Piven 1995; Young 2011).[1]

Dieser kurze Exkurs zeigt bereits, dass es nicht nur den einen Neoliberalismus gibt, sondern dass es sich um widersprüchliche Interpretationen handelt (Cerny 2004). So geht Andreas Renner (2000) von zwei „Neoliberalismen" aus, die sich unterscheiden zwischen einem „deutschen" (bzw. Ordoliberalismus) sowie einem „angelsächsischen" Neoliberalismus, der heute von der sogenannten Chicagoer Schule vertreten wird (Renner 2000: 35; vgl. Foucault 2004; Lemke 2001; Cerny 2004). Verwirrender wird die Definitionsklärung durch die neuerdings entbrannte Diskussion über die Rolle des Ordoliberalismus der Freiburger Schule als intellektuelle Tradition für die deutsche Stabilitätspolitik in der Eurozone, die sich wesentlich von den Ansichten anderer Ökonomen in der Eurozone unterscheidet. Auslöser der heftigen Debatten sind zwei unterschiedliche Paradigmen zwischen einerseits dem angelsächsischen „Light-Regulierungsmodus" und der deutschen Forderung der strikten Einhaltung von Geldwertstabilitäts- und Fiskalregeln, die in nationalstaatlichen Verfassungen festgeschrieben und mit Sanktionen versehen werden soll (Dullien/Guérot 2012; Berghahn/Young 2013). Interessant an dieser Diskussion ist, dass erst mit der Eurokrise SozialwissenschaftlerInnen außerhalb des deutschsprachigen Raumes die Ideen des Ordoliberalismus wieder in die Diskussion einbringen und erkennen, dass Deutschland keinen Marktfundamentalismus nach dem angelsächsischen Modell propagiert (Dullien/Guérot 2012; Bonefeld 2012), sondern einen institutionellen Ordnungsrahmen zu schaffen versucht, der die Unabhängigkeit der Währungspolitik garantiert (Issing 2000). Somit ist die Diskussion über die unterschiedlichen Liberalismen nicht nur von historischer Bedeutung. Denn mit der Finanzkrise von 2007/2008 wird auch das hegemoniale Paradigma der angelsächsischen Neoklassik der letzten 30 Jahre hinterfragt und der Rheinische Kapitalismus mit seinem ordnungspolitischen Rahmen als mögliche Alternative zum existierenden Turbokapitalismus aus der Mottenkiste des vorigen Jahrhunderts hervorgeholt.

Der vorliegende Aufsatz versucht, die verschiedenen Interpretationen des Neoliberalismus zu erklären und die Gemeinsamkeiten sowie Unterschiede zum Ordoliberalismus sowie deren Bezug zur Sozialen Marktwirtschaft und dem Laissez-faire-Liberalismus darzustellen. Die folgenden Fragen dienen als Leitfaden: Welche Rolle spielen der historische Neoliberalismus und Ordoliberalismus als konzeptio-

---

1 Zu klären bleibt, warum kontinental-europäische PolitikökonomInnen diese angelsächsische Begrifflichkeit des Neoliberalismus undifferenziert übernommen haben. Im Vergleich dazu haben deutsche Ökonomen, wie z. B. Hans-Werner Sinn vom ifo-Institut München oder auch Otmar Issing, ehemaliges Mitglied des Direktoriums der Europäischen Zentralbank, immer wieder die Ordnungspolitik des Ordoliberalismus (jedoch unkritisch) als Maßstab für deutsche bzw. europäische Wirtschaftspolitik hervorgehoben.

nelle Grundlage für die Einführung der Sozialen Marktwirtschaft nach dem Zweiten Weltkrieg in Deutschland? Welche Gemeinsamkeiten und Unterschiede gibt es zwischen der real existierenden Sozialen Marktwirtschaft und der Theorie des Ordoliberalismus der Freiburger Schule? In welchem Verhältnis stehen Friedrich von Hayek und die von ihm gegründete *Mont Pèlerin Society* zu den Mitgliedern des neoliberalen Kreises der 1930er Jahre? Welcher intellektuellen Strömung ist Ludwig Erhard, der die Soziale Marktwirtschaft in Deutschland maßgeblich geprägt hat, zuzuordnen? Welche Rolle spielt der Ordoliberalismus heute noch in der deutschen Wirtschafts- und Finanzpolitik? Last but not least: in welcher Weise unterscheidet sich der neue Laissez-faire-Neoliberalismus der Chicagoer Schule vom „alten" Antiaissez-faire-Neoliberalismus der 1930er Jahre?

2. Laissez-faire-Liberalismus

Zu den klassischen Theoretikern und philosophischen Vertretern des Laissez-faire-Liberalismus gehören Adam Smith[2], David Ricardo, Jean-Baptiste Say, Thomas Malthus sowie auch John Stuart Mill. Der gemeinsame Nenner dieser Wirtschaftsdenker, die mit dem 18. Jahrhundert verbunden sind, ist deren Vertrauen in die individuelle (private) Handlungsfreiheit und Begrenzung der Staatsgewalt als Voraussetzung für eine funktionsfähige ökonomische Ordnung und für die Stabilität der Gesellschaft. Während diese klassischen Volkswirtschaftsdenker sich über die Notwendigkeit einer freien Marktwirtschaft und Handelsfreiheit gegen den zur damaligen Zeit vorherrschenden Merkantilismus einig waren, lehnten sie jedoch einen völligen Rückzug des Staates aus der Wirtschaft ab. Insbesondere der klassische Liberalismus, der mit der Schottischen Tradition von Adam Smith sowie auch mit John Stuart Mill verbunden ist, betont, dass individuelle Handlungsfreiheit auch immer durch gesetzliche und soziale Regeln gesteuert werden muss. Adam Smith sah die Aufgaben des Staates darin, juristische Regeln für die Wirtschaft zu setzen sowie auch öffentliche Güter (Bildung, Verteidigung, Verkehrswege) für die gesellschaftliche Ordnung bereitzustellen (Smith 1790/2006). Ähnlich wie Adam Smith lehnte auch John Stuart Mill eine staatliche Bevormundung ab und betonte stattdessen die Eigeninitiative und Eigenverantwortung, gleichzeitig aber sprach er sich für eine staatliche Bildungspolitik über alle Klassen hinweg aus und befürwortete die Regulierung von „natürlichen" Monopolen. Auch Says, der eine angebotsorientierte Gleichgewichtstheorie zwischen Angebot und Nachfrage entwickelte, forderte die totale Freiheit in allen Bereichen der Wirtschaft. Im Unterschied zu Smith und Mill sah er jedoch Steuern

---

2 Obwohl Adam Smith dieser wissenschaftlichen Tradition zugeordnet wird, hat er den Begriff *Laissez-faire* in seinen Arbeiten nie benutzt.

als ein Hindernis für wirtschaftliche Effizienz an und lehnte den Staat als Produzenten ab, wohl aber vertrat auch er die Ansicht, dass der Staat die Verantwortung für öffentliche Güter, wie z. B. den Straßenbau, hat (Linß 2007).

Die Lehre dieser klassischen Wirtschaftsdenker wurde dann von den Neoklassikern weiterentwickelt, und in dieser von Léon Walras, Alfred Marshall, Hermann Heinrich Gossen, Arthur Cecil Pigou sowie auch den Mitgliedern der sogenannten Österreichischen Schule wie Carl Menger, Eugen Böhm Ritter von Bawerk, Ludwig von Mises und Friedrich August von Hayek[3] propagierten Lehre des 19. Jahrhunderts wurde der Kapitalismus nicht mehr als ein historisch-gesellschaftliches Konstrukt gesehen. Stattdessen versuchte man mit der Gleichgewichtstheorie zwischen Nachfrage und Angebot auf den Märkten einen statisch mechanistischen Ansatz für gesamtgesellschaftliche Stabilität zu schaffen. Im Unterschied zur Klassik beschäftigt sich die Neoklassik vor allem mit der Allokation knapper Ressourcen und dem Problem des abnehmenden Grenznutzens (Marginalkalkül), d. h. dass die Wertlehre zu einer subjektiven Angelegenheit wird, indem davon ausgegangen wird, dass mit jedem weiteren Genuss eines Gutes ein abnehmender Grenznutzen eintritt. Diese subjektive Wertlehre unterscheidet sich von der klassischen Lehre einer objektiven Annahme dadurch, dass der Preis (Tauschwert) eines Gutes aus dessen Herstellungskosten abgeleitet wird. Das Prinzip des abnehmenden Grenznutzens geht jedoch davon aus, dass „der Wert eines Gutes dem individuellen Nutzen, den es stiftet", entspricht (Linß 2007).

Es ist vor allem die neoklassische Weiterentwicklung des klassischen Laissez-faire-Liberalismus hinsichtlich der mechanistischen Annahmen des gesamtwirtschaftlichen Gleichgewichts und der völligen Trennung zwischen Staat und Wirtschaft, die der Ausgangspunkt für die *neoliberale Bewegung* der 1930er Jahre war. Der neoklassischen Laissez-faire-Doktrin zufolge ist nämlich der Staat den Privatinteressen der Wirtschaft untergeordnet. Demnach wird der Markt als ein natürliches Gebilde dargestellt, das seinen eigenen marktförmigen Regeln unterworfen und Ergebnis isolierter menschlicher Tauschtransaktionen ist und nicht staatlicher Entwürfe (Wohlgemuth, o. J.). Diese von Laissez-faire-Ökonomen konzipierte gesellschaftliche Ordnung, die auf der privaten Handlungsfreiheit basiert und staatliche Macht nur für die Einhaltung von Vertragsfreiheit konzipiert, ist als ein „von Gott und der Natur

---

3   Hayeks Zuordnung zu den unterschiedlichen Liberalismen wird in der Literatur sehr unterschiedlich gedeutet. Renner (2000) ordnet ihn zum „extrem ordoliberalen Flügel" des Ordoliberalismus ein, andere wiederum sehen Hayek in der Tradition des klassischen Liberalismus (Schottische Tradition), für andere wiederum gilt Hayek (Gründer der Mont-Pèlerin-Gesellschaft und Mitbegründer der Chicagoer Schule, die in den vergangenen 30 Jahren eine herausragende Prominenz in der Grenzverschiebung hin zu einer freien Marktwirtschaft erreicht hat), geradezu als Verfechter eines freien Marktliberalismus (Sally 1996; Roemer 1995; Plehwe/Walpen 2006; Schmelzer 2010).

gegebenes, sich selbst regulierenden System hinzunehmen" (Willgerodt 2006: 71). Die darin verabsolutierte Freiheit, die dieser Tradition zugeordnet wird, „beruht auf dem Individualismus als Weltanschauung", die „in ihm namentlich das oberste Gesellschaftsprinzip sieht und danach das gesamte öffentliche gesellschaftliche Leben zu gestalten strebt" (Müller 2007: 98). Somit gibt der neoklassische Laissez-faire-Liberalismus eine Orientierung vor, die das Individuum von gesellschaftlichen Normen und Fesseln befreit und es in die selbstständige Freiheit entlässt. Konkret bedeutet dies, dass ökonomische Akteure isoliert voneinander ihre Ziele verfolgen. Nach diesem Ansatz bedingen sich universale Freiheiten gegenseitig durch den ökonomischen Marktprozess. Die Frage, ob individuelle Freiheiten durch die Isolierung der Marktakteure ausgehöhlt werden könnten, sodass Marktakteure als atomisierte Individuen „nur formell frei, faktisch aber unfrei" erscheinen (Eucken 2004: 50), stellt sich erst gar nicht. In anderen Worten, staatliche Aktivitäten garantierten die Autonomie der individuellen Handlungen gegenüber anderen Individuen durch eine über den Markt erzeugte Preisbildung, die als Steuerungsinstrument für die Vielzahl von individuellen ökonomischen Handlungen fungiert. Ökonomische Prozesse, wie z. B. der Arbeitsmarkt, die Geld- und Währungspolitik, Grund- und Bodenpolitik, werden von der Gesellschaft als losgelöste Prozesse (engl. *disembedded*) verstanden, die ihren eigenen ökonomischen Gesetzen unterworfen sind (Polanyi 1944; Amatao/Fantacci 2012). Jegliche interventionistische Politik verstößt somit gegen das Primat dieser Wirtschaftslogik.

Die Umsetzung des neoklassischen Laissez-faire-Liberalismus mit Beginn des 19. Jahrhunderts hat nicht nur die Weltwirtschaft in ökonomische Krisen gestürzt, sie hat auch die Laissez-faire-Orthodoxie diskreditiert (Polanyi 1944). Auf beiden Seiten des Atlantiks vertrauten die Regierungen trotz der zunehmenden Wirtschaftsmisere und exorbitanter Arbeitslosigkeit Ende der 1920er Jahre auf die natürliche Selbstregulierung der Märkte. Der deutsche Reichskanzler, Heinrich Brüning, versuchte die Wirtschaftskrise mit einer Deflationspolitik, die der damaligen Laissez-faire-Doktrin entsprach, in den Griff zu bekommen und kürzte trotz des drastischen wirtschaftlichen Abschwungs und der anschwellenden sozialen Not die Staatsausgaben. Nach Fritz Stern (2010) war es diese Deflationspolitik, die den Sieg der Nationalsozialisten erst möglich machte.[4]

---

4   Im Gedächtnis der Deutschen scheint die Hyperinflation 1922/23 die ausschlaggebende Rolle für den Sieg der Nationalsozialisten zu spielen, wie dies Otmar Issing zur Begründung einer unabhängigen Geldpolitik ins Feld führt. So zitiert Issing Stefan Zweig: „Nichts hat das deutsche Volk – dies muss immer wieder ins Gedächtnis gerufen werden – so erbittert, so hasswütig, so hitlerreif gemacht wie die Inflation" (Issing 2000: 1). Hitlerreif wurde das deutsche Volk aber erst durch die deflationäre Antwort Brünings auf die soziale Misere, ausgelöst durch die Depression und seine drakonische Sparpolitik.

3. Der historische Ursprung des Neoliberalismus als Gegenentwurf zum Laissez-faire-Liberalismus

Die Entstehung des „Neoliberalismus" als Gegenentwurf zur Laissez-faire-Orthodoxie kann deshalb nur im Kontext des Scheiterns der damaligen liberalen Wirtschaftstheorie und der Wirtschaftskrise der 1930er Jahre verstanden werden. Gleichzeitig wurde damit ein „Dritter Weg" eingeschlagen, in Ablehnung gegenüber jeglichen Totalitarismen (Faschismus sowie Kommunismus) und dem radikalen Individualismus des 19. Jahrhunderts (Berghahn 2010; Berghahn/Young 2013). Nach Darstellung von Wilhelm Röpke hat sich eine Gruppe von Ökonomen in Paris 1938 anlässlich eines Symposiums zu Ehren der Veröffentlichung von Walter Lippmanns *The Good Society* getroffen und den Begriff *Neoliberalismus* kreiert.[5] Es handelt sich aber keineswegs um eine homogene Gruppe (dazu zählten Walter Eucken, Franz Böhm, Wilhelm Röpke, Alexander Rüstow, Alfred Müller-Armack und auch Friedrich August von Hayek), sondern wie der Präfix *neo* signalisiert, um eine „neue" liberale Bewegung, die menschliches Handeln nicht auf ökonomische Prozesse reduziert.

Sally (1996) argumentiert, dass sich der neoliberale deutsche Begriff außerhalb von Deutschland nicht durchsetzen konnte und somit setzt sie den Neoliberalismus mit dem Ordoliberalismus gleich und unterscheidet zwischen der Freiburger Schule (Walter Eucken, Franz Böhm) und dem soziologischen Ordoliberalismus (Wilhelm Röpke und Alexander Rüstow). Die gemeinsame Klammer dieser Strömungen besteht darin, „dass die Politik die institutionelle Rahmenordnung gestaltet, nicht aber direkt in das Marktgeschehen selbst eingreift" (Renner 1999/2000: 3). Christian Müller bringt es auf den Punkt, wenn er behauptet, „[d]er Neoliberalismus [der 30er Jahre] ist kein Liberalismus" im Sinne des liberalistischen Werturteils, „dass das Individuum allein zur Quelle aller Werte wird" (Müller 2007: 98).

4. Neoliberalismus als Grundstein für den Ordoliberalismus der Freiburger Schule

Da der Ordoliberalismus der Freiburger Schule synonym für Neoliberalismus seit Beginn der 1950er Jahre in die gegenwärtige wissenschaftliche Literatur eingegangen ist, werden im Folgenden die Grundrisse des Ordoliberalismus vorgestellt. Nach Renner 1999/2000 geht der Begriff Ordoliberalismus zurück auf Hero Moeller, der damit den „Ordo-Kreis" um die führenden Theoretiker Walter Eucken und Franz Böhm, die den Begriff ORDO für das 1948 gegründete Jahrbuch wählten, als Na-

---

5 Auch der Begriff *Neoliberalismus* war nicht unumstritten, Walter Eucken lehnte ihn grundsätzlich ab (Renner 1999/2000).

mensstifter ins Spiel brachte. Die zur ursprünglichen Pariser neoliberalen Gruppe gehörenden Theoretiker Wilhelm Röpke, Alexander Rüstow und Alfred Müller-Armacks werden, wie bereits erwähnt, dem soziologischen Ordoliberalismus zugeordnet, der, wie noch ausführlicher gezeigt werden soll, sich mit den „soziologischen Grenzen" einer Wettbewerbsordnung und deren Auswirkungen auf die Lebenslage der Menschen befasst.[6]

Im Vergleich zum Laissez-faire-Liberalismus, der auf einer strikten Trennung zwischen der ökonomischen und politischen Sphäre beruht, erkennen Ordoliberale gerade in dieser Trennung eine gravierende Fehlinterpretation des Laissez-faire-Marktliberalismus. Statt den Markt als eine natürliche ökonomische Realität mit eigenen Gesetzen zu deuten, argumentieren Ordoliberale, dass der Markt einen Ordnungsrahmen benötigt, der eine geregelte ökonomische Interaktion erst möglich macht. „The Ordo-liberals replace the conception of the economy as a domain of autonomous rules and laws by a concept of ‚economic order'[7] as an object of social intervention and political regulation" (Lemke 2001: 194). Damit suggerieren Ordoliberale, dass es nicht den einen Kapitalismus mit einer universellen destruktiven Eigenlogik gibt, die viele Länder in den 1930er Jahren fast in den Abgrund stürzte, sondern nur ein institutionelles Gefüge, dass durch politische Intervention die immer wiederkehrenden Widersprüche und Dysfunktionen steuern kann. Im Mittelpunkt dieser Überlegungen steht ein Menschenbild, das sich sowohl vom Sozialismus, der nach Walter Eucken Menschen zu einem bloßen Instrument für die Erfüllung von zentralistischen Planungsnormen degradiert, als auch vom Laissez-faire-Liberalismus abgrenzt, der ohne staatliche Rahmenbedingungen die Gefahr in sich birgt, die universell geltenden Freiheitsrechte durch einen Vernichtungswettbewerb zu beschneiden (Müller 2007). Darüber hinaus heben Ordoliberale die außerökonomischen Bedingungen für das Funktionieren eines Wirtschaftssystems her-

---

6 Die Grenzen dieser unterschiedlichen Strömungen sind durchaus porös, so waren z. B. Wilhelm Röpke sowie auch Walter Eucken 1947 mit Hayek Mitbegründer der Mont-Pèlerin-Gesellschaft, der auch Ludwig Erhard, der mit der Sozialen Marktwirtschaft assoziiert wird, angehörte. Andererseits argumentiert Wohlgemuth (o. J.), dass Hayek und die Ordoliberalen zwar persönliche Überschneidungen in verschiedenen Zusammenhängen hatten, sich aber wissenschaftlich kaum gegenseitig zitierten. So findet man keinen Verweis auf Eucken in Hayeks wichtigen Veröffentlichungen, und dies trifft auch umgekehrt zu. Gleichzeitig aber reiht sich Hayek in seiner Antrittsvorlesung in Freiburg 1962 in die Freiburger Tradition des Ordoliberalismus ein (Wohlgemuth, o. J.). Zu den unterschiedlichen Strömungen innerhalb der *Mont Pèlerin Society* siehe Walpen (2004); Phlehwe/Walpen/Neunhöffer (2006) sowie Schmelzer (2010).

7 Lemke (2001), der Foucault zitiert, übersetzt ‚economic order' als *Wirtschaftsordnung*. Dagegen argumentiert Sally (1996), dass der Begriff *Wirtschaftsordnung* assoziiert ist mit der historisch gegebenen Ordnung, während Eucken die *Ordnung der Wirtschaft* (order of the economy) propagiert, die als eine neue, bewusst gebildete und institutionalisierte *Ordo* für das Nachkriegsdeutschland gedacht war (Sally 1996: 236).

vor. „Hierzu gehören Vertragstreue, technische und wirtschaftliche Zuverlässigkeit, Achtung vor den Rechten und dem Eigentum anderer, Verantwortungsbewußtsein gegenüber Mitarbeitern, Kapitalgebern und öffentlichen Einrichtungen, sorgfältiges Abwägen von Chancen und Risiken und vieles andere" (Willgerodt 2006: 9), wichtige gesellschaftliche Bedingungen, die Wilhelm Röpke in *Jenseits von Angebot und Nachfrage* (1958) untersuchte.

Eucken kritisiert den Laissez-faire-Liberalismus, der keine Spielregeln für die Lenkung der ökonomischen Prozesse vorsieht, da sich dadurch unkontrollierte und spontane Monopole und Oligopole entwickeln, die den Markt und die gesetzliche Rechtsordnung verzerren. „Without any mechanism to hinder and check monopolies, *laissez-faire* contributed to the replacement of ‚competition' through achievement (*Leistungswettbewerb*), in which entrepreneurs are rewarded and punished by the selection process of the market, by ‚competition to prevent competition' *(Behinderungswettbewerb)*, namely the use of predatory measures such as boycotts, price discrimination and cartels to drive out and close the gates to competition" (Sally 1996: 237). Für Walter Eucken und die Ordoliberalen allgemein ist die Entstehung der privaten Macht und ihrer Zunahme durch die Industrialisierung im 19. Jahrhundert der Auslöser für Gleichgewichtsstörungen in der Wirtschaftspolitik (Berghahn 2010). Die wirtschaftliche private Macht der Firmen fördert die Kartellbildung und unterminiert dadurch die formalen gesetzlichen Garantien der ökonomischen Freiheiten. „The private power that monopoly confers eats into the free domain of other individuals and thus makes a mockery of the Rechtsstaat" (Sally 1996: 237). Laissez-Faire wäre demnach deshalb destruktiv, weil private Macht sich der Märkte und des Staates bemächtigt. Diese Entwicklung ist umso selbstzerstörerischer, da sich im Gegenzug der Staat oftmals genötigt sieht, die Monopolmacht mit einer zentralistischen staatlichen Planung zu kontrollieren. Für Eucken ist weder die private wirtschaftliche Macht durch Kartelle eines Laissez-faire-Kapitalismus noch der Gegenentwurf einer staatlichen Zwangsmonopolmacht die Antwort auf die Frage nach der Schaffung einer gerechten ökonomischen Ordnung. Wie Eucken betont, kann wirtschaftliche Macht „niemals durch weitere Konzentration der Macht gelöst werden" (Berghahn 2010: 4). Nur in einer politisch verfassten institutionalisierten und staatlich durchgesetzten Ordnungspolitik können sich ökonomische Prozesse frei entfalten (Sally 1996).

Obwohl Walter Eucken und seine Gleichgesinnten sich über die Notwendigkeit einer freien und gleichzeitig menschenwürdigen Wettbewerbsordnung einig waren (Rieter/Schmolz 1993), gab es gleichwohl Unterschiede in ihrem zugrundeliegenden Staatsverständnis zwischen einerseits einem „strong but limited state" (Freiburger Schule) und dem zu mehr Intervention neigenden soziologischen Ordoliberalismus von Wilhelm Röpke, Alexander Rüstow und Alfred Müller-Armack, wie dies unter der Rubrik der sozialen Frage im nächsten Abschnitt noch näher ausgeführt werden wird. Bonefeld ist nur bedingt zuzustimmen, wenn er den starken Staat als einen Grundpfeiler des Ordoliberalismus hervorhebt – „a state that restrains competition and secures the social and ideological preconditions of economic liberty. For these thinkers, the weak state is tantamount to disaster"[8] (Bonefeld 2012: 2). Freiheit für die Ordoliberalen ist immer Freiheit innerhalb eines Ordnungsrahmens, aber dies bedeutet für Eucken und Böhm: „a strong but limited state to defend a free market order" (Sally 1996: 247). In anderen Worten, nicht ein Interventionsstaat, der direkt in die Wirtschaft eingreift, sondern „a strong state – a state above the economy, above the interests – there where it belongs in the interests of a liberal economic policy" (Sally 1996: 247; Rieter/Schmolz 1993: 107). Im Mittelpunkt dieser Überlegungen steht die Bekämpfung von privater Machtkonzentration der Industriekartelle des 19. Jahrhunderts sowohl im Laissez-faire-Kapitalismus der USA[9] als auch in Deutschland, das sich zum höchstkartellisierten Land der Welt bereits 1930 entwickelte, durch eine institutionalisierte Wettbewerbsordnung (Berghahn 2010).

5. Die soziale Frage im Ordoliberalismus und die Soziale Marktwirtschaft

Der Anker des Ordoliberalismus ist ein normatives und ethisches Universalprinzip der Gerechtigkeit. Eucken sieht in dem Grundsatz einer Wettbewerbsordnung nicht nur die Herstellung einer funktionsfähigen, sondern auch einer gerechten Ordnung. Walter Eucken beschreibt dies folgendermaßen: „Was Gleichgewicht bedeutet, kann einem im Angesicht dieser doppelten Aufgabe klar werden: Die Funktionsfähigkeit [der Wettbewerbsordnung] ist eine Frage des Gleichgewichts. Nicht weniger aber ist es – was hier nur angedeutet werden soll – die Gerechtigkeit. Dem Gleichgewicht kommt also mehr als eine bloß ökonomische Bedeutung zu" (Eucken zitiert in Müller 2007: 100). Diese Aussage zeigt aber auch, dass die soziale Frage für die Freiburger Schule nur im Rahmen einer gerechten Wettbewerbsordnung gesehen wird.

Anders wird die soziale Frage bei den soziologischen Ordoliberalen, zu deren Kreis Wilhelm Röpke, Alexander Rüstow und Alfred Müller-Armack gehören, gelöst. Sie teilen zwar die ökonomischen Prämissen einer gerechten Ordnungspolitik der Freibur-

---

8 Der Ruf nach einem „starken Staat" der Ordoliberalen in den 1930er Jahren ist, wie der Theologe Helmut Thielicke suggeriert, „not entirely free of the shadow of the Nazi regime, and even its antithesis show certain ideological traces of the time. It seems to me, looking back today, that the state described there, while certainly not totalitarian, is overburdened with responsibilities and endowed with broad power as a kind of superstate" (zitiert in Rieter/Schmolz 1993: 107).

9 Die USA hat bereits 1890 durch den Sherman Act die Kartellbildung gesetzlich verboten.

ger Schule, weisen aber darauf hin, dass die Konkurrenz auch ein „gefährliches Prinzip" sein kann, „das eher auflöst als verbindet" (Röpke, zitiert in Renner 1999/2000: 5). Um dies zu verhindern, müssen die gesellschaftlichen Grenzen der Marktfreiheit durch einen politisch-moralischen Rahmen erweitert werden. Kritisiert wird die soziologische Blindheit des Laissez-Faire, der die nicht-ökonomische gesellschaftliche Grundlage unberücksichtigt lässt, ohne die aber keine Wirtschaftsordnung möglich ist. Die soziale Debatte ist somit verbunden mit einer Kritik an der Moderne (Industrialisierung und Urbanisierung) und der Entstehung einer entwurzelten Massengesellschaft, die mitverantwortlich ist für die Krise der 1930er Jahre und den darauf folgenden Totalitarismus. Dies bedeutet aber keinesfalls (und hier sind sich die soziologischen Ordoliberalen mit der Freiburger Schule einig), dass ein staatlicher Wohlfahrtsstaat befürwortet wird. Die soziologischen Ordoliberalen sind zwar für mehr staatliche Intervention als ihre ordoliberalen Kollegen der Freiburger Schule, warnten aber davor, dass der Wohlfahrtsstaat Menschen zu gehorsamen domestizierten Tieren reduziert „in the state's giant stables, into which we are being herded and more or less well fed" (Bonefeld 2012: 8). Dies wäre für die Ordoliberalen ein Zustand von äußerster Devitalisierung und Ausdruck spiritueller Preisgabe. Eine im Gegensatz dazu befürwortende „Vitalpolitik" (Alexander Rüstow sowie Alfred Müller-Armack), die auf die Lebenslage der Menschen abzielt, sieht vielmehr ökonomische und soziale Freiheiten garantiert durch dezentrale Mikrostrukturen von kleinen und mittleren Produktionseinheiten, verteilt in kleinen Städten und Dörfern (Sally 1996). Einig sind sich die unterschiedlichen Strömungen des Ordoliberalismus, dass eine funktionsfähige Wettbewerbsordnung die beste Sozialpolitik sei. „Aus dieser Sicht ist eine Politik sozial, die entmachtet und Freiheiten sichert" (Müller 2007: 102). Freiheit bedeutet aber nicht eine rein individualistische Orientierung als gesellschaftliche Norm, die „zu jenem bedenklichen *Individualismus* führte, der sich schließlich als gesellschaftszerstörend erwiesen hat" (Röpke zitiert nach Müller 2007: 103).

Staatliche Interventionen in Form einer „gerechtigkeitsorientierten Einkommenskorrektur" im Sinne des ethischen Universalisierungsgedankens wird auch von Walter Eucken befürwortet, in der die Verteilung von Primäreinkommen durch den Markt zwar effizient aber nicht gerecht ist. „Wer als Reicher Luxusgüter nachfragt, die nicht zur Deckung besonders dringender Bedürfnisse nötig sind, verbraucht Ressourcen, die solchen Menschen, die um ihre bloße Existenz ringen, zum Überleben benötigen" (Eucken zitiert in Müller 2007: 103). Alexander Rüstow befürwortet darüber hinaus staatliche ‚markt-konforme' Maßnahmen von Subventionen (inklusive monetäre Transfers, Trainingsprogramme) in der Landwirtschaft und kleinen Firmen, die eine strukturelle Anpassung an den Weltmarkt ermöglichen.

Wie steht nun die Soziale Marktwirtschaft des Nachkriegsdeutschlands, die mit den wirtschaftlichen Erfolgen von Ludwig Erhard[10] verbunden ist, zu den Ordoliberalen? Einerseits war Ludwig Erhard Mitglied in der Mont Pèlerin Society. Andererseits holte Erhard den zu dem soziologischen Flügel gehörenden Alfred Müller-Armack als Staatssekretär ins Ministerium für Wirtschaft, der übrigens auch den Begriff *Soziale Marktwirtschaft* prägte. Franz Böhm war unterdessen Mitglied im Bundestag und Wilhelm Röpke beeinflusste die deutsche ökonomische Debatte aus der Schweiz. Diese enge intellektuelle Verzahnung mit den Ordoliberalen findet sich wieder in den ökonomischen Reformen von 1948: der Währungsreform, der Wettbewerbsordnung gegen die vorherrschende protektionistische Kartelltradition und die Schaffung eines offenen multilateralen Welthandelssystems. In diesen Bemühungen spielte die US-amerikanische Besatzung eine unterstützende, wenn nicht sogar ausschlaggebende Rolle, da es das Ziel der Amerikaner war, „in Deutschland einen konsumfreundlichen Wettbewerbskapitalismus zu organisieren und die Macht der alten Kartelle und Syndikate, vor allem in der Ruhrindustrie zu brechen" (Berghahn 2010: 3).

Der Einfluss der Ordoliberalen in Bezug auf die *soziale Frage* in der sich konstituierenden Bundesrepublik ist unübersehbar. Für Ludwig Erhard hatten alle wirtschaftlichen Maßnahmen soziale Auswirkungen und somit stand die soziale Gerechtigkeit und soziale Sicherheit auch im Hinblick auf die Schaffung einer stabilen Demokratie im Mittelpunkt. Gerade durch die Nöte des Krieges, der vielen Kriegswitwen, Kriegsverletzten und Flüchtlinge wurde der Schutz dieser Bevölkerungsschichten eine Priorität der Erhard-Regierung. Gleichzeitig hat Erhard, wie auch die Ordoliberalen, einen bürokratischen Wohlfahrtsstaat abgelehnt. Für Erhard – wie für die Ordoliberalen – ist Sozialpolitik identisch mit der Ordnungspolitik der Wirtschaft. Vielmehr wurden die sozialen Nöte der Nachkriegszeit als vorübergehend angesehen und damit die Hoffnung verbunden, dass sich die sozialen Kosten durch den Wirtschaftsaufschwung verringern würden. Ordnungspolitik hatte somit die Aufgabe, die Mehrheit der Bevölkerung in die Marktwirtschaft zu integrieren und ein minimales soziales Sicherheitsnetz für solche, die auf der Strecke blieben, zu etablieren. Zugrunde liegt der moralische Impetus eines sozialen traditionellen Gemeinwesens, gestützt auf Normen und Werte der Selbstverantwortung, Selbsthilfe und bürgerliche Tugenden, verankert in Kirchen, Familien und Gemeinden, die gleichzeitig als Fundament für die ökonomische Ordnungspolitik fungieren

---

10   Ludwig Erhard wird allgemein dem Ordoliberalismus der Freiburger Schule zugerechnet. Berghahn weist aber drauf hin, dass in jüngsten Veröffentlichungen dies entweder abgestritten wird und Erhard entweder als Einzelkämpfer oder sogar als konzeptionsloser Politiker dargestellt wird (Berghahn 2010: 7).

(Sally 1996). Zusammenfassend hat Berghahn (2010: 8f.) vier wesentliche Aspekte der Sozialen Marktwirtschaft hervorgehoben:

1. Abkehr vom schwerindustriellen Rüstungskapitalismus hin zu einer zivilen Konsumwirtschaft
2. Kartellverbot der Oligopole und Einführung einer Wettbewerbsordnung
3. Schutz des mittelständischen Handels und Handwerks
4. Schutz der sozial Schwachen;

dazu kann als fünfter Punkt gezählt werden:

5. Stabilität des Geldes und Notenbankverfassung.

Für die Ordoliberalen ist die Preisstabilität das Primat der Wettbewerbsordnung. Somit haben die Währungstheoretiker des Ordoliberalismus den Grundstein für die politische Unabhängigkeit zuerst für die Deutsche Bundesbank gelegt, später dann für die Europäische Zentralbank. Kongruent zu einem Ordnungsrahmen kommt hinzu, dass eine gute Währungsverfassung jedoch nicht nur so konstruiert ist, „dass sie den Geldwert möglichst stabil hält, sie sollte darüber hinaus noch eine weitere Bedingung erfüllen. Wie die Wettbewerbsordnung selber sollte sie möglichst automatisch funktionieren" (Issing 2000: 2), um jeglichen interventionistischen politischen Spielraum auszuschließen.

Trotz einer der schwersten Finanz- und Bankenkrisen in der Eurozone seit den 1930er Jahren vertritt Deutschland weiterhin den Ordo-Gedanken einer weisungsunabhängigen Zentralbank, die die Geldpolitik jeglicher Diskretion handelnder Akteure versucht zu entziehen. Der von anderen Staaten wie z. B. Frankreich und Italien kritisierte automatische Ordnungsrahmen mit festen Regeln der Preisstabilität, der auch in Zeiten von Krisen nicht ausgehebelt werden darf[11] geht zurück auf das Gedankengut der Ordoliberalen der 1930er Jahre. Deshalb findet die deutsche Sparpolitik für schuldengeplagte Länder trotz wirtschaftlichen Abschwungs und hoher Arbeitslosigkeit in Ländern wie Griechenland, Portugal und Spanien eine breite Unterstützung in der deutschen politischen Klasse, unter Ökonomen (die mehrheitlich geschult sind im Ordoliberalismus),[12] Medien und der Mehrheit der Bevölkerung.

---

11   Gleichzeitig hat Deutschland als erstes Land die EU–Maastrichter Kriterien der 3-Prozent-Haushaltsdefizitgrenze 2004/2005 (sowie auch Frankreich) verletzt.
12   An deutschen Wirtschaftswissenschaften der Universitäten sind andere Strömungen wie z. B. der Keynesianismus oder die heterodoxe Ökonomie kaum vertreten. Deshalb ist es auch nicht verwunderlich, dass die einseitige Fokussierung auf Haushaltskonsolidierung (Geldwertstabilität) als Antwort auf die Eurokrise durch die ordoliberalen Berater (die fast nur aus Deutschland kommen) mit eiserner Hand vorangetrieben wird. Auch stehen viele Ministerien und die Bundesbank, durch ihre Stellenbesetzung meist aus deutschen Wirtschaftswissenschaften, dem Ordoliberalismus nahe.

6. Der „neue Neoliberalismus" des Chicagoer Laissez-faire-Liberalismus

Seit dem Zusammenbruch des Ostblocks und der Öffnung von globalen Märkten hat der Begriff „Neoliberalismus" eine zwiespältige Renaissance erfahren. In der kritischen Globalisierungsdiskussion steht der „Neoliberalismus" synonym für einen Marktfundamentalismus und Anti-Etatismus, der Freiheit auf Kosten der Gerechtigkeit verabsolutiert (Müller 2007). Das Neue des „Neoliberalismus" lässt den Glauben des Laissez-faire-Liberalismus an ein naturalistisches Marktverständnis, harmonisches Gleichgewichtsdenken und die duale Konzeption von Markt und Staat neu auferstehen, das infolge der Großen Depression von den „alten" Neoliberalen als gescheitert angesehen wurde (Plehwe 2005; Polanyi 1944/2001). Seit der Ära von Margret Thatcher und Ronald Reagan in den 1980er Jahren steht das Bild des atomisierten Individuums wieder im Mittelpunkt der Ökonomie, aber gerade diese individualistische Orientierung wurde von den alten Neoliberalen abgelehnt. Sie propagierten einen „Dritten Weg"[13], der als Norm Gerechtigkeit und Freiheit als Grundlage einer gesellschaftlichen Ordnung betont (Müller 2007). Es ist durchaus paradox, dass die heutigen Kritiker des Neoliberalismus die Kritik der Neoliberalen der 1930er Jahre aufgreifen, die sich bewusst in Abgrenzung vom Laissez-faire-Liberalismus als „neoliberal" bezeichneten (Renner 1999/2000; Young 2011).

In dieser zwiespältigen Wiederentdeckung des Neoliberalismus spielt die Neoklassik der Chicagoer Schule eine erhebliche Rolle.[14] Der teilweise dem extrem ordoliberalen Flügel zugehörende Friedrich August von Hayek, der gleichzeitig Mitbegründer des neoliberalen Kreises in Paris 1938 war und auch die Mont-Pèlerin-Gesellschaft 1947 mit vielen Weggefährten des Neoliberalismus initiierte, hat mit dem amerikanischen Ökonomen und Nobelpreisträger Milton Friedman an der Universität Chicago eine „neue wirtschaftspolitische Orthodoxie" propagiert. Die Ideen dieser Orthodoxie gewannen dann durch eine weltweite Vernetzung von quasi-wissenschaftlichen Think-Tanks an politischem und wissenschaftlichem Einfluss an Hochschulen und in den Medien (siehe dazu Plehwe et al. 2006; Walpen 2004; Schmelzer 2010; Fox Piven 1995). Die Stagflation Ende der 1970er Jahre und das Scheitern des nachfrageorientierten Keynesianismus hat maßgeblich dazu beigetragen, dass die Staatsintervention als Verzerrung des Marktgeschehens von den Marktfundamentalisten abgelehnt wurde. Im Mittelpunkt steht die radikale Freiheit der Märkte, die durch Liberalisie-

---

13 Anthony Giddens hat in vielen seiner Beiträge einen „Dritten Weg" zwischen dem Marktfundamentalismus und dem gescheiterten Sozialismus vorgeschlagen, der durchaus Parallelen zum „alten" Neoliberalismus hat.

14 Aus Platzgründen kann hier nicht auf die Österreichische Schule von Carl Menger und Ludwig von Mises eingegangen werden, die durchaus ihre intellektuellen Spuren in der Chicagoer Schule hinterlassen haben. Ludwig von Mises war der Lehrer von Friedrich August von Hayek.

rung, Deregulierung und Privatisierung von allen staatlichen Zwängen befreit, die Entfesselung der freien Marktkräfte möglich macht. „Während im Mittelpunkt der ursprünglichen Konzeption des Neoliberalismus die Erkenntnis stand, dass es eines institutionell eingebundenen Wettbewerbs bedarf, um den Wettbewerb in den Dienst der Konsumentensouveränität zu stellen, ist die aktuelle Neoliberalismus-Diskussion von der Idee eines ‚unhampered market', eines ungezügelten Marktes, wie ihn die Vertreter des ‚free-market liberalism' fordern, geprägt" (Renner 1999/2000). Der Individualismus, der von den Anti-laissez-faire-Neoliberalen aufs Schärfste abgelehnt wurde, feiert nun den Siegeszug über jegliche moralischen und ethischen Prinzipien. Zurückkehrend zu den Laissez-faire-Wurzeln des 19. Jahrhunderts und sogar in verschärfter Form wird das Primat der Ökonomie über Bereiche der Politik, Gesellschaft und Lebensbereiche als unausweichliche Tatsache propagiert.

7. Fazit

Der vorliegende Versuch, die Begriffsverwirrungen der unterschiedlichen Liberalismen zu entzerren, zeigt einerseits die porösen Grenzen dieser Schulen, andererseits aber auch eine fragwürdige wissenschaftliche Unbefangenheit, mit der diese Begriffe für diametral entgegengesetzte wirtschaftspolitische Konzeptionen verwendet werden. So wird der Begriff *Neoliberalismus* mit dem Marktfundamentalismus der Chicagoer Schule und dem angelsächsischen Laissez-faire-Liberalismus gleichgesetzt. Mit einer solchen Gleichsetzung lässt sich aber nicht die deutsche Austeritätspolitik und die Ablehnung jeglicher interventionistischer Spielräume für die Europäische Zentralbank erklären. Deutschland erntet massive Kritik von seinen Nachbarn „for its monetary policy, its inflexibility on austerity measures, its rigid legal approach to treaty change and its selfish view of trade imbalances" (Dullien/ Guérot 2012: 1). Die Verfolgung von Preisstabilität als oberstes Ziel ist aber nicht nur Parteiprogramm der konservativen Parteien, sondern wird auch mit ähnlicher Schärfe von Sozialdemokraten und Grünen eingefordert. Das politische Establishment vertraut, unterstützt von den Wirtschaftswissenschaften und der Mehrheit der Bevölkerung, auf eine Ordnungspolitik strikter Regeln für die Geld- und Fiskalpolitik, die Deutschland in aller Härte durch den „Fiskalkompakt" und eine *Schuldenbremse* auf europäischer Ebene einfordert. Dieser Ordnungsrahmen dient dazu, die Glaubwürdigkeit der Geldpolitik zu fördern und, Walter Eucken zitierend, „die Verantwortlichen nicht zum Schaden der ihr anvertrauten Aufgabe zu beeinflussen durch Unkenntnis, Schwäche gegenüber Interessengruppen und der öffentlichen Meinung und falschen Theorien" (Issing 2000: 5). Wie auch der Laissez-faire-Liberalismus schließt der Ordoliberalismus eine direkte Staatsintervention aus, aber im Unterschied zum Laissez-Faire argumentieren die Ordoliberalen, dass der Markt einen strikten Ordnungsrahmen benötigt, der Prinzipien festlegt, die automatisch die Währungsverfassung und eine allgemeine Wirtschaftsverfassung befolgen, um dadurch „mögliches Fehlverhalten der (politischen) Verantwortlichen" auszuschließen (Issing 2000: 2).

Literatur

Amato, Massimo/Fantacci, Luca 2012: The End of Finance, Cambridge: Polity Press.
Berghahn, Volker R. 2010: Ludwig Erhard, die Freiburger Schule und das ‚Amerikanische Jahrhundert', Freiburger Diskussionspapiere zur Ordnungsökonomik 10: 1, Freiburg: Walter Eucken Institut, 1–12.
Berghahn, Volker/Young, Brigitte 2013: Reflections on Werner Bonefeld's "Freedom and the Strong State: On German Ordoliberalism" and the Continuing Importance of the Ideas of Ordoliberalism to Understand Germany's (Contested) Role in Resolving the Euro Zone Crisis, in: New Political Economy.
Bonefeld, Werner 2012: Freedom and the Strong State: On German Ordoliberalism, in: New Political Economy 17: 3, 1–24
Cerny, Philip, G. 2004: Mapping Varieties of Neoliberalism, IPEG Papers in Global Political Economy No. 12, Rutgers University, Newark, 1–19.
Dullien, Sebastian/Guérot, Ulrike 2012: The Long Shadow of Ordoliberalism: Germany's Approach to the Euro Crisis, in: Policy Brief, London: European Council on Foreign Relations, Februar 2012, 1–11.
Eucken, Walter 2004: Grundsätze der Wirtschaftspolitik, 7. Auflage, Tübingen: Mohr Siebert.
Foucault, Michel 2008: The Birth of Biopolitics: Lectures at the Collège de France 1978-1979, New York: Picador/Palgrave Macmillan.
Fox Piven, Frances 1995: Is It Global Economics or Neo-Laissez-Faire, in: New Left Review, 213, 107–114.
Gill, Stephen 2000: Knowledge, Politics, and Neo-Liberal Political Economy, in: Stubbs, Richard/Underhill, Geoffrey R.D. (Hrsg.): Political Economy and the Changing Global Order, Oxford: Oxford University Press, 48–59.
Issing, Otmar 2000: Walter Eucken: Vom Primat der Währungspolitik, (Vortrag vom 17. März 2000,) Freiburg: Walter-Eucken Institut, http://www.ecb.int/press/key/date/2000/html/sp000317_2.de.html; 23.3.2000.
Kaletsky, Anatole 2011: Capitalism 4.0. The Birth of a New Economy. London: Bloomsbury
Lemke, Thomas 2001: The Birth of Bio-Politics: Michel Foucault's Lecture at the Collège de France on Neoliberal Governmentality, in: Economy and Society 30: 2, 190–207.
Linß, Vera 2007: Die wichtigsten Wirtschaftsdenker, Wiesbaden: Marix Verlag.
Müller, Christian 2007: Neoliberalismus und Freiheit – Zum sozialethischen Anliegen der Ordo-Schule, in: ORDO – Jahrbuch für die Ordnung von Wirtschaft und Gesellschaft, Stuttgart: Lucius & Lucius, 97–106.
Plehwe, Dieter 2005: Quellen des Neoliberalismus, in: WZB-Mitteilungen, Nr. 110, 25–27.
Plehwe, Dieter/Walpen, Bernhard/Neunhöffer, Gisela 2006: Introduction: Reconsidering Neoliberal Hegemony, in: dies. (Hrsg.): Neoliberal Hegemony, London: Routledge, 1–25.
Polanyi, Karl 1944 (2001): The Great Transformation: The Political and Economic Origins of Our Time, Boston: Beacon Press.
Sally, Razeen 1996: Ordoliberalism and the Social Market: Classical Political Economy from Germany, in: New Political Economy 1: 2, 233–257.

Renner, Andreas 1999/2000: „Neoliberalismus – Versuch einer Begriffserklärung", in: Neue Helvetischen Gesellschaft (Hrsg.), Jahrbuch „Die Schweiz" 1999/2000. Aarau: Sauerländer, 35–50.

Rieter, Heinz/Schmolz, Matthias 1993: The Ideas of German Ordoliberalism 1938–45: Pointing the Way to a New Economic Order, in: The European Journal of the History of Economic Thought, 1: 1, 87–112.

Roemer, John E. 1995: An Anti-Hayekian Manifesto, in: New Left Review 21, 112–129.

Röpke, Wilhelm 1979: Die Gesellschaftskrisis der Gegenwart, 6. Auflage, Bern: Haupt Verlag.

Röpke, Wilhelm 1958 (1979): Jenseits von Angebot und Nachfrage, 5. Auflage, Bern: Paul Haupt Verlag.

Schmelzer, Matthias 2010: Freiheit für Wechselkurse und Kapital. Die Ursprünge neoliberaler Währungspolitik und die Mont Pèlerin Society, Marburg: Metropolis.

Smith, Adam 2006 (1790): The Theory of Moral Sentiments, New York: Dover Publications.

Stern, Fritz 2010: Fünf Deutschland und ein Leben, München: Deutscher Taschenbuch Verlag.

Walpen, Bernard 2004: Die offenen Feinde und ihre Gesellschaft. Eine hegemonietheoretische Studie zur Mont Pèlerin Society, Hamburg: VSA Verlag.

Willgerodt, Hans 2006: Der Neoliberalismus. Entstehung, Kampfbegriff und Meinungsstreit, in: Ordo: Jahrbuch für die Ordnung von Wirtschaft und Gesellschaft, Band 57, 47–89.

Wohlgemuth, Michael (ohne Datum): F.A. Hayek und der Ordoliberalismus (Vortrag an der Universität Witten/Herdecke), Institut für Wirtschaft und Politik.

Young, Brigitte 2011: Neoliberalism, in: Badie, Bertrand/Berg-Schlosser, Dirk/Morlino, Leonardo (Hrsg.): International Encyclopedia of Political Science, Thousand Oaks, CA: SAGE, 1677–80.

Keynesianismus
Hansjörg Herr

1. Einleitung

In diesem Beitrag soll ein Überblick über die theoretischen Vorstellungen von John Maynard Keynes, der seine Hauptwerke in den 1930er Jahren schrieb, gegeben werden. Nach der Darstellung von Grundlagen wird die Rolle der aggregierten Nachfrage sowie der Löhne diskutiert. Die Betrachtung von merkantilistischen Strategien und Bemerkungen über Wirtschaftspolitik schließen den Beitrag ab. Zur Verdeutlichung der Argumente werden die Unterschiede zum neoklassischen Paradigma aufgezeigt.

2. Marktwirtschaften als instabile Systeme

Die Nationalökonomie ist durch verschiedene Paradigmen gekennzeichnet, die auf spezifischen Annahmen und Überzeugungen beruhen. Jedes dieser Paradigmen ist in der Lage, in sich konsistente Modelle zu kreieren. Empirische Untersuchungen einschließlich ökonometrischer Tests sind nicht in der Lage, eine Selektion zwischen falschen und wahren Paradigmen zu bewerkstelligen, da isolierte Experimente in der Volkswirtschaftslehre nur begrenzt möglich sind und alle Paradigmen reale Entwicklungen aus ihrer Sicht erklären können. Letztlich erlaubt nur die „Plausibilität" eines Paradigmas eine Bewertung. In diesem Beitrag werden die Grundlagen des keynesianischen Paradigmas dargestellt.

Keynes betrachtete Marktwirtschaften, oder wie er sie nannte, *Geldwirtschaften*, als instabile Systeme.[1] Sie bedürfen zu ihrer Stabilität Institutionen und einer permanent stabilisierenden Wirtschaftspolitik, etwa einer Geldpolitik, die auf aktuelle ökonomische Entwicklungen reagiert (Polanyi 1944). Die Folge der zentralen Rolle von Institutionen und Wirtschaftspolitik ist, dass es sowohl historisch als auch in

---

[1] Wenn von Marktwirtschaften gesprochen wird, dann ist die kapitalistische Ökonomie gemeint, die sich Ende des 19. Jahrhunderts als ökonomisches System durchgesetzt hat. Märkte gab es schon lange davor, jedoch haben diese in früheren Gesellschaftsformen eine untergeordnete Rolle gespielt. Insbesondere war diesen früheren Gesellschaften die Verwertung von Kapital mittels eines Geldvorschusses in Produktionsprozesse weitgehend fremd.

der gleichen historischen Zeitperiode eine Anzahl verschiedener Kapitalismustypen geben kann und auch gibt (Peck/Theodore 2007).[2] So dominierte in den 1950er und 1960er Jahren in der damaligen westlichen Welt ein relativ stark regulierter Kapitalismustypus, der unter anderem aus dem New Deal der 1930er Jahre hervorging. Das sich ab den 1970er/1980er Jahren entwickelnde marktradikale Globalisierungsprojekt ist dagegen durch schwache Institutionen und Regulierungen und eine zunehmende Instabilität gekennzeichnet (Dullien et al. 2009 und 2011). Ungenügend regulierte Kapitalismustypen drohen zwar nicht ständig zusammenzubrechen – obwohl dies beispielsweise ohne massive staatliche Eingriffe während der Großen Depression in den 1930er Jahren und in der Großen Rezession in den Jahren 2008/09 geschehen wäre – jedoch sind sie in der Regel durch hohe Arbeitslosigkeit und, gemessen an den ökonomischen Möglichkeiten, in aller Regel durch eine unbefriedigende Entwicklung gekennzeichnet. Dies steht in starkem Kontrast zu neoklassischen Vorstellungen, die in Märkten einen Mechanismus sehen, der das nutzenmaximierende Verhalten von einer riesigen Anzahl von Marktteilnehmern koordiniert und dabei bei exogen gegebener Verteilung der anfänglichen Vermögensbestände die individuelle und gesellschaftliche Wohlfahrt maximiert. Märkte und die damit verbundenen Annahmen sind wie eine unsichtbare Hand, wie es der Klassiker Adam Smith (1776) ausgedrückt hat, die zur Wohlfahrt der Nationen führen. Märkte führen grundsätzlich zu einer *pareto-optimalen* Situation: Diese ist dadurch gekennzeichnet, dass sich bei gegebener Verteilung der anfänglichen Vermögensbestände kein Wirtschaftssubjekt verbessern kann, ohne die Wohlfahrt eines anderen zu reduzieren (Pareto 1906).

Modelle in der neoklassischen Tradition knüpfen methodisch an die Newtonsche Physik an. Faktisch werden soziale Prozesse naturwissenschaftlichen Prozessen gleichgesetzt. Dies zeigt sich beispielsweise daran, dass gerade die moderne Neoklassik, die in aller Klarheit den Nukleus ihres Paradigmas auf den Punkt bringt, mit dem Postulat rationaler Erwartungen und effizienter Finanzmärkte einen naturwissenschaftlichen Zeitbegriff hat, der unterstellt, dass vergangene Prozesse mit zukünftigen Prozessen identisch sind und umgekehrt. Der Keynesianismus unterstellt dagegen einen historischen Zeitbegriff. Jeder Weg kann nur einmal gegangen werden und zukünftige Prozesse sind unbekannt und müssen keineswegs vergangenen entsprechen (Herr 2011).

Der Keynesianismus lässt sich mit den Vorstellungen von Karl Polanyi (1944) verbinden, dass Märkte eine herausragende Allokationsfunktion übernehmen und auch die Dynamik einer Ökonomie erhöhen können, dass jedoch der Marktmecha-

---

[2] Hall und Soskice (2001), welche die modernere Diskussion über Kapitalismustypen angestoßen haben, unterscheiden zwischen einem kontinentaleuropäischen und einem angelsächsischen Typus. Inzwischen hat sich die Diskussion ausdifferenziert.

nismus bei Geld und Finanzmärkten, Arbeitsmärkten und Natur versagt.[3] Diese Bereiche müssen umfassend reguliert werden, um eine befriedigende ökonomische Entwicklung zu erlauben.

3. Geldvorschuss

Keynes (1979) hob die folgende Marx'sche Kreislaufformel des Kapitals positiv hervor.[4]

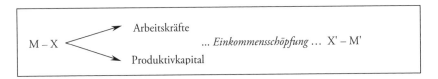

M symbolisiert den Geldvorschuss, X die zur Produktion notwendigen Waren (Arbeitskräfte und physische Produktionsmittel), X' die produzierten Waren und M' den Geldrückfluss, der durch den Verkauf der produzierten Waren realisiert wird. M' ist dabei größer als M. Nur so ergibt der Kreislauf Sinn, da kein Wirtschaftssubjekt in einer kapitalistischen Ökonomie Geld aufgeben wird, um nach einiger Zeit die gleiche Geldsumme zurückzubekommen. Die Kreislaufformel des Kapitals verdeutlicht, dass Produktion und Einkommensschöpfung nur als Resultat des Geldvorschusses in Produktionsprozessen stattfinden. Unterbleiben Geldvorschüsse in Produktionsprozesse, dann liegt der Einkommensbildungsprozess brach und die Beschäftigung ist gering; steigt hingegen der Geldvorschuss in Produktivkapital, dann steigen Beschäftigung und Einkommen. Bei vielen Unterschieden waren sich Keynes und Marx doch darin einig, dass der Kreislauf des Kapitals vielen Störungen unterworfen ist.

Wird unterstellt, dass Unternehmen mit geliehenem Geld Produktionsprozesse durchführen, dann ist der Produktionsprozess durch ein Gläubiger-Schuldner-Verhältnis eingerahmt. Dies ist typisch, da der Unternehmenssektor immer eine Nettoschuldnerstellung innehat und mit geliehenem Geld arbeitet. Eigenkapitalfinanzierung macht immer nur einen Teil der gesamten Finanzierung aus. Es kommt in diesem Fall zu einem doppelten Geldvorschuss, da ein Gläubiger einem Unternehmer Geld leiht, das dieser dann in Produktivkapital investiert. Diese Kreditaufnahme er-

---

3   Zur Regulierung der Natur bzw. zur Diskussion von ökologischen Problemen hat Keynes wenig beigetragen. Dies gilt auch für den *Postkeynesianismus* (siehe unten).

4   Die einfache Kreislaufformel findet sich bei Marx im Band I des *Kapitals*, die ausdifferenzierte im Band III (Marx 1973).

zwingt ihrerseits einen doppelten Geldrückfluss, da der Unternehmer das geliehene Geld plus Zinsen an den Gläubiger aus seinen Umsatzerlösen zurückzahlen muss. Kreditanbieter sind Finanzinstitutionen und Haushalte. Selbstverständlich können Unternehmen auch Mittel zur Verfügung gestellt werden, wenn Finanzinstitutionen und Haushalte neu emittierte Aktien von Unternehmen kaufen oder in anderer Form neues Eigenkapital zur Verfügung stellen. Zentralbanken agieren mit Banken in der Form, dass sich die Banken bei der Zentralbank refinanzieren können und dadurch Geld geschöpft wird. Dies macht das Kreditangebot zu einem komplizierten Prozess zwischen Banken, Haushalten und der Zentralbank. Einkommensbildung findet nur statt, wenn Unternehmen als Schuldner *und* Banken und Haushalte als Gläubiger zu Geldvorschüssen bereit sind *und* die Zentralbank geldpolitisch einen Kreditexpansionsprozess zulässt. Dagegen lässt sich das neoklassische Paradigma durch X – X charakterisieren, also durch den Tausch von Ware (Anfangsbestände) gegen Ware (konsumierte Endbestände). Die Logik des Wirtschaftens liegt hier nicht in der Disposition über Geld, sondern in der Bedürfnisbefriedigung durch Tausch. Selbst bei der Berücksichtigung von Produktion ändert sich an dieser Fassung nichts, da durch Produktion lediglich der Weg zwischen dem anfänglichen X und dem schließlichen X „umwegiger" wird. Letztlich wird Geld in der neoklassischen Ökonomie zu einem Schleier über einer „Realsphäre" und spielt zumindest langfristig keine Rolle. In radikalen neoklassischen Varianten ist Geld auch kurzfristig bedeutungslos. In der neoklassischen Ökonomie stehen gegebenen Ressourcen (Anfangsbeständen) unendliche Bedürfnisse gegenüber. Der Keynesianismus setzt der Neoklassik eine monetär begründete Knappheit, ausgedrückt in der Begrenzung der Geldvorschüsse beim Kreislauf des Kapitals, entgegen, die keineswegs zur vollständigen Auslastung von Ressourcen – etwa Vollbeschäftigung – führen muss. Auch im keynesianischen Paradigma kann es zu physischen Knappheiten kommen, etwa wenn alle Produktionskapazitäten ausgelastet sind und Vollbeschäftigung existiert, jedoch ist dies ein absoluter Spezialfall.

4. Unsicherheit und Geld

Ökonomische Entwicklung ist ein sozialer historischer Prozess. Dies impliziert, dass naturwissenschaftliche Analyseansätze beispielsweise in der Tradition von Isaac Newton, die im neoklassischen Paradigma verbreitet sind, nicht unmittelbar auf die Analyse sozialwissenschaftlicher und damit auch ökonomischer Phänomene übertragen werden können. Dies zeigt sich nirgends deutlicher als bei der Erfassung von Erwartungen bei ökonomischen Analysen. Ökonomisches Handeln muss also zwingend unter Unsicherheit stattfinden, da heutige Handlungen zwingend in die Zukunft reichen und sich noch über Jahrzehnte auswirken können (Keynes 1937). Man denke an die Investition eines Unternehmens in ein neues Automobilwerk oder in eine neue Technologie und die langfristige Finanzierung dieser Aktivität. Ökonomische Unsicherheit ist dadurch gekennzeichnet, dass Investitionen scheitern können, Unternehmen können zusammenbrechen und Kredite werden unter Umständen nicht bedient. Man denke aber auch daran, dass Arbeiter arbeitslos werden können und ohne eigene Reproduktionsmittel dastehen oder individuelle Ersparnisse zur Alterssicherung bisweilen durch Finanzmarktkrisen gefährdet sind.

Geld und Unsicherheit gehören bei Keynes zusammen, denn Geld bzw. Liquidität gehören zu den zentralen Instrumenten, die Wirtschaftssubjekte zum Schutz vor Unsicherheit auswählen. Das Halten von Geld bzw. Liquidität *zerstreut unsere Unruhe vor einer unsicheren Zukunft*. „Geld ist geprägte Freiheit" – wie es Fjodor Dostojewski (1860) ausdrückte. Aber *Geld wird auch zu einem eigenständigen Faktor zur Erzeugung von Unsicherheit und beinhaltet somit ein systemspezifisches Element. Wollen plötzlich alle in einer Panik Geld halten und Waren verkaufen, aber keine kaufen, entwickelt sich eine tiefe Krise.* Geld muss von Wirtschaftssubjekten akzeptiert werden; anderenfalls kann es nicht als Geld fungieren. Die Akzeptanz des Geldes hängt in erster Linie von der Erwartung ab, dass es seinen Wert erhält. Der Staat kann somit in letzter Instanz nicht gesetzlich bestimmen, welches Medium als Geld fungiert, da die Wirtschaftssubjekte im Zweifelsfall die Annahme eines diskreditierten Geldes verweigern und andere Vermögensobjekte (etwa stabile ausländische Währungen) zur Transferierung von Vermögen in die Zukunft halten. Die Frage der Stabilität eines Geldes wird selbst wiederum zu einer Quelle von Unsicherheit.

Auch mit mathematischen Modellen kann die Zukunft nicht prognostiziert werden. Keynes (1936, 1937) hat durch das Konstrukt von „animal spirits"[5], welche das Verhalten von Investoren bestimmen, Unsicherheit in seinen Ansatz integriert. Er argumentierte, dass Investitionsentscheidungen etwa in eine neue Technologie von einem Zustand des Vertrauens in die zukünftige ökonomische und gesellschaftliche Entwicklung abhängen. Der Zustand des Vertrauens ist abhängig von sozialen Prozessen und entzieht sich einer engen ökonomischen Erklärung. Aber nicht nur die Unternehmen als Schuldner folgen „animal spirits", sondern auch deren Gläubiger. Ob ein langfristiger Kredit zurückbezahlt werden kann oder nicht, entzieht sich einer objektiven Analyse und hängt ebenfalls von einem Zustand des Vertrauens ab.

Zusammenfassend lässt sich festhalten, dass die ökonomische Entwicklung als potenziell instabil angesehen werden muss, da der Geldvorschuss der Gläubiger wie auch der Unternehmen von einem Zustand der Erwartungen abhängt, der sich potenziell schnell ändern und zwischen übertriebenem Optimismus und Pessimismus

---

5 „Unternehmungslust" (Keynes 1936: 134), wie es etwas unglücklich übersetzt wurde.

schwanken kann. Der Kreislaufformel des Kapitals folgend sind damit starke Schwankungen der Produktion und der Beschäftigung verbunden. Auch Phasen langfristig pessimistischer Erwartungen sind denkbar. Damit wird die ökonomische Entwicklung Teil der gesellschaftlichen Entwicklung und umgekehrt.

5. Neoklassische Interpretation von Keynes

Keynes hat der Nachwelt keine in sich geschlossene Theorie hinterlassen – eher einen Steinbruch neuer Ideen. Dies hat dazu geführt, dass sein Werk in verschiedene Richtungen interpretiert wurde, sodass bis heute kein einheitliches keynesianisches Modell existiert. Die in den 1940er bis in die 1970er Jahren dominierende und von John Richard Hicks (1937) begründete Keynes-Interpretation und deren Weiterentwicklung zur *Neoklassischen Synthese* ist eine Mischung aus keynesianischer und neoklassischer Theorie. Dabei war die Mischung nicht gleichgewichtig. Denn die Neoklassik wurde als grundsätzlich richtiges Modell betrachtet, das die Gesetzmäßigkeiten kapitalistischer Ökonomien korrekt erfasst, während der Keynesianismus die Rolle zugeschrieben bekam, gewisse Unvollkommenheiten auf Basis des neoklassischen Modells abzuleiten. Mit dem Originalwerk von Keynes hat die Neoklassische Synthese wenig gemein, obwohl der Keynesianismus nach dem Zweiten Weltkrieg mit dieser Keynesströmung identifiziert wurde.

Die Neoklassische Synthese erlitt in den 1970er Jahren eine tiefe Niederlage. Der Monetarismus und insbesondere die Neuklassik als moderne Varianten des neoklassischen Paradigmas gewannen in Vorlesungsräumen und der wirtschaftspolitischen Beratung die Oberhand. Doch gelang der Neoklassischen Synthese in einem neuen Gewand die Wiederbelebung in der Form des Neu-Keynesianismus. Der Neu-Keynesianismus übernahm von der Neuklassik den Ansatz rationaler Erwartungen und der Mikrofundierung der Makroökonomie. Rationale Erwartungen unterstellen, dass das durchschnittliche Wirtschaftssubjekt genau die Erwartungen hat, die der Gleichgewichtslösung des Modells entsprechen. Erwartungen werden somit mit dem Ergebnis des unterstellten ökonomischen Modells identisch gesetzt und verlieren dadurch den Charakter eines unabhängigen Faktors für die ökonomische Entwicklung. Frank Hahn (1984) hat betont, dass es nur zwei Wege gibt, um Erwartungen zu modellieren. Man kann Erwartungen für die Ökonomie als exogen setzen, wie Keynes es getan hat. Dann hängt ein beachtlicher Teil der ökonomischen Dynamik an der Entwicklung der Erwartungen. Oder man kann rationale Erwartungen „herbeiflehen" (Hahn 1984: 167), um ökonomische Modelle vom Einfluss der Erwartungen zu befreien und in aller Ruhe Modelle mit Fundamentalfaktoren bauen zu können.

Bei der Mikrofundierung wird methodisch die Analyse einzelner Haushalte und Unternehmen ohne Umstände auf die Makroebene übertragen. Nach keynesianischer Sicht ist dies ein Kunstfehler. Denn das rationale individuelle Verhalten aller Wirtschaftssubjekte kann zu irrationalen makroökonomischen Ergebnissen führen. Wenn alle Geld halten wollen, was in einer Krise rational sein kann, dann kann keiner etwas verkaufen und auch keiner kann seinen Geldbestand aufbauen, aber die Krise wird tiefer. Mit keynesianischen Vorstellungen hat insbesondere der Neu-Keynesianismus, der sich als dominierender Ansatz in den USA und auch in Europa durchgesetzt hat, nur dem Namen nach etwas mit Keynesianismus zu tun. Es handelt sich bei diesen Vorstellungen um eine spezifische Variante des neoklassischen Paradigmas. Wenn folgend von Keynesianismus gesprochen wird, dann ist der Keynesianismus gemeint, der sich auf Keynes (insbesondere 1930, 1936, 1937) bezieht und Geld, die Existenz von Unsicherheit, die Rolle der Güternachfrage für Produktion und Beschäftigung sowie die Rolle der Löhne für das Preisniveau betont. Auf diese Punkte wird folgend eingegangen.

Die beschriebene Keynesinterpretation wird oftmals unter „Post-Keynesianismus" zusammengefasst, wobei das „Post" ausdrückt, dass es Weiterentwicklungen des keynesianischen Werkes gab. Als wichtige Vertreter lassen sich Davidson (1972), Minsky (1975) oder Riese (2001) nennen. Einen Überblick über den Post-Keynesianismus geben King (2002), Hein und Stockhammer (2011) und das Research Network Macroeconomics (2012); eine Einführung findet sich in Heine und Herr (2013).

6. Aggregierte Nachfrage, Produktion und Beschäftigung

Ein Unterscheidungsmerkmal zwischen Paradigmen ist die Frage, ob es auf dem Arbeitsmarkt einen Mechanismus gibt, der zu Vollbeschäftigung führt. Die Neoklassik bejaht das. Das keynesianische Paradigma ist dagegen durch eine Hierarchie der Märkte charakterisiert, mit dem Vermögensmarkt an der Spitze, dem Gütermarkt in der Mitte und dem Arbeitsmarkt an letzter Stelle (vgl. Abbildung 1).

Eines der wichtigsten Elemente keynesianischen Denkens ist das Gesetz der effektiven Nachfrage, das aussagt, dass die Güternachfrage das Produktionsvolumen bestimmt. Die makroökonomische Güternachfrage besteht aus der Investitionsnachfrage (Maschinen etc.) seitens der Unternehmen, der Konsumnachfrage der privaten Haushalte, der Nachfrage des Staates und der Nettonachfrage des Auslandes, also die Differenz zwischen Exporten und Importen.

Abbildung 1: Die Hierarchie der Märkte im keynesianischen Paradigma

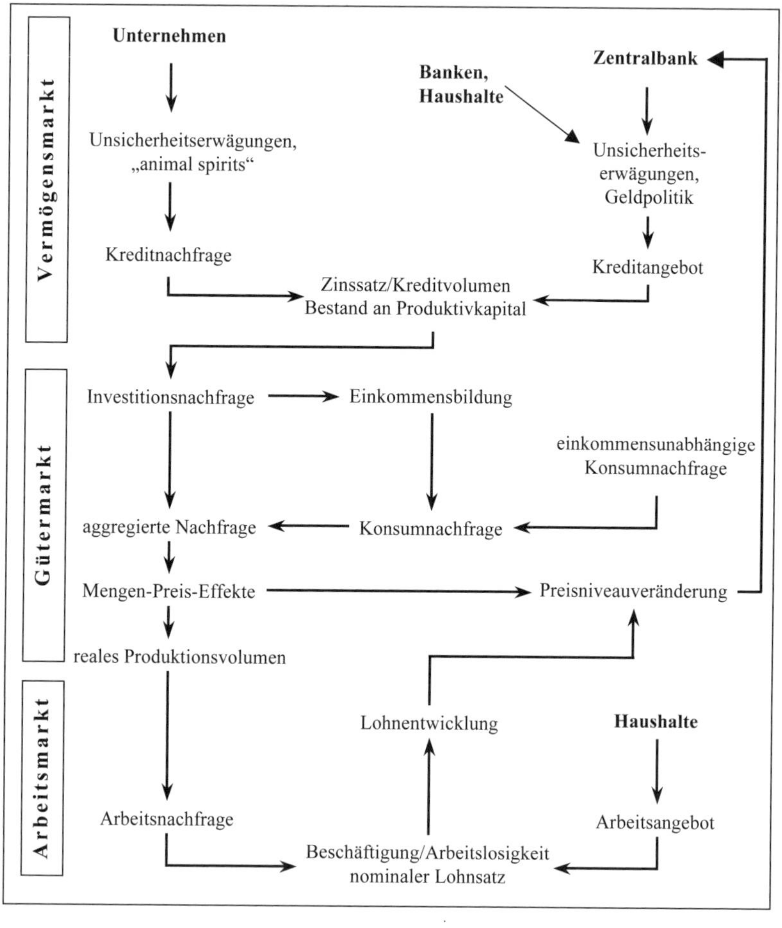

Quelle: Heine und Herr 2013: 344

Die Investitionsnachfrage ist das wichtigste Scharnier zwischen dem Vermögens- und Gütermarkt. Sie führt zur Produktion und damit zur Einkommensbildung, die ihrerseits die Konsumnachfrage anregt. Die Konsumnachfrage wiederum hat Rückwirkungen auf die Produktion von Konsumgütern und somit auf die Einkommensbildung. Zwischen der Erhöhung der Investitionsnachfrage, dem daraus entstehenden

Einkommen, der Konsumnachfrage und der Erhöhung der Produktion gibt es somit einen multiplikativen Prozess. Es versteht sich von selbst, dass nur bei unausgelasteten Kapazitäten und Arbeitslosigkeit die aggregierte Nachfrage das Produktionsvolumen bestimmt. Bei vollständig ausgelasteten Kapazitäten bzw. Vollbeschäftigung und der Unmöglichkeit der Erhöhung der Produktion treibt eine steigende Nachfrage das Preisniveau in die Höhe. Es hängt somit von der spezifischen Situation auf dem Gütermarkt ab, ob Änderungen der aggregierten Nachfrage zu Mengen- und/oder Preisniveaueffekten führen. Zwischen der Investitionsnachfrage, welche die Produktionskapazitäten verändert, und den anderen Nachfragekomponenten muss es somit eine bestimmte Proportion geben, damit eine stabile Entwicklung möglich ist. Dies ist durch den Marktmechanismus nicht garantiert.

Auch andere Nachfragekomponenten, beispielsweise die Konsumnachfrage, hängen vom Zinssatz und der Verfügbarkeit von Krediten ab. Die Nachfrage nach Immobilien, die in aller Regel über Kredite finanziert werden, kann stark auf die aggregierte Nachfrage einwirken und auch zu destabilisierenden Immobilienblasen führen. Die Konsumnachfrage hängt zentral von der Einkommens- und Vermögensverteilung ab. Eine Zunahme der Ungleichheit lässt eine geringere Nachfrage erwarten, da die Reichen prozentual weniger von ihren Einkommen konsumieren als die Armen.

Auf dem Arbeitsmarkt erhöht sich die Nachfrage nach Arbeit, wenn das Produktionsvolumen steigt. Wenn es zu einer Erhöhung der Arbeitsproduktivität aufgrund technologischer Verbesserungen oder einer Intensivierung der Arbeit kommt, dann steigt die Nachfrage nach Arbeit geringer als die Erhöhung des Outputs. Das Arbeitsangebot hängt von der arbeitsfähigen Bevölkerung und einer Vielzahl gesellschaftlicher Faktoren ab. In gewissem Umfang spielt auch die Lohnhöhe eine Rolle für das Arbeitsangebot. Ob der Umfang der Produktion ausreicht, der gegebenen arbeitsfähigen und -willigen Bevölkerung Beschäftigungsmöglichkeiten zu bieten, ist ungewiss. Unfreiwillige Arbeitslosigkeit ist nicht nur möglich, sondern historisch der Normalzustand in kapitalistischen Ökonomien.

7. Löhne, Preisniveau und Verteilung

Löhne spielen trotz der untergeordneten Stellung des Arbeitsmarktes bei der Bestimmung der Beschäftigung eine wichtige Rolle. Es sind in erster Linie die Lohnkosten, die zumindest in einer geschlossenen Ökonomie das Preisniveau und dessen Veränderung bestimmen (Keynes 1930). Denn auch der Preis der im Produktionsprozess eingesetzten Kapitalgüter hängt wesentlich von Lohnkosten ab. Neben Löhnen gibt es noch andere Kostenfaktoren, welche das Preisniveau verändern können.

Hier ist an die Preisentwicklung von Rohstoffen und Lebensmitteln zu denken, an Änderungen im Steuersystem oder eine Abwertung, welche die Importpreise erhöht. Keynes geht von einer Lohnstückkosten-Preisniveau-Spirale aus, die jedoch nicht von den Löhnen angestoßen wird. Eine Überschussnachfrage auf dem Gütermarkt bei ausgelasteten Kapazitäten oder steigende Rohstoffpreise können beispielsweise die Reallöhne senken und zu Lohnforderungen führen, die dann die Inflation weiter anheizen. Sinkende Lohnkosten sind noch problematischer als zu stark steigende, da sinkende Kosten zu einer Deflation führen, welche die Ökonomie in eine Stagnation oder gar eine kumulative Abwärtsspirale wie in den 1930er Jahren reißen kann. Für die Lohnentwicklung bedeutet dies, dass sie sich am gesamtwirtschaftlichen Produktivitätsfortschritt plus der Zielinflationsrate orientieren sollte. Steigt die gesamtwirtschaftliche Produktivität um 2 % und ist die Zielinflationsrate der Zentralbank ebenfalls 2 %, dann sollte sich das nominelle Lohnniveau um 4 % erhöhen. Sind Lohnerhöhungen zu hoch, wird früher oder später die Zentralbank auf den Plan treten und die inflationäre Entwicklung durch restriktive Geldpolitik bekämpfen, die zu sinkendem Wachstum und Arbeitslosigkeit führt. Bei deflationärer Lohnentwicklung wird die Zentralbank den Zinssatz senken. Dies geht allerdings nur bis zum nominellen Zinssatz von Null, so dass es der Zentralbank im Unterschied zu Inflationsbekämpfung misslingen kann, eine Deflation zu stoppen.

Wird das Preisniveau wesentlich durch die Kosten bestimmt, dann kann es nicht mehr die Geldmenge sein, die Inflationen und Deflationen erklärt. Die Zentralbank setzt ihren Refinanzierungszinssatz für Banken fest, wie sich die Geldmenge entwickelt, hängt von den Kalkülen der Banken, Unternehmen etc. ab.[6]

Eine Konsequenz der obigen Analyse ist, dass die funktionale Einkommensverteilung zwischen Löhnen und Profiten nicht über eine Erhöhung des nominellen Lohnniveaus verändert werden kann. Denn Versuche der Erhöhung der Lohnquote über Lohnerhöhungen führen zu Inflation und nicht zur Umverteilung. Schließlich sind Unternehmen bei Lohnerhöhungen, wie bei einer Erhöhung der Ölpreise oder der Mehrwertsteuer, immer am längeren Hebel und können höhere Kosten überwälzen. Dies bedeutet nicht, dass die funktionale Einkommensverteilung nicht verändert werden kann. Es bedeutet nur, dass Lohnpolitik für diesen Zweck nicht das geeignete Instrument ist.

---

[6] Keynes (1936, 1937) unterstellte, wie auch der neoklassische Monetarismus (die Quantitätstheorie des Geldes), dass die Geldmenge exogen durch die Zentralbank gegeben ist. Allerdings stellte Keynes keine Verbindung zwischen der Geldmenge und dem Preisniveau her. Die Geldmenge wird, so sein Argument, von den Haushalten gehalten, die je nach ihren Erwartungen Unternehmen finanzieren oder Geld horten.

Keynes ging davon aus, dass alle Werte durch Arbeit geschaffen werden.[7] Jedoch erzwingt der Vermögensmarkt eine Profitrate (Keyncs 1936, Kap. 16 und 17). Da das Halten von Geld bzw. Liquidität in einer unsicheren Welt einen Vorteil bringt, den Keynes in der Form einer Liquiditätsprämie (in Prozent) ausdrückt, können der Zinssatz und die Profitrate niemals unter die Liquiditätsprämie fallen, welche die Mindestverwertung angibt. Der Zinssatz erzwingt wie ein Kostenfaktor einen Profitaufschlag. Letzterer ist nicht objektiv bestimmt, sondern hängt unter anderem von der Macht der Agierenden im Finanzsystem ab. Steigende Profitaufschläge und ein steigender Anteil der Profite an der Einkommensschöpfung während der letzten Jahrzehnte sind in erster Linie in einer radikalen Shareholder-Value-Orientierung des Managements und der gestiegenen Macht der Finanzmärkte zu suchen, die Unternehmen zu einer kurzfristigen Profitmaximierung mit allen Mitteln drängen (Hein/Stockhammer 2011; Herr 2010). Die Neoklassik vertritt auch hier eine gänzlich andere Sicht. Bei ihr wird jeder Produktionsfaktor nach seiner (Grenz-)Produktivität entlohnt. Arbeit, Kapital und Boden erhalten jeweils ihren Teil an der Wertschöpfung entsprechend ihrem Beitrag an der physischen Produktion.[8]

8. Merkantilismus

Merkantilismus war die verbreitete ökonomische und wirtschaftspolitische Doktrin vom 15. bis zum 18. Jahrhundert, die der Idee folgte, dass ein Land einen Handelsbilanzüberschuss und Goldzuflüsse anstreben sollte.[9] In moderner Auslegung kann unter Merkantilismus die Strategie eines Landes verstanden werden, durch Steigerung der Exportüberschüsse die inländische Nachfrage nach Gütern und damit Produktion und Beschäftigung zu erhöhen. Keynes (1936: 262ff.) hat dem Merkantilismus in seinem Hauptwerk ein ganzes Kapitel gewidmet und argumentierte, dass das Anstreben einer positiven Handelsbilanz für das Inland vorteilhaft ist, aber gleichzeitig für andere Länder negativ. Paul Samuelson (1964), der in den USA wichtigste Vertreter des Keynesianismus in den ersten Jahrzehnten nach dem Zweiten Weltkrieg betonte, dass in einer Situation der Arbeitslosigkeit alle Argumente der klassischen Merkantilisten Bestand haben.

---

7   Keynes vertritt an diesem Punkt die gleiche Meinung wie die Klassiker (z. B. Adam Smith, David Ricardo) und Karl Marx.

8   Die Grenzproduktivitätstheorie der Verteilung gilt nur bei der Existenz eines Kapitalgutes in der Ökonomie bzw. gleichen Kapitalintensitäten in allen Branchen und der Unterstellung konstanter Skalenerträge. Beide Annahmen sind in der Realität nicht gegeben.

9   Die Handelsbilanz erfasst den Export und Import von physischen Gütern. International gehandelte Dienstleistungen (Tourismus, Transportleistungen, Versicherungsleistungen etc.) können hier zur Handelsbilanz gezählt werden.

Über zwei Kanäle kann ein Handelsbilanzüberschuss, der insbesondere über steigende Exporte und Behinderung von Importen entsteht, Vorteile verschaffen.[10] Exportüberschüsse sind erstens ein Teil der aggregierten Nachfrage. Ein steigender Exportüberschuss erhöht wie andere Nachfragekomponenten unmittelbar die inländische Nachfrage und Produktion. Zweitens führen Handelsbilanzüberschüsse in der Tendenz zu niedrigen inländischen Zinssätzen, da dadurch Abwertungserwartungen der inländischen Währung sowie Währungskrisen unwahrscheinlich werden, die beide andernfalls zu hohen Zinssätzen führen. Niedrige Zinssätze regen die Investitionstätigkeit und andere zinsabhängige Nachfragekomponenten an und erhöhen dadurch die inländische Nachfrage.

Merkantilistische Strategien versuchen, inländische Probleme auf Kosten anderer Länder zu lösen. Erhöht sich bei steigenden Exporten der Exportüberschuss, dann erhöht dies, wie ausgeführt, bei unausgelasteten Kapazitäten und Arbeitslosigkeit im Inland Produktion und Beschäftigung. Länder mit hohen Exportüberschüssen, wie z. B. auch Deutschland, lösen ihre inländischen Beschäftigungsprobleme auf Kosten anderer Länder. Denn die außenwirtschaftlichen Ungleichgewichte der Welt addieren sich zwingend zu Null. Steigende Importüberschüsse reduzieren das inländische Wachstum in den Defizitländern, zumindest wenn keine binnenwirtschaftlichen Nachfragekomponenten das ausländische Nachfrageloch stopfen.

Länder können gezielt Politiken verfolgen, um Leistungsbilanzüberschüsse zu erzeugen. Um solche Strategien zu verstehen, muss beachtet werden, dass einem Leistungsbilanzüberschuss ein Nettokapitalexport und einem Leistungsbilanzdefizit ein Nettokapitalimport gegenübersteht.[11] Das wichtigste Instrument eines Landes mit eigener Währung zur Erzeugung eines Leistungsbilanzüberschusses (Handelsbilanzüberschusses) besteht darin, eine Unterbewertung der eigenen Währung durch strategische Kapitalexporte anzustreben. Dies kann dadurch geschehen, dass die inländische Zentralbank auf dem Devisenmarkt ausländische Währungen kauft und dadurch einen Kapitalexport betreibt.[12] Selbst Entwicklungshilfekredite können als Mittel zur Aufrechterhaltung einer Unterbewertung dienen. Innerhalb eines Währungsraumes kann eine Region durch eine unterdurchschnittliche Lohnstück-

---

10 Es ist wichtig, dass der Handelsbilanzüberschuss nicht über sinkende Importe aufgrund einer Krise im Inland entsteht. Denn dann ist ein Handelsbilanzüberschuss kein Ausdruck einer wachsenden Ökonomie.

11 Die Leistungsbilanz umfasst neben der Handelsbilanz die Dienstleistungsbilanz, die Einkommensbilanz (Dividenden, Zinsen etc.) und internationale Transfers. Ein Leistungsbilanzüberschuss erhöht die internationale Nettovermögensposition eines Landes, ein Leistungsbilanzdefizit vermindert sie.

12 China ab Ende der 1990er Jahre ist dafür ein gutes Beispiel (Herr 2009), aber auch Deutschland und Japan nach dem Zweiten Weltkrieg verfolgten diese Strategie.

kostenentwicklung andere Regionen in Leistungsbilanzdefizite treiben. Aber auch in diesem Fall müssen entsprechende Kapitalströme von der Überschuss- in die Defizitregion fließen. Länder mit hohen Leistungsbilanzüberschüssen werden zu Störfaktoren der Weltwirtschaft, denn sie drängen andere Länder in Außenhandelsdefizite und eine außenwirtschaftliche Überschuldungsposition, die deren Wachstum bremst und zu Währungskrisen führt. Verfolgen viele Länder eine merkantilistische Strategie, dann leidet darunter die weltwirtschaftliche Stabilität und letztlich das weltwirtschaftliche Wachstum. Merkantilistische Strategien können auch für das merkantilistische Land selbst schädlich sein. Dies kann der Fall sein, wenn das weltwirtschaftliche Wachstum unter merkantilistischen Strategien leidet und dadurch die Exportchancen der merkantilistischen Länder reduziert werden. Dies kann jedoch auch dann der Fall sein, wenn das merkantilistische Land zwar über Außenhandelsüberschüsse seine Nachfrage erhöht, jedoch die inländischen Nachfragekomponenten stagnieren. Denn Politiken zur Exportförderung sind oftmals mit einer Kostensenkung in Form der Schaffung von Niedriglohnsektoren oder der Schaffung prekärer Arbeit verbunden. Dies reduziert dann die inländische Nachfrage und führt trotz hoher Exportüberschüsse nicht zu hohem Wachstum.[13]

Aus diesen Gründen plädierte Keynes (1942) für ein international reguliertes Währungs- und Finanzsystem, das merkantilistische Strategien von Ländern unterbindet. Er forderte als Verhandlungsführer Großbritanniens bei den Beratungen über das Währungs- und Finanzsystems der Nachkriegszeit in dem US-amerikanischen Dörfchen Bretton Woods während der Endphase des Zweiten Weltkriegs ein Währungssystem mit stabilen, aber anpassungsfähigen Wechselkursen. Ein wichtiges Element seines Vorschlags war ein Zwangsmechanismus, der sowohl Leistungsbilanzdefizit- als auch Leistungsbilanzüberschussländer zu Politiken zum Ausgleich der Leistungsbilanz zwingt. Auch meinte er, dass ein solches System mit internationalen Kapitalverkehrskontrollen verbunden sein muss, sowie einer starken internationalen Organisation bedarf – einer Clearing Union, wie er diese nannte – die zudem ein internationales Reservemedium (den Bancor) für Zentralbanken zur Verfügung stellen sollte (vgl. zur Regulierung der internationalen Ebene auch Herr 2001a). Das dann etablierte Bretton-Woods-System, welches ein wichtiges Element des Wirtschaftswunders nach dem Zweiten Weltkrieg nicht nur in Deutschland wurde, allerdings 1973 endgültig zerbrach, hat teilweise seine Vorstellungen realisiert.

---

13   Deutschland nach dem Beginn der Europäischen Währungsunion im Jahre 1999 steht exemplarisch für diesen Fall (vgl. die Fallstudie in Herr/Kazandziska 2011).

9. Wirtschaftspolitische Schlussfolgerungen

Der Keynesianismus führt zu einem gänzlich anderen Verhältnis zwischen Markt und Staat bzw. Markt und gesellschaftlicher Kontrolle und Regulierung als das neoklassische Paradigma, das den Markt als stabiles sich selbst regulierendes System sieht. Keynes hat sich in seinem Werk explizit für ein weitgehend reguliertes Kapitalismusmodell ausgesprochen (vgl. Keynes 1926, 1936). Zwei Dimensionen spielen eine Rolle: Ordnungspolitik und Verlaufspolitik. Ordnungspolitik im neoklassischen Sinne betont die liberalen Prinzipien der Wirtschaftspolitik, wie die Garantie der Eigentumsrechte, Rechtssicherheit, Wettbewerbspolitik, Bereitstellung bestimmter öffentlicher Güter (Infrastruktur, Forschung, Bildung) und ähnliche Rahmensetzungen, wobei in modernen Varianten auch ökologische Rahmensetzungen wie Handel mit Umweltzertifikaten etc. eine Rolle spielen. Verlaufspolitik ist in der Neoklassik sekundär, da der Markt grundsätzlich zu Stabilität und Vollbeschäftigung führt.

Ordnungspolitik schließt im Keynesianismus nicht nur den in der Neoklassik betonten Ordnungsrahmen ein, sondern wird umfassender verstanden. Eine kapitalistische Ökonomie bedarf aufgrund ihrer potenziellen Instabilität einer breiten Palette von Institutionen und Regulierungen, die sich wie ein Korsett um die Ökonomie legen, um so die Instabilitätspotenziale einer unregulierten kapitalistischen Ökonomie zu begrenzen. Ein zentrales Element einer keynesianischen Ordnungspolitik besteht in der Produktion von Stabilität und Sicherheit, wobei Sicherheit in vielen Dimensionen von Stabilität abhängt. Die Schaffung von Rechtssicherheit, welche die Neoklassik betont, ist dabei nicht ausreichend. Notwendig sind sicherheitsstiftende Institutionalisierungen wie beispielsweise die Regulierung von Finanzmärkten, ein Wechselkurssystem mit stabilen Kursen und ein ausgebautes gesetzliches Alters- und Gesundheitssystem. Von besonderer Bedeutung für die Erzeugung von Stabilität und Sicherheit sind langfristige Lohnkontrakte, welche die Löhne gerade nicht je nach Beschäftigungssituation schwanken lassen. Daher sollte Ordnungspolitik kollektive Lohnvereinbarungen politisch und gesetzgeberisch beispielsweise durch Allgemeingültigkeitserklärungen von Tarifverträgen, Zwangsmitgliedschaften der Unternehmen in Unternehmerverbänden oder gesetzliche Mindestlöhne unterstützen.

Für den Keynesianismus ist eine relativ gleiche Einkommensverteilung notwendig, um eine ausreichende, auf Einkommen basierende Konsumnachfrage zu garantieren, ohne die eine prosperierende Entwicklung schwer möglich ist. Post-keynesianische Autoren argumentieren, dass nach der Großen Rezession ohne eine radikale Veränderung der Einkommensverteilung eine neue Prosperität in den entwickelten Ländern unwahrscheinlich ist, da das kreditfinanzierte Konsummodell (einschließlich Immobilien), welches die Nachfrageschwäche aufgrund der gestiegenen Ungleichheit in der Verteilung des verfügbaren Einkommens in vielen Ländern der Welt ausgeglichen hat, angesichts der Krise der Finanzmärkte ab 2007 schwer zu beleben sein dürfte (vgl. unter den vielen einschlägigen Beiträgen Hein 2012; Palley 2012; Dullien et al. 2011; Herr/Kazandziska 2011). Schon Kuznets (1955) hat verdeutlicht, dass ohne wirtschaftspolitisches Gegensteuern Vermögende aus marktendogenen Gründen immer schneller reich werden. Hat sich erst einmal eine ungleiche Einkommens- und Vermögensverteilung herausgebildet, dann verstärkt sich die Ungleichheit kumulativ, da hohe Einkommensbezieher trotz hohen Konsums immer mehr sparen können und ihr Vermögen beschleunigt wächst. Auch die Lohnstruktur, die sich rein marktmäßig ergibt, führt zu einer Lohnspreizung, die auf der einen Seite sehr hohe Löhne generiert, die nicht durch Leistung erklärt werden können, und auf der anderen Seite zu sehr niedrigen Löhnen, die zu Armut führen. Kurz: der Staat muss ordnungspolitisch in die Einkommens- und Vermögensverteilung eingreifen, um eine langfristig prosperierende Ökonomie zu fördern und zudem die soziale Kohärenz der Gesellschaft nicht zu gefährden.

Verlaufspolitik versucht unmittelbar die Wachstumsrate des Bruttoinlandsproduktes (BIP), die Beschäftigung, die Inflationsrate etc. kurz- bis mittelfristig zu beeinflussen. Hier spielt die Zinspolitik als wichtigstes Instrument der Zentralbank eine entscheidende Rolle. Da entlang der historischen Zeitachse permanent endogene und exogene Störungen die Stabilität der ökonomischen Entwicklung gefährden, muss die Zentralbank ihren Refinanzierungszinssatz der aktuellen ökonomischen Situation anpassen, also bei Arbeitslosigkeit das Wachstum mit niedrigen Zinssätzen anregen und bei einer zu hohen Inflationsrate mit steigenden Zinssätzen drosseln. Geldpolitik wird somit trotz der unbestrittenen Rolle von wissenschaftlicher Erkenntnis immer auch eine Kunst bleiben, die auf Wahrnehmung, Geschicklichkeit und Intuition beruht. Eine strikt regelgebundene Geldpolitik, wie von der Neoklassik vorgeschlagen, wird vom Keynesianismus abgelehnt.

Über Fiskalpolitik beeinflussen öffentliche Haushalte das BIP-Wachstum. Fiskalpolitik hat in konjunkturellen Krisen mit schrumpfender privater Nachfrage die Funktion, die aggregierte Nachfrage zu stabilisieren. Bei konjunkturellen Überhitzungen sollten öffentliche Haushalte dämpfend auf die Nachfrage einwirken. Staatliche Güterkäufe können direkt zur Beeinflussung der Güternachfrage eingesetzt werden. Über Veränderungen im Steuersystem, staatliche Transferzahlungen oder Subventionen können jedoch auch die anderen Nachfragefaktoren beeinflusst werden. Häufig wird bei öffentlichen Diskussionen keynesianische Wirtschaftspolitik in erster Linie mit Fiskalpolitik verbunden. Keynes hat Fiskalpolitik jedoch nicht ins Zentrum seiner wirtschaftspolitischen Empfehlungen gestellt. Für ihn war Geldpolitik von entscheidender Bedeutung (vgl. beispielsweise die einschlägigen Ausführungen in Keynes 1930, 1936).

Mit der Neoklassischen Synthese und dem Neu-Keynesianismus können im Unterschied zur Neoklassik eine aktive Geld- und Fiskalpolitik begründet werden, da der Marktmechanismus nach der Sicht dieser Ansätze gestört sein kann oder schlicht zu lange braucht, um zum neoklassischen Gleichgewicht zu kommen. An diesem Punkt ziehen alle Keynesvarianten grundsätzlich an einem Strang. Fiskalpolitik kommt bei laufend steigender Staatsverschuldung am BIP an seine Grenzen, da eine hohe Schuldenquote bei ökonomischen Schocks die öffentlichen Haushalte destabilisieren kann, in aller Regel negative Verteilungseffekte hat, da die oberen Einkommensempfänger die Nutznießer staatlicher Zinszahlungen sind, und der politische Gestaltungsspielraum schwindet. Bei der langfristigen Leistungsfähigkeit der Fiskalpolitik herrscht jedoch innerhalb der Post-Keynesianer Uneinigkeit.

Es wäre auf alle Fälle unangemessen, Verlaufspolitik auf Geld- und Fiskalpolitik zu begrenzen. Für Keynes (1936) gab es zwei zentrale Bausteine des Nachfragemanagements. Der erste Baustein besteht in einer ausreichend hohen Konsumneigung. Eine relativ ausgeglichene Einkommensverteilung hat, wie oben ausgeführt, die Funktion, den Massenkonsum ohne Verschuldung der Haushalte auf hohem Niveau zu halten. Der zweite Baustein besteht in der Steuerung der Investitionsnachfrage. Keynes (1936: 275) befürwortete „eine sozial geleitete Investitionsrate" zur Erreichung eines hohen Beschäftigungsstandes. Dies impliziert einen großen Unternehmenssektor, der nicht der privaten Investitionslogik unterliegt, also staatliche und halbstaatliche Unternehmen auf allen Ebenen, Wohnungsbaugesellschaften, Genossenschaften und ähnliche Eigentumsformen. Zu dem Vorschlag gehört auch ein öffentlicher Bankensektor wie Sparkassen und Genossenschaftsbanken und Förderbanken, die spezifische Investitionen finanzieren. Zudem sollten vom Staat umfassend öffentliche Güter in den Bereichen Ausbildung, Forschung, Massenverkehr etc. angeboten werden (Keynes 1926).

Als letzter zentraler Bereich der Makrosteuerung bleiben Preisniveauänderungen. Eine niedrige Inflationsrate und die Abwesenheit von Deflation haben einen hohen Stellenwert für die Stabilität einer Ökonomie. Da die Nominallohnentwicklung wesentlich die Preisniveauentwicklung bestimmt, ist eine Lohnentwicklung wünschenswert, die mittelfristig zu einer niedrigen Inflationsrate führt. An dieser Stelle kommt Lohnpolitik ins Spiel, die sich an der gesamtwirtschaftlichen mittelfristigen Produktivitätsentwicklung und der Zielinflationsrate der Zentralbank (oder einer niedrigen Inflationsrate) orientieren sollte. Individuell ausgehandelte Löhne oder Lohnverhandlungen auf Betriebsebene können zu destabilisierenden Lohnentwicklungen führen. Zu fördern sind starke Gewerkschaften und Arbeitgeberverbände, gesetzliche Mindestlöhne und alle Regelungen, die zu einer makroökonomisch rationalen Lohnentwicklung beitragen.

Zusammenfassend sieht der Keynesianismus den Kapitalismus als instabiles System, das unreguliert zu äußerst negativen Ergebnissen führt. Die Vision, zumindest von Keynes, war ein reguliertes Marktsystem mit stabilisierenden Institutionen, einem großen staatlichen Sektor, einer aktiven staatlichen Verlaufspolitik und einer regulierten Globalisierung. Nachfragemanagement ist nicht alles. Produktivitätserhöhungen durch technologischen Fortschritt bleiben die Quelle wachsenden Wohlstands. Die Konkurrenz zwischen Unternehmen zur Erzielung von Technologierenten bleibt ein positives Element von Marktwirtschaften zur Produktivitätserhöhung – auch wenn die grundlegende Entwicklung der Technologie allein schon aus ökologischen Gründen gesellschaftlich entschieden werden muss. Technologierenten waren für Keynes (1936) für die Entwicklung von Ökonomien funktional, arbeitsloses Renteneinkommen wie Zinsen und Dividenden sah er als funktionslos an. Er prognostizierte in regulierten Marktsystemen gar die Euthanasie des Rentiers. Arbeitszeitverkürzung wurde als ein wichtiges Element reifer Industrieländer angesehen, um das Beschäftigungsproblem nicht nur über Wachstum lösen zu müssen.[14]

Literatur

Davidson, Paul 1972: Money and the Real World, London: Macmillan.
Dostojewski, Fjodor 1860 (deutsch 2005): Aufzeichnungen aus einem Totenhaus, Berlin: Berliner Wissenschafts-Verlag.
Dullien, Sebastian/Herr, Hansjörg/Kellermann, Christian 2009: Der gute Kapitalismus – und was sich dafür nach der Krise ändern müsste, Bielefeld: Transfer Verlag.
Dullien, Sebastian/Herr, Hansjörg/Kellermann, Christian 2011: Decent Capitalism, London: Pluto Press.
Hall, Peter A./Soskice, David 2001: An Introduction to Varieties of Capitalism and Institutional Complementarities in the Macroeconomy: An Empirical Analysis, in: Hall, Peter. A./Soskice, David (Hrsg.): Varieties of Capitalism: The Institutional Foundations of Comparative Advantage, Oxford: Oxford University Press, 1–68.
Hahn, Frank 1984: Die allgemeine Gleichgewichtstheorie, in: Bell, Daniel/Kristol, Irving: Die Krise der Wirtschaftstheorie, Berlin: Springer, 154–174.
Hein, Eckhard 2012: The Macroeconomics of Finance-Dominated Capitalism – and its Crisis, Cheltenham: Edward Elgar.
Hein, Eckhard/Stockhammer, Engelbert 2011: A Modern Guide to Keynesian Macroeconomics and Economic Policies, Cheltenham: Edward Elgar.
Heine, Michael/Herr, Hansjörg 2013: Volkswirtschaftslehre. Paradigmenorientierte Einführung in die Mikro und Makroökonomie, 4. Auflage, München: Oldenbourg Verlag.

---

14 Zur umfassenderen wirtschaftspolitische Debatte im Rahmen des Post-Keynesianismus vgl. Dullien et al. (2009 und 2011).

Herr, Hansjörg 2009: Global Imbalances and the Chinese Balance of Payments, in: Intervention. European Journal of Economics and Economic Policy 6: 1, 44–52.
Herr, Hansjörg 2010: Shareholder-Value als Leitbild unternehmerischer Verantwortung?, in: Meyer, Susanne/Pfeifer, Bernd (Hrsg.): Die Gute Hochschule. Ideen, Konzepte und Perspektiven. Festschrift für Franz Herbert Rieger, Berlin: Edition Sigmar, 265–280.
Herr, Hansjörg 2011: Money. Expectations, Physics and Financial Markets – Paradigmatic Approaches in Economic Thinking, in: Ganßmann, Heiner (Hrsg.): New approaches to monetary theory: Interdisciplinary perspectives, Abingdon: Routledge, 212–236.
Herr, Hansjörg 2011a: International Monetary and Financial Architecture, in: Hein,Eckhard/Stockhammer,Engelbert (Hrsg.): A Modern Guide to Keynesian Macroeconomics and Economic Policies, Cheltenham: Edward Elgar, 267–294.
Herr, Hansjörg/Kazandziska, Milka 2011: Macroeconomic Policy Regimes in Western Industrial Countries, Routledge: London.
Hicks, John R. 1937: Mr Keynes and 'the Classics': A Suggested Interpretation, Econometrica, 5: 2, 147–159.
Keynes, John M. 1926 (1972): The End of Laissez-faire. The Collected Writings of John Maynard Keynes, IX, Basingstoke: Macmillan, 272–294.
Keynes, John M. 1930: Vom Gelde, Berlin: Duncker und Humblot.
Keynes, John M. 1936: Allgemeine Theorie der Beschäftigung, des Zinses und des Geldes, Berlin: Duncker und Humblot.
Keynes, John M. 1937: The General Theory of Employment. Quarterly Journal of Economics 51: 209–223.
Keynes, John M. 1942 (1980): Proposal for an international clearing union. The Collected Writings of John Maynard Keynes, XXV, Basingstoke: Macmillan, 168–196.
Keynes, John M. 1979: Towards the General Theory. Collected Writings of John Maynard Keynes, London: Macmillan.
King, John E. 2002: A History of Post Keynesian Economics Since 1936, Cheltenham: Edward Elgar Publishing.
Kuznets, Simon 1955: Economic Growth and Income Inequality, in: The American Economic Review 45: 1, 1–28.
Marx, Karl 1973: Das Kapital (Bd. I 1867, Bd. III 1894). Marx-Engels-Werke, Bd 23–25. Berlin: Dietz Verlag.
Minsky, Hyman P. 1975 (1990): John Maynard Keynes, Marburg: Metropolis.
Palley, Thomas I. 2012: From Financial Crisis to Stagnation: The Destruction of Shared Prosperity and the Role of Economics, New York: Cambridge University Press.
Pareto, Vilfredio 1906 (1971): Manual of Political Economy, New York: Augustus M. Kelley.
Peck, Jamie/Theodore, Nick 2007: Variegated Capitalism, in: Progress in Human Geography 31: 6, 731–772.
Polanyi, Karl 1944 (1977): The Great Transformation. Politische und ökonomische Ursprünge von Gesellschaften und Wirtschaftssystemen, Wien: Europaverlag.
Research Network Macroeconomics 2012: Buchreihe mit bisher 15 Büchern von 1998 bis 2012, Marburg: Metropolis.
Riese, Hajo 2001: Grundlegungen eines monetären Keynesianismus. Ausgewählte Schriften 1964–1999, Marburg: Metropolis.
Samuelson, Paul A. 1964: Theoretical Notes on Trade Problems, in: *The Review of Economics and Statistics* 46: 2, 145–154.
Smith, Adam 1776 (1974): Über den Wohlstand der Nationen: Eine Untersuchung über seine Natur und seine Ursachen, München: Beck Verlag.

Rational Choice
Thilo Bodenstein

1. Einleitung[1]

Im Zentrum des Rational-Choice-Ansatzes der Internationalen Politischen Ökonomie (IPÖ) stehen zwei Fragestellungen: Wann und weshalb öffnen sich Staaten für globale Marktintegration? Und wie beeinflusst globale Marktintegration die Präferenzordnung von Individuen, Firmen, Sektoren und Regierungen? Die zentrale Grundannahme der Rational-Choice-IPÖ ist dabei die Existenz eines Verteilungskonflikts zwischen Gewinnern und Verlierern der Integration. Im Zentrum meines Beitrags stehen die Themenfelder Handels- und Kapitalverkehrsliberalisierung. Dabei konzentriere ich mich auf die Darstellung der an *Rational Choice* orientierten Studien.

Die Rational-Choice-IPÖ als Forschungsdisziplin findet ihren Ursprung in den 1960er und 1970er Jahren. Zu dieser Zeit hatte das *General Agreement on Tariffs and Trade* (GATT) die globale Handelsverflechtung durch multilaterale Zollsenkungen erheblich vorangebracht. Gleichzeitig erschütterte der Untergang des auf dem Bretton-Woods-System basierenden Währungssystems (Eichengreen 1996) und der Ölpreisschock das internationale Wirtschaftssystem. Die Politisierung internationaler Wirtschaftsbeziehungen rückte somit als Forschungsgegenstand der Rational-Choice-IPÖ in den Vordergrund.

Vorläufer der Rational-Choice-IPÖ waren die Dependenz- sowie die Hegemoniale Stabilitätstheorie (Lake 2009). Nachhaltig geprägt haben die Disziplin jedoch Interessengruppenansätze (Schattschneider 1935; Kindleberger 1951). Diese frühen Studien zur Rolle von Interessengruppen bei der Formulierung von Handelspolitik gaben die Richtung der zukünftigen Modellbildung in der Rational-Choice-IPÖ vor, indem sie gesellschaftliche Präferenzen aus der ökonomischen Theorie ableiteten und bei der politischen Aggregation der Präferenzen die Rolle von Institutionen einbezogen. Der Beitrag stellt die theoretischen Grundlagen dieser Entwicklung vor und zeigt exemplarisch anhand der Politikfelder Handels- und Kapitalverkehrsliberalisierung die gegenwärtige Debatte innerhalb der Rational-Choice-IPÖ auf. Der folgen-

---

[1] Ich danke Maria Behrens, Achim Kemmerling, Thomas Sattler und Joscha Wullweber für ihre Kommentare.

de Abschnitt diskutiert deren theoretische Grundlagen. Abschnitt drei demonstriert die Anwendung theoretischer Modelle im Bereich der innerstaatlichen Determinanten von Handels- und Kapitalverkehrsliberalisierung. Der vierte Abschnitt zeigt, wie die Rational-Choice-IPÖ den Einfluss internationaler Faktoren analysiert. Abschnitt fünf stellt neuere Entwicklungen innerhalb des Ansatzes vor.

2. Rationale Entscheidung, Spieltheorie und Handelstheorie

Die theoretischen Fundamente der Rational-Choice-IPÖ liegen im Forschungsprogramm der Theorie der rationalen Entscheidung, der Spieltheorie und der Handelstheorie der Neoklassik. Rationale Entscheidung wurde in die Politikwissenschaft u. a. durch die Arbeit von Arrow (1951) integriert. Die Theoriebildung des Forschungsprogramms geht vom Individuum[2] aus, insofern es Annahmen über individuelle Präferenzordnungen und die rationale Umsetzung von Präferenzordnungen trifft. Phänomene auf sozialer Ebene sind demnach Konsequenzen individueller rationaler Interaktionen. Rationalität bedeutet innerhalb des Forschungsprogramms lediglich, dass Individuen a) ihre Präferenzen kennen und ordnen können, b) die Präferenzordnung transitiv, d. h. in sich nicht widersprüchlich ist und dass Individuen c) aus einer Liste von Alternativen so wählen, dass der Erwartungsnutzen ihrer Präferenzen maximiert wird (Austen-Smith 2006).[3]

Die Theoriebildung der Rationalen Entscheidung ist deduktiv. Sie bildet theoretische Modelle nicht aus empirischen Beobachtungen, sondern leitet sie vielmehr aus Annahmen ab. Eine bis heute gültige Zusammenfassung der epistemologischen Grundlagen stammt von Friedman (1953). Demnach ist Ziel der Modellbildung die Entdeckung von Gesetzmäßigkeiten, nicht die Erklärung des Einzelfalls. *Rational-Choice*-Modelle basieren auf Annahmen, die Teilbereiche eines Modells zusammenfassen und die Bedingungen festlegen, unter denen eine Theorie valide ist. Für die Modellbildung des *Rational Choice* ist die Realitätsnähe abstrakter Modellannahmen nicht erforderlich, solange theoretische Präzision und empirische Vorhersagekraft der Modelle hinreichend hoch ist.

Individuen aggregieren ihre Präferenzen zu gesellschaftlichen Präferenzen durch interdependente Entscheidungen, welche die *Rational-Choice*-Theorie oft mithilfe der

---

2   ‚Individuum' / Der Begriff Individuum / ist breit konzipiert. Es kann sich um Personen, Firmen, Sektoren, Regierungen etc. handeln.

3   Eine kritische Auseinandersetzung mit dem Forschungsprogramm des *Rational Choice* findet sich in Green/Shapiro (1994). Zur Diskussion der Stärken von *Rational Choice* vgl. Dür (2012).

Spieltheorie analysiert.[4] Innerhalb der Spieltheorie wird zunächst zwischen kooperativen und nicht-kooperativen Spielen unterschieden. In kooperativen Spielen können die Beteiligten bindende Absprachen treffen. Dies ist freilich in den meisten empirischen Fällen der Rational-Choice-IPÖ nicht möglich, womit der nicht-kooperativen, strategisch ausgerichteten Spieltheorie ein größeres Gewicht zukommt. Weiterhin wird zwischen vollständiger und unvollständiger Information unterschieden. In Spielen mit vollständiger Information kennt ein Individuum alle potenziellen Handlungen und deren Ergebnisse, welche die anderen Beteiligten wählen können, womit die Konsequenzen eigener Handlungen vorhersehbar sind. Bei unvollständiger Information sind Handlungen und Ergebnisse einiger Beteiligter private Information und nicht allen bekannt. Die Ergebnisse eigener Handlungen sind daher auch nicht mehr vorhersagbar. Nicht-kooperative Spiele unter unvollständiger Information sind gut in der Lage, Verteilungskonflikte zu konzeptualisieren und dominieren daher die Rational-Choice-IPÖ (Lake/Powell 1999).

Die Rational-Choice-IPÖ modelliert die Aggregation individueller Präferenzen zu einer gesellschaftlichen Präferenzordnung indirekt, über Institutionen vermittelt. Der Rational-Choice-Institutionalismus (Hall/Taylor 1996) ist somit ein weiteres Fundament der Rational-Choice-IPÖ. Er unterscheidet sich vom historischen oder soziologischen Institutionalismus durch das Akteursbild, das Individuen als Nutzenmaximierer konzipiert und von dieser Annahme aus das Ergebnis strategischer Interaktionen deduktiv ableitet. Institutionen sind somit das Ergebnis strategischer Interaktionen. Wichtig für die institutionalistische Perspektive der Rational-Choice-IPÖ sind der Effekt institutioneller Vetospieler (Tsebelis 2002)[5], glaubwürdige Selbstverpflichtung (*credible commitment*) in internationalen Verhandlungen (Schelling 1960) sowie der Einfluss von Wahlsystemen und Wahlkreisgrößen auf die Aggregation von Präferenzen (Rogowski 1987), wie im Verlauf dieses Beitrags zu zeigen sein wird.

Ein drittes Fundament der Rational-Choice-IPÖ ist die internationale Handelstheorie, mit deren Hilfe individuelle Präferenzen abgeleitet werden. Die beiden wichtigsten Modelle zur Vorhersage der Verteilungswirkungen von Handelsintegration ist das auf dem *Heckscher-Ohlin-Modell* aufbauende *Stolper-Samuelson-Modell* sowie das *Ricardo-Viner-Modell (RV-Modell)*. Beide Modelle basieren auf dem Theo-

---

4   Die Spieltheorie modelliert Situationen interdependenter strategischer Entscheidungen. Das Ergebnis individueller Handlungen (‚Auszahlungen' einer Handlungsstrategie) hängt dabei von den Handlungen weiterer beteiligter Individuen ab. Ziel der Spieltheorie ist somit die Analyse rationaler Strategien von Akteuren unter bestimmten Interaktionsbedingungen (McCarty/Meirowitz 2007).

5   Die Vetospielertheorie analysiert den Einfluss von Vetospielern im politischen Entscheidungsprozess. Vetospieler sind dabei politische Akteure, denen formelle oder informelle institutionelle Vetomacht zukommt (Tsebelis 2002).

rem der komparativen Vorteile, wonach ein Land sich auf denjenigen Produktionsfaktor spezialisiert, mit welchem es reichlich ausgestattet ist (Leamer 1995). Faktoren sind dabei Land, Arbeit und Kapital, wobei Kapital in der modernen Version des Modells neben Investitionskapital sowohl entwickelte Technologie, als auch hochausgebildete Arbeiter (*high skill labour*) umfasst. Der Faktor Arbeit bezeichnet wenig ausgebildete Arbeiter (*low skill labour*). Reichliche Ausstattung mit einem Faktor ist relativ und bezieht sich auf die Ausstattung im Vergleich zu anderen Faktoren innerhalb eines Landes. Ein westliches Industrieland ist beispielsweise reichlich mit dem Faktor Kapital im Vergleich zu den Faktoren Land und Arbeit ausgestattet. Es spezialisiert sich demnach auf die Produktion kapitalintensiver Güter, wohingegen Schwellenländer sich auf die Produktion arbeitsintensiver Güter (oder Agrarprodukte und Rohstoffe) spezialisieren, da sie reichlich mit dem Faktor Arbeit (oder Land) ausgestattet sind. Komparative Vorteile sind daher nicht mit absoluten Vorteilen zu verwechseln – letztere bedeuten einen Vorteil im Vergleich zu anderen Ländern, wohingegen komparative Vorteile sich nur auf die Faktorausstattung innerhalb eines Landes beziehen.

Freihandel bringt nun ökonomische Gewinner und Verlierer hervor. Nach Stolper/Samuelson (1941) entfallen Gewinne aus Freihandel auf den reichlich vorhandenen Faktor, wohingegen die knappen Faktoren durch Handelsöffnung verlieren. In entwickelten Industrieländern gewinnen demnach nicht nur der Faktor Kapital, sondern auch hochqualifizierte Arbeiter durch Freihandel, wohingegen geringqualifizierte Arbeiter verlieren. Das in der Literatur auch als Heckscher-Ohlin-Samuelson (HOS) bezeichnete Modell geht von freier Faktormobilität zwischen Sektoren aus. Diese Annahme muss aber nicht zutreffen. Faktoren sind oft sektorspezifisch. Maschinen der Textilindustrie können nicht ohne Weiteres für die Herstellung von Computern verwendet werden. Spezialisten in der Stahlindustrie können nicht leicht eine neue Stelle in der Biotechnologie finden. Das sektorspezifische RV-Modell (Viner 1937) nimmt daher sektorale Immobilität an und modelliert die Verteilungsgewinne zwischen exportorientiertem und heimischem (*income competing*) Sektor. Sowohl Eigentümer des Faktors Kapital als auch Eigentümer des Faktors Arbeit innerhalb des exportorientierten Sektors sollten Freihandel bevorzugen, wohingegen beide Faktoren im heimischen Sektor für Handelsprotektion stimmen.

Die Rational-Choice-IPÖ speist sich also hauptsächlich aus drei Quellen – Spieltheorie, Institutionalismus und Freihandelstheorie. Diese drei Richtungen kommen in den jeweiligen Debatten der Rational-Choice-IPÖ unterschiedlich zur Geltung. Ihr jeweiliger Beitrag wird in den thematisch unterteilten Abschnitten beleuchtet. Zentrale Themen der Rational-Choice-IPÖ waren zunächst Handels- und Kapitalverkehrspolitik von Staaten. Hier sind die innenpolitischen Prozesse sowie internationale Koordination Gegenstand der Forschung. Aber die Rational-Choice-IPÖ hat sich in weitere Felder fortentwickelt, die im fünften Abschnitt andiskutiert werden.

3. Innerstaatliche Determinanten der Handels- und Kapitalverkehrspolitik

Eines der traditionellen Themenfelder der Rational-Choice-IPÖ sind Handels- und Kapitalverkehrspolitik. In diesem Abschnitt zeige ich, wie die Rational-Choice-IPÖ die Rolle von Interessengruppen und Institutionen bei der Liberalisierung von Handel und Kapital versteht. Tarifäre und nicht-tarifäre Handels- und Kapitalverkehrsbarrieren sind in den vergangenen Jahrzehnten erheblich zurückgegangen. Vor allem nach dem erfolgreichen Abschluss der Uruguay-Runde 1994 vollzog sich ein *rush to free trade* (Rodrik 1994), der auch zahlreiche Entwicklungsökonomien einbezog (Martin 2005) und ab den 1990er Jahren auch die ehemals sozialistischen Staaten erfasste (Bodenstein et al. 2003).[6] Kapitalverkehrsoffenheit ist durch einen ähnlichen Trend gekennzeichnet. Erst ab den 1970er Jahren liberalisierten die westlichen Industrienationen – angefangen mit den Vereinigten Staaten und gefolgt von Großbritannien – ihre Kapitalverkehrsregime (Eichengreen 1996).

Die Rational-Choice-IPÖ stellt sich somit die Frage, unter welchen Voraussetzungen Länder ihre Handels- und Kapitalverkehrsregime öffnen. Ein erster Debattenstrang befasst sich dabei mit den innerstaatlichen Determinanten der Öffnung. Zunächst muss aber die Frage gestellt werden, wer überhaupt Handelsliberalisierung unterstützt. Die Antwort auf diese Frage hilft zu verstehen, wie die Verteilungseffekte von Freihandel tatsächlich anfallen. Das HOS-Modell sowie das RV-Modell geben darauf jeweils unterschiedliche Antworten. Scheve/Slaughter (2001) untersuchen Umfragedaten und finden heraus, dass Respondenten mit höherem Humankapital (gemessen als Bildungsabschluss) eher für Freihandel sind als weniger ausgebildete. Sie interpretieren dieses Ergebnis im Sinne des HOS-Modells. Mayda/Rodrik (2005) finden hingegen zusätzlich zur empirischen Bestätigung des Faktorenmodells auch Evidenz für das sektorspezifische RV-Modell. Beaulieu et al. (2005) analysieren Umfragedaten aus lateinamerikanischen Ländern, von denen viele reichlich mit dem Faktor Arbeit ausgestattet sind. Interessanterweise finden sie keinen Hinweis darauf, dass wenig ausgebildete Respondenten mehr für Freihandel sind als gut ausgebildete, was das HOS-Modell ja prognostiziert. Unter welchen Bedingungen

---

6 Handelsoffenheit bemisst sich nicht nur an der Höhe von Zöllen. Nicht-tarifäre Handelshemmnisse sind oft bedeutend und schwer zu quantifizieren. Sachs/Warner (1995) haben einen ersten Versuch unternommen, Handelsoffenheit mit einem Dummy-Indikator zu messen. Martin (2004) hat einen komplexeren Indikator für Entwicklungsländer entwickelt. In zahlreichen Studien wird allerdings der Handelsquotient (der Anteil der Importe und Exporte am BSP) als näherungsweise Variable für die Handelsoffenheit eines Landes verwendet.

das HOS- oder das RV-Modell Verteilungswirkungen korrekt abbilden, bleibt daher noch Gegenstand der Forschung.

Die Analyse von Handelspräferenzen gibt noch keine Auskunft darüber, unter welchen Bedingungen Regierungen ihre Handelsregime liberalisieren. Interessengruppenansätze untersuchen die Nachfrageseite nach Handelspolitik. Rogowski (1989) verbindet das HOS-Modell mit Interessengruppentheorien und argumentiert, dass je nach Faktorausstattung eines Landes Handelsliberalisierung zu Klassenkonflikten oder zu Stadt-Land-Konflikten (*urban-rural*) führt, was wiederum Handelspolitik beeinflusst. Hiscox (2002) zeigt anhand von Daten aus Industrieländern des 19. und 20. Jahrhunderts, wie Interessengruppen sich über den Zeitverlauf sowohl sektor-, als auch faktorspezifisch organisieren können, abhängig von der intersektoralen Mobilität von Kapitalbesitzern und Arbeitern.

Politische Entscheidungsträger können bestimmte Interessengruppen bevorzugen, andere wiederum benachteiligen. Zufällig geschieht diese Auswahl nicht. Institutionelle Vetospieler beeinflussen die Durchsetzungsfähigkeit bestimmter Handelspolitiken in der politischen Agenda. Rogowski (1987) argumentiert, dass Demokratien mit großen Wahlkreisen und Verhältniswahlrecht für Handel offener sind, da der Einfluss protektionistischer Lobbygruppen abnimmt. Nach Rodrik (1994) wurde Handelsliberalisierung in Entwicklungsländern dort erfolgreich umgesetzt, wo Regierungen in diesem Politikfeld institutionell vom üblichen Politikbetrieb isoliert waren. In den Industrieländern fanden Handelsliberalisierungen jedoch dann statt, wenn der Isolierungsgrad von Regierungen gering war und die Präferenzen von Lobbygruppen und Politikern konvergierten (Mansfield/Busch 1995). Auch für die postsozialistischen Transformationsstaaten zeigen Bodenstein/ Schneider (2006), dass Vetospieler den Handlungsspielraum für Handelsreformen erweiterten, indem sie *rent-seeking* erschwerten.

Ein weiterer institutioneller Einflussfaktor ist die Struktur des Parteiensystems. Stark polarisierte oder fragmentierte Parteiensysteme stabilisieren den protektionistischen Status quo und machen Handelsreformen weniger wahrscheinlich (Haggard/Kaufman 1995). Ebenso verringern institutionell blockierte Regierungen (*devided government*) die Wahrscheinlichkeit liberaler Handelsreformen (Milner/Rosendorff 1996).

Die Rational-Choice-IPÖ hat die Rolle innerstaatlicher Akteure und Institutionen auch bei der Liberalisierung des Kapitalverkehrs untersucht.[7] Um die Verteilungseffekte von Kapitalverkehrsliberalisierung zu verstehen, schlagen Rogows-

---

7   Zur Messung von Kapitalverkehrsoffenheit hat die Literatur zwei Ansätze entwickelt / weist die Literatur zwei Ansätze aus – regulative sowie Verhaltensindikatoren. Eine Diskussion unterschiedlicher Indikatoren bieten Quinn et al. (2011). Basierend auf den *Annual Reports on Exchange Rate Arrangements and Exchange Restrictions* des Internationalen Währungsfonds (IWF) haben

ki (1989) und Frieden (1991) ein Modell in Anlehnung an das Sektorenmodell der Handelstheorie vor. Sie unterscheiden zwischen den Faktoren Arbeit, mobiles Kapital und gebundenes Kapital. Arbeit wird als immobiler Faktor angenommen. Mobiles Kapital sind Portfolioinvestitionen, gebundenes Kapital hingegen Investitionen in Produktionsanlagen, Land und andere Sachwerte, die nicht leicht transferierbar sind. In Ländern, die reichlich mit dem Faktor Kapital ausgestattet sind, wirkt sich die Liberalisierung des Kapitalverkehrs negativ auf den Faktor Arbeit aus, weil heimisches Kapital nun auch im Ausland investiert werden kann. Besitzer von mobilem Kapital gewinnen, da sie nun außerhalb des Landes investieren können. Besitzer gebundenen Kapitals hingegen verlieren, da sich bei freiem Kapitalverkehr ihre Kreditkosten erhöhen.

Haggard/Maxfield (1996) analysieren Liberalisierungsepisoden und kommen dabei zu dem Ergebnis, dass zwar Interessengruppen eine Rolle spielten, aber eher internationale Wettbewerbsfaktoren zu Liberalisierung führten. Das auf Interessengruppen basierende Rogowski-Frieden-Modell reicht zur Erklärung nicht aus. Die Rational-Choice-IPÖ muss daher besser verstehen, wie individuelle Präferenzen bezüglich Kapitalverkehrsliberalisierung entstehen.

Der Effekt von Institutionen auf Kapitalverkehrsliberalisierung wird hauptsächlich in Hinblick auf die Rolle von Demokratie diskutiert. Nach dem Rogowski-Frieden-Modell sollten kapitalarme Demokratien dem Druck des Faktors Arbeit nachgeben und den Kapitalverkehr liberalisieren, wohingegen in kapitalreichen Demokratien Regierungen Kapitalrestriktionen befürworten, um dem Faktor Arbeit entgegenzukommen. Die Ergebnisse mehrerer Studien sind jedoch uneinheitlich. Milner/Mukherjee (2009) zeigen, dass Demokratie ursächlich für Liberalisierung in kapitalarmen Ländern war. Garrett (2000) findet hingegen keinen Zusammenhang zwischen beiden Variablen. Ein Grund für die widersprüchlichen Ergebnisse kann darin liegen, dass Wähler die Effekte von Kapitalverkehrsliberalisierung nicht genau verstehen (Brooks/Kurtz 2007) oder das Thema bei Wahlen keine Rolle spielt (Helleiner 1994).

Die Vetospielertheorie und die Rolle von Parteien fanden auch Eingang in die Debatte zu Kapitalverkehrsliberalisierung. So finden Alesina et al. (1994) eine positive Korrelation zwischen der Anzahl von Vetospielern und der Wahrscheinlichkeit von Liberalisierung. Brooks/Kurtz (2007) argumentieren, dass in lateinamerikanischen Ländern die Fragmentierung politischer Autorität Regierungen von den politischen Folgen einer Kapitalverkehrsliberalisierung isolierte und somit Reformen erleichterte. Mukherjee/Singer (2010) zeigen hingegen, dass eine höhere Anzahl von

---

Bodenstein et al. (2003) einen Offenheitsindikator für die Transformationsländer und Martin (2005) für Entwicklungsländer vorgeschlagen.

Vetospielern die Wahrscheinlichkeit einer Liberalisierung senkt. Wie kommen diese Widersprüche zustande? Ein Grund dafür müssen die unterschiedlichen Präferenzen von Vetospielern sein, die noch genauer zu untersuchen sind (Tomz 2012). Nach dem Rogowski-Frieden-Modell sollte in kapitalarmen Ländern der Faktor Arbeit von einer Liberalisierung profitieren. Soweit linke Parteien die Interessen des Faktors Arbeit vertreten, müssten diese auch in kapitalarmen Ländern für Kapitalverkehrsliberalisierung eintreten. Die Forschung kann das jedoch nicht uneingeschränkt bestätigen. Mukherjee/Singer (2010) zeigen, dass rechte Regierungen in Entwicklungsländern Kapitalverkehrsliberalisierung vorantreiben. In kapitalreichen Ländern wurde der Kapitalverkehr jedoch auch eher unter rechten Regierungen liberalisiert (Kastner/Rector 2005), was das Rogowski-Frieden-Modell vorhersagt, soweit rechte Regierungen eher die Interessen des Faktors Kapital als die des Faktors Arbeit vertreten. Garrett (2000) kommt für diese Ländergruppe allerdings zu dem Ergebnis, dass Liberalisierung eher unter linken Regierungen erfolgte. Ein Grund für die widersprüchlichen Ergebnisse kann wiederum in undeutlichen Wählerpräferenzen bezüglich Kapitalverkehrsliberalisierung liegen.

Kapitalverkehrsliberalisierung wird offenbar nicht im selben Ausmaß durch die Faktoren determiniert, die die Rational-Choice-IPÖ für Handelsliberalisierung als ausschlaggebend identifiziert hat. Beide Politikfelder unterliegen abweichenden politisch-ökonomischen Mechanismen. Wie genau heimische Interessengruppen und Institutionen auf Kapitalverkehrsliberalisierung einwirken, bedarf noch weiterer Untersuchungen.

4. Internationale Determinanten der Handels- und Kapitalverkehrspolitik

Um die Schwierigkeiten reziproker Handelsöffnung deutlich zu machen, verwendet die Rational-Choice-IPÖ das Gefangenendilemma-Spiel der Spieltheorie. Demnach können zwei Länder gemeinsam Wohlfahrtsgewinne erzielen, wenn sie kooperieren und beide ihre Handelshemmnisse abbauen. Aber jedes Land hat einen starken Anreiz zu einseitigem Protektionismus, um für sich noch höhere Wohlfahrtsgewinne zu erzielen, solange das andere Land Protektionismus abbaut. Obwohl in dieser Spielsituation Kooperation zu größeren Wohlfahrtsgewinnen für beide Länder führt, wird Kooperation aufgrund des Anreizes zu einseitiger Kooperationsverweigerung nicht zustande kommen. Zwar ist für Handelsökonomen Protektionismus ein Rätsel (Krugman 1997), doch bleibt Handels- und Kapitalverkehrsoffenheit eben aufgrund des Gefangenendilemma-Spiels für die Rational-Choice-IPÖ erklärungsbedürftig. Die hegemoniale Stabilitätstheorie (HST) verstand das liberale Handelsregime vor dem Ersten Weltkrieg als eine Folge der Hegemonie Großbritanniens, dasjenige nach dem Zweiten Weltkrieg als Folge der Hegemonie der USA. Beide Hegemonialmächte verhinderten im spieltheoretischen Sinne das unkooperative Interaktionsgleichgewicht des Gefangenendilemmas, bei welchem Offenheit nicht zustande kommen kann (Lake 1993).

Internationale Institutionen können das Kooperationsproblem des Gefangenendilemmas lösen. Erstens stellen sie Informationen über das Verhalten beteiligter Länder bereit, wodurch das nicht-kooperative Interaktionsgleichgewicht vermieden werden kann. Zweitens bietet das GATT/WTO-System institutionalisierte Streitbeilegungsmechanismen an. Drittens ermöglichen internationale Institutionen Regierungen die glaubhafte Selbstbindung gegenüber Vertragspartnern (*credible commitment* [Schelling 1960]). Die institutionellen Charakteristiken des GATT/WTO-Systems erleichtern beispielsweise die glaubhafte Bindung von Regierungen, indem kleine Abweichungen von der kooperativen Lösung nicht sofort im nicht-kooperativen Interaktionsgleichgewicht enden. Regionale Handelsabkommen haben daher oft größere Bedeutung als *Commitment*-Instrument denn zur Ausweitung des Handels. So zeigen Hicks/Kim (2012) anhand von 50 regionalen Handelsabkommen in Asien, dass die Mehrzahl dieser Abkommen solche *Commitment*-Instrumente sind, in denen sich Regierungen selbst verpflichten.

Zur Lösung des Gefangenendilemmas ist vor allem das Streitschlichtungsverfahren (*Dispute Settlement Understanding* – DSU) der WTO von Bedeutung. Die Flexibilität des DSU führt zwar zu kurzfristig geringerer Kooperation, indem es Staaten die zeitweise Suspendierung von Vertragsverpflichtungen erlaubt, erhöht aber gerade dadurch die langfristige Stabilität und Kooperationsfähigkeit des internationalen Handelssystems (Rosendorff 2005). Aus spieltheoretischer Perspektive ist wichtig, dass die WTO und das DSU auf Dauer angelegt sind, was den Zeithorizont des Gefangenendilemma-Spiels in die Zukunft verlängert. Axelrod (1984) hat nachgewiesen, das gerade durch Verlängerung des Zeithorizonts das kollektiv suboptimale Interaktionsgleichgewicht des Gefangenendilemmas vermieden werden kann, da bei wiederholten Spielen die Möglichkeit der Bestrafung nicht-kooperativen Verhaltens besteht. Auch die Anwendung der *Tit-for-Tat*-Regel zur Lösung des Gefangenendilemmas funktioniert nur, wenn klar ist, welches die Regeln sind, was nicht-kooperatives Verhalten darstellt, wie Regelverstöße festgestellt werden und wie mit unterschiedlichen Interpretationen umgegangen wird. Diese Rahmenregeln stellt die WTO als Institution zur Verfügung.

Die Frage ist freilich, ob das DSU auch die Machtunterschiede zwischen großen Handelsnationen und Entwicklungsländern ausgleicht. Busch/Reinhardt (2003) argumentieren, dass das DSU den Entwicklungsländern vor allem hilft, ein Verfahren anzustrengen, nicht aber zu gewinnen. Beunruhigender ist die Tendenz der

Streitbeilegung zwischen starken und schwachen Mitgliedsländern gänzlich außerhalb des DSU (Sattler/Bernauer 2011). Eine neue Entwicklung ergibt sich mit dem parallelen globalen System bi- und plurilateraler Freihandelsabkommen, welches die Auswahl der jeweils günstigeren Streitbeilegungsverfahren (*forum shopping*) ermöglicht (Busch 2007). Hier stellt sich die Frage nach Machtunterschieden innerhalb des globalen Handelssystems, die innerhalb der Rational-Choice-IPÖ systematischer untersucht werden sollten.

Die Bedeutung des GATT/WTO-Systems für die Beseitigung von Handelsbarrieren ist nicht umstritten, da es hilft, das Gefangenendilemma zu lösen. Ob der Internationale Währungsfonds (IWF) zentral für die Beseitigung von Kapitalverkehrskontrollen war, ist hingegen fraglich. Ein Grund dafür ist, dass der internationale Kapitalverkehr erst gar nicht einem Gefangenendilemma entspricht. Anders als bei internationalem Handel haben Regierungen einen starken Anreiz, unilateral Kapitalverkehrskontrollen abzubauen, um die internationale Wettbewerbsfähigkeit ihrer Finanzsektoren zu sichern, wie beispielsweise im Fall der Kapitalverkehrsliberalisierung Großbritanniens (Helleiner 1994). Andere Länder lernen von ihren Nachbarn oder müssen im Zuge des Wettbewerbs dann nachziehen (Elkins et al. 2006).

Zwar wird der Konditionalitätenkatalog des IWF oft als ursächlich für Kapitalverkehrsliberalisierung in Ländern unter IWF-Programmen angesehen, doch zeigen Abiad/Mody (2005), dass Liberalisierungsepisoden kaum mit IWF-Programmen in Zusammenhang stehen. Mukherjee/Singer (2010) vermuten, dass Regierungen den IWF vielmehr als Sündenbock nutzen, um den Wählerzorn umzulenken. Die Rolle des IWF bei Kapitalverkehrsliberalisierung ist innerhalb der Rational-Choice-IPÖ nicht abschließend geklärt und bleibt Gegenstand weiterer Forschung. Die Bedeutung internationaler Organisationen bei der Liberalisierung von Kapitalverkehr ist jedenfalls geringer als im Bereich Handel. Die unterschiedliche spieltheoretische Struktur von Handels- und Kapitalverkehrspolitik schlägt sich somit nicht nur in der unterschiedlichen Rolle internationaler Institutionen nieder, sondern wirkt auch auf die heimischen Politikprozesse in beiden Bereichen ein. Hierin liegt eine der Ursachen für die im vorherigen Abschnitt festgestellte Divergenz in beiden Bereichen.

5. Weiterführende Themen

Der Forschungsansatz der Rational-Choice-IPÖ hat sich mittlerweile von den Kernthemen Handel und Kapital in zahlreiche andere Forschungsthemen weiterentwickelt. Theoretisch und empirisch ertragreich sind dabei Studien, die Handel und Kapital als unabhängige Variablen auffassen und deren Auswirkung auf politische Institutionen und Prozesse analysieren. Hat beispielsweise ökonomische Globalisierung die Welt auch demokratischer gemacht? Przeworski et al. (2000: 78ff.) verneinen dies. Hadenius (1992) sieht allerding einen positiven Zusammenhang zwischen Handelsöffnung und Demokratie, da höhere Wachstumsraten aufgrund von Handel die Rahmenbedingungen für Demokratisierung verbessern. Kapital- und Handelsoffenheit kann Demokratie fördern, indem sie die Möglichkeiten des *rent-seeking* autoritärer Regime reduzieren (Maxfield 2000). Autoritäre Eliten können ihr Vermögen bei Offenheit auch leichter im Ausland diversifizieren, wodurch sie die Umverteilungseffekte einer Demokratisierung weniger fürchten und eher zu Reformen bereit sind (Freeman/Quinn 2012).

Für demokratische Staaten interessiert sich die Rational-Choice-IPÖ, inwieweit Regierungen die Verlierer von Freihandel durch einen größeren Wohlfahrtsstaat kompensieren. Der positive Zusammenhang zwischen Offenheit und Größe des Wohlfahrtsstaats wurde schon von Cameron (1978) beobachtet und von mehreren Studien bestätigt (vgl. Rodrik 1998). Die These des *embedded liberalism* (Ruggie 1982) wird aber auch angezweifelt. So findet Busemeyer (2009) keinen Zusammenhang zwischen Offenheit und Größe des Wohlfahrtsstaats. Iversen/Cusack (2000) zeigen sogar einen Abbau des Wohlfahrtsstaats im Zuge der Öffnung. Walter (2010) verwendet Umfragedaten und belegt eine stärkere Unterstützung für Sozialtransfers und linke Parteien seitens derjenigen, die einem höheren Arbeitsplatzrisiko durch Liberalisierung ausgesetzt sind, was die Theorie des *embedded liberalism* stützt. Kompensation könnte auch erklären, weshalb Staaten im Wettbewerb um Kapital nicht auf das niedrigste Regulierungsniveau und geringe Steuersätze konvergieren, denn die notwendige Aufrechterhaltung eines Sozialstaats hindert sie daran (Plümper et al. 2009).[8]

Ein weiteres Feld, in das die Rational-Choice-IPÖ vordringt, ist die Ursachenforschung von Krieg und Bürgerkrieg. Hier ist die Frage, ob Handels- und Kapitalverkehrsoffenheit die Wahrscheinlichkeit von Kriegen beeinflusst. Nach O'Neal et al. (1996) verringern Handelsbeziehungen die Konfliktwahrscheinlichkeit zwischen zwei Staaten. Bussman (2010) findet einen positiven Effekt von ausländischen Direktinvestitionen auf Friedenswahrscheinlichkeit. Gartzke (2007) erklärt den *capitalist peace* zwischen entwickelten Ländern damit, dass sie reich an Kapital sind und Kriege um den Faktor Land (Land und Ressourcen) die Kriegskosten nicht mehr rechtfertigen.

Bürgerkriege sind mittlerweile die häufigere Form militärischer Auseinandersetzung. Ökonomische Offenheit senkt die Dauer von Bürgerkriegen, nicht jedoch deren Wahrscheinlichkeit (Barbieri/Reuveny 2005). Die aus der Perspektive der Rational-Choice-IPÖ interessanteren Ursachen für diesen Zusammenhang sind die

---

[8] Devereux et al. (2008) und Genschel (2002) sind allerdings der Auffassung, dass eine Konvergenz auf geringe Regulierungsniveaus erfolgt.

höheren Opportunitätskosten eines Bürgerkriegs durch Wohlstandszugewinne und eine Reduzierung der Einkommensungleichheit, die oft als Ursache von Bürgerkriegen gesehen wird. Diese Erklärung setzt natürlich voraus, dass Globalisierung keine Verlierer schafft oder diese nicht auf den politischen Prozess einwirken. Bussmann/ Schneider (2007) argumentieren daher, dass Offenheit zwar das Risiko eines Bürgerkriegs senkt, der Öffnungsprozess jedoch destabilisierend wirkt. Diese Debatten sind längst noch nicht geschlossen. Aber sie zeigen das analytische Potenzial der Rational-Choice-IPÖ auch in Themenfeldern, die über den Bereich von Handels- und Kapitalverkehrsliberalisierung hinausgehen.

6. Schlussbetrachtung

Die Rational-Choice-IPÖ hat sich innerhalb der politikwissenschaftlichen und ökonomischen Forschung als eigenständiges Forschungsfeld etabliert. Der Umfang und die Vitalität des Forschungsprogramms sind beachtlich. Dies liegt nicht zuletzt an der Interdisziplinarität des Ansatzes. Ontologisch ist der Ansatz im Paradigma der Rationalen Entscheidung verwurzelt, dessen Modellbildung von einem nutzenmaximierenden Individuum ausgeht. Rationalität bedeutet hier lediglich Maximierung des Erwartungsnutzens über eine Menge transitiv geordneter Präferenzen – auch wenn die Präferenzen für Außenstehende irrational anmuten. Die mikro-fundierten theoretischen *Rational-Choice*-Modelle werden deduktiv abgeleitet und deren Hypothesen anschließend empirisch getestet. Gesellschaftliche Präferenzaggregation ist das Ergebnis strategischer Interkationen zwischen Akteuren, die der Ansatz oft spieltheoretisch modelliert.

Der Beitrag zeigt am Beispiel der Forschung zu Handels- und Kapitalverkehrsliberalisierung, wie die Rational-Choice-IPÖ ihr Forschungsprogramm umsetzt. Für die Handelsliberalisierung wird deutlich, dass innerstaatliche Interessengruppen sowie innerstaatliche politische Institutionen maßgeblich auf Form und Umfang der Öffnung eingewirkt haben. Bei der Liberalisierung des Kapitalverkehrs ist das offenbar aber nicht der Fall. Diese wurde in erster Linie durch internationale Wettbewerbsfaktoren vorangetrieben. Internationale Institutionen halfen im Politikfeld Handel, das Gefangenendilemma zu lösen und eine langfristig stabile Öffnung zu ermöglichen. Im Bereich Kapitalverkehr ist der Einfluss internationaler Institutionen wiederum schwach, wohl auch, weil das grundlegende Spiel in diesem Feld keinem Gefangenendilemma entspricht.

Forschungslücken und Widersprüche sind innerhalb der Rational-Choice-IPÖ Anlass zu modelltheoretischen und methodischen Weiterentwicklungen. In der Theoriebildung ist der Ansatz nicht hermetisch abgeschlossen, sondern nimmt auch theoretische Impulse wie die Rolle von Ideen, Normen, technologischem Wandel etc. aus benachbarten Paradigmen wie dem Konstruktivismus auf. So untersucht die Rational-Choice-IPÖ beispielsweise auch die Rolle von Ideen (Chwiroth 2010) und Lernen (Meseguer/Escribà-Folch 2011). Methodisch ist die Rational-Choice-IPÖ prinzipiell pluralistisch angelegt, wenn auch quantitative Forschungsdesigns überwiegen. Fallstudien finden als *analytical narratives* (Bates et al. 1998) zunehmend Eingang. Neue Ansätze aus der quantitativen Umfrageforschung, wie experimentelle Umfragen, werden für präzisere Analysen individueller Präferenzentstehung verwendet (Hainmueller/Hiscox 2010). Aktuelle Entwicklungen, wie staatliche Verschuldungskrisen, finden ebenfalls rasch Eingang in die Forschungsagenda (Tomz 2012). Insgesamt ist die Rational-Choice-IPÖ somit ein konsolidiertes Forschungsprogramm.

Literatur

Abiad, Abdul/Mody, Ashoka 2005: Financial Reform: What Shakes It? What Shapes It?, in: American Economic Review 95: 1, 66–88.
Alesina, Alberto/Grilli, Vittorio/Milesi-Ferretti, Gian Maria 1994: The Political Economy of Capital Controls, in: Leiderman, Leonardo/Razin, Assaf (Hrsg.): Capital Mobility: The Impact on Consumption, Investment and Growth, Cambridge: Cambridge University Press, 289–328.
Arrow, Kenneth J. 1951: Social Choice and Individual Values, New Haven, CT: Yale University Press.
Austen-Smith, David 2006: Economic Methods in Political Theory, in: Weingast, Barry R./Wittman, Donald A. (Hrsg.): The Oxford Handbook of Political Economy, Oxford: Oxford University Press, 899–914.
Axelrod, Robert 1984: The Evolution of Cooperation, New York: Basic Books.
Barbieri, Katherine/Reuveny, Rafael 2005: Economic Globalization and Civil War, in: Journal of Politics 67: 4, 1228–1247.
Bates, Robert H./Greif, Avner/Levi, Margaret/Rosenthal, Jean-Laurent/Weingast, Barry R. 2000: The Analytic Narrative Project, in: American Political Science Review 94: 3, 696–702.
Beaulieu, Eugene/Yatawara, Ravindra A./Wang, Wei Guo 2005: Who Supports Free Trade in Latin America?, in: World Economy 28: 7, 941–958.
Bodenstein, Thilo/Plümper, Thomas/Schneider, Gerald 2003: Two Sides of Economic Openness: Non-Tariff Barriers to Trade and Capital Controls in Transition Countries, 1993–2000, in: Communist and Post-Communist Studies 36: 2, 231–243.
Bodenstein, Thilo/Schneider, Gerald 2006: Capitalist Junctures: Explaining Economic Openness in the Transition Countries, in: European Journal of Political Research 45: 3, 467–497.
Brooks, Sarah M./Kurtz, Marcus J. 2007: Capital, Trade, and the Political Economies of Reform, in: American Journal of Political Science 51: 4, 703–720.
Busch, Marc L. 2007: Overlapping Institutions, Forum Shopping, and Dispute Settlement in International Trade, in: International Organization 61: 4, 735–761.
Busch, Marc L./Reinhardt, Eric 2003: Developing Countries and General Agreement on Tariffs and Trade/ World Development Trade Organization Dispute Settlement, in: Journal of World Trade 37: 4, 719–736.

Busemeyer, Marius 2009: From Myth to Reality: Globalization and Public Spending in OECD Countries Revisited, in: European Journal of Political Research 48: 4, 455–482.

Bussmann, Margit 2010: Foreign Direct Investment and Militarized Conflict, in: Journal of Peace Research 47: 2, 143–153.

Bussmann, Margit/Schneider, Gerald 2007: When Globalization Discontent Turns Violent: Foreign Economic Liberalization and Internal War, in: International Studies Quarterly 51: 1, 79–97.

Cameron, David 1978: The Expansion of the Public Economy, in: American Political Science Review 72: 4, 1243–1261.

Chwiroth, Jeffrey 2010: How Do Crises Lead to Change? Liberalizing Capital Controls in the Early Years of New Order Indonesia, in: World Politics 62: 3, 496–527.

Devereux, Michael P./Lockwood, Ben/Redoano, Michela 2008: Do Countries Compete Over Corporate Tax Rates?, in: Journal of Public Economics 92: 5–6, 1210–1235.

Dür, Andreas 2012: Rational Choice: Ein kritisches Plädoyer für Theorien der Rationalen Entscheidung, in: Österreichische Zeitschrift für Politikwissenschaft 41: 1, 73–83.

Elkins, Zachary/Guzman, Andrew T./Simmons, Beth A. 2006: Competing for Capital: The Diffusion of Bilateral Investment Treaties, 1960–2000, in: International Organization 60: 4, 811–846.

Eichengreen, Barry J. 1996: Globalizing Capital: A History of the International Monetary System, Princeton, NJ: Princeton University Press.

Freeman, John R./Quinn, Dennis P. 2012: The Economic Origins of Democracy Reconsidered, in: American Political Science Review 106: 1, 58–80.

Frieden, Jeffrey A. 1991: Invested Interests: The Politics of National Economic Policies in a World of Global Finance, in: International Organization 45: 4, 425–451.

Friedman, Milton 1953: The Methodology of Positive Economics, in: Friedman, Milton: Essays in Positive Economics, Chicago, IL: University of Chicago Press, 3–43.

Garrett, Geoffrey 2000: The Causes of Globalization, in: Comparative Political Studies 33: 6–7, 941–991.

Gartzke, Erik 2007: The Capitalist Peace, in: American Journal of Political Science 51: 1, 166–191.

Genschel, Philipp 2002: Globalization, Tax Competition, and the Welfare State, in: Politics and Society 30: 2, 245–275.

Green, Donald P./Shapiro, Ian 1994: Pathologies of Rational Choice Theory: A Critique of Applications in Political Science, New Haven, CT: Yale University Press.

Hadenius, Axel 1992: Democracy and Development, Cambridge, MA: Cambridge University Press.

Haggard, Stephan/Kaufman, Robert R. 1995: The Political Economy of Democratic Transitions, Princeton, NJ: Princeton University Press.

Haggard, Stephan/Maxfield, Sylvia 1996: The Political Economy of Financial Internationalization in the Developing World, in: International Organization 50: 1, 35–68.

Hainmueller, Jens/Hiscox, Michael J. 2010: Attitudes toward Highly Skilled and Low-skilled Immigration: Evidence from a Survey Experiment, in: American Political Science Review 104: 1, 61–84.

Hall, Peter A./Taylor, Rosemary C.R. 1996: Political Science and the Three New Institutionalisms, in: Political Studies 44: 5, 936–957.

Helleiner, Eric 1994: Freeing Money: Why Have States Been More Willing to Liberalize Capital Controls than Trade Barriers?, in: Policy Sciences 27: 4, 299–318.

Hicks, Raymond/Kim, Soo Yeon 2012: Reciprocal Trade Agreements in Asia: Credible Commitment to Trade Liberalization or Paper Tigers?, in: Journal of East Asian Studies 12: 1, 1–29.

Hiscox, Michael J. 2002: International Trade and Political Conflict: Commerce, Coalitions, and Mobility, Princeton, NJ: Princeton University Press.

Iversen, Torben/Cusack, Thomas 2000: The Causes of Welfare State Expansion: Deindustrialization or Globalization?, in: World Politics 52: 3, 313–349.

Kastner, Scott L./Rector, Chad 2005: Partisanship and the Path to Financial Openness, in: Comparative Political Studies 38: 5, 484–506.

Kindleberger, Charles P. 1951: Group Behaviour and International Trade, in: Journal of Political Economy 59: 1, 30–46.

Krugman, Paul 1997: What Should Trade Negotiators Negotiate About?, in: Journal of Economic Literature 35: 1, 113–120.
Lake, David A. 1993: Leadership, Hegemony, and the International Economy: Naked Emperor or Tattered Monarch with Potential?, in: International Studies Quarterly 37: 4, 459–489.
Lake, David A. 2009: Open Economy Politics: A Critical Review, in: Review of International Organizations 4: 3, 219–244.
Lake, David A./Powell, Robert 1999: International Relations: A Strategic-Choice Approach, in: Lake, David A./Powell, Robert (Hrsg.): Strategic Choice and International Relations, Princeton, NJ: Princeton University Press, 3–38.
Leamer, Edward E. 1995: The Heckscher-Ohlin Model in Theory and Practice, Princeton, NJ: Princeton University Press.
Mansfield, Edward D./Busch, Marc L. 1995: The Political Economy of Nontariff Barriers: A Cross-National Analysis, in: International Organization 53: 3, 589–627.
Martin, Christian W. 2004: Demokratie, Autokratie und die regulative Gestaltung der Außenwirtschaftsbeziehungen in Entwicklungsländern, in: Politische Vierteljahresschrift 45: 1, 32–54.
Martin, Christian 2005: Die Doppelte Transformation. Demokratie und Außenwirtschaftsliberalisierung in Entwicklungsländern, Wiesbaden: VS Verlag.
Mayda, Anna M./Rodrik, Dani 2005: Why Are Some People (and Countries) More Protectionist than Others?, in: European Economic Review 49: 6, 1393–1430.
Maxfield, Sylvia 2000: Comparing East Asia and Latin America: Capital Mobility and Democratic Stability, in: Journal of Democracy 11: 4, 95–106.
McCarty, Nolan/Meirowitz, Adam 2007: Political Game Theory: An Introduction, Cambridge: Cambridge University Press.
Meseguer, Covadonga/Escribà-Folch, Abel 2011: Learning, Political Regimes, and the Liberalisation of Trade, in: European Journal of Political Research 50: 6, 775–810.
Milner, Helen V./Mukherjee, Bumba 2009: Democratization and Economic Globalization, in: Annual Review of Political Science 12: 1, 163–181.
Milner, Helen V./Rosendorff, Peter B. 1996: Trade Negotiations, Information and Domestic Politics: The Role of Domestic Groups, in: Economics and Politics 8: 2, 145–189.
Mukherjee, Bumba/Singer, David A. 2010: International Institutions and Domestic Compensation: The IMF and the Politics of Capital Account Liberalization, in: American Journal of Political Science 54: 1, 45–60.
Oneal, John R./Oneal, Frances H./Maoz, Zeev/Russett, Bruce 1996: The Liberal Peace: Interdependence, Democracy and International Conflict, 1950–85, in: Journal of Peace Research 33: 1, 11–28.
Plümper, Thomas/Troeger, Vera E./Winner, Hannes 2009: Why is There No Race to the Bottom in Capital Taxation, in: International Studies Quarterly 53: 3, 761–786.
Przeworski, Adam/Alvarez, Michael E./Cheibub, José Antonio/Limongi, Fernando 2000: Democracy and Development. Political Institutions and Well-Being in the World, 1950–1990, Cambridge, MA: Cambridge University Press.
Quinn, Dennis/Schindler, Martin/Toyoda, Maria A. 2011: Assessing Measures of Financial Openness and Integration, in: IMF Economic Review 59: 3, 488–522.
Rodrik, Dani 1994: The Rush to Free Trade in the Developing World: Why so Late? Why Now? Will it Last?, in: Haggard, Stephan/Webb, Steven B. (Hrsg.): Voting for Reform: Democracy, Political Liberalization, and Economic Adjustment, New York, NY: Oxford University Press, 61–88.
Rodrik, Dani 1998: Why Do More Open Economies Have Bigger Governments?, in: Journal of Political Economy 106: 5, 997–1032.
Rogowski, Ronald 1987: Trade and the Variety of Democratic Institutions, in: International Organization 41: 2, 203–223.
Rogowski, Ronald 1989: Commerce and Coalitions: How Trade Affects Domestic Political Alignments, Princeton, NJ: Princeton University Press.
Rosendorff, Peter B. 2005: Stability and Rigidity: Politics and Design of the WTO's Dispute Settlement Procedure, in: American Political Science Review 99: 3, 389–400.

Ruggie, John G. 1982: International Regimes, Transactions and Change: Embedded Liberalism in the Postwar Economic Order, in: International Organization 36: 2, 379–415.
Sachs, Jeffrey D./Warner, Andrew 1995: Economic Reform and the Process of Global Integration, in: Brookings Papers on Economic Activity 1: 1–95.
Sattler, Thomas/Bernauer, Thomas 2011: Gravitation or Discrimination? Determinants of Litigation in the World Trade Organization, in: European Journal of Political Research 50: 2, 143–167.
Schattschneider, Elmer E. 1935: Politics, Pressures and the Tariff, New York, NY: Prentice Hall.
Schelling, Thomas C. 1960: The Strategy of Conflict, Cambridge: Harvard University Press.
Scheve, Kenneth F./Slaughter, Matthew J. 2001: What Determines Individual Trade-Policy Preferences?, in: Journal of International Economics 52: 2, 267–292.
Stolper, Wolfgang F./Samuelson, Paul A. 1941: Protection and Real Wages, in: Review of Economic Studies 9, 58–73.
Tomz, Michael 2012: International Finance, in: Carlsnaes, Walter/Risse, Thomas/Simmons, Beth (Hrsg.): Handbook of International Relations, New York, NY, i.E.: Sage, 692–719.
Tsebelis, George 2002: Veto Players: How Political Institutions Work, Princeton, NJ: Princeton University Press.
Viner, Jacob 1937: Studies in the Theory of International Trade, New York, NY: Harper and Brothers.
Walter, Stefanie 2010: Globalization and the Welfare State: Testing the Microfoundations of the Compensation Hypothesis, in: International Studies Quarterly 54: 2, 403–426.

II.
Strukturorientierte Theorien

Regulationstheorie
Thomas Sablowski

1. Einleitung

Gegenstand des Regulationsansatzes, der in den 1970er Jahren von Ökonomen in Frankreich entwickelt wurde, ist die Analyse der Veränderbarkeit ökonomischer und sozialer Dynamiken in Raum und Zeit (vgl. Boyer 1986: 37). Das grundlegende Werk des Regulationsansatzes ist Michel Agliettas Buch *Régulation et crises du capitalisme* von 1976, eine Studie über die langfristige kapitalistische Entwicklung in den USA. Agliettas Ansatz wurde von einer Forschergruppe am *Centre d'études prospectives d'économie mathematique appliquées a la planification* (CEPREMAP), einem staatlichen Wirtschaftsforschungsinstitut in Paris, aufgegriffen und weiterentwickelt (Benassy et al. 1978; Lipietz 1979, 1983, 1987; Boyer 1986, 1986a). Parallel zu den Pariser Regulationisten entwickelte die *Groupe de Recherche sur la Régulation de l'Economie Capitaliste* (GRREC) in Grenoble einen eigenen Forschungsansatz, der außer durch Karl Marx vor allem durch die Arbeiten von François Perroux über räumlich ungleiche Entwicklung inspiriert war (vgl. GRREC 1983, 1991). Die Grenobler Arbeiten wurden international weniger als die Pariser Arbeiten rezipiert (vgl. aber Robles 1994; Waringo 1998; Becker 2002).[1] Die Pariser Regulationisten, auf die auch ich mich im Folgenden vorwiegend beziehe, zielten zunächst auf die Untersuchung der Ursachen des langen Wirtschaftsbooms nach dem Zweiten Weltkrieg und der auf den Boom folgenden Strukturkrise des Kapitalismus, die in mancher Hinsicht an die Weltwirtschaftskrise der 30er Jahre erinnerte, gleichzeitig aber eigentümliche Erscheinungen wie die „Stagflation", also gleichzeitige Stagnation und Inflation aufwies, welche im Kontext der herkömmlichen neoklassischen oder keynesianischen Wirtschaftstheorien schwer zu erklären waren.

Während Agliettas Pionierarbeit eindeutig marxistisch geprägt war, hatten die Forscher am CEPREMAP unterschiedliche Auffassungen über den Charakter des Regulationsansatzes. Einig waren sich die Pariser Regulationisten nur in der Ableh-

---

[1] Bob Jessop (1990) unterscheidet sogar sieben verschiedene Regulationsschulen, wobei er allerdings das Konzept des Regulationsansatzes sehr weit definiert und darunter auch Autoren subsumiert, die gar nicht mit dem Begriff der Regulation arbeiten.

nung der ahistorischen Modelle der neoklassischen Ökonomie. Vor allem Alain Lipietz bemühte sich Ende der 70er und in der ersten Hälfte der 80er Jahre um eine marxistische Fundierung des Regulationsansatzes (vgl. Lipietz 1979, 1983), während andere Regulationisten sich zugleich auf Theoretiker wie John Maynard Keynes oder Michal Kalecki stützten. Im Laufe der Zeit wurde der Bezug zum Marxismus schwächer. Aglietta und André Orléan stützten sich in ihrer 1982 publizierten Arbeit *La violence de la monnaie* auf die Anthropologie René Girards, statt auf die Marx'sche Werttheorie. Lipietz wandte sich im Laufe der 80er Jahre der politischen Ökologie zu, in der er den Marxismus aufgehoben sah. Robert Boyer, der durch seine Publikationen[2] seit Mitte der 80er Jahre wohl am stärksten das Bild der Pariser Regulationsschule in der internationalen wissenschaftlichen Öffentlichkeit prägte, hatte von vornherein ein eher eklektisches Verhältnis zu verschiedenen ökonomischen Theorien und näherte sich zunehmend der breiten Strömung des neuen Institutionalismus an. Die deutsch- und englischsprachige Rezeption und Weiterentwicklung des Regulationsansatzes in den 80er und 90er Jahren war stärker der Marx'schen Theorie verpflichtet als manche Arbeiten seiner französischen Urheber.[3]

2. Allgemeine methodische und theoretische Gesichtspunkte

Der Regulationsansatz stellt eine Reihe von *intermediären Begriffen* bereit, die es ermöglichen, eine Brücke von der Marx'schen *Theorie der kapitalistischen Produktionsweise* in ihrem „idealen Durchschnitt" (MEW 25: 839) zur *Analyse historisch-konkreter Gesellschaftsformationen* bzw. *konkreter Situationen* zu schlagen. Diese Begriffe, die im Folgenden kurz erläutert werden, sind also auf einer mittleren Abstraktionsebene angesiedelt. Das Problem der Vermittlung zwischen der Marx'schen Theorie der kapitalistischen Produktionsweise und der konkreten Analyse konkreter Situationen ergibt sich primär aus der Komplexität der sozialen Verhältnisse. Im Anschluss an Marx und Louis Althusser lässt sich eine *historisch-konkrete Gesellschaftsformation* als *komplex strukturiertes Ganzes* auffassen, das sich aus unterschiedlichen sozialen Verhältnissen (Klassenverhältnisse, Geschlechterverhältnisse, Verhältnisse zwischen „Inländern" und „Ausländern", „Rassen", „Ethnien", Verhältnisse zwischen den Generationen, gesellschaftliche Naturverhältnisse etc.) zusammensetzt. Bei der Analyse der sozialen Verhältnisse geht es nicht nur um die Berücksichtigung von Wechselwirkungen (als wären sie an sich gleichsam isoliert), sondern vor allem um die Gestalt ihrer – in der Regel hierarchischen – Verbindung und Anordnung.

---

2   Siehe vor allem Boyer (1986) und Boyer/Saillard (1995).
3   Vgl. etwa Hirsch/Roth (1986); Hübner (1989); Jessop (1990); Jessop/Sum (2006); Hirsch (1990); Demirović/Krebs/Sablowski (1992); Esser/Görg/Hirsch (1994); Brand/Raza (2003).

Aus historisch-materialistischer Sicht ist es sinnvoll, die Analyse einer Gesellschaftsformation mit der Analyse der sie bestimmenden *Produktionsweisen und -formen* zu beginnen. In der Regel gibt es in jeder Gesellschaftsformation eine dominante Produktionsweise, die mit untergeordneten Produktionsweisen oder -formen verbunden ist. So ist heute beispielsweise die Dominanz der kapitalistischen Produktionsweise in verschiedenen Gesellschaftsformationen in unterschiedlichem Umfang mit der Fortexistenz von Überbleibseln früherer Produktionsweisen, mit Formen der unfreien Arbeit (Sklaverei, feudale Abhängigkeiten), der einfachen Warenproduktion, der Haushalts- und Subsistenzproduktion verbunden. Des Weiteren gilt es bei der Analyse von Gesellschaftsformationen, die *relative Autonomie des Politischen und des Ideologischen* zu berücksichtigen und Ökonomismus, aber auch Politizismus und andere Reduktionismen zu vermeiden. Die Entwicklung kapitalistischer Gesellschaftsformationen folgt nicht einfach einer „Kapitallogik", sondern wird vom Klassenkampf bestimmt und ist insofern historisch offen. Sie ist auch deshalb kontingent, weil der Klassenkampf durch andere soziale Verhältnisse *überdeterminiert* wird. Die Klassenkämpfe sind nicht etwas, das der „Kapitallogik" äußerlich ist. Sie kommen nicht zu dieser logisch gleichsam nachträglich hinzu. Der Akkumulationsprozess des Kapitals ist vielmehr selbst als „formbestimmter Prozess des Klassenkampfs" zu begreifen (Hirsch 1992: 208).

Wenn hier von kapitalistischen Gesellschaftsformationen im Plural die Rede ist, und zwar nicht nur in diachroner, sondern auch in synchroner Perspektive, so liegt die Vermutung nahe, dass die Regulationstheorie Gesellschaftsformationen mit Nationalstaaten identifiziert. Gerade die Pariser Regulationstheoretiker wurden wegen ihres nationalstaatlichen *bias* kritisiert (Robles 1994; Waringo 1998; Becker 2002). Tatsächlich richteten sich regulationstheoretische Untersuchungen häufig auf Nationalstaaten, aber auch auf internationale Zusammenhänge (Jessop 1990: 160f.). Die Präferenz der Pariser Regulationstheoretiker für die Untersuchung nationaler Gesellschaftsformationen und deren internationaler Verknüpfung erklärt sich aus ihrer Kritik an den vorangegangenen Ansätzen der Imperialismus-, Dependenz- und Weltsystemtheorie, die die Ebene des Weltmarktes ins Zentrum gestellt hatten, dabei aber nicht in der Lage waren, z. B. die unterschiedlichen Dynamiken in peripher-kapitalistischen Ländern ausreichend zu erklären (vgl. Hurtienne 1986; Lipietz 1987). Einige Regulationstheoretiker waren der Auffassung, dass Untersuchungen auf der Ebene des Nationalstaats methodisch vorrangig seien, weil soziale Kämpfe und die Institutionalisierung von Kompromissen vor allem im nationalen Rahmen stattfinden (Lipietz 1987: 21; Boyer/Benassy/Gelpi 1979: 400; Saillard 1995: 291). Die internationalen Beziehungen wurden daher ausgehend von der Konfiguration der nationalen Entwicklungsweisen analysiert (Mistral 1986).

Die Kontroverse um das Verhältnis von Weltmarkt und Nationalstaat zeigt, dass bei der Untersuchung der Veränderungen kapitalistischer Gesellschaften Raum und Zeit als Koordinaten nicht einfach vorausgesetzt werden können. Vielmehr gilt es, die Produktion spezifischer Raum- und Zeitstrukturen selbst zum Gegenstand zu machen. Kapitalistische Vergesellschaftung erfolgt auf unterschiedlichen räumlichen Ebenen, deren Verhältnis zueinander sich auch historisch verändern kann. Dies gilt auch für das Verhältnis von Nationalstaat und Weltwirtschaft. Das Weltsystem als Ganzes wird durch seine Teile (etwa die Nationalstaaten) konstituiert, aber die Teile werden umgekehrt auch durch ihren Platz innerhalb des Ganzen (des Weltsystems oder der *imperialistischen Kette*) und durch ihre Beziehungen zu den anderen Teilen des Ganzen konstituiert. Die Analyse konkreter Situationen muss also der ungleichen und kombinierten Entwicklung im Weltmaßstab Rechnung tragen. Was für den Raum gilt, gilt auch für die Zeit. Die Berücksichtigung der spezifischen Zeitlichkeit kapitalistischer Entwicklung wirft das Problem ihrer Periodisierung, d. h. der Unterscheidung von Phasen und Stadien, Struktur und Konjunktur, Booms und Krisen auf (vgl. Alnasseri et al. 2001).

3. Akkumulationsregimes und Regulationsweisen

Da die kapitalistische Produktionsweise, wie Marx in seiner Kritik der politischen Ökonomie gezeigt hat, durch immanente Widersprüche (z. B. Widerspruch zwischen dem Lohn als Kostenfaktor und als Nachfragefaktor, Widerspruch zwischen den Bedingungen der Produktion und der Realisierung von Mehrwert, Tendenz der Überproduktion, Tendenz des Falls der Profitrate) gekennzeichnet ist, kann Kapitalakkumulation nur stattfinden, solange diese Widersprüche prozessieren können. Der Begriff der *Regulation* bezeichnet den Prozess, in dem das gesellschaftliche Handeln so ausgerichtet wird, dass es – in einem bestimmten Zeitraum – mit der erweiterten Reproduktion des Kapitals (d. h. der Ausdehnung der kapitalistischen Warenproduktion und der Lohnarbeit sowie der Akkumulation des Kapitals) vereinbar bleibt (vgl. Lipietz 1985: 109ff.). Obwohl Politik hier eine große Rolle spielt, kann der Begriff der Regulation nicht auf bewusste politisch-staatliche Regulierung im engeren Sinne, die gleichsam von außen in die Ökonomie eingriffe, reduziert werden. Der Begriff der Regulation bezieht sich auf den Gesamtzusammenhang sozialer Verhältnisse und gesellschaftlicher Akteure. Der Prozess der Regulation kann auch nicht funktionalistisch, etwa im Sinne der Kybernetik, begriffen werden. Er ist von wiederkehrenden Krisen gekennzeichnet, in denen es zum Eklat der Widersprüche der kapitalistischen Produktionsweise kommt. Die Krisen selbst können kathartische Wirkung haben, indem durch sie bestimmte Schranken der Kapitalakkumulation überwunden werden. Jedoch lässt sich erst *ex post* feststellen, ob Regulation und Krisen funktional im Sinne der Kapitalakkumulation waren. In jedem Fall können die Widersprüche der kapitalistischen Produktionsweise, solange diese existiert, nicht gänzlich überwunden, sondern allenfalls verschoben und verlagert werden. Erweiterte Reproduktion des Kapitals heißt immer auch erweiterte Reproduktion der mit ihm verbundenen Widersprüche.

Doch *wie* kann die erweiterte Reproduktion des Kapitals konkret angesichts seiner immanenten Widersprüche mittel- und langfristig überhaupt gelingen? Aus der Sicht des Regulationsansatzes ist es zunächst notwendig, verschiedene Formen der Kapitalakkumulation zu unterscheiden, die mit dem Begriff des *Akkumulationsregimes* erfasst werden.

> „Das Akkumulationsregime ist ein Modus systematischer Verteilung und Reallokation des gesellschaftlichen Produkts, der über eine längere Periode hinweg ein bestimmtes Entsprechungsverhältnis zwischen den Veränderungen der Produktionsbedingungen (dem Volumen des eingesetzten Kapitals, der Distribution zwischen den Branchen und den Produktionsnormen) und den Bedingungen des Endverbrauchs (Konsumnormen der Lohnabhängigen und anderer sozialer Klassen, Kollektivausgaben, usw. ...) herstellt" (Lipietz 1985: 120).

In Anlehnung an eine Rekonstruktion des Regulationsansatzes von Joachim Becker, die ich hier aufgreife und modifiziere, lassen sich Akkumulationsregime entlang dreier Achsen typisieren (vgl. Becker 2002: 64ff.):

1. extensive oder intensive Akkumulation;
2. extrovertierte oder introvertierte Akkumulation;
3. Akkumulation unter der Dominanz des industriellen Kapitals oder Akkumulation unter der Dominanz des Finanzkapitals.

3.1 Extensive und intensive Akkumulation

Extensive Akkumulation basiert auf der Produktion von Mehrwert durch die Ausdehnung der Zahl der Lohnarbeiter, durch die Ausdehnung ihrer Arbeitszeit (absolute Mehrwertproduktion) oder durch eine Senkung der Reallöhne, was mit einer unentwickelten Gewerkschaftsorganisation bzw. Repression gegenüber der Arbeiterbewegung zusammenhängen kann. Intensive Akkumulation basiert demgegenüber auf der Produktion relativen Mehrwerts durch die parallele Transformation des Arbeitsprozesses (Steigerung der Arbeitsproduktivität) und der Lebensweise der Lohnempfänger (Massenkonsum von kapitalistisch produzierten Waren) (vgl. Aglietta 1979: 71f., 130; Lipietz 1985: 120; Sablowski 2004).

Die extensive Akkumulation wird durch das verfügbare Arbeitskräftepotenzial, die physischen Grenzen der Ausdehnung der Arbeitszeit und das notwendige Existenzminimum zur Reproduktion der Arbeiterklasse begrenzt. Das verfügbare Arbeitskräftepotenzial innerhalb eines gegebenen Raums hängt etwa von dem Bevölkerungswachstum, der Geschlechter-, Familien- und Migrationspolitik sowie der Regulation der Lebensarbeitszeit (Regulation von Kinderarbeit, Ausbildung und Verrentung) ab. Die Ausdehnung der Arbeitszeit wird durch die Regulation der täglichen und wöchentlichen Arbeitszeit mittels Tarifverhandlungen und Arbeitszeitgesetz begrenzt. Die extensive Akkumulation wird weiter begrenzt durch die Koexistenz von nichtkapitalistischen Produktionsformen (z. B. Subsistenzproduktion, Warenproduktion durch selbständige Individuen, Familien oder Kooperativen, staatliche Produktion) mit der kapitalistischen Produktionsweise.[4] Oder anders ausgedrückt: Die extensive Akkumulation beruht nicht zuletzt auf der Zerstörung koexistierender nichtkapitalistischer Produktionsformen. Weitere Bereiche der gesellschaftlichen Reproduktion werden dabei unter das Kapital subsumiert, und das Lohnverhältnis weitet sich aus. Die extensive Akkumulation erreicht eine Grenze mit der kompletten Zerstörung nichtkapitalistischer Produktionsformen. Jedoch ist diese Zerstörung kein linearer Prozess ohne Gegentendenzen. Die Reproduktion nichtkapitalistischer Produktionsformen unter der Dominanz der kapitalistischen Produktionsweise kann – zumindest vom Standpunkt einzelner Kapitale – auch funktional für die Kapitalakkumulation sein. Je umfangreicher beispielsweise die Haushalts- oder Subsistenzproduktion ist, durch die die Reproduktion der Arbeitskraft vermittelt wird, desto geringere Löhne sind erforderlich.[5]

Bisher wurde nur über Bedingungen der Mehrwert*produktion* gesprochen. Kapitalakkumulation ist jedoch mehr als Mehrwertproduktion. Waren müssen verkauft, Mehrwert muss realisiert und reinvestiert werden. Kapitalakkumulation ist erweiterte Reproduktion, und diese beruht auf bestimmten Reproduktionsbedingungen, z. B. einer bestimmten Proportion zwischen der Produktion von Produktionsmitteln und der Produktion von Konsumgütern. Bei extensiver Akkumulation wird die Integration der beiden Abteilungen der gesellschaftlichen Produktion nur mit Schwierigkeiten erreicht. Die Produktion von Produktionsmitteln wächst hier tendenziell schneller als die Produktion von Konsumgütern.

---

[4] Kapitalistische Produktion im strikten Sinne ist konkurrenzvermittelte Warenproduktion durch Lohnarbeit.

[5] Im Modus der Reproduktion der Arbeitskraft artikulieren sich das Lohnverhältnis und Geschlechterverhältnisse. Unter anderem die Untersuchungen des *Fernand Braudel Center* zur Bildung von Haushalten und zur Reproduktion der Arbeitskraft haben deutlich gemacht, dass die globale Ausdehnung der Lohnarbeit überwiegend mit der Bildung halbproletarischer Haushalte verbunden ist (vgl. Smith/Wallerstein 1992).

Die Grenzen der intensiven Akkumulation sind weniger offensichtlich als die der extensiven. Ihr Potenzial ist größer, dafür beruht sie jedoch auf anspruchsvolleren Bedingungen. Intensive Akkumulation hängt erstens vom Anstieg der Arbeitsproduktivität, d. h. von der Einführung neuer Technologien und Veränderungen der Arbeitsorganisation ab. Zweitens hängt sie von der Herausbildung einer Konsumnorm für die Lohnabhängigen ab. Die Reproduktion der Arbeitskraft muss in wachsendem Maße auf dem Konsum von Waren basieren, die kapitalistisch produziert werden. Die Reallöhne müssen mehr oder weniger im Einklang mit der Arbeitsproduktivität wachsen. Wächst die Produktivität rascher als die Reallöhne, tritt die Tendenz zur Überproduktion hervor. Steigen die Reallöhne schneller als die Produktivität, kommt es zu einer Profitklemme. Ferner muss die Saturierung der Massennachfrage nach einzelnen Waren durch die Inkorporierung neuer Waren in die gesellschaftlichen Konsumnormen kompensiert werden.

Wie absolute und relative Mehrwertproduktion (d. h. Steigerung der Ausbeutung durch Verlängerung der Arbeitszeit bzw. Erhöhung der Arbeitsintensität und durch Erhöhung der Arbeitsproduktivität), so sind auch extensive und intensive Akkumulation im realen historischen Prozess immer miteinander verbunden. Dennoch können in der historischen Analyse Regimes vorwiegend extensiver und vorwiegend intensiver Akkumulation unterschieden werden.

3.2 Extrovertierte und introvertierte Akkumulation

Die Grenzen der Kapitalakkumulation erscheinen in einem anderen Licht, je nachdem, ob wir die Weltwirtschaft als ganze betrachten oder einzelne Räume innerhalb der Weltwirtschaft wie Nationalstaaten oder Regionen. Spezifische *nationalstaatliche* Schranken der Akkumulation etwa können durch die Internationalisierung des Kapitals überwunden werden. Die *globalen* Schranken der Kapitalakkumulation können jedoch nicht durch räumliche Verlagerungen innerhalb der Weltwirtschaft gelöst werden. Die Internationalisierung des Kapitals verschiebt die Schranken der Akkumulation, die innerhalb eines nationalen oder regionalen Raums existieren. Dies ist ein Aspekt dessen, was David Harvey (1982, Kapitel 13) einen *spatial fix* genannt hat. Das Akkumulationsregime innerhalb eines Nationalstaats oder einer Region kann also mehr oder weniger extrovertiert oder introvertiert sein. Diese Unterscheidung sollte nicht mit der fundamentaleren zwischen extensiver und intensiver Akkumulation verwechselt werden. Bis zu einem gewissen Grad ist extensive Akkumulation innerhalb nationaler oder regionaler Grenzen möglich. Die Einbindung nationaler oder regionaler Räume in die Weltwirtschaft kann übrigens selbstverständlich ganz unterschiedliche Formen annehmen. Die Internationalisierung des Kapitals kann an verschiedenen Punkten des Kapitalkreislaufs ansetzen: Warenhandel, internationale Kreditbeziehungen, Internationalisierung der Produktion, Migration. Die Gewichte der Internationalisierung einzelner Momente des Kapitalkreislaufs können sich historisch verschieben.

3.3 Akkumulation unter der Dominanz des industriellen Kapitals oder des Finanzkapitals

Wie Marx gezeigt hat, nimmt das Kapital in seinem Kreislauf notwendigerweise unterschiedliche Formen an, die sich in ihrer Bewegung gegeneinander verselbständigen, die jedoch letztlich durch die Notwendigkeit der Produktion und Aneignung von Mehrwert miteinander verbunden bleiben. Nicht nur die quantitativen Proportionen zwischen diesen Kapitalformen, auch ihr qualitatives Gewicht ändert sich im Laufe der kapitalistischen Entwicklung. Das Akkumulationsregime kann durch die Dominanz des *industriellen Kapitals* oder durch die Dominanz des *Finanzkapitals* gekennzeichnet sein. Um Missverständnisse zu vermeiden, müssen diese Begriffe kurz erläutert werden.[6]

Der *Kreislauf des industriellen Kapitals* bestimmt stets den Gesamtprozess der kapitalistischen Reproduktion, weil hier der Mehrwert produziert wird. In diesem Kreislauf nimmt das Kapital nacheinander die Formen des Geldkapitals, des produktiven Kapitals und des Warenkapitals an (vgl. MEW 24: 31ff.). Geldkapital wird von den Kapitalisten vorgeschossen, um Arbeitskräfte und Produktionsmittel zu kaufen, die dann unter ihrer Direktion im Produktionsprozess eingesetzt werden. Dabei wird Geldkapital in produktives Kapital transformiert. Im Produktionsprozess werden Waren produziert, dadurch wird produktives Kapital in Warenkapital verwandelt. Die Waren müssen auf dem Markt verkauft werden, wodurch Mehrwert realisiert wird und Warenkapital in Geldkapital verwandelt wird. Wird dieses Geldkapital mitsamt dem produzierten Mehrwert reinvestiert, so kann der Prozess erneut beginnen – Kapital wird akkumuliert.[7]

---

6   Ich orientiere mich hier begrifflich an Robert Guttmann (1994: 37ff.). Der hier verwendete Begriff des Finanzkapitals ist nicht mit dem von Rudolf Hilferding und Wladimir I. Lenin zu verwechseln, die unter Finanzkapital die Verschmelzung von Industriekapital und Bankkapital unter der Dominanz des letzteren verstanden.

7   „Industriell" ist hier nicht im engen, traditionellen Sinne zu verstehen. Es kommt hier nicht auf die stoffliche Seite der Produktion an, sondern auf ihre gesellschaftliche Form. Auch Dienstleistungen können kapitalistisch produzierte Waren sein; Dienstleistungen von Lohnarbeitern für den Markt zum Zwecke der Verwertung von Kapital sind in diesem Sinne Teil des industriellen Kapitals. Allerdings ist die Unterscheidung von Produktion und Zirkulation zu beachten, die durch die Kategorie der Dienstleistung verdeckt wird. Die Kassiererin im Supermarkt produziert z. B. keine neue Ware, sie sorgt lediglich dafür, dass der Wert schon produzierter Waren realisiert wird, indem Ware gegen Geld getauscht wird.

Im *Kreislauf des Finanzkapitals* wird Geldkapital verliehen oder in Wertpapiere investiert, um Mehrwert in der Form von Zinsen, Dividenden oder Kursgewinnen anzueignen. Das Finanzkapital umfasst also die von Marx analysierten Formen des *zinstragenden Kapitals* und des *fiktiven Kapitals* (vgl. MEW 25: 350ff., 482ff.). Der Form nach wird Geldkapital investiert, das wieder als (vermehrtes) Geldkapital an den Eigentümer zurückfließt. Der Kreislauf des Finanzkapitals beschreibt eine eigenständige Zirkulationsfigur, ist aber insofern vom Kreislauf des industriellen Kapitals abhängig, als die Einkommen, die durch das Finanzkapital angeeignet werden, umverteilte Einkommen sind, die im Kreislauf des industriellen Kapitals produziert werden.

Das Verhältnis zwischen industriellem Kapital und Finanzkapital ist generell widersprüchlich. Einerseits trägt das Finanzkapital zur erweiterten Reproduktion des industriellen Kapitals bei. Mit der Entwicklung des Kredits und des Kreditgeldes beschränkt sich der Investitionsfonds nicht mehr nur auf den bereits realisierten Mehrwert. Die Ausdehnung der Kreditverhältnisse verschiebt die Schranken der Akkumulation des industriellen Kapitals. Andererseits kann der Kredit nicht schrankenlos ausgedehnt werden. Der Kredit ist im Grunde eine *Vorabvalidierung* oder *Pseudovalidierung* gesellschaftlicher Arbeit (vgl. Lipietz 1983). Somit kann er sich nicht ganz vom Kreislauf des industriellen Kapitals lösen. Die Entwicklung des Kreditgeldes wird von ihr eigenen strukturellen Krisentendenzen begleitet. So ist die schleichende Inflation Ausdruck der prekären Beziehung zwischen dem Kreditgeld und der gesellschaftlichen Arbeit. Die Vorabvalidierung gesellschaftlicher Arbeit durch den Kredit löst den der kapitalistischen Produktion inhärenten Widerspruch zwischen privater und gesellschaftlicher Arbeit nur dadurch, dass sie ihn auf eine andere Ebene verschiebt und erweitert reproduziert. Die systemische Unsicherheit drückt sich unter anderem in Kreditrisiken und in finanzieller Instabilität aus. Die erweiterte Reproduktion des Kapitals ist also begleitet von der erweiterten Reproduktion der Widersprüche zwischen Finanzkapital und industriellem Kapital. Ferner existieren Widersprüche zwischen den verschiedenen Formen des Finanzkapitals. Beispielsweise können der operative Gewinn einer Aktiengesellschaft, ihre Eigenkapitalrendite und der Gewinn pro Aktie durch den Hebeleffekt zusätzlicher Kredite gesteigert werden. Jedoch können Dividenden nur aus dem Nettogewinn gezahlt werden, der nach Abzug der Zinszahlungen verbleibt. Je höher die Zinszahlungen sind, desto geringer ist der Anteil des Profits, der an die Aktionäre verteilt oder im Unternehmen akkumuliert werden kann.

Marx wies im dritten Band des *Kapitals* darauf hin, dass das *Bankkapital* sich aus verschiedenen Elementen zusammensetzt (Geldhandlungskapital, zinstragendes Kapital, fiktives Kapital, vgl. MEW 25: 327ff., 474ff., 487ff.). Das Gleiche gilt für

Industrieunternehmen. Der Umschlag des industriellen Kapitals impliziert, dass Industrieunternehmen Gläubiger und Schuldner sind und dass sie die Aneignung von Mehrwert nicht nur in der Form des industriellen Profits, sondern auch in der des Zinses vollziehen. Die Zusammensetzung der Kapitalformen, der Einkommen und die damit verbundene Struktur von Interessen können sich historisch für einzelne Unternehmen ebenso wie für das gesellschaftliche Gesamtkapital verändern. Dies eröffnet einen Raum für konkrete historische Analysen, die für ein besseres Verständnis des gegenwärtigen Kapitalismus notwendig sind. Obgleich das Finanzkapital vom industriellen Kapital als Form logisch abzuleiten ist und durch dieses determiniert wird, kann es im Reproduktionsprozess eine dominierende Rolle spielen. Nicht nur zwischen dem industriellen Kapital und dem Finanzkapital kann sich die Dominante des Akkumulationsregimes verschieben, auch innerhalb des Finanzkapitals können sich die Gewichte zwischen den verschiedenen Formen verschieben.

3.4 Die Regulationsweise

Ein Akkumulationsregime ist keine sich selbst reproduzierende Entität. Es wird durch die Strategien einer Vielzahl von Akteuren geformt, die mit den Restriktionen und Widersprüchen der kapitalistischen sozialen Verhältnisse konfrontiert sind. Die Praktiken der Akteure mit ihren widersprüchlichen sozialen Interessen müssen derart verstetigt und miteinander kompatibel gemacht werden, dass sie die erweiterte Reproduktion des Kapitals erlauben. Dies geschieht im Prozess der *Regulation*. Er führt zu politischen Kompromissen, die Resultat des instabilen Kräftegleichgewichts sind, das sich in sozialen Kämpfen herausbildet. Sie führen zur Herausbildung *struktureller oder institutioneller Formen der Regulation*, die in ihrer Gesamtheit eine *Regulationsweise* bilden.[8] Sind die verschiedenen Formen der Regulation komplementär, ist also die Regulationsweise kohärent, so können sie ein bestimmtes Akkumulationsregime begünstigen. Existierende Regulationsformen können jedoch auch durch die Dynamik der Akkumulation unterminiert und dysfunktional werden. Widersprüche können sowohl zwischen einzelnen Regulationsformen als auch zwischen dem Akkumulationsregime und der Regulationsweise auftreten.

In Anlehnung an Boyer (1986: 48ff.) lassen sich mindestens fünf Bereiche institutioneller Formen der Regulation unterscheiden, die jeweils Kodifikationen eines oder mehrerer sozialer Verhältnisse darstellen: a) Formen der Regulation des

---

8 Lipietz (1985: 121) hat den Begriff der Regulationsweise prägnant definiert: „Wir nennen im folgenden Regulationsweise die Gesamtheit institutioneller Formen, Netze und expliziter oder impliziter Normen, die die Vereinbarkeit von Verhaltensweisen im Rahmen eines Akkumulationsregimes sichern, und zwar sowohl entsprechend dem Zustand der gesellschaftlichen Verhältnisse als auch über deren konfliktuelle Eigenschaften hinaus."

Geldes und des Kredits, b) Formen des Lohnverhältnisses, c) Formen der Konkurrenz, d) Formen des Staates und e) Formen der Artikulation lokaler, nationaler, regionaler und internationaler bzw. globaler Verhältnisse. Dabei können in jedem der Bereiche wiederum jeweils unterschiedliche Aspekte unterschieden werden, im Bereich des Lohnverhältnisses beispielsweise Formen der Regulation des Arbeitsmarktes und des Arbeitsvertrags, des Arbeitsprozesses, der Löhne und Sozialleistungen, der Konsumnormen und der kollektiven Lebensweise. Um gesellschaftliche Naturverhältnisse und Geschlechterverhältnisse in der Regulationstheorie besser zu berücksichtigen, haben verschiedene Autoren eine Erweiterung des Analyserasters der Regulationstheorie vorgeschlagen. So plädiert etwa Becker (2002: 163f.) dafür, die *ökologische Beschränkung* als Teil des Regulationsdispositivs zum Gegenstand der Analyse zu machen,[9] während Kohlmorgen (2004: 39) den Begriff der *Reproduktionsweise* einführt, um Geschlechterverhältnisse und Klassenverhältnisse gleichrangig zu analysieren.[10]

Die Stärke des Regulationsansatzes besteht im Unterschied zu rein institutionalistischen Ansätzen in der Verbindung von institutioneller und makroökonomischer Analyse bzw. in einer akkumulationstheoretischen Systematisierung der institutionellen Analyse. Eine Schwäche des Regulationsansatzes zeigte sich allerdings bei der Konzeptualisierung des Regulationsprozesses, d. h. der Entstehung und Transformation institutioneller Formen der Regulation. Ausgehend von der akkumulationstheoretischen Analyse ist es zwar möglich, Reproduktionsbedingungen zu formulieren, doch besteht die Gefahr funktionalistischer und ökonomistischer Fehlschlüsse. Um diese zu vermeiden und den Prozess der Herausbildung von Formen der Regulation genauer zu begreifen, ist es notwendig, die handlungstheoretischen und politisch-ideologischen Dimensionen der Regulation genauer zu fassen. Aus meiner Sicht ist es dazu sinnvoll, Gramscis Hegemonietheorie mit dem Regulationsansatz zu verbinden (vgl. Demirović 1992; Sablowski 1994). Will man nicht dabei stehenbleiben, eine Regulationsweise als „Fundsache" (Lipietz) zu betrachten, so muss die Aufmerksamkeit auf die Strategien, Denk- und Handlungsweisen der Akteure gerichtet werden. Hier spielen Antonio Gramscis Überlegungen zur Rolle von Intellektuellen und zur Bedeutung der Zivilgesellschaft bei der Strukturierung des kollektiven Handelns und der Ausbildung von Hegemonie eine zentrale Rolle (vgl. Gramsci 1975).

---

[9] Den wohl ausführlichsten Versuch, gesellschaftliche Naturverhältnisse in der Regulationstheorie zu berücksichtigen, verdanken wir Christoph Görg (2003).

[10] Zur Kritik der Behandlung der Geschlechterverhältnisse in den früheren Arbeiten der Regulationstheorie vgl. Ruddick (1992); zur Kritik auch der neueren Arbeiten, die sich um eine Integration von marxistisch-regulationstheoretischen und feministischen Ansätzen bemühen, vgl. Aulenbacher/Riegraf (2013) und Sauer (2013).

4. Historische Transformationen des Kapitalismus

Die Befunde der Regulationstheorie zu den historischen Transformationen des Kapitalismus können hier nicht im Einzelnen dargestellt und diskutiert werden. Die Regulationstheorie ist vor allem als Theorie des *Fordismus* und seiner Krise bekannt geworden. Mit dem Begriff des Fordismus wurde die kapitalistische Entwicklungsweise bezeichnet, die sich ausgehend von den USA in den ersten Jahrzehnten des 20. Jahrhunderts entwickelte und nach dem 2. Weltkrieg bis in die 1970er Jahre in den kapitalistischen Zentren dominierte. Der Fordismus war vor allem durch die parallele Entwicklung der standardisierten Massenproduktion und der Massenkonsumtion von langlebigen Konsumgütern (Wohnungen, Automobile, Haushaltsgeräte) gekennzeichnet und beruhte im Kern auf der engen Kopplung von Produktivitätszuwächsen und Lohnzuwächsen. In den 1970er Jahren geriet diese Entwicklungsweise, die in den 1950er und 1960er Jahren zu hohen Wachstumsraten des Sozialprodukts geführt hatte, vor allem deshalb in die Krise, weil die Produktivitätszuwächse rückläufig waren, die auf der Basis der tayloristischen Arbeitsorganisation und der Mechanisierung des Arbeitsprozesses erreichbar waren.[11]

Die Regulationstheorie sollte jedoch nicht auf eine Theorie des Fordismus reduziert werden. Nicht nur die kapitalistischen Zentren waren Gegenstand der Analyse, sondern auch peripher-kapitalistische Gesellschaftsformationen.[12] Die Gefahr, dass es zu analytischen Verzerrungen kommen kann, wenn die Entwicklung peripher-kapitalistischer Gesellschaftsformationen am Maßstab des Fordismus in den Zentren gemessen wird, wurde dabei in der regulationstheoretischen Diskussion durchaus gesehen. In den 1980er und in den frühen 1990er Jahren konzentrierte sich die regulationstheoretische Forschung anhand vergleichender Studien zu den Entwicklungen in verschiedenen Ländern vor allem auf die Frage nach den möglichen Auswegen aus der Krise des Fordismus bzw. den Gestalten des *Postfordismus* (Boyer 1986a, 1988; Leborgne/Lipietz 1992). Hervorzuheben sind des Weiteren etwa Untersuchungen zu der lange anhaltenden Depression in Japan (Boyer/Jamada 2000), zur Entwicklung der Produktionsmodelle in der Automobilindustrie (Boyer/Freyssenet 2003), zur sogenannten *New Economy* der 1990er Jahre in den USA (Boyer 2004), zur veränderten Bedeutung der Finanzmärkte für die Kapitalakkumulation und die *corporate governance* (Boyer 2000; Aglietta/Rebérioux 2005), zum Neoliberalismus (Candeias 2009) sowie zum Aufstieg Chinas (Boyer 2011).

Es ist nach all diesen Beiträgen äußerst merkwürdig, dass die Regulationstheorie (vielleicht mit Ausnahme der am ehesten anschlussfähigen Arbeiten Boyers) in

---

11 Vgl. dazu u. a. Aglietta (1979); Benassy et al. (1978); Lipietz (1979, 1983, 1987); Hirsch/Roth (1986).
12 Vgl. etwa Ominami (1986); Lipietz (1987); Aboites/Miotti/Quenan (1995); Alnasseri (2003).

der institutionalistisch ausgerichteten, vergleichenden Kapitalismusforschung heute kaum wahrgenommen wird, nachdem gleichsam das Rad durch Peter Hall und David Soskice (2001) neu erfunden wurde. Im Unterschied zur Regulationstheorie ist die Diskussion über die *varieties of capitalism* im neuen Jahrtausend freilich viel stärker durch die Fragestellung der komparativen institutionellen Vorteile einzelner Länder in der internationalen Konkurrenz motiviert – gesellschaftskritische Überlegungen spielen dort kaum eine Rolle (vgl. Beitrag von Beck/Scherrer in diesem Band). Während die Regulationstheorie vor allem auf der Marx'schen Theorie und heterodoxen makroökonomischen Ansätzen beruht, bezieht sich die jüngere Diskussion über die *varieties of capitalism* auf den durch die neoklassische Theorie verwässerten Neukeynesianismus und auf mikroökonomische Konzepte der Spieltheorie (vgl. Herr und Bodenstein in diesem Band). Wolfgang Streeck (2009) stellt zu Recht selbstkritisch fest, dass der Institutionalismus bei all den Diskussionen über die verschiedenen Spielarten des Kapitalismus eigentlich über keinen Begriff des Kapitalismus verfügt. Diese theoretischen Verschiebungen reflektieren den politisch-ideologischen Aufstieg des Neokonservatismus und Neoliberalismus seit den 1970er Jahren, von dem auch die institutionalistische Variante der französischen Regulationstheorie nicht unberührt geblieben ist. Dennoch ist die Regulationstheorie als Quelle einer *kritischen* Internationalen Politischen Ökonomie lebendig, wie neuere Arbeiten etwa über *postfordistische Naturverhältnisse* (Brand/Görg 2003) oder zum *finanzdominierten Akkumulationsregime* und zur globalen Finanz- und Wirtschaftskrise seit 2007 (Sablowski 2011; Demirović/Sablowski 2012; Atzmüller et al. 2013) zeigen.

Literatur

Aboites, Jaime/Miotti, Luis Edigio/Quenan, Carlos 1995: Les approches régulationnistes et l'accumulation en Amérique Latine, in: Boyer/Saillard 1995, 467–475.
Aglietta, Michel 1976: Régulation et crises du capitalisme, Paris: Calmann-Lévy.
Aglietta, Michel 1979: A Theory of Capitalist Regulation: The U.S. Experience, London: Verso.
Aglietta, Michel/Orléan, André 1982: La violence de la monnaie, Paris: Presse Universitaire de France.
Aglietta, Michel/Rebérioux, Antoine 2005: Corporate Governance Adrift: A Critique of Shareholder Value, Cheltenham: Edward Elgar.
Alnasseri, Sabah/Brand, Ulrich/Sablowski, Thomas/Winter, Jens 2001: Raum, Regulation und Periodisierung des Kapitalismus, in: Das Argument 43: 1, 23–42.
Alnasseri, Sabah 2003: Periphere Regulation. Regulationstheoretische Konzepte zur Analyse von Entwicklungsstrategien im arabischen Raum, Münster: Westfälisches Dampfboot.

Atzmüller, Roland/Becker, Joachim/Brand, Ulrich/Oberndorfer, Lukas/Redak, Vanessa/Sablowski, Thomas (Hrsg.) 2013: Fit für die Krise? Perspektiven der Regulationstheorie, Münster: Westfälisches Dampfboot, i. E.

Aulenbacher, Brigitte/Riegraf, Birgit 2013: Kapitalismus und Krise – vorrangig eine Frage von Ökonomie und Klasse? Regulationstheoretische Öffnungen und Selbstbeschränkungen im Blick auf gesellschaftliche Reproduktionsprozesse, Geschlecht und Ethnie, in: Atzmüller/Becker/Brand/Oberndorfer/Redak/Sablowski 2013, i. E.

Becker, Joachim 2002: Akkumulation, Regulation, Territorium. Zur kritischen Rekonstruktion der Regulationstheorie, Marburg: Metropolis.

Bénassy, Jean-Pascal/Boyer, Robert/Gelpi, Rosa-Maria/Lipietz, Alain/Mistral, Jacques/Munoz, José/Ominami, Carlos 1978: Approche de l'inflation: l'example francais, CEPREMAP, Paris.

Boyer, Robert 1986: La théorie de la régulation. Une analyse critique, Paris: La Découverte.

Boyer, Robert (Hrsg.) 1986a: Capitalismes fin de siècle, Paris: Presse Universitaire de France.

Boyer, Robert (Hrsg.) 1988: The Search for Labour Market Flexibility: The European Economies in Transition, Oxford: Clarendon Press.

Boyer, Robert 2000: Is Finance-Led Capitalism a Viable Alternative to Fordism? In: Economy & Society 29: 1, 111–145.

Boyer, Robert 2004: The Future of Economic Growth: As New Becomes Old, Cheltenham: Edward Elgar.

Boyer, Robert 2011: China in Historical and Institutional Perspective, in: Boyer, Robert/Uemura, Hiroyasu/Isogai, Akinori (Hrsg.): Diversity and Transformations of Asian Capitalisms, London: Routledge, 243–263.

Boyer, Robert/Bénassy, Jean-Pascal/Gelpi, Rosa-Maria 1979: Régulation des économies capitalistes et inflation. In: Revue économique 30: 3, 397–441.

Boyer, Robert/Saillard, Yves (Hrsg.) 1995: Théorie de la régulation. L'état des savoirs, Paris: La Découverte.

Boyer, Robert/Yamada, Toshio (Hrsg.) 2000: Japanese Capitalism in Crisis. A Regulationist Interpretation, London: Routledge.

Boyer, Robert/ Freyssenet, Michel 2003: Produktionsmodelle. Eine Typologie am Beispiel der Automobilindustrie, Berlin: Sigma.

Brand, Ulrich/Görg, Christoph 2003: Postfordistische Naturverhältnisse. Konflikte um genetische Ressourcen und die Internationalisierung des Staates, Münster: Westfälisches Dampfboot.

Brand, Ulrich/Raza, Werner (Hrsg.) 2003: Fit für den Postfordismus? Theoretisch-politische Perspektiven des Regulationsansatzes, Münster: Westfälisches Dampfboot.

Candeias, Mario 2009: Neoliberalismus, Hochtechnologie, Hegemonie. Grundrisse einer transnationalen kapitalistischen Produktions- und Lebensweise. Eine Kritik, 2. Auflage, Hamburg: Argument.

Demirović, Alex 1992: Regulation und Hegemonie. Intellektuelle, Wissenspraktiken und Akkumulation, in: Demirović/Krebs/Sablowski 1992, 128–157.

Demirović, Alex/Krebs, Hans-Peter/Sablowski, Thomas (Hrsg.) 1992: Hegemonie und Staat. Kapitalistische Regulation als Projekt und Prozeß, Münster: Westfälisches Dampfboot.

Demirović, Alex/Sablowski, Thomas 2012: Finanzdominierte Akkumulation und die Krise in Europa, Rosa-Luxemburg-Stiftung, Reihe „Analysen", Berlin.

Esser, Josef/Görg, Christoph/Hirsch, Joachim (Hrsg.) 1994: Politik, Institutionen und Staat. Zur Kritik der Regulationstheorie, Hamburg: VSA.

Görg, Christoph 2003: Regulation der Naturverhältnisse. Zu einer kritischen Theorie der ökologischen Krise, Münster: Westfälisches Dampfboot.

Gramsci, Antonio 1975: Quaderni del carcere, Torino: Einaudi.

GRREC 1983: Crise et régulation, Grenoble: D.R.U.G.

GRREC 1991: Crise et régulation. Recueil de textes, 1983–1989, Grenoble: D.R.U.G.

Guttmann, Robert 1994: How Credit-Money Shapes the Economy: The United States in a global system, Armonk: Sharpe.

Hall, Peter/Soskice, David (Hrsg.) 2001: Varieties of Capitalism. The Institutional Foundations of Comparative Advantage, Oxford: Oxford University Press.

Harvey, David 1982: Limits to Capital, London: Verso.

Hirsch, Joachim 1990: Kapitalismus ohne Alternative? Hamburg: VSA.

Hirsch, Joachim 1992: Regulation, Staat und Hegemonie, in: Demirović/Krebs/Sablowski 1992, 203–231.
Hirsch, Joachim/Roth, Roland 1986: Das neue Gesicht des Kapitalismus. Vom Fordismus zum Post-Fordismus, Hamburg: VSA.
Hübner, Kurt 1989: Theorie der Regulation. Eine kritische Rekonstruktion eines neuen Ansatzes der politischen Ökonomie, Berlin: Sigma.
Hurtienne, Thomas 1986: Fordismus, Entwicklungstheorie und Dritte Welt, in: Peripherie 6: 3, 60–110.
Jessop, Bob 1990: Regulation Theories in Retrospect and Prospect, in: Economy & Society 19: 2, 153–216.
Jessop, Bob/Sum, Ngai-ling 2006: Beyond the Regulation Approach. Putting Capitalist Economies in Their Place, Cheltenham: Edward Elgar.
Kohlmorgen, Lars 2004: Regulation, Klasse, Geschlecht. Die Konstitution der Sozialstruktur im Fordismus und Postfordismus, Münster: Westfälisches Dampfboot.
Leborgne, Danièle/Lipietz, Alain 1992: Conceptual Fallacies and Open Questions on Post-Fordism, in: Storper, Michael/Scott, Allen J. (Hrsg.): Pathways to Industrialization and Regional Development, London: Routledge, 332–348.
Lipietz, Alain 1979: Crise et inflation – pourquoi?, Paris: Maspéro.
Lipietz, Alain 1983: Le monde enchanté. De la valeur à l'envol inflationniste, Paris: La Découverte.
Lipietz, Alain 1985: Akkumulation, Krisen und Auswege aus der Krise. Einige methodische Überlegungen zum Begriff der „Regulation", in: Prokla 15: 1, 109–137.
Lipietz, Alain 1987: Mirages and Miracles. The Crises of Global Fordism, London: Verso.
Lipietz, Alain 1992: Säkulare und konjunkturelle Aspekte der ökonomischen Staatsintervention, in: Demirović/Krebs/Sablowski 1992, 182–202.
Marx, Karl/Engels, Friedrich: Werke. Berlin, verschiedene Jahre (zit. MEW).
Mistral, Jacques 1986: Régime international et trajectoires nationales, in: Boyer 1986a, 167–201.
Ominami, Carlos 1986: Le tiers monde dans la crise, Paris: La Découverte.
Robles, Alfredo C. 1994: French Theories of Regulation and Conceptions of the International Division of Labour, Basingstoke: Palgrave.
Ruddick, Susan 1992: Das Gesellschaftliche konstruieren: Armut, Geschlechterverhältnisse und Familie im Goldenen Zeitalter, in: Demirović/Krebs/Sablowski 1992, 290–303.
Sablowski, Thomas 1994: Zum Status des Hegemoniebegriffs in der Regulationstheorie, in: Esser/Görg/Hirsch 1994, 133–156.
Sablowski, Thomas 2004: Intensive/extensive Akkumulation, in: Haug, Wolfgang Fritz (Hrsg.), Historisch-kritisches Wörterbuch des Marxismus, Band 6/II, Hamburg: Argument, 1317–1323.
Sablowski, Thomas 2011: Krise und Kontinuität des finanzdominierten Akkumulationsregimes, in: Zeitschrift für Wirtschaftsgeographie, 55: 1–2, 50–64.
Saillard, Yves 1995: Globalisation, localisation et spécialisation sectorielle: que deviennent les régulations nationales?, in: Boyer/Saillard 1995, 285–292.
Sauer, Birgit 2013: „Putting Patriarchy in Its Place". Zur Analysekompetenz der Regulationstheorie für Geschlechterverhältnisse, in: Atzmüller/Becker/Brand/Oberndorfer/Redak/Sablowski, i. E.
Smith, Joan/Wallerstein, Immanuel (Hrsg.) 1992: Creating and Transforming Households: The Constraints of the World Economy, Cambridge: Cambridge University Press.
Streeck, Wolfgang 2009: Re-Forming Capitalism: Institutional Change in the German Political Economy, Oxford: Oxford University Press.
Waringo, Karin 1998: Die Internationalisierung der Produktion in der französischen Regulationstheorie, Frankfurt a. M.: Campus.

Weltsystemtheorie
Stefan Schmalz

1. Einleitung[1]

Das Erkenntnisinteresse von weltsystemtheoretischen Ansätzen unterscheidet sich von jenem der meisten IPÖ-Theorien. Bei der Weltsystemtheorie handelt es sich im engeren Sinne um keine politikwissenschaftliche Theorie. Sie bietet vielmehr eine makrosoziologische, historische Perspektive, in der neben der IPÖ auch Theoriebausteine aus der Rassismus-, Kultur- und Wissenschaftstheorie miteinander verbunden werden (Wallerstein 1996; Wallerstein 2007: Kap. 4). Die Vertreter des Weltsystemansatzes gehen von zwei Grundannahmen aus: Erstens müssen die Strukturen des internationalen Systems, des modernen Weltsystems, als eine globale Einheit betrachtet werden. Hierbei wird dem hierarchischen Verhältnis zwischen den Industrienationen und den Entwicklungsländern eine besondere Bedeutung zugesprochen. Zweitens muss der übliche Analysezeitraum, der meist erst mit der Entstehung des Industriekapitalismus im 19. Jahrhundert beginnt, historisch ausgedehnt werden. Die meisten Vertreter des Weltsystemansatzes nehmen die Position ein, dass mit der Überseeexpansion der iberischen Mächte im 15. Jahrhundert eine neue Phase der Weltgeschichte begonnen habe, die sich durch einheitliche Gesetzmäßigkeiten und Strukturen auszeichne. Aus dieser globalhistorischen Perspektive folgen oftmals andere Bewertungen von zeitgeschichtlichen Ereignissen als durch die üblichen Lesarten der IPÖ. Denn bei der Analyse der Weltwirtschaft widmen sich die Weltsystemansätze primär historischen Strukturen, langfristigen Trends oder wiederkehrenden zyklischen Mustern. Es handelt sich um eine Perspektive, „die tiefer liegende, weniger offensichtliche Entwicklungen in den Vordergrund rückt" (Nölke 2010: 309).

Entstanden sind diese Ansätze aus der Theoriediskussion der 1960er und 1970er Jahre. Die Vordenker des Weltsystemansatzes lehnten sowohl modernisierungstheoretische als auch orthodox-marxistische Konzepte ab (Boris 2005: 176ff.). Auch hatten sich die *big four* der Weltsystemanalyse – Samir Amin, Giovanni Arrighi, Andre Gunder Frank und Immanuel Wallerstein – allesamt mit der politischen und öko-

---
1 Für wertvolle Überarbeitungshinweise bedanke ich mich bei Ulrich Brand, Andreas Nölke und einem/r anonymen GutachterIn.

nomischen Entwicklung von Ländern in Afrika oder Lateinamerika auseinandergesetzt und teilweise wichtige Beiträge zur Entwicklung der Dependenztheorie geleistet (Frank 1968; Amin 1975). Deren Kerngedanke bestand darin, dass strukturelle Abhängigkeitsbeziehungen zwischen entwickelten Industriegesellschaften (Zentrum bzw. Metropolen) und unterentwickelten Ländern (Peripherie oder Satelliten) existieren, die die Entwicklungsmöglichkeiten an der Peripherie einengen oder gar verhindern. Immanuel Wallerstein verband diese Überlegungen mit weiteren Theorieansätzen (Wallerstein 2007: 11; Zündorf 2010: 16ff.). Aus der Dobb-Sweezy-Debatte übernahm er die Auffassung Paul Sweezys, der – anders als Maurice Dobb und die meisten klassischen marxistischen TheoretikerInnen – den Fernhandel und damit den Kolonialismus als Ausgangspunkt für die Entstehung des Kapitalismus ansah (Sweezy et al. 1978). Zusätzlich rezipierte Wallerstein die historischen Studien der französischen Annales-Schule. Von Fernand Braudel wurde der Gedanke übernommen, gesellschaftliche Langzeitentwicklungen, Strukturen der *longue durée*, zu analysieren. Auch fand der Kapitalismusbegriff Braudels Eingang in die Analyse. Dieser begreift Kapitalismus als eine vermachtete Sphäre aus Monopolen im Fernhandel und in der Hochfinanz, die auf die Marktwirtschaft als weitgehend transparente, konkurrenzgetriebene Sphäre des Austausches aufsetzt (Braudel 1997: 97f.). Braudel zufolge entstand der Kapitalismus bereits in den italienischen Stadtstaaten des Spätmittelalters, und nicht erst im Zeitalter des Industriekapitalismus. Aus der osteuropäischen Debatte um den Marx'schen Begriff der „asiatischen Produktionsweise" wurde zudem die Kritik an kruden teleologischen Stufenabfolgen in der Entwicklung des Kapitalismus übernommen. Zuletzt hat auch der Systemfunktionalismus eines Talcott Parsons (Parsons 1972) deutliche Spuren hinterlassen. Wallerstein definiert Systeme, die einer spezifischen Logik, z. B. säkularen Trends, folgen, und weist einzelnen Elementen in diesen Systemen, etwa Staaten, Funktionen zu. Das Ergebnis dieser Synthese ist eine interdisziplinäre Gesellschaftstheorie, die zur Analyse der ipÖ nützlich ist. In den Folgejahren kam es zu einer stetigen Ausdifferenzierung des Theoriegebäudes. Diese Weiterentwicklung ist insbesondere der Diskussion Wallersteins mit seinen intellektuellen Weggefährten Amin, Arrighi und Gunder Frank zu verdanken (z. B. Amin et al. 1982; Amin et al. 1990).

Im Folgenden wird ein Überblick über die zentralen Konzepte des Weltsystemansatzes und dessen Anwendbarkeit als IPÖ-Theorie gegeben. Zunächst wird Immanuel Wallersteins Theorie dargestellt. Danach wird exemplarisch auf die Weiterentwicklungen durch Giovanni Arrighi und Andre Gunder Frank sowie die gängigen Kritiken am Weltsystemansatz eingegangen. Schließlich folgt eine Reflexion zu deren empirischer Anwendbarkeit. Hier werden der Aufstieg des globalen Südens, die Krisenprozesse in der Weltwirtschaft und die globale Arbeitsteilung bzw. soziale

Ungleichheit als wichtige Themenbereiche identifiziert. Um die Weltsystemansätze für eine Analyse aktueller Entwicklungen fruchtbar zu machen, so eine weiterführende Überlegung, müssen diese stärker in Verbindung mit anderen IPÖ-Theorien gebracht werden.

2. Grundzüge von Wallersteins Werk

Die zentrale Analyseeinheit in Wallersteins Studien ist das moderne Weltsystem. Er definiert dieses als eine kapitalistisch organisierte Weltwirtschaft, die sich im Gegensatz zu früheren Systemen, wie dem aztekisch dominierten, mesoamerikanischen Weltsystem oder Weltreichen wie dem Römischen Reich, über den gesamten Globus erstreckt und eine dezentralisierte politische Struktur aufweist (Wallerstein 1979: 19f.; Wallerstein 2004: 522). Das moderne Weltsystem entstand im langen 16. Jahrhundert von ca. 1450 bis 1640. In dieser Zeitperiode etablierte sich aus der Krise des europäischen Feudalismus der Kapitalismus als ein globales System (ebd.: 45f.). Die (endlose) Kapitalakkumulation wurde zum zentralen Merkmal des Wirtschaftslebens. Zuvor existierten zwar bereits „protokapitalistische Elemente" in den Handelsstädten Norditaliens und Flanderns. Sie waren jedoch der feudalen Produktionsweise untergeordnet. Wallerstein bezieht sich mit seiner Kapitalismusdefinition sowohl auf Marx als auch auf Braudel: Wie Braudel sieht er im kaufmännisch geprägten Fernhandel des späten 15. Jahrhunderts die Grundlage des (Agrar-)Kapitalismus. Doch ähnlich wie Marx richtet der Vordenker der Weltsystemtheorie seine Aufmerksamkeit zudem auf die Veränderungen der Produktionsverhältnisse, und nicht nur auf die großen Oligopole in Handel und Finanzwesen (ebd.: 29ff.).

Das moderne Weltsystem tendiert seit seiner Entstehung zur räumlichen Expansion und zur Durchsetzung einer neuen internationalen Arbeitsteilung. Die Eingliederung der *neuen Welt* durch die spanische Kolonisation führte zu einem stetigen Ressourcentransfer nach Nordwesteuropa, der sich über den ungleichen Tausch von Waren und Dienstleistungen vollzieht. Das moderne Weltsystem ist folglich von einer räumlichen Hierarchisierung geprägt. Es gliedert sich in Zentrum, Semiperipherie, Peripherie sowie eine nichtkapitalistische Außenarena. Wallerstein übernimmt somit das Zentrum-Peripherie-Modell aus den dependenztheoretischen Ansätzen, führt aber das Konzept der Semiperipherie ein:

> „[W]hat I call the semiperiphery, that is all those states who play an intermediate role in the world-economy: large along at least one crucial dimension (population, skilled manpower, total industrial output, per capita income), tending to produce manufactured goods for an internal market and weaker neighbors but still an exporter of primary products, playing the role of peripheral partners to core countries and core partners to some peripheral countries." (Wallerstein 1979: 247)

Die Semiperipherie hat eine wichtige Rolle bei der Stabilisierung des Systems, da sie zu einer Abschwächung der eklatanten Reichtumsunterschiede zwischen Zentrum und Peripherie beiträgt und in ihr bedeutende Brückenköpfe – entwickelte Sektoren, die beim Werttransfer in die Zentrumsstaaten eine Schlüsselposition einnehmen – existieren.

Die hierarchische Dreigliederung in Zentrum, Semiperipherie und Peripherie ist ein Grundmerkmal des Weltsystems. Aufstiegsprozesse von einzelnen Ländern aus einer Zone in eine andere, etwa der USA aus der Semiperipherie ins Zentrum, stellen die Ausnahme dar. Die Strukturen des Weltsystems sind weitgehend stabil, lassen aber auch einen gewissen Handlungsspielraum für Akteure und Raum für Entwicklungsdynamiken zu. Dies weist auf die Besonderheit des (dynamischen) Systembegriffs Wallersteins hin. Ein System ist für ihn „eine spezifische, raum-zeitlich zu verortende Gesamtheit, die ihren eigenen Gesetzmäßigkeiten folgt. ‚System' bedeutet bei Wallerstein eine konkrete historische Totalität, die durch ihre internen Strukturen, Widersprüche, Handlungsoptionen von Akteuren und Bewegungen bestimmt ist; diese Entwicklung ist Wallerstein zufolge weder als Ausdruck einer funktionalistischen oder linearen Teleologie, noch einer universellen Gesetzesmäßigkeit zu verstehen: strukturierte Prozesse und historisch kontingente Ereignisse durchdringen einander und erfordern als solche gerade spezifisch sozialwissenschaftliche Erklärungsweisen" (Boris 2005: 172).

Wallerstein schließt von seinem Zonenmodell auch auf verschiedene Strukturmuster des Weltsystems. So zeichnen sich Zentrumsstaaten durch „starke Staatsapparate" aus, die eine starke ökonomische Steuerungsfähigkeit ermöglichen, der Bevölkerung einen vergleichsweise hohen Wohlstand garantieren und notfalls auch militärische Eingriffe gegen periphere und semiperiphere Länder unterstützen, falls diese die Hierarchien im Weltsystem infrage stellen (Nölke 2010: 314ff.; Wallerstein 2004: 520f.). Auch in semiperipheren Nationen ist die öffentliche Verwaltung funktionsfähig. Anders als im Zentrum organisiert der semiperiphere Staat jedoch nationale Entwicklungsprojekte und wird von einer vergleichsweise kleinen Elite (autoritär) regiert. In den peripheren Ländern existieren wiederum schwache Staaten, die es weder vermögen, für territoriale Integrität zu sorgen noch interne Konflikte zu schlichten. Sie werden von einer „Kompradorenklasse" dominiert, die ausländische Interessen bedient. Die Teilung des Weltsystems in einzelne Nationalstaaten ist eine zentrale Bedingung für die Funktionsfähigkeit der kapitalistischen Ökonomie. Zum einen wird so verhindert, dass diese sich in ein politisch gesteuertes „Weltreich" transformiert. Zum anderen werden durch die unterschiedlichen staatlichen Strukturen die Zentrum-Peripherie-Spaltung und der ungleiche Tausch (oftmals mit militärischer Gewalt) aufrechterhalten. Folglich besteht sogar eine Logik, „dass die Stärke des Staatsapparates in Ländern des Zentrums eine Funktion der Schwäche anderer Staatsapparate ist" (Wallerstein 2004: 217f.).

Eine ähnliche Argumentation lässt sich in Bezug auf Produktion und Arbeit vorfinden. Auch hier zieht Wallerstein direkte Rückschlüsse von der Position im Weltsystem auf Industriestruktur und Arbeitsverhältnisse (Wallerstein 2007: 28ff.). Er identifiziert bestimmte Produktionsaktivitäten (d. h. Leitindustrien etc.), die in der jeweiligen Entwicklungsphase des Weltsystems im Zentrum oder in der Peripherie angesiedelt sind. Oftmals wird diese Arbeitsteilung durch Quasi-Monopole im High-Tech-Bereich durch die Zentrumstaaten konserviert. Sie ermöglicht es den Kapitalisten im Zentrum, Extraprofite zu erwirtschaften. Wallerstein und Hopkins sprechen von globalen Güterketten, die sich von der Herstellung von Vorprodukten in der Peripherie bis zur Fertigung von Endprodukten im Zentrum erstrecken (Hopkins/Wallerstein 1986: 154). Aus der internationalen Arbeitsteilung leitet Wallerstein Implikationen für Arbeit und Einkommen ab: Anders als im klassischen Marxismus sieht er nicht einzelne LohnarbeiterInnen, sondern Haushalte als die zentralen Wirtschaftseinheiten an. Diese verfügen neben der Lohnarbeit oft über andere Formen von Einkommen, etwa aus Subsistenzproduktion oder Transferzahlungen, die je nach der Zone im Weltsystem variieren. So geht Wallerstein davon aus, dass Lohnarbeit im Zentrum und informelle Arbeit in der Peripherie die Regel sind (Wallerstein 2007: 32ff.). Aus dieser hierarchischen Einkommensstruktur wird von vielen WeltsystemtheoretikerInnen auch die Überlegung abgeleitet, dass der Spielraum für Klassenkompromisse im Zentrum höher ist und eine komplexe globale ArbeiterInnenhierarchie besteht (Chase-Dunn 2006: 96ff.).

Neben diesen strukturellen Rahmenbedingungen unterscheidet die klassische Weltsystemtheorie verschiedene historische Prozesse mit globaler Reichweite (Nölke 2010: 315; Wallerstein 2000: 207ff.; Zündorf 2010). Zentral sind hierbei die säkularen Trends: Das Weltsystem neigt zu einer *Kommodifizierung* immer weiterer Bereiche des gesellschaftlichen Lebens. Neue Anlagesphären und Arbeitskräfte werden erschlossen und in die Warenwirtschaft integriert. Dieser Prozess wird von einer fortschreitenden *Urbanisierung* verschärft, da die städtische Bevölkerung auf eine Reproduktion in der Geldwirtschaft angewiesen ist. Gleichzeitig beobachtet Wallerstein eine Ausdehnung des *Industrialisierungsprozesses*: Nach Großbritannien, Kontinentaleuropa und Nordamerika folgten Russland und Japan und schließlich Schwellenländer wie Brasilien, Südafrika und die asiatischen Tigerstaaten sowie China. Dieser Prozess führt jedoch zu keinem sozialen Ausgleich, sondern wird von einer *Vertiefung der globalen Ungleichheit* begleitet. Während der Unterschied zwischen den 20 % in den ärmsten Ländern und den 20 % in den reichsten Ländern 1870 noch 7:1 betrug, wuchs dieser bis 1997 auf 74:1 an (Zündorf 2010: 98). Die säkularen Trends treiben die räumliche Expansion des Weltsystems voran. Immer weitere Teile der Außenarena werden inkorporiert. Dieser Prozess geht auch mit der Expansion des Staatensystems einher. Die Anzahl der Nationalstaaten vervierfachte sich zwischen 1850 und 2010.

Die Expansion des Weltsystems erfolgt in Schüben. Nach einer Phase der geographischen Ausdehnung kam es im langen 17. Jahrhundert (1600–1750) zu einer Ära der Konsolidierung der europäischen Weltwirtschaft, in der durch den Merkantilismus und die Nationalstaatsbildung die Grundlagen für eine weitere expansive Phase ab dem späten 18. Jahrhundert gelegt wurde (Wallerstein 1998: 7). Diese Rhythmen deuten auf zyklische Muster im Weltsystem hin. Wallerstein identifiziert dabei verschiedene Zyklen. Er weist insbesondere den Kontradieff-Zyklen eine wichtige Rolle zu (Wallerstein 2000: 214ff.). Neue Kontradieff-Zyklen werden durch bahnbrechende technologische Innovationen angestoßen.[2] Sie umfassen jeweils rund 40–60 Jahre und lassen sich in eine Expansionsphase (A-Phase) und eine Stagnationsphase (B-Phase) unterteilen. Wallerstein sieht sie als natürliche Lebenslinie des Systems. Die Weltwirtschaft ist somit regelmäßigen Phasen des Wachstums und der Stagnation sowie tiefen Krisen unterworfen. Seine zentrale theoretische Innovation ist jedoch, dass er ähnliche Zyklen im Staatensystem beobachtet (ebd.: 253ff.; Hopkins/Wallerstein 1982: 104ff.). Im modernen Weltsystem existierten vier Hegemoniezyklen, die jeweils von einer Ordnungsmacht strukturiert wurden (Habsburger, Niederlande, Großbritannien und USA). Diese Staaten waren zeitweise in verschiedenen Bereichen (Produktion, Handel und Finanzen) derart vorherrschend, dass sie einen Status der Hegemonie erreicht hatten: „Hegemony in the interstate system refers to that situation in which the ongoing rivalry between the so-called ‚great powers' is so unbalanced that one power can largely impose its rules and its wishes (at the very least by effective veto power) in the economic, political, military, diplomatic, and even cultural arenas." (Wallerstein 2000: 253ff.) Wallerstein sieht die Hegemoniezyklen als Prozesse, in denen Staaten zunächst ihre Vorherrschaft in Produktion und Handel aufbauen, nach einer militärischen Auseinandersetzung eine kurze Phase der Hegemonie erleben und zuletzt nur noch die Vorherrschaft im Finanzsektor innehaben. Dieses zyklische Muster wurde lediglich durch eine lange Phase des Konflikts zwi-

---

2   Der sowjetische Wirtschaftswissenschaftler Nikolai Kontradieff (1892–1938) entwickelte 1926 eine zyklische Konjunkturtheorie. Er vertrat die Position, dass die kurzen Konjunkturzyklen von langen Wellen von jeweils 40 bis 60 Jahren überlagert werden. Auf Basis von historischen Zeitreihen beobachtete Kontradieff Aufschwungsphasen, die durch Innovationen (ca. 1780: Dampfmaschine, ca. 1840: Eisenbahn; ca. 1890: Elektrotechnik und Chemie; ca. 1940–50: Automatisierung der Produktion; ca. 1990: Informations- und Kommunikationstechnologien) hervorgerufen werden, und kurze Abschwungsphasen, in denen es schließlich zu Krisen kommt. Kontradieff sah in den langen Wellen eine historische Gesetzmäßigkeit, deren eigentliche Ursache die Bewegungsgesetze des Kapitalismus sind.

schen England und Frankreich im 17. und 18. Jahrhundert unterbrochen. Wallerstein zufolge befinden sich die USA derzeit im Niedergang (Tab. 1). Ostasien könnte sich als neues Zentrum der Kapitalakkumulation etablieren.

In den jüngeren Schriften Wallersteins ist der Krisenbegriff zentral. Neben tiefen wirtschaftlichen Krisenprozessen (Ende eines Kontradieff-Zyklus) und Hegemoniekrisen (Ende eines Hegemonialzyklus) thematisiert er eine mögliche Endkrise des Weltsystems. In dieser nehmen die systemischen Restriktionen auf das Handeln von Akteuren ab, und es beginnt der Übergang in ein neues Weltsystem (Amin et al. 1982: 50ff.; Wallerstein 2008). Die säkularen Trends stoßen an ihre Grenzen, und die Kapitalakkumulation wird weniger rentabel. Antisystemische Bewegungen gewinnen an Bedeutung und kämpfen für alternative Modelle. Wallerstein vertritt die These, dass dieser Prozess bereits begonnen habe. Er datiert die Endkrise ungefähr auf das Jahr 2040. Bei der „Gabelung" des Weltsystems entsteht ein neues System: Dieses könnte entweder hierarchisch-autoritär oder demokratisch-egalitär geprägt sein.

3. Theoretische Weiterentwicklungen

Eine vielbeachtete Weiterentwicklung des Theoriegebäudes erfolgte durch Andre Gunder Frank und Barry Gills (Frank/Gills 1999c; Frank 1998). Die beiden Autoren argumentieren, dass der Prozess der Kapitalakkumulation bereits deutlich früher existiert habe. Auch seien die weltweite Arbeitsteilung und Zentrum-Peripherie-Verhältnisse keine Neuheit des 15. Jahrhunderts. Wallerstein habe das Ausmaß des Fernhandels unterschätzt, dessen Geschichte um über 5.000 Jahre zurückreiche (Frank/Gills 1999a: 297). Ihre These stützen die beiden Autoren insbesondere auf zwei Diskussionsstränge. Zum einen stellte Janett Abu-Lughod die These zur Diskussion, dass bereits im 13. Jahrhundert die Grundlagen einer kapitalistischen Weltwirtschaft vorhanden waren. Dieses „thirteenth century-world system" (Abu-Lughod 1991: 352) setzte sich aus einzelnen regionalen Subsystemen mit Netzwerken von Handelsstädten zusammen. Das Zentrum der ökonomischen Aktivität lag in Asien, während Westeuropa lediglich eine periphere Rolle spielte. Erst nach dem Niedergang der Konstellation stieg Westeuropa zum neuen Zentrum der Weltwirtschaft auf. Zum anderen rezipieren Frank und Gill historiographische Studien, in denen die Verknüpfungen der einzelnen Subsysteme Eurasiens durch Fernhandelswege und politische Interaktion herausgearbeitet wurden (vgl. z. B. McNeill 1998). Frank und Gills werfen Wallerstein auf dieser Grundlage eine eurozentrische Sichtweise vor. Sie gehen von einem Weltsystem aus, das seit mindestens 5.000 Jahren existiert und das – von kurzen Phasen wie der Hochphase des Römischen Reichs abgesehen – historisch fast ausschließlich von asiatischen Mächten geprägt wurde

(Frank/Gills 1999b). Dieses System zeichne sich durch 150- bis 250-jährige Zyklen der ökonomischen Expansion (A-Zyklen) und Kontraktion (B-Zyklen) aus, in denen jeweils einzelne Mächte die regionale Hegemonie erringen konnten.

In seinem Buch „Reorient" arbeitete Frank dann die Gründe für den Aufstieg des Westens heraus (Frank 1998). Die Portugiesen und Spanier hätten im 15. Jahrhundert neue Handelswege erschlossen, sich in das innerasiatische Handelssystem eingeklinkt und gleichzeitig die klassischen Handelsrouten zwischen Ost und West im Vorderen Orient umgangen. Durch die Ausbeutung des amerikanischen Kontinents eigneten sich die Westeuropäer dann große Reichtümer an, die sie später auf dem Weltmarkt für andere Waren eintauschten (ebd.: 277ff.). Der Westen habe so letztlich von der raschen ökonomischen Expansion in Ostasien profitiert, die bereits im 15. Jahrhundert begonnen habe. Die Vorherrschaft des Westens wurde jedoch erst Mitte des 19. Jahrhunderts deutlich. Gegenwärtig, so die These Gunder Franks, rücken (Ost-)Asien und China nach einer Schwächephase von mehr als 150 Jahren wieder in das Zentrum des Weltsystems auf. Diese Entwicklung ließe sich sogar an der heutigen Wirtschaftsstruktur ablesen, da „die ökonomisch dynamischsten Regionen Ostasiens heute dieselben sind wie vor 1800." (Frank 2005: 178)

Auch Giovanni Arrighi legte einen eigenständigen Entwurf einer historischen Kapitalismustheorie vor (Arrighi 1994; Arrighi/Silver 1999; Arrighi et al. 2003d; Arrighi 2008). Arrighis Hauptthese ist, dass systemische Akkumulationszyklen existieren, in denen sich Phasen, die durch die Expansion des Produktivkapitals gekennzeichnet sind, mit Perioden abwechseln, die durch eine Ausweitung des Finanzsektors charakterisiert sind. Historisch macht Arrighi – ähnlich wie Wallerstein – vier solche Zyklen aus: einen genuesisch-iberischen Zyklus vom 15. bis 16. Jahrhundert; einen holländischen Zyklus vom 16. Jahrhundert bis Ende des 18. Jahrhunderts; einen britischen Zyklus von der Mitte des 18. Jahrhunderts bis zu Beginn des 20. Jahrhunderts und einen US-Zyklus, der im späten 19. Jahrhundert begonnen hat und zur Zeit in seiner finanziellen Expansionsphase ist (Arrighi/Moore 2001). Folglich überlappen sich die Zyklen: Die finanzielle Ausweitung in einem hegemonialen Zentrum (z. B. England) geht mit einer materiellen Expansion in einem neuen Zentrum (z. B. USA) einher (Abb. 1). Die Akkumulationszyklen sind jedoch in eine territoriale Logik eingebettet. KapitalistInnen nutzen Staaten im globalen Konkurrenzkampf als „Machtcontainer" (Arrighi 2008: 296). Sie beherbergen die „Hauptquartiere" der mächtigsten Unternehmen und Regierungsinstitutionen. Jeder Akkumulationszyklus geht so mit einem wachsenden Staats-Unternehmen-Komplex einher. Arrighi beobachtet eine solche Ausdehnung „von einem Stadtstaat und einer kosmopolitischen Geschäftsdiaspora, (der genuesischen), über einen Protonationalstaat, (den Vereinigten Provinzen) und ihren amtlich zugelassenen Aktiengesellschaften, zu einem multinationalen Staat (Großbritannien) und seinem Globus umspannenden tributpflichtigen Empire bis hin zu einem Nationalstaat von Kontinentalgröße (den USA) und seinem weltumspannenden System transnationaler Konzerne, Militärstützpunkte und Institutionen der Weltregierung" (Arrighi 2008: 296). In den Zyklen weist Arrighi Krisen eine besondere Rolle zu. Die finanzielle Expansion wird jeweils durch eine „Signalkrise" eingeleitet. Durch diese kann die Hegemonialmacht neue Machtressourcen im Finanzsektor anhäufen, wie dies z. B. die USA nach dem Ende des Bretton-Woods-Regimes in den 1970er Jahren taten. Erst eine noch größere Finanzkrise, die Endkrise, leitet schließlich einen neuen Zyklus ein. Eine solche Rolle könnte der Finanzkrise 2008ff. mit Bezug auf die US-Hegemonie zukommen (Arrighi 2009: 90).

In der Spätphase seines Werkes untersuchte Arrighi den Aufstieg der ostasiatischen Region und den Niedergang der US-Hegemonie. In dem mit Beverly Silver herausgegebenen Buch „Chaos and Governance" wurden verschiedene Aspekte wie die soziale Basis oder die Rolle des Finanzsektors von Hegemoniezyklen untersucht. Eines der zentralen Ergebnisse der historischen Studie war, dass sich die heutige Situation durch eine globale Zweiteilung von militärischer und finanzieller Macht auszeichnet (Arrighi/Silver 1999: 275). Anders als in früheren Umbruchsperioden bleiben die USA als (ehemalige) Hegemonialmacht zwar militärisch an der Spitze, sind aber gleichzeitig zur größten Schuldnernation der Welt geworden und haben sich massiv bei ostasiatischen Kreditgebern verschuldet. Arrighi versuchte später, die Gründe für die derzeitige dynamische Entwicklung Ostasiens zu identifizieren (Arrighi et al. 2003c). Er lehnt Franks Idee eines prämodernen Weltsystems ab und arbeitet verschiedene Faktoren für den Wiederaufstieg Ostasiens heraus (Arrighi et al. 2003a: 8). Am bedeutendsten ist die Argumentationsfigur, dass die (kriegerische) Konkurrenz im europäischen Staatensystem in Verbindung mit der Internalisierung der kapitalistischen Logik zur Außenexpansion Europas geführt habe, während das ostasiatische, tributbasierte Staatensystem stets von China dominiert wurde und hier das Handels- und Finanzkapital politisch isoliert blieb (Arrighi et al. 2003b: 317ff.). Diese Ausgangslage habe zur Auseinanderentwicklung der beiden Weltregionen beigetragen und später die europäischen Mächte in die Lage versetzt, das ostasiatische System in einer untergeordneten Position in das britisch dominierte Weltsystem zu integrieren. Erst unter der US-amerikanischen Hegemonie habe sich eine neue Konstellation entwickelt, in der einige frühere Kennzeichen des ostasiatischen Systems – etwa das Tributsystem und die überseechinesischen Handelsnetzwerke – unter radikal veränderten Bedingungen wiederbelebt wurden. Arrighi sieht als Ergebnis in Ostasien einen hybriden Entwicklungspfad heranreifen und identifiziert mit China einen möglichen Herausforderer der USA (Arrighi 2008: 277ff.).

4. Kritiken am Ansatz

Der Weltsystemansatz wurde von unterschiedlichen Standpunkten aus kritisiert. Eine gängige Kritik arbeitet sich am Strukturalismus der Weltsystemtheorie ab (Skocpol 1977; Heigl 2005: 275ff.). A) Die Weltsystemansätze neigen dazu, Akteuren kaum Spielräume in den Strukturen des Weltsystems einzuräumen und von ökonomischen Prozessen schnell auf politische und kulturelle Faktoren zu schließen. Akteure sind bei Wallerstein vor allem in Krisensituationen handlungsmächtig. In Franks Schriften spielen sie kaum eine Rolle. Lediglich bei Arrighi lassen sich deutlichere Vermittlungen zwischen *structure* und *agency* ausmachen. B) Offensichtlich ist auch, dass der implizite Funktionalismus des Weltsystemansatzes problematisch ist (Heigl 2005: 282; Zündorf 2010: 104). Der Holismus der Weltsystemtheorie, der sich am „methodologischen Nationalismus" abarbeitet und stets das gesamte System und nicht die einzelnen Komponenten in den Mittelpunkt stellt, führt in das gegenteilige Extrem: Prozesse auf nationalstaatlicher Ebene bleiben unterbelichtet. So kommt es, dass einzelne Konzepte sehr holzschnittartig wirken. Etwa weist die Staatstheorie (Machtcontainer, starke vs. schwache Staaten) eklatante theoretische Defizite auf, da auf institutionelle Gegebenheiten oder gesellschaftliche Kräfteverhältnisse, auf denen der Staat aufruht, nicht genauer eingegangen wird. C) Das zyklische Geschichtsbild führt zudem dazu, dass der geschichtliche Ablauf oftmals vereinfacht dargestellt wird (Fiori et al. 2008; Imbusch 1990: 103ff.). Viele Prozesse verliefen im konkreten sehr viel widersprüchlicher und ergebnisoffener als dies die Darstellung in Zyklen impliziert. Zudem haftet der Geschichtsschreibung der Weltsystemansätze ein gewisser Determinismus an, da sie meist mit Zukunftsprognosen – wie dem Ende des modernen Weltsystems – einhergeht. D) Eine weitere Kritik wurde – aus klassisch marxistischer Perspektive – von Robert Brenner am Kapitalismusbegriff der Weltsystemansätze formuliert: Der „neo-smithianische Marxismus" fokussiert primär auf Austauschverhältnisse im Weltmarkt, ohne jedoch die Produktionsverhältnisse im Blick zu haben (Brenner 1977; Imbusch 1990: 34ff.). Dieser Zirkulationismus verdeckt somit die eigentlichen Quellen von Profit, die der Produktionssphäre entspringen, und verschleiert mit der These des ungleichen Tauschs die Beziehungen zwischen einzelnen Zonen der Weltwirtschaft, die aus Produktivitätsunterschieden resultieren. Kapitalismus wird im Weltsystemansatz im Anschluss an Fernand Braudel (Braudel 1997: 41ff.) eher als „ungleiche Marktwirtschaft" (Fülberth 2005: 30) begriffen. Der Zeitpunkt der Entstehung des Kapitalismus sollte dieser Kritik zufolge deshalb auch erst im Übergang zum 19. Jahrhundert, statt im 15. Jahrhundert angesiedelt werden. In eine ähnliche Richtung geht die keynesianisch inspirierte Argumentation von Elsenhans (1984). Er bezweifelt, dass der Kolonialismus für die Herausbildung des Kapitalismus überhaupt notwendig war. Doch die Kritik am Kapitalismusbegriff trifft nicht alle WeltsystemtheoretikerInnen gleichermaßen: Samir Amin geht z. B. davon aus, dass mit dem Industriekapitalismus ein qualitativer Sprung stattfand, da nun erst der Weltmarkt dem Wertgesetz unterworfen wurde (Amin 2010). E) Zuletzt wurde auch Kritik an den empirischen Grundlagen der Weltsystemansätze laut (Skocpol 1977). Sie reichen von der Geschichte der Nationalstaatswerdung in Europa über die Durchsetzung der zweiten Leibeigenschaft bis hin zu Wallersteins Ausführungen zur Kulturrevolution 1968. Folglich ist die Weltsystemtheorie äußerst umstritten, was nicht zuletzt in deren universellem Geltungsanspruch begründet liegt.

5. Empirische Anwendbarkeit und Forschungsperspektiven

Die Weltsystemansätze sind nur bedingt für eine Analyse aktueller Entwicklungen nützlich. Die Stärke ihrer Anwendbarkeit liegt vor allem in der Analyse von langfristigen Strukturen und Trends in der ipÖ und der Einordnung von Ereignissen und (politischen) Trends innerhalb der *longue durée*.

Ein Forschungsfeld besteht in quantitativ orientierten Studien, die strukturelle Entwicklungen im Weltsystem nachzuzeichnen versuchen. In dieser Forschungstradition dienen oftmals die hierarchische Spaltung des Weltsystems oder einzelne säkulare Trends bzw. zyklische Muster als Hintergrundfolie (Bergesen/Fernandez 1999; Boswell 1989; Chase-Dunn 2005). Unterschiedliche Analysen versuchen etwa, eine stabile internationale Arbeitsteilung nachzuweisen oder Gegentrends hierzu zu identifizieren (z. B. Arrighi et al. 2003). Auch werden verschiedene Aspekte der Zentrum-Peripherie-Beziehungen ausgewertet, die bis zu komplexen Faktoren wie diplomatischen Kontakten reichen (Grimes 2000). Gleichzeitig sind jedoch auch langfristige Trends im Weltsystem Gegenstand der Debatte. So existieren Untersuchungen zu Themen wie dem *US-Decline* in der Weltwirtschaft (Chase-Dunn 2005: 176), zur Anzahl von großen multinationalen Unternehmen in einzelnen Staaten des Zentrums und der Semiperipherie (Bergesen/Fernandez 1999) oder sogar zur Dekolonialisierung (Boswell 1989).

Ein Diskussionsstrang, auf den sich nicht nur quantitative Studien beziehen, behandelt die aktuellen Machtverschiebungen in der Weltwirtschaft. Die Stärke der weltsystemtheoretischen Ansätze besteht hier darin, neben den endogenen Faktoren – Entwicklungsstaat und exportgeleitetes Industrialisierungsmodell – vor allem exogene Faktoren in die Diskussion eingebracht sowie den zeitlichen Rahmen neu zu definiert zu haben. Auf diese Weise trug die weltsystemtheoretische Debatte zur Relativierung des eurozentrischen Geschichtsbildes bei. Die globalgeschichtliche Diskussion der „California School" (Pomeranz 2000; Sugihara 2003), die von einer ökonomischen Vorherrschaft Ostasiens bis zum 18. Jahrhundert ausgeht, steht in einem engen Austausch mit den Weltsystemansätzen. Auch wurde der Aufstieg Ostasiens und insbesondere Chinas in verschiedenen aktuellen Studien aus weltsystemtheoretischer Sicht untersucht (Hung 2009; Li 2008). So geht Ho-Fung Hung davon aus, dass die regionale Arbeitsteilung in Ostasien ein zentrales Merkmal des Aufstiegsprozesses der Makroregion ist. China konnte sehr stark von Investitionen aus dem ostasiatischen Raum sowie den historischen Netzwerken der Übersee-ChinesInnen profitieren (Hung 2009). Zudem werden die Rückwirkungen des chinesischen Aufstiegs diskutiert: Minqi Li zeigt im Anschluss an Wallerstein, dass der Aufstieg Chinas durch die hohe Ressourcennutzung zu einer strukturellen Krise des modernen Weltsystems führen könnte (Li 2008: 139ff.). Von der weiteren Debatte über den Aufstieg Ostasiens könnten positive Impulse ausgehen, wenn der schwammige Machtbegriff der Weltsystemansätze geschärft würde. Für solch eine theoretische Weiterentwicklung sollten auch andere IPÖ-Theorien, etwa Susan Stranges Überlegungen zur strukturalen Macht, mit einbezogen werden (Schmalz 2011).

Ein zweiter Diskussionsstrang bezieht sich auf die Krisenanalyse. Dabei wurde in weltsystemtheoretischen Ansätzen, insbesondere in jenem Arrighis, der Hegemonieverfall der USA mit Krisenprozessen in der Weltwirtschaft in Verbindung gebracht (Amin et al. 1982: 66ff.). Diese These wurde in der Diskussion um die Weltwirtschaftskrise 2008 aufgegriffen. Eine Besonderheit der Krise ist, dass die USA in eine massive Schuldnerposition geraten sind und die Länder Ostasiens, insbesondere China, zu zentralen Gläubigerstaaten aufgestiegen sind, ja sogar erstmals in der Geschichte des Weltsystems massive Kapitalflüsse aus der Semiperipherie in das Zentrum gehen (Arrighi 2009; Palat 2010; Schmalz 2011). Zusätzlich hat die Krise bisher äußerst ungleichmäßige Auswirkungen auf einzelne Weltregionen gehabt. Während die USA und die EU zu großen Krisenherden geworden sind, scheinen semiperiphere Länder als die eigentlichen Gewinner aus der Staatenkonkurrenz hervorzugehen (ebd.: 136ff.). Vor diesem Hintergrund ergibt sich die Frage, ob die Machtverschiebungen durch die Krise beschleunigt wurden und ob wirklich ein neuer Hegemoniezyklus bzw. eine neue Phase der Kapitalakkumulation eingeleitet werden. Doch auch hier wird sich die Weltsystemanalyse auf zusätzliches methodologisches Rüstzeug, z. B. für entsprechende Länderstudien oder für die ‚Vermessung' von Macht, einlassen müssen.

Zuletzt sind aus der Weltsystemanalyse verschiedene Studien zur Erforschung des Wechselverhältnisses von ipÖ und der gesellschaftlichen Organisation der Arbeit hervorgegangen. Beverly Silver hat eine historische Studie zu Arbeitskonflikten in der ipÖ vorgelegt (Silver 2005). Sie zeichnet die räumliche Verlagerung von ‚labour unrest' im Weltsystem nach. Mit der Kapitalverlagerung aus dem Zentrum an andere Standorte entstanden neue Arbeiterklassen, die sich schließlich mobilisierten und soziale Verbesserungen erkämpften. In ihrem Ansatz, in dem sie zwischen verschiedenen „fixes" – Strategien der Kapitalseite, um das Problem der Rentabilität zu lösen und die Kontrolle über den Produktionsprozess wiederzugewinnen – unterscheidet, geht sie auch auf spezifische Dynamiken in der ipÖ, insbesondere die Schwächung der ArbeiterInnenbewegungen durch die Finanzialisierung der Weltwirtschaft seit den 1970er Jahren, ein (ebd.: 202ff.). Die Pointe des Ansatzes besteht darin, dass sich die Arbeitskonflikte letztlich auch in der Weltwirtschaft durch Reformbestrebungen und politische Regulierungen widerspiegeln. Der Ansatz hat dabei eine beachtliche Prognosefähigkeit bei der derzeitigen Welle von Arbeitskonflikten in China bewiesen (Silver/Zhang 2010). Auch die Analyse von globalen Wertschöpfungsketten ist in den vergangenen Jahren zu einem vielbeachteten Forschungsfeld avanciert (Gereffi/Korzeniewicz 1994; Fischer et al. 2010). Mit ihr lassen sich die Einbindung einzelner Industriesektoren in die Weltwirtschaft untersuchen und Rückschlüsse auf die Entwicklungsdynamiken einzelner Branchen und Volkswirtschaften treffen. Durch die transnationale Orientierung sind somit auch strukturelle Probleme wie das Fortbestehen von Einkommensdifferenzen im Weltsystem trotz fortschreitender Industrialisierungsprozesse in der Semiperipherie erklärbar (Arrighi et al. 2003d). Die Schwäche dieser Analyseperspektive besteht vor allem darin, dass wichtige Faktoren wie Institutionen auf (sub)nationaler Ebene keine Rolle spielen (Schmalz et al. 2010: 337). Auch hier wäre eine Bezugnahme auf andere Theorien, etwa auf institutionalistische Ansätze, von Bedeutung.

Kurzum: Die Stärke der Weltsystemansätze liegt darin, die Tiefenstrukturen der kapitalistischen Akkumulationsdynamik und der globalen Sozialstrukturen umreißen zu können. Es handelt sich um ein nützliches Werkzeug, um historische Trends und globale Strukturen der ipÖ zu skizzieren und so auch verschiedene Analysegegenstände in ein anderes Licht zu rücken. Die Weltsystemanalyse hat für die verschiedensten Bereiche der ipÖ wie Nord-Süd-Beziehungen, Länderstudien oder transnationale Unternehmensnetzwerke Erklärungsmuster anzubieten. Um jedoch über eine bloße historische Perspektive bzw. eine bloße prognostische Re-Interpretation der Geschehnisse hinauszugehen, bedarf es der Zuhilfenahme von Werkzeugen, die auch Prozesse unterhalb der globalen Ebene zu entschlüsseln vermögen. Die Aufgabe, einzelne Theoriebausteine aus dem reichhaltigen Fundus der Weltsystemtheorie weiterzuentwickeln, wird eine neue Generation von ForscherInnen beschäftigen.

Literatur

Abu-Lughod, Janet L. 1991: Before European Hegemony: The World System A. D. 1250–1350, New York, NY: Oxford University Press.
Amin, Samir 1975: Die ungleiche Entwicklung. Essay über die Gesellschaftsinformationen des peripheren Kapitalismus, Hamburg: Hoffmann und Campe.
Amin, Samir 2010: The Law of Worldwide Value, New York, NY: Monthly Review Press.
Amin, Samir/Arrighi, Giovanni/Frank, Andre G./Wallerstein, Immanuel (Hrsg.) 1982: Dynamics of Global Crisis, New York/NY: Monthly Review Press.
Amin, Samir/Arrighi, Giovanni/Frank, Andre G./Wallerstein, Immanuel (Hrsg.) 1990: Transforming the Revolution: Social Movements and the World-System, New York, NY: Monthly Review Press.
Arrighi, Giovanni 1994: The Long Twentieth Century: Money, Power, and the Origins of our Times, London: Verso.
Arrighi, Giovanni 2008: Adam Smith in Beijing. Die Genealogie des 21. Jahrhunderts, Hamburg: VSA.
Arrighi, Giovanni 2009: China Global? Giovanni Arrighi im Gespräch mit Stefan Schmalz, in: Luxemburg. Gesellschaftsanalyse und linke Praxis 1: 2, 59–66.
Arrighi, Giovanni/Takeshi, Hamashita/Selden,Mark (Hrsg.) 2003a: The Resurgence of East Asia. 500, 150 and 50 Year Perspectives, London: Routledge.
Arrighi, Giovanni/Takeshi, Hamashita/Selden, Mark 2003b: Introduction. The Rise of East Asia in Regional and World Historical Perspective, in: Arrighi, Giovanni/Hamashita, Takeshi/Selden, Mark (Hrsg.), 1–15.
Arrighi, Giovanni/Po-Keung, Hui/Ho-fung, Hung/Selden, Mark 2003: Historical Capitalism, East and West, in: Arrighi, Giovanni/Takeshi, Hamashita/Selden, Mark (Hrsg.), 259–333.
Arrighi, Giovanni/Silver, Beverly 1999: Conclusion, in: Arrighi, Giovanni/Silver, Beverly (Hrsg.): Chaos and Governance in the Modern World System, Minneapolis, MN: University of Minnesota Press, 257–279.
Arrighi, Giovanni/Beverly Silver/Brewer, Benjamin 2003: Industrial Convergence and the Persistence of the North-South Divide, in: Studies in Comparative International Development 38: 1, 3–31.
Arrighi, Giovanni/Moore, Jason W. 2001: Kapitalismus in welthistorischer Sicht, in: Das Argument 43: 1, 43–58.
Bergesen, Albert/Fernandez, Roberto 1999: Who has the Most Fortune 500 Firms? A Network Analysis of Global Economic Competition, 1956–89, in: Bornschier, Volker/Chase-Dunn, Christopher (Hrsg.): The Future of Global Conflict, London: Sage, 151–173.
Boris, Dieter 2005: Immanuel Wallerstein, in: Kaesler, Dirk (Hrsg.): Aktuelle Theorien der Soziologie. Von Shmuel N. Eisenstadt bis zur Postmoderne, München: C.H.Beck, 168–195.
Boswell, Terry 1989: Colonial Empires and the Capitalist World-System: A Time Series Analysis of Colonization, 1640–1960, in: American Sociological Review 54: 2, 180–196.
Braudel, Fernand 1997: Die Dynamik des Kapitalismus, Stuttgart: Klett-Cotta.
Brenner, Robert 1977: The Origins of Capitalist Development: A Critique of Neo-Smithian Marxism, in: New Left Review 18: 4, 25–92.
Chase-Dunn, Christopher 2005: Social Evolution and the Future of World Society, in: Journal of World-Systems Research 11: 2, 171–192.
Elsenhans, Hartmut 1984: Nord-Süd-Beziehungen. Geschichte-Ökonomie-Wirtschaft, Stuttgart: Kohlhammer.
Fiori, José L./Carlos de Medeiros/Serrano,Franklin 2008: O mito do colapso do poder americano, Rio de Janeiro: Editorial Record.
Fischer, Karin (Hrsg.) 2010: Globale Güterketten. Weltweite Arbeitsteilung und ungleiche Entwicklung, Wien: Promedia.
Frank, Andre G. 1968: Kapitalismus und Unterentwicklung in Lateinamerika, Frankfurt a. M: Europäische Verlag-Anstalt.
Frank, Andre G. 1998: ReOrient: Global Economy in the Asian Age, Berkeley, CA: University of California Press.
Frank, Andre G. 2005: Das 21. Jahrhundert wird ein Asiatisches sein, in: Prokla. Zeitschrift für kritische Sozialwissenschaft, 35: 2, 175–178.
Frank, André G./Gills, Barry K. (Hrsg.) 1999a: The World System: Five Hundred Years or Five Thousand?, London: Routledge.

Frank, Andre G./Gills, Barry K. 1999b: Rejoinder and Conclusions, in: Frank, André G./Gills, Barry K. (Hrsg.), 297–307.
Frank, Andre G./Gills, Barry K. 1999c: World System Cycles, Crises, and Hegemonic Shifts, 1700 BC to 1500 AD, in: Frank, André G./Gills, Barry K. (Hrsg.), 143–199.
Fülberth, Georg 2005: G Strich. Kleine Geschichte des Kapitalismus, Köln: Papyrossa.
Gereffi, Gary/Korzeniewicz, Miguel (Hrsg.) 1994: Commodity Chains and Global Capitalism, Westport, CT: Greenwood.
Grimes, Peter 2000: Recent Research on World Systems, in: Hall, Thomas D. (Hrsg.): A World-Systems Reader: New Perspectives on Gender, Urbanism, Cultures, Indigenous Peoples and Ecology, Lanham, MD: Rowman & Littlefield, 29–58.
Heigl, Miriam 2005: Auf dem Weg zur finalen Krise des Kapitalismus? Weltsystemtheoretische Beiträge zur neuen Debatte um Imperialismus, in: Prokla. Zeitschrift für kritische Sozialwissenschaft 35: 2, 267–285.
Hopkins, Terence K./Wallerstein, Immanuel 1986: Commodity Chains in the World-Economy Prior to 1800, in: Review 10: 1, 157–170.
Hopkins, Terence K./Wallerstein, Immanuel (Hrsg.) 1982: World-Systems Analysis: Theory and methodology, Beverly Hills, CA: Sage.
Hung, Ho-fung (Hrsg.) 2009: China and the Transformation of Global Capitalism, Baltimore/Md.
Imbusch, Peter 1990: „Das moderne Weltsystem". Eine Kritik der Weltsystemtheorie Immanuel Wallersteins, Marburg: VAG.
Li, Minqi 2008: The Rise of China and the Demise of the Capitalist World-Economy, New York, NY: Monthly Review Press.
McNeill, William H. 1998: The Rise of the West. A History of the Human Community: With a Retrospective Essay, Chicago, IL: University of Chicago Press
Nölke, Andreas 2010: Weltsystemtheorie, in: Schieder, Siegfried/Spindler, Manuela (Hrsg.): Theorien der Internationalen Beziehungen, Opladen: Budrich, 343–370.
Palat, Ravi A. 2010: World Turned Upsid Down? Rise of the Global South and the Contemporary Global Financial Turbulence, in: Third World Quarterly 31: 3, 365–384.
Parsons, Talcott 1972: Das System moderner Gesellschaften, Weinheim: Juventa-Verlag.
Pomeranz, Kenneth 2000: The Great Divergence: China, Europe, and the Making of the Modern World Economy, Princeton, NJ: Princeton University Press.
Schmalz, Stefan 2011: Die Auswirkungen der Weltwirtschaftskrise 2008 auf das internationale Staatensystem, in: ten Brink, Tobias (Hrsg.): Globale Rivalitäten. Staat und Staatensystem im globalen Kapitalismus, Stuttgart: Steiner Verlag, 103–124.
Schmalz, Stefan/Johannes Schulten/Wenten, Frido 2010: Arbeiterbewegungen in der globalisierten Welt. Eine kritische Würdigung des Ansatzes von Beverly Silver, in: Thien, Hans-Günter (Hrsg.): Klassen im Postfordismus, Münster: Westfälisches Dampfboot, 331–351.
Silver, Beverly J. 2005: Forces of Labor. Arbeiterbewegungen und Globalisierung seit 1870, Berlin: Assoziation A.
Silver, Beverly J./Zhang, Lu 2010: China als neuer Mittelpunkt der globalen Arbeiterunruhe, in: Prokla. Zeitschrift für kritische Sozialwissenschaft 40: 4, 605–618.
Skocpol, Theda 1977: Wallersteins World Capitalist System: A Theoretical and Historical Critique, in: American Journal of Sociology 82: 5, 1075–1090.
Sugihara, Kaoru 2003: The East Asian Path of Economic Development: A long-term Perspective, in: Arrighi, Giovanni/Takeshi, Hamashita/Selden, Mark (Hrsg.), 78–123.
Sweezy, Paul/Rodney Hilton/Holl, Hans-Günter 1978: Der Übergang vom Feudalismus zum Kapitalismus. Frankfurt a. M: Syndikat.
Wallerstein, Immanuel 1979: The Capitalist World-Economy: Essays, Cambridge: Cambridge University Press.
Wallerstein, Immanuel 1996: Die Sozialwissenschaften öffnen. Ein Bericht der Gulbenkian-Kommission zur Neustrukturierung der Sozialwissenschaften, Frankfurt a. M: Campus.
Wallerstein, Immanuel 1998: Das Moderne Weltsystem II – der Merkantilismus. Europa zwischen 1600 und 1750, Wien: Promedia.
Wallerstein, Immanuel M. 2000: The Essential Wallerstein, New York, NY: New Press.

Wallerstein, Immanuel 2004: Die Anfänge kapitalistischer Landwirtschaft und die europäische Weltökonomie im 16. Jahrhundert, Wien: Promedia.
Wallerstein, Immanuel M. 2007: World-Systems Analysis: An Introduction, Durham, NC: Duke University Press.
Wallerstein, Immanuel 2008: Die große Depression, in: Blätter für deutsche und internationale Politik 11, 5–7.
Zündorf, Lutz 2010: Zur Aktualität von Immanuel Wallerstein. Einleitung in sein Werk, Wiesbaden: VS Verlag.

Tabelle 1

	Habsburger	Niederlande	Großbritannien	USA
Aufsteigende Hegemonie	1450–	1575–1590	1798–1815	1897–1913/20
Sieg der Hegemonie		1590–1620	1815–1850	1913/20–1945
Reifephase der Hegemonie	–1559	1620–1650	1850–1873	1945–1967
Absteigende Hegemonie	1559–1575	1650–1672	1873–1897	ab 1968/1973

Quelle: Hopkins/Wallerstein 1982: 118

Abbildung 1

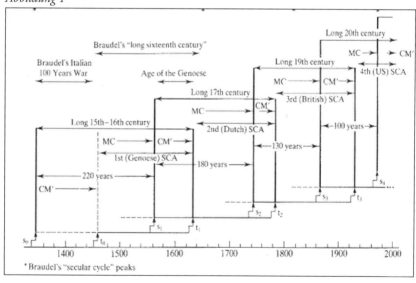

Quelle: Arrighi 1994: 364

Systemtheorie

Oliver Kessler

1. Einleitung

Die Frage nach der Möglichkeit eines systemtheoretischen Ansatzes zur Internationalen Politischen Ökonomie (IPÖ) steht bereits zu Anfang vor einem unmittelbaren Problem: die Systemtheorie versteht sich als *Gesellschaftstheorie* und beansprucht damit ein anderes Abstraktions- und Generalisierungsniveau, als die auf ein sehr spezifisches Problemfeld bezogene IPÖ. Auf den ersten Blick interessiert sich die Systemtheorie primär für die Frage nach Bedingungen, Verzerrungen und Instabilitäten von sozialer Ordnungsbildung. Die IPÖ hingegen nimmt traditionellerweise primär das Verhältnis von Staaten und Märkten in den Blick (siehe Gilpin 1987; Strange 1988).[1] Das bedeutet nicht, dass die Systemtheorie automatisch komplexer oder ‚besser' ist, sie ist nur, wie viele andere heterodoxe IPÖ-Theorien, zunächst an einer anderen Fragestellung interessiert mit der Konsequenz, dass der Versuch einer einfachen Verbindung beider Enden notwendigerweise Kategorienfehler und Begriffsverwirrungen nach sich ziehen muss.

Gleichzeitig liegt die Möglichkeit einer gegenseitigen Inspiration deutlich auf der Hand: die Systemtheorie nimmt als Gesellschaftstheorie die Ökonomie als einen ihrer Gegenstände mit auf, beziehungsweise stellt relevante Aussagen und Einsichten für

---

1   Ich benutze das Wort ‚traditionell' sehr spezifisch für die Literatur, die IPÖ als Teildisziplin der Internationalen Beziehungen (IB) ansieht, wie sie vor allem in den 1970er und 1980er Jahren dominant war und auch in den rationalen Ansätzen noch zum Ausdruck kommt (siehe Bodenstein in diesem Band). Der Vorwurf eines konzeptionellen Staatszentrismus bedeutet explizit nicht, dass die IPÖ für andere, nichtstaatliche Akteure systematisch blind ist. Ganz im Gegenteil: Gerade Susan Strange hat ja bereits sehr früh auf die Strukturveränderungen durch z. B. multinationale Unternehmen hingewiesen (siehe zum Beispiel Strange 1996). Die IPÖ kann hier sicherlich offener und progressiver als die IB selbst angesehen werden. Doch die primären Konzepte kommen aus dem staatlichen (sogar nationalstaatlichen Kontext) und Veränderungen werden als ein Wandel des Staat-Markt-Verhältnisses konzipiert und nicht in allgemeinere Überlegungen zu *sozialem* Wandel rückgebunden. Ebenso kann man anmerken, dass vor allem neomarxistische Ansätze sich von der engen Staat-Markt-Definition abgrenzen, diese jedoch gleichzeitig ein sehr ambivalentes konzeptionelles Verhältnis zu Staaten aufweisen. Jedoch ist die Selbstbeobachtung der IPÖ als eigenständiges Fach bisher vor allem durch die Ansätze geprägt, die diese Unterscheidung zugrunde legen. Andere Ansätze werden erst im Zuge der Herausbildung einer Globalen Politischen Ökonomie (Palan 2000) stärker rezipiert. Siehe auch die Beiträge zur Französischen Regulationsschule (vgl. Sablowski in diesem Band).

das Verständnis ökonomischer Zusammenhänge bereit. Eine moderne Gesellschaftstheorie ohne Wirtschaft wäre wie Kritische Theorie ohne normativen Gehalt, Marx ohne Produktivkräfte oder Liberalismus ohne Freiheit. Obwohl die Systemtheorie Aussagen über die Wirtschaft trifft, ist sie aber dennoch kein Ansatz der politischen Ökonomie im engen Sinn. In Luhmanns Werk findet man keine längere Diskussion ihrer Klassiker. Es findet weder eine Positionsbestimmung gegenüber der IPÖ statt (neben eventuell ein paar abfälligen Bemerkungen zur ‚alten' politischen Ökonomie), noch wird auf ihre theoretischen Diskussionen verwiesen.[2]

Dazu stellt sich ein weiteres Problem: Luhmann geht davon aus, dass eine Gesellschaftstheorie heute notwendigerweise eine Theorie der *Weltgesellschaft* ist, da Erwartungsbildungen und Beobachtungen global organisiert sind. Weltgesellschaft bedeutet, dass sich Strukturmuster auf der globalen Ebene verdichten, die sich eben nicht als zwischenstaatliche oder inter-nationale Strukturmuster verstehen lassen. Diese globalen Strukturmuster versteht die Systemtheorie als interne Differenzierungen und Grenzziehungen von Weltgesellschaft, nicht als Resultat eines Transformationsprozesses von Staatlichkeit. Von großer Bedeutung ist hier vor allem die Frage nach der funktionalen Differenzierung von Weltgesellschaft, die in den Theorien der Internationalen Beziehungen (IB) schon Anschluss gefunden hat (Albert/Buzan 2011; Kessler 2012a). Mit anderen Worten: für Luhmann wäre wohl die *klassische* IPÖ mit ihrem Fokus auf Staaten und Märkte noch zu sehr in alt-europäischen Denkmustern verhaftet (für eine Rekonstruktion siehe Cohen 2008; Philipps/Weaver 2011). Allein als Frage nach dem Verhältnis von Politik und Wirtschaft als zwei Funktionssystemen einer funktional differenzierten Weltgesellschaft kann sie eventuell überzeugen (vgl. Luhmann 1994: 37). Würde man diesem klassischen Weg folgen, dann wäre – etwas überspitzt formuliert – die IPÖ nichts weiter als eine Fußnote zur Systemtheorie. Dann wäre die Frage nach einem Beitrag der Systemtheorie für die IPÖ falsch gestellt.

Glücklicherweise muss man diesen traditionellen Lesarten von Systemtheorie und der politischen Ökonomie aus drei Gründen nicht mehr folgen. Erstens hat die aktuelle Finanzkrise deutlich vor Augen geführt, dass die klassischen Ansätze für ein Verständnis globaler Dynamiken unzureichend sind. Die Definition von IPÖ als das Verhältnis von Staaten und Märkten ist selbst veraltet. Das ist keine neue Einsicht, da die Debatte um die Globale Politische Ökonomie nicht neu ist (siehe Palan 2000),

---

2 Aus diesem Grund gibt es keine offensichtliche Gegenposition, an der sich die Systemtheorie innerhalb der Politischen Ökonomie abarbeiten könnte. Sie grenzt sich generell von jeder Form von Handlungstheorie, inklusive der Theorie kommunikativen Handelns, ab. Die Auseinandersetzung findet wiederum auf der Ebene der Gesellschaftstheorie und deren Frage nach der Konstitution sozialer Ordnung statt, nicht im Verständnis von wirtschaftlichen Zusammenhängen. Mir ist keine Stelle bekannt, bei der sich Luhmann über einen unterkomplexen Kapitalismusbegriff bei Habermas beschwert. Vielmehr greift er die Konzepte Konsens, Handlung, Kommunikation oder die Unterscheidung von System und Lebenswelt an.

doch scheint sie noch nicht im Zentrum der IPÖ angekommen zu sein (siehe hier die Frage nach der Dominanz der ‚American School': Cohen 2008: Kapitel 1, 2). Zweitens könnte man anmerken, dass sich in der Finanzkrise eine *soziale Dimension politik-ökonomischer Praktiken* offenbart: rudimentäre Prozesse wie die Bewertung von strukturierten Finanzprodukten oder die Preisbildung auf Güter- und Finanzmärkten folgen nicht einem einfachen Nutzen-Kosten-Kalkül, sondern sind genuin soziale Phänomene (Sinclair 2009; Kessler 2012a). Die Analyse sozialer Phänomene wiederum präjudiziert, wie Kratochwil und Ruggie (1986) zeigen, eine intersubjektive Epistemologie, die in den klassischen positivistischen Ansätzen der IB/IPÖ nicht auffindbar ist (siehe Herr, Bodenstein und Young in diesem Band). Vielmehr sind hierfür soziologische und sprachtheoretische Ansätze nötig. Als soziologischer und kommunikationsbasierter Ansatz kann die Systemtheorie für diese Problematik einen wichtigen Impuls liefern.

Drittens müssen sowohl die IPÖ als auch die Systemtheorie ein neues Verständnis politischer Prozesse erarbeiten. Die Frage nach der Politik kann sich im globalen Kontext nicht am Staat festmachen, sondern muss politische Prozesse jenseits des Staates in den Blick nehmen. Innerhalb der Finanzmärkte haben sich epistemische Autoritäten wie Ratingagenturen, Computermodelle oder die Ökonomik selbst herausgebildet. Epistemische Autoritäten erlangen ihre Macht nicht durch Delegation eines Staates, sondern durch die Zuschreibung besseren Wissens. Das heißt: obwohl es sich hier um klare ‚politische' Akteure insofern handelt, als politisches Vokabular von Macht, Wissen, Autorität und Legitimität für eine Beschreibung nötig ist, handelt es sich jedoch nicht (notwendigerweise) um staatliche Akteure. Um diese nichtstaatliche Politik und damit den systemischen Wandel der letzten 20 Jahre in den Blick zu nehmen, ist eine konzeptionelle Trennung von Politik und Staat notwendig. Das bedeutet nicht, dass Staaten irrelevant sind, doch wird zunächst eine konzeptionelle Entkoppelung von Politik und Staat notwendig, um danach den Staat in seiner veränderten Position wieder sichtbar zu machen. Bleibt man bei einem staatszentrierten Politikbegriff, kann Wandel nur als Transformation von Staatlichkeit auftreten und die Begriffe, Analysen und Ergebnisse bleiben verzerrt.

Der Beitrag der Systemtheorie mag hier auf den ersten Blick nüchtern ausfallen. Luhmanns eigene Begriffe von Macht, Politik und Staat sind eher traditionell eingefärbt und bieten keine einfachen und bereits fertigen Antworten, die ihre eigene ‚Anwendung' bereits hinreichend vorstrukturieren (siehe Luhmann 2000: Kapitel 1). Vielmehr bieten sich erst Anschlüsse zu anderen Politikbegriffen an, sobald die engen Pfade der vorgegebenen und klassischen Rekonstruktion der Systemtheorie verlassen werden und die Systemtheorie gegen den Strich gebürstet wird. Diese Lesart bindet Luhmann weniger in das tradierte Gedankengut der Soziologie zurück, sondern betont die Strukturähnlichkeiten zu poststrukturalistischen Ansätzen (siehe Wullweber in diesem Band). Dementsprechend verfolge ich mit diesem Beitrag zwei Ziele: (a) ich versuche aufzuzeigen, dass die Systemtheorie und die IPÖ sich als gleichberechtigte Partner zu einer ‚Sozialen Politischen Ökonomie' ausdifferenzieren können, wenn die Systemtheorie nicht einfach ‚angewendet' wird, sondern eine problembezogene Rekonstruktion erfolgt und (b) sich hierfür ein durch die Systemtheorie inspirierter (aber eben nicht der enge systemtheoretische) Politikbegriff anbietet, der sich an der Fixierung und Stabilisierung von Anschlusskommunikationen, Perspektiven und damit auch der Reproduktion von Systemgrenzen festmacht. Ich versuche zu zeigen, dass der positive Beitrag der Systemtheorie für die IPÖ in ihrem Fokus auf die konstitutiven Grenzen der Wirtschaft – und damit in der Frage nach der Konstitution ihrer spezifischen Rationalität, ihrer Nichtwissensformen und spezifischen Operationalität liegt. Die Rekonstruktion dieser Grenzen formuliere ich als die Frage nach der Ökonomisierung: was gerät in den Blick, wenn eine Krise, ein Sachverhalt, ein Ereignis als ökonomische Krise, Sachverhalt oder Ereignis beschrieben wird? Wie werden über die Ökonomisierung dann spezifische Bedeutungszuschreibungen, Konstellationen, Expertisen, Wissensformen, Institutionen, Identitäten, soziale Beziehungen etc. möglich? Die Frage nach der Politik ist hier nicht die Frage nach dem Staat, sondern nach der Konstitution, Strukturprägekraft und Naturalisierung von Systemrationalitäten.[3] Eine systemtheoretisch inspirierte Internationale Politische Ökonomie – oder Soziale Politische Ökonomie (Kessler 2012b) – erlaubt es der IPÖ, tradierte ökonomische Begriffe abzulegen, die spezifische Wissensform zu kontextualisieren und damit eine alternative Beschreibung ökonomischer Sachverhalte (z. B. der aktuellen Krise) jenseits des in der Ökonomik eingebauten Empirizismus, der ihre Begriffe, Analysen und Projekte strukturiert, zu entwickeln.

In diesem Beitrag verfolge ich diesen Versuch in zwei Schritten. Im ersten Schritt werde ich kurz Grundintuitionen der Systemtheorie darstellen. Auch wenn eine vollständige Darstellung nicht möglich ist – schließlich hat Luhmann gut 50 Bücher gebraucht, um seine Ideen zu Papier zu bringen (abgesehen von den vielen nicht veröffentlichten Manuskripten) – so sollen doch wenigstens einige der für diesen Anlass wichtigen Grundintuitionen und damit die Konturen des spezifisch systemtheoretischen Verständnisses von Wirtschaft als Funktionssystem deutlich werden. Im zweiten Schritt versuche ich, die Systemtheorie von ihrem klassischen Zugriff zu lösen und für ‚alternative' Rekonstruktionen zu öffnen, um hier einen für die IPÖ anschlussfähigen Politikbegriff vorzustellen. Hier wird der Begriff der Ökonomisierung anhand der Beispiele Finanzialisierung und Preise vorgestellt.

---

[3] Systemrationalität bedeutet nicht Zweckrationalität im Sinne einer Zweck-Mittel-Relation der instrumentellen Vernunft. Vielmehr deutet Systemrationalität auf *vernünftig im Sinne der Systemfunktion* und damit auf eine systemabhängige Rationalität hin (vgl. Luhmann 1968).

2. Die Wirtschaft als Funktionssystem der Weltgesellschaft

Die Systemtheorie von Niklas Luhmann gilt allgemein als einer der innovativsten, jedoch auch komplexesten und unzugänglichsten Ansätze in der Sozialtheorie des 20. Jahrhunderts. Luhmanns Auseinandersetzungen mit vorherrschenden Alternativen (z. B. die Steuerungsdebatte oder die Habermas-Luhmann-Debatte) sind ebenso legendär wie seine Beharrlichkeit im Verfolgen seines Projekts. Tradierte Begriffe werden von Luhmann entweder umdefiniert oder als ‚alt-europäisch' zur Seite geschoben. Sein Vorgehen produziert neue Einsichten, erschwert gleichzeitig aber den Zugang, denn Luhmanns Systemtheorie verlangt von ihren Lesern nicht weniger als das Erlernen eines neuen Vokabulars.

Entsprechend gering ist daher ihre Rezeption innerhalb der IB und der IPÖ (siehe aber Albert/Hilkermeier 2004 für eine erste Zusammenschau; ebenso Kessler 2012a). Dieses Manko und die damit assoziierten Probleme können die nächsten Ausführungen natürlich nicht überwinden oder lösen. Auch diese Diskussion basiert auf Verkürzungen und Ad-hoc-Postulaten, die nur ein unzureichendes Bild der Systemtheorie wiedergeben können. Um dennoch den Versuch einer Darstellung einiger Grundintuitionen zu unternehmen, konzentriere ich mich auf drei Punkte: den Begriff der Autopoiesis, Luhmanns Begriff der Kommunikation und die Frage nach der ‚Beobachtung'. Damit kann zumindest gezeigt werden, dass sich die Systemtheorie als Gegenpol zu tradierten Vorstellungen von Akteuren, Institutionen und Rationalitäten versteht (siehe Bodenstein/Habermann in diesem Band). Gesellschaften basieren nicht auf gegebenen Akteuren mit ihren Wünschen, Bedürfnissen und Strategien, die dann über Werte oder Normen integriert werden. Vielmehr geht Luhmann davon aus, dass gesellschaftstheoretische Begriffe von ihren subjektphilosophischen Konnotationen befreit werden müssen, inklusive ganz alltäglicher Begriffe wie Wahrnehmung, Erkenntnis oder Subjekt (siehe hierfür Luhmann 1984: Kapitel 1). Jeglicher Verweis zu Subjekten als Ausgangspunkt sozialer Prozesse wird abgelehnt; nicht, um deren Bedeutung oder Existenz zu leugnen, sondern um ihnen eine größtmögliche Freiheit zu gewähren: je weniger Annahmen zu Rationalität, Interessen, Bedürfnissen oder ähnlichem getroffen werden, desto ‚realistischer' wird die Theorieanlage. Keine Theorie kann die Unterschiedlichkeit und Einzigartigkeit der Subjektivität greifen – wieso also sie durch Annahmen einzwängen?

2.1 Autopoiesis und Kommunikation

Fangen wir mit einem einfachen Beispiel an: In unserem Alltagsverständnis unterscheiden wir leicht einen Gesetzestext von einem Wirtschaftsartikel, eine Predigt von einer Sportreportage. Ganz unaufgeregt ist die Identifikation und Unterscheidung von unterschiedlichen Perspektiven, Sphären oder Rationalitäten möglich. Ein ökonomisches Argument baut auf anderen Unterscheidungen auf als ein juristisches oder religiöses Argument. Mit der Ökonomie verbindet man bestimmte soziale Beziehungen, Identitäten und Praktiken, die sich strukturell von Identitäten, Praktiken und Beziehungen anderer Sphären oder Systeme unterscheiden. Gleichzeitig lässt sich hieran auch verdeutlichen, dass die moderne Weltgesellschaft durch die globale Vernetzung und Kollision dieser unterschiedlichen Rationalitäten gekennzeichnet ist: keine dieser Rationalitäten ist hierarchisch höhergestellt als die anderen.

Wenn wir uns die Frage stellen, wie diese Rationalitäten, Sphären oder, in der Sprache der Systemtheorie, ‚Funktionssysteme' möglich sind, dann zeigt dies auch, dass sie nicht dank der Nutzen-Kosten-Kalkulation einzelner Akteure existieren. Niemand hat die Wirtschaft in ihrer Vollständigkeit ‚geplant', auch wenn es Wirtschaftspläne und Interventionen freilich gibt. Die Kriterien, die einen Wirtschaftsartikel zu einem Wirtschaftsartikel machen, sind von den einzelnen Akteuren oder Organisationen unabhängig. Vielmehr sind diese Formierungsregeln den Institutionen und Akteuren vorgelagert und wirken ‚durch' sie.

Die Systemtheorie argumentiert nun, dass diese Kriterien im und durch das System selbst reproduziert werden: Die Systeme reproduzieren sich durch die stetige Produktion ihrer eigenen Elemente (Kommunikationen) und existieren nur im Vollzug ihrer eigenen Operationen. Die Grenzen der Ökonomie werden nicht durch spezifische Akteure oder Institutionen, sondern durch die Ökonomie über die stetige Reproduktion ihrer eigenen Elemente selbst festgelegt. Dies ist der Kerngedanke von Autopoiesis (siehe Maturana 1980: 29): Ein autopoietisches System reproduziert sich, die Komponenten, aus denen es besteht, und damit auch die Grenze, in denen die Elemente agieren, selbst.

Daraus lassen sich drei Implikationen ableiten: zum einen sind Systeme keine ontologischen Dinge, die einfach vorgefunden und ‚da' wären. Die Ökonomie ist kein Substrat, das bestimmte Kommunikationen mit Leben füllt. Die Ökonomie ‚ist' nicht. Ebenso ist die Materialität der Ökonomie eine andere als die Materialität von Dingen. Niemand geht die Straße entlang und sagt: „Schau, da liegt die Ökonomie am Boden". Gleichzeitig ist sie allgegenwärtig: in Zeitungen, Interaktionen, Werbung, Märkten, Tankstellen, Zugbistros oder wo man sich sonst aufhalten kann: man kommt unweigerlich mit ihr in Kontakt. Man hört über die Krise, man sieht Graphiken, Statistiken, Leute reden über das Ende des Euros. Dennoch ist die Ökonomie weder ein physisches Ding, noch antwortet sie auf Fragen, die wir an sie richten würden. Vielmehr wird sie durch Zahlen, Sachverhalte und Praktiken repräsentiert und erlaubt die Zuschreibung von spezifischen Bedeutungen. Für die Systemtheorie ‚existiert' die Ökonomie demnach nur in ihrem Vollzug eigener Kommunikationen (s. o.). Um die Ähnlichkeit zu anderen poststrukturalistischen Ansätzen zu betonen, könnte man nun sagen, dass erst über die Stabilisierung von Anschlusskommunikationen, die das Fortsetzen dieser Reproduktion von Kommunikation aus Kommunikation erlaubt, sich Dinge, Beziehungen und eine systemeigene Zeitlichkeit herausbilden können.

Zweitens werden durch die kontinuierliche Reproduktion ihrer Elemente die eigenen Grenzen reproduziert. Jedes System reproduziert und organisiert spezifische Inklusions- und Exklusionsverhältnisse. Die Systemtheorie konzentriert sich – trotz ihres Namens – eben nicht auf die Analyse einzelner Systeme, sondern sie interessiert sich für die Grenzen zwischen System und Umwelt. Mit dem Fokus auf die System/Umwelt-Unterscheidung argumentiert die Systemtheorie, dass sich Systeme durch die Art und Weise auszeichnen, mit der sie sich von ihrer Umwelt (und damit von anderen Systemen in dieser Umwelt) differenzieren. Diese konstitutiven Grenzziehungen bestimmen die mögliche Komplexität der Systeme. Damit lenkt die Systemtheorie die Frage nach der Wirtschaft auf ihre konstitutiven Grenzziehungen: Erst über das Verständnis dieser Grenzen kann man Wandel, Veränderung und auch die Komplexität selbst verstehen.[4] Es geht der Systemtheorie nicht darum, das Ganze der Ökonomie zu beschreiben, sondern ihre Grenzen zu rekonstruieren, diese Grenzziehungen auf die Gesellschaftsform zu projizieren und damit ihre gleichzeitige Verschiedenheit und Strukturähnlichkeit zu anderen Funktionssystemen hervorzuheben: Als Ökonomie ist sie von Politik, Recht, Sport etc. zu unterscheiden. Jedoch weist die Wirtschaft als autopoietisches Funktionssystem (qua Funktionssystem) in der Organisation von Kommunikation Strukturähnlichkeiten zu anderen Funktionssystemen auf.[5] Die Unterschiedlichkeiten und Gemeinsamkeiten lassen Rückschlüsse auf spezifische Kommunikationsformen und die spezifische Funktion und Leistung der Funktionssysteme zu.

Drittens setzt Autopoiesis einen veränderten Kommunikationsbegriff voraus. Mit Kommunikation wird normalerweise die Übermittlung einer Information von einem Sender zu einem Empfänger bezeichnet. Nachdem die Systemtheorie Ordnungsbildung nicht auf Akteure reduzieren möchte, wäre es kontraproduktiv, an diesem Kommunikationsbegriff festzuhalten, da er gegebene Subjekte voraussetzt. Luhmann definiert

---

[4] An dieser Stelle verweist die Systemtheorie auch auf die gleichzeitige Geschlossenheit und Offenheit der Systeme. Obwohl autopoietische Systeme eine operative Geschlossenheit voraussetzen, sind sie kognitiv offen: sie können sich selbst und andere Systeme beobachten. Sie sind beobachtende Systeme, die ihre Grenzen und sich selbst beobachten können. Vgl. Luhmann (1984) für eine weiterführende Diskussion.

[5] Für eine Erklärung des inneren Aufbaus der Funktionssysteme wäre nun eine weiterführende Diskussion zu Codes und Programmen, Paradoxien und Kommunikationsmedien notwendig, auf die ich aus Platzgründen verzichten muss. Für eine Diskussion siehe Luhmann (1984: Kapitel 2, 3 insbesondere; 1998: Kapitel 1). Für einen Versuch einer Analyse für die Internationalen Beziehungen siehe Kessler (2009).

Kommunikation als Synthese der drei Unterscheidungen von Mitteilung, Information und Verstehen. Diese Synthese wird im und durch das System erzeugt: Funktionssysteme können nun dahingehend unterschieden werden, welche spezifische Form ihre Kommunikation annimmt. In der Politik nimmt die Kommunikation die Form von Entscheidung an, in der Wirtschaft die Form von Zahlungen.

Nimmt man diese Überlegungen zusammen, dann lautet Luhmanns These, dass sich die moderne Gesellschaft als eine funktional differenzierte Gesellschaft beschreiben lässt. Nicht der Verweis auf Rang oder Status erklärt die Gesellschaftstruktur, sondern Funktionssysteme wie Politik, Recht, Sport und die Wirtschaft konstituieren und reproduzieren die Regeln der Inklusion und Exklusion. Funktionssysteme erfüllen eine spezifische Funktion für die Gesellschaft: Die Politik stellt kollektiv bindende Entscheidungen bereit; die Wirtschaft stellt den zukünftigen Zugriff auf knappe Ressourcen zur Verfügung. Das bedeutet, dass die Systemtheorie die Wirtschaft als Funktionssystem beschreibt, dessen Funktion in der Sicherstellung des Zugriffs auf knappe Ressourcen liegt. Das zentrale Thema der Wirtschaft ist Knappheit (siehe Luhmann 1994: Kapitel 6). Wichtig dabei ist jedoch, dass es sich um die gesellschaftliche Kommunikation von Knappheit handelt, nicht um eine tatsächliche Knappheit. Vieles in der Gesellschaft ist knapp, darf aber nicht in der Terminologie der Knappheit kommuniziert werden. Chefposten sind knapp, politische Ämter sind knapp oder die Geduld von Wissenschaftlern ist knapp, ohne dass sie im Vokabular der Knappheit kommuniziert werden (eine Einführung bietet auch Baecker 2006). Systemtheoretisch interessant ist nun, welche Themen und Beiträge Knappheit kommunizieren und welche nicht: wie lassen sich diese Grenzen rekonstruieren, welche Themen werden eingeschlossen, welche werden ausgeschlossen?

Weiter forciert Knappheit eine spezifische Autopoiesis: Wirtschaftlich Handeln heißt, den Zugang zu knappen Ressourcen sicherstellen. Die Wirtschaft formt, objektiviert und repräsentiert Dinge, Sachverhalte und Verhältnisse so, dass sie über Knappheit beschreibbar werden. Wird Knappheit über Preise kommuniziert, dann bedarf es zum Beispiel der Möglichkeit einer Quantifizierung. Ein gutes Beispiel an dieser Stelle bietet der Emissionshandel: für die Möglichkeit einer Preisbildung bedarf es einer Einteilung, Ordnung und institutionellen Einbettung der Emissionen, z. B. in der Form von Emissionsrechten (siehe hierfür McKenzie 2009). Diese Formung schließt und öffnet gleichzeitig einen Möglichkeitshorizont: Sie schließt ihn, da nicht Intimität, Wahrheit oder Entscheidungen, sondern Knappheit kommuniziert wird. Mit dieser Schließung öffnen sich aber spezifische Möglichkeitshorizonte von Anschlusskommunikationen, die dann weitere Operationen des Systems ermöglichen. Das bedeutet aber, dass die Wirtschaft immer neue Knappheit produzieren muss, um die Autopoiesis weiterlaufen lassen zu können. Knappheit ist daher insofern paradox, als sie gleichzeitig sowohl reduziert als auch geschaffen werden muss. Systemtheoretisch ist nun interessant, anhand welcher Mechanismen, Semantiken und Praktiken eine Paradoxieentfaltung und Anschlussfähigkeit möglich ist (Luhmann 1994: 22).

Um diese Grundintuition wirtschaftlicher Zusammenhänge nach der Systemtheorie für die IPÖ zu nutzen, möchte ich nun den spezifischen Begriff der Beobachtung besprechen, um daran anschließend den systemtheoretisch inspirierten Ansatz zur IPÖ – als Soziale Politische Ökonomie – anhand eines Beispiels greifbarer zu machen.

2.2 Beobachtung als Verortung des Politischen

Bisher wurde gesagt, dass die Systeme im Vollzug ihrer Operationen existieren. Jede Operation führt einen neuen Systemzustand herbei, indem eine Differenz erzeugt und vollzogen wird. Dieser Fokus auf Operationen, die Grenzen emergieren, stabilisieren oder verändern, ersetzt den klassischen Begriff der Wahrnehmung. Wahrnehmung wird nicht mehr als Abbild einer exogen gegebenen Realität verstanden, bei dem die Realität den Informationswert eines Sachverhaltes oder eines Bildes im Gehirn eines existierenden *Subjekts* über einen *Ein-druck* hervorruft. Vielmehr setzt Wahrnehmung operative Geschlossenheit des neuronalen Systems voraus, in der Informationen über interne Differenzen generiert werden. Hier bricht die Systemtheorie mit traditionellen Epistemologien der Handlungstheorien, die auf gegebenen Subjekt-Objekt-Unterscheidungen aufbauen. Vielmehr geht die Systemtheorie davon aus, dass Subjekte nicht einfach erkennen, sondern Erkenntnis Unterscheidungen voraussetzt. Hier setzt der Begriff der Beobachtung an: Beobachtung ist die Anwendung, Benutzung und Veränderung von Unterscheidungen und damit die Konstitution des Bezeichneten als Begriff oder Gegenstand. Die Beobachtung ist für die eigene Operation jedoch blind: die Beobachtung kann die Einheit der Unterscheidung nicht selbst beobachten. Dafür bedarf es einer Beobachtung zweiter Ordnung: die Beobachtung von Beobachtungen. Die Frage nach dem ‚Was' wird zum ‚Wie' wird beobachtet: Welche Unterscheidungen stabilisieren Beobachtungen, fixieren Bedeutung und konstituieren eine spezifische Realität? Die Frage, wie die Wirtschaft beobachtet, welche Beobachtungsperspektiven möglich sind, bedarf also der Rekonstruktion dieser konstitutiven Unterscheidungen. Die Verdeutlichung dessen, was damit nicht gesehen wird, die Blindheit des Systems, die Exklusion anderer Möglichkeiten, setzt einen funktionalen Vergleich mit anderen Unterscheidungen und eine historische Rekonstruktion dieser Unterscheidungen voraus.

Mit diesem Begriff der Beobachtung zweiter Ordnung eröffnet sich ein sehr spezifischer Zugang zu einer unorthodoxen Rekonstruktion der Systemtheorie. Die Beobachtung zeichnet sich durch eine spezifische Kontingenz aus: Jede Beobachtung ist kontingent, insofern sie auf Unterscheidungen beruht. Die Unterscheidungen geben den Horizont möglicher Erfahrung, die Grenze des Sichtbaren und Sagbaren vor. Gleichzeitig zeichnen sich Beobachtungen durch ihren steten Wandel aus. Die prinzipielle Offenheit der möglichen Beobachtung, also die Wahl der tragenden Unterscheidungen und der Semantik, übersetzt sich in der Praxis doch auf wenige und fixe Alternativen und Beobachtungspositionen. Jede Fixierung einer Beobachtungsperspektive und damit der Ausschluss anderer Perspektiven und Veränderungen trägt bereits *politische* Prozesse in sich: nicht der Wandel, sondern die Fixierung und Verstetigung spezifischer Beobachtungen verwundert. Eine polit-ökonomische Lesart kann nun die prinzipielle Kontingenz der Beobachtungen wieder hervorheben und damit den Möglichkeitshorizont von Argumentationen und Kommunikationen vergrößern. Die Frage nach der Politik ist die Frage nach der Etablierung von Perspektiven, Beobachtungen und Bedeutung. Politik schreibt sich in soziale Beziehungen ein und verortet sich an Prozessen der Strukturierung von Welt bzw. an Prozessen der Ökonomisierung für den Bereich der Wirtschaft. Aus dieser Perspektive ist die *Gesellschaft der Gesellschaft* (Luhmann 1998) für die IPÖ anschlussfähiger und inspirierender als die *Politik der Gesellschaft* (Luhmann 2000) oder die *Wirtschaft der Gesellschaft* (Luhmann 1994).

Hierdurch eröffnet sich ein spezifischer Zugriff auf eine systemtheoretisch inspirierte IPÖ. Primär kann es um eine Kritik der Ökonomisierung gehen. Die Systemtheorie bietet ein Vokabular, das die Natürlichkeit ökonomischer Sachverhalte aufhebt und einen Zugriff auf das ‚Vorökonomische' erlaubt. Kein Vokabular ist neutral oder objektiv. Doch wie genau werden ökonomische Sachverhalte konstituiert? Wie lassen sich die Grenzen der Wirtschaft beschreiben? Eine Beschreibung eines Sachverhalts als ökonomischen Sachverhalt beruht auf anderen Kriterien als die Beschreibung als juristischen oder religiösen Sachverhalt. Daran schließt sich die Frage nach der Politik der Expertise an: Man geht heute davon aus, dass Ökonomen Experten für ökonomische Sachverhalte sind, so wie Juristen Rechtsfragen und Priester eben religiöse Fragen am besten beantworten können. Doch die Bedingungen und Argumentationsweisen, die einen Ökonomen zu einem guten Ökonomen machen, sind andere als bei Juristen oder Priestern. So kann man fragen, auf Basis welcher Unterscheidungen wird Wissen zugeschrieben? Wie konstituieren sich Wissensgemeinschaften über spezifische semantische Unterscheidungen? Hier zeigt sich natürlich eine besonders prominente Rolle des Risikobegriffs. Die moderne Ökonomie kann sich als formalisierte Entscheidungstheorie erst durch den Ausschluss genuiner Unsicherheit herausbilden.[6] Heterodoxe Ansätze und Kritiker hingegen verweisen gerade

---

6   Die Unterscheidung zwischen Unsicherheit und Risiko spielt innerhalb der Geschichte ökonomischen Denkens eine gewichtige Rolle. Die moderne Entscheidungstheorie, wie sie der Spiel- und Vertragstheorie zugrunde liegt, postuliert das Prinzip des unzureichenden Grundes: Selbst bei vollständigem Nichtwissen ist die Zuschreibung von gleichen Wahrscheinlichkeiten über alle

auf diese genuine Unsicherheit von Knight oder Keynes, um die spezifische, durch die Ökonomik propagierte Wissensform zu hinterfragen und zu kritisieren (für eine Diskussion siehe Kessler 2008: Kapitel 4). Hieran wird zugleich deutlich, dass Kritik an der Offenlegung und Sichtbarmachung dieser Unterscheidungen festmacht, um die Exklusionsmechanismen und Machtbeziehungen zu verdeutlichen. Die Aufgabe dieses Ansatzes wäre es, die heute angenommene Natürlichkeit und Unsichtbarkeit des ökonomischen Vokabulars abzulegen, das automatisch und unweigerlich wieder die Ökonomik als spezifische Expertise und Wissensform legitimiert, und über die Kontingenz anderer Wissensformen ihren Raum zu geben. Der nächste Abschnitt versucht die Explikation dieser Perspektive anhand des Begriffs der Preise. Das Ziel dieser Diskussion ist es, die Kontingenz des ökonomischen Verständnisses, welches den Preis als eine Ausbalancierung von Angebot und Nachfrage versteht, offenzulegen und gleichzeitig weitere forschungsrelevante Fragen anzubieten.

3. Soziale Politische Ökonomie: Finanzialisierung, Risiko und Preise

Der vorige Abschnitt stellte die Grundzüge der Systemtheorie für eine Rekonstruktion der Internationalen Politischen Ökonomie dar. In diesem Abschnitt möchte ich darstellen, wie die vorherigen Überlegungen für die IPÖ fruchtbar gemacht werden können. Dabei soll (a) eine Art ‚Fallbeispiel' angedeutet werden, das auf den Konturen des systemtheoretischen Ansatzes fußt; gleichzeitig aber (b) das spezifische Politikverständnis betont. Der Kontext der nun folgenden Diskussion verlagert das Augenmerk auf die Finanzialisierungsdebatte. Wie Andreas Nölke in diesem Band festhält, rekonstruiert diese Debatte die Abkopplung globaler Finanzmärkte von den Gütermärkten und zeigt die Auswirkungen für den gesamten Bereich der Politischen Ökonomie auf.[7]

Finanzialisierung wird auch mit Postfordismus, Shareholder-Value und dem Neoliberalismus in Verbindung gebracht. Ohne hier dezidiert auf die einzelnen Aspekte einzugehen, zeigt sich jedoch, dass dieser Abkoppelungsprozess an der Generierung von Profiten festgemacht wird: der Beweis für Finanzialisierung zeigt sich in der Zusammensetzung der Profite von Banken und Unternehmen (van Treek 2009: 908; Krippner 2005: 174; Stockhammer 2007; Ertürk et al. 2008: Kapitel 1). Fragen der Desintermediation, der Wandel vom Zinsgeschäft zu Gebühren bei Banken oder

---

möglichen Zustände der Welt möglich. Damit gehorcht die Entscheidung unter Ungewissheit dem rationalen Kalkül. Genuine Unsicherheit postuliert ein Wissen jenseits bestehender Wahrscheinlichkeiten und verdeutlicht damit unterschiedliche Wissensformen, die sich jenseits formaler Logik verorten. Vgl. Kessler (2008: Kapitel 4–6) für eine weiterführende Diskussion.

7 Vgl. den Beitrag von Nölke in diesem Band; Boyer (2000); Grahl/Teague (2000); Carruthers/Kim (2011); Polillo (2011); Ertürk et al. (2008).

der stete Anstieg von Profiten aus Finanzmarkttransaktionen bei Unternehmen sollen hier die neue Bedeutung und Dominanz der Finanzmärkte aufzeigen: sSlbst für Unternehmen wird der Rhythmus der Finanzmärkte wichtiger als der Rhythmus der eigenen Produktion. Dies hat dann weitreichende Konsequenzen für Schulden, Kredit, Ungleichheit und Fragen der Repräsentation der Arbeitnehmer durch Gewerkschaften. Inzwischen besteht auch ein allgemeiner Konsens darüber, dass der Wandel globaler Finanzmärkte zu neuen systemischen Risiken geführt hat, die sich nun in der aktuellen Finanzkrise manifestieren. Dabei zeigt sich, dass die Finanzkrise durch neue Praktiken wie die Verbriefung von Forderungen und eine neue Konstellation von Modellen und Akteuren (Hedge Funds, Ratingagenturen) ermöglicht wurde. Inzwischen wird viel über die Regulierungsnotwendigkeit von Hedge Funds oder eine Reform von Ratingagenturen gesprochen. An dieser Stelle soll es nicht um eine Kritik an dieser Literatur gehen. Doch zeigt sich, dass diese Praktiken und das System gegenseitiger Erwartung eben nicht dem Modell individueller Rationalität folgen, sondern intersubjektive Beobachtungen und Erwartungsbildung beinhalten. Mit anderen Worten: Transaktionen und Erwartungen sind soziale Fakten, die gleichzeitig die Frage nach der ‚Sozialität' der Finanzmärkte stellen (siehe Kessler 2012b). Innerhalb der IPÖ hat die Frage nach der Sozialität bereits eine breitere Debatte angefacht, die über eine Neuentdeckung des Kulturbegriffs bis hin zur erneuten Hinwendung zur Sprechakttheorie von John Searle reicht. Es wird deutlich, dass die Frage nach der Sozialität notwendig ist für ein Verständnis der spezifischen Autoritäten innerhalb der Finanzmärkte, die weiterführende Fragen von Verantwortlichkeit, Zurechenbarkeit und Legitimität aufwirft (siehe Kessler 2012b): Die Frage nach dem Sozialen in den Finanzmärkten ist gleichbedeutend mit der Frage nach der Politik der Finanzmärkte.

Um diesen Zusammenhang von Politik und Sozialität zu beleuchten, fragt eine systemtheoretische Rekonstruktion nun nach der Kommunikationsform der Finanzmärkte, der Organisation der Autopoiesis und damit auch nach der Stabilisierung von Anschlusskommunikationen: Die Sozialität der Finanzmärkte lässt sich nicht über Handlungs- oder Kulturbegriffe beantworten, sondern benötigt einen Kommunikationsbegriff. Die Systemtheorie verweist nun auf Preise als spezifische Kommunikation innerhalb der Finanzmärkte, die gleichzeitig die gegenseitige Beobachtung und Erwartungsbildung bestimmt. Während Ökonomen Preise als ‚Vermittler' zwischen Angebot und Nachfrage verstehen, werden hier Preise als Kommunikation konzipiert: innerhalb der Finanzmärkte müssen Preise an Preise anschließen, um weitere Kommunikationen zu ermöglichen. Ohne Preisbildung und damit die Frage nach Zahlungen bzw. Nichtzahlungen würde die Wirtschaft aufhören zu existieren.

In den Finanzkrisen zeigt sich, dass die Verbindung zwischen Preisen abkappt und die Preisbildung zumindest für einen Zeitraum unwahrscheinlich bis unmöglich wird.[8] Damit schaltet das System auf eine spezifische Krisenkommunikation um, in der Brüche thematisiert und offengelegt werden. Das bedeutet zum einen, dass Krisen über den Zusammenbruch von Kommunikation, und nicht über asymmetrische Informationen, Intransparenz oder Irrationalität erklärt werden, wie Ökonomen heute gerne argumentieren. Zum anderen erlaubt dieser Preisbegriff einen anderen Zugang zu Fragen von Finanzialisierung (vgl. Heires/Nölke in diesem Band). Finanzialisierung zeigt sich nicht nur an der Veränderung von Profiten, sondern nimmt über die Veränderung der Preisbildung Fragen von Autorität, (Nicht-)Wissen und Macht in den Blick. Finanzialisierung bedeutet zum einen, dass mehr und mehr gesellschaftliche Kommunikation in der ‚Rationalität' von Preisbildung, Wettbewerb und marktbasierter Evaluation organisiert wird, sodass der Eindruck einer ‚Erweiterung' und zunehmenden Ökonomisierung von Weltgesellschaft entsteht. Zum anderen bedeutet *Finanzialisierung* aber auch, dass hier eine eigene Logik von finanzmarktlicher Kommunikation identifiziert (und kritisiert) wird, die sich von realwirtschaftlicher Kommunikation abgrenzt. Der Vorschlag lautet nun, dass sich dieser Unterschied von Finanzwirtschaft und Realwirtschaft und die durch den Begriff von Finanzialisierung bezeichnete Bedeutungsverschiebung an der spezifischen Operationalität von Preisen festmachen lässt, mit der sich dann weiterführende Fragen von Autorität, Macht und Nichtwissensformen beantworten lassen.

In Gütermärkten *verweisen* Preise auf Waren. Die Qualität der Waren steht in einem direkten Verhältnis zum Preis, wobei Qualität über Produktionsmerkmale oder Statusmerkmale definiert werden kann. Die Kategorien und die Einteilung von unterschiedlichen Klassen und Qualitätsstufen setzen Wissen über die Materialität, Statusgruppen oder ähnliches voraus. Natürlich ist sich jeder bewusst, dass die Materialität eines Autos die Preisbildung allein nicht erklärt, jedoch sind die Motive für die Zahlung dem Preis äußerlich.

Im Gegensatz dazu sind Preise das Produkt der Finanzmärkte. Das impliziert gleichzeitig, dass Qualitätseinschätzungen und Preisbildung bei *Collateralised Debt Obligations* (CDO), *Asset Backed Securities* (ABS) oder Einschätzungen von Aktien in Aktienbriefen inhärent auch auf ‚Autoritätsstrukturen' verweisen, die erst die Stabilisierung für Preisbildung ermöglichen: „What is traded in this kind of market is a function of the participant actors" (Aspers 2009: 117). Aus diesem Grund sind Top-

---

8   Man kann hier an die Preisbildung von Collateralized Debt Obligations (CDO) denken, die durch die Triple-A-Bewertung seitens der Ratingagenturen erst ermöglicht wurde. Diese Bewertung war jedoch nicht mehr haltbar und die Preisbildung kappte ab, mit der Folge, dass diese Wertpapiere als ‚Toxit-papers' bezeichnet wurden. Ein weiteres Beispiel sind Börsencrashs: der Zusammenbruch der Erwartungsstrukturen führt dazu, dass niemand Wertpapiere kauft und Preisbildung aussetzt oder deutlich erschwert wird. Übersetzt bedeutet dies, dass Anschlusskommunikationen unwahrscheinlich werden.

Investoren, Aktienbriefe, Emittenten jedem bekannt und hieraus speist sich auch deren Autorität. Preise sind keine Verweise oder Etiketten für Waren, sondern resultieren aus der gegenseitigen Beobachtung der Akteure. An dieser Stelle tritt auch eine auf den Finanzmärkten sehr spezifisch gelagerte Fragestellung von Autorität und Legitimität zutage: Aufgrund von angenommenem besseren Wissen wird den Top-Investoren, spezifischen Computerprogrammen oder Ratingagenturen Autorität zugeschrieben, die spezifische Preisunterschiede dann legitimieren. Dabei ist es gar nicht mal so wichtig, ob die Ratingagenturen in ihrer Analyse richtigliegen oder nicht. Allein die Tatsache, dass Standard und Poor's oder Moody eine Aussage treffen, reicht aus, um die Märkte zu bewegen und Erwartungsbildung zu verändern. Autoritäten beobachten daher nicht einfach nur die Märkte, sondern beeinflussen notwendigerweise die Marktdynamik und die Finanzpraktiken dadurch, dass sie die Deutungsmacht über ‚Daten' innehaben und sich in die soziale ‚Matrix' der Finanzmärkte einschreiben. Auf dieser Grundlage kann man nun sagen, dass Finanzialisierung nicht nur einfach eine unterschiedliche Zusammensetzung von Gewinnen beschreibt, sondern dass (a) mehr und mehr Zusammenhänge, Ereignisse und Probleme über die Kommunikationsform der Preise Anschluss finden und (b) Finanzialisierung mit neuen Autoritätsstrukturen einhergeht.

Weiterführende Fragen, die nun im Zentrum der weiteren Rekonstruktion stehen, betreffen dann die Frage nach den kalkulativen Praktiken und Operationen, die Preise ermöglichen, die Verwendung ökonomischer Modelle zur Strukturierung gegenseitiger Beobachtungen, die Frage nach Autorität und Deutungsmacht epistemischer Autoritäten. Diese Perspektive erlaubt uns zu sehen, wie Verbindungen hinreichend stabilisiert wurden, um Beobachtungen zu fixieren und dadurch Anschlusskommunikationen zu ermöglichen. Anstatt eben auf Transparenzbedingungen und Anreizsysteme zu schauen, wäre hier eine Diskussion über die Performanz mathematischer Modelle, die Grenzen der Quantifizierung und auch über die Autorität und legitimatorische Rolle der Wirtschaftswissenschaften selbst notwendig.

4. Zusammenfassung: Systemtheorie und die Frage nach der Politik im Wirtschaftssystem

Dieser Beitrag startete mit einer skeptischen Beobachtung. Traditionelle Lesarten von IPÖ und Systemtheorie führen nicht zu einem gegenseitig inspirierenden Austausch, sondern zu einer langen Stille. Bei der Systemtheorie handelt es sich um eine Gesellschaftstheorie, nicht um eine Theorie der IPÖ im engen Sinn. Dies birgt Chancen und Risiken. Risiken insofern als sich hier sehr leicht Kategorienfehler einschleichen, wenn man die unterschiedlichen Ebenen und Spielwiesen nicht berücksichtigt. Aber eben auch Chancen, da die Frage nach einer Interpretation der Systemtheorie als politische Ökonomie neue Wege öffnen und Möglichkeitshorizonte aufspannt, die aktuell diskutierte Probleme mit aufnehmen können. Hierfür ist aber eine Abweichung von tradierten Zugriffen notwendig, wofür sich ein Politikbegriff anbietet, der Politik nicht als die Herstellung kollektiv bindender Entscheidungen versteht, sondern Politik an die Konstruktion von Welt anbindet (vgl. auch Wullweber in diesem Band). Damit löst sich der Politikbegriff vom Staatsbegriff und man kann nun beobachten, wie Welt strukturiert wird, welche Wissensformen, Institutionen und Beobachtungsfixierungen hierfür notwendig sind. Politische Ökonomie wird dann zur Kritik der Systemgrenzen. Kritik heißt hier nicht ‚gegen', sondern Sichtbarmachung von Kontingenz und Aufzeigen ausgeschlossener Möglichkeiten. Hierfür habe ich den Begriff der Ökonomisierung vorgeschlagen. Die Soziale Politische Ökonomie – als systemtheoretisch informierte politische Ökonomie – beschreibt die Verfestigung sozialer Beziehungen sowie von Perspektiven und Beobachtung als politische Prozesse, da sich bei der Verstetigung von Anschlusskommunikationen eindeutig Fragen von Macht und Inklusion und Exklusion stellen. Als empirisches Beispiel verweist dieser Beitrag auf die aktuelle Finanzialisierungsdebatte und betont dabei die Kontingenz des ökonomischen Vokabulars. Anstatt Preise als Mittler von Angebot und Nachfrage zu verstehen, zeigte dieser Beitrag, wie sich mit Preisen als Kommunikationsform bereits Fragen von Autorität und Wissen offenbaren, die auch für die allgemeine IPÖ von zentraler Bedeutung sind.

Literatur

Albert, Mathias/Buzan, Barry 2011: Securitization, Sectors and Functional Differentiation, in: *Security Dialogue* 42: 4–5, 413–425.
Albert, Mathias/Hilkermeier, Lena 2004: Organizations in/and World Society: A Theoretical Prolegomenon, in: Albert, Mathias/Hilkermeier, Lena (Hrsg.): Observing International Relations: Niklas Luhmann and World Politics, London: Routledge.
Aspers, Patrick 2009: Knowledge and Valuation in Market, in: Theory and Society 39: 2, 111–131.
Baecker, Dirk 2006: Wirtschaftssoziologie, Bielefeld: transcript.
Boyer, Robert 2000: Is a Finance-led Growth Regime a Viable Alternative to Fordism? A Preliminary Analysis, in: Economy and Society 29: 1, 111–145.
Carruthers, Bruce/Kim, Jeong-Chul 2011: The Sociology of Finance, in: Annual Review of Sociology 37: 1, 239–259.
Cohen, Benjamin 2008: International Political Economy: An Intellectual History, Princeton: Princeton University Press.

Engelen, Ewal/Ertürk, Ismail/Froud, Julie/Johal, Sukhdev/Leaver, Adam/Moran, Michael/Nilsson, Adriana/Williams, Karel 2011: After the Great Complacence: Financial Crisis and the Politics of Reform, Oxford: Oxford University Press.
Ertürk, Ismail/Froud, Julie/Johal, Sukhdev 2008: Financialization at Work: Key Texts and Commentary, London: Routledge.
Gilpin, Robert 1987: The Political Economy of International Relations, Princeton, NJ: Princeton University Press.
Grahl, John/Teague, Paul 2000: The Regulation School, the Employment Relation and Financialization, in: Economy and Society 29: 1, 160–178.
Kessler, Oliver 2008: Die Internationale Politische Ökonomie des Risikos, Wiesbaden: VS-Verlag.
Kessler, Oliver 2009: Toward a Sociology of the International? International Relations between Anarchy and World Society, in: International Political Sociology 3: 1, 87–108.
Kessler, Oliver 2012a: World Society Differentiation and Time, in: International Political Sociology 5: 4, 77–94.
Kessler, Oliver 2012b: Sleeping with the Enemy? On Hayek, Constructivist Thought and the Current Economic Crisis, in: Review of International Studies 38: 2, 275–99.
Kratochwil, Friedrich/Ruggie, John 1986: The State of the Art on the Art of the State, in: International Organization 40: 4, 753–775.
Krippner, Greta 2005: The Financialisation of the American Economy, in: Socio-Economic Review 3: 2, 173–208.
Luhmann, Niklas 1968: Zweckbegriff und Systemrationalität: Über die Funktion von Zwecken in Sozialen Systemen, Tübingen: Mohr Siebeck.
Luhmann, Niklas 1984: Soziale Systeme, Frankfurt a. M.: Suhrkamp.
Luhmann, Niklas 1994: Die Wirtschaft der Gesellschaft, Frankfurt a.M: Suhrkamp.
Luhmann, Niklas 1998: Die Gesellschaft der Gesellschaft, Frankfurt a. M.: Suhrkamp.
Luhmann, Niklas 2000: Die Politik der Gesellschaft, Frankfurt a. M.
Maturana, Humberto 1980: Man and Society, in: Benseler, Frank/Hejl, Peter/Köck, Wolfram (Hrsg.): Autpoietic Systems in the Social Sciences, Frankfurt a. M.: Suhrkamp, 11–31.
McKenzie, Donald 2009: Making Things the Same: Gases, Emission Rights and the Politics of Carbon Markets, in: Accounting Organizations and Society 34: 3–4, 440–455.
Polillo, Simone 2011: Wildcats in Banking Fields: the Politics of Financial Inclusion, in: Theory and Society 40: 4, 347–383.
Palan, Ronan (Hrsg.) 2000: Global Political Economy: Contemporary Theories, London: Routledge.
Phillips, Nicola/Weaver, Catherine E 2011: International Political Economy: Debating the Past, Present and Future, London: Routledge.
Sinclair, Timothy 2009: Let's Get it Right This Time, in: International Political Sociology 3: 4, 450–453.
Stockhammer, Engelbert 2007: Some Stylized Facts on the Finance-Dominated Accumulation Regime (PERI Working Paper 142), Amherst, MA.
Strange, Susan 1996: The Retreat of the State, Cambridge: Cambridge University Press.
Strange, Susan 1988: States and Markets, London: Continuum.
van Treeck, Till 2009: The Political Economy Debate on 'Financialization': a Macroeconomic Perspective, in: Review of International Political Economy 16: 5, 907–944.

III.
Institutionalistische Theorien

Institutionalismus.
Zur Relevanz Thorstein Veblens für ein kritisches Institutionenverständnis in der IPÖ
Laura Horn

1. Einleitung[1]

Innerhalb der politischen Ökonomie stellen Institutionen einen zentralen Forschungsgegenstand für die Analyse von Wechselwirkungen von gesellschaftlichen und wirtschaftlichen Prozessen dar. Der Ausgangspunkt, dass Institutionen analytische Bedeutung beikommt (*institutions matter*), vereint dabei Felder wie die neue institutionelle Ökonomie (NIÖ), die vergleichende Kapitalismusforschung und viele politikwissenschaftliche Ansätze in der Annahme, dass Institutionen als externe Regeln und Praktiken einen Rahmen für den Handlungsspielraum rational agierender Akteure darstellen und dadurch Komplexitäten und Unsicherheiten reduzieren (Williamson 1985; North 1990). In der Internationalen Politischen Ökonomie (IPÖ) sind institutionelle Analysen sowohl Grundlage für orthodoxe Theorien der IPÖ (siehe z. B. Gilpin 2001) als auch für neuere Perspektiven wie z. B. den Varieties-of-Capitalism-Ansatz (VoC) (Hall/Soskice 2001; vgl. Bruff et al. 2013). Von verschiedenen Seiten ist jedoch inzwischen eine nachhaltige und systematische Kritik dieser institutionellen Deutungsfolien formuliert worden; im Zuge dieser Diskussion kristallisieren sich die Umrisse eines *kritischen Institutionalismus* heraus (vgl. Kier 2009; Bruff 2011; Bruff/Horn 2012; May/Nölke 2012). Die zentrale Forderung hierbei lautet, Institutionen nicht nur als Kontextvariablen zu verstehen, sondern vielmehr als „eigenständig analysierte gesellschaftliche Tatsachen, die an der asymmetrischen Verteilung des Wohlstands maßgeblich beteiligt sind" (May/Nölke 2012: 3). Es gilt also, bestehende Regeln, Denkgewohnheiten und Gebräuche nicht als gegeben zu verstehen, sondern sie gerade zu hinterfragen, ihren Ursprung und Wandel zu verstehen und ihren Einfluss auf wirtschaftliche und gesellschaftliche Prozesse offenzulegen. Genau dies ist der Ausgangspunkt der Kritik der politischen Ökonomie des ‚alten' Institu-

---
[1] Ich danke Johannes Petry für die hervorragende Unterstützung bei der Literaturrecherche und den Herausgebern dieses Bandes für ihre Geduld und hilfreichen Kommentare.

tionalismus, wie er von Thorstein Veblen und seinen Nachfolgern gegen Anfang des 20. Jahrhunderts herausgearbeitet wurde. In den letzten Jahren ist es vor allem in den heterodoxen Wirtschaftswissenschaften zu einer Renaissance des Veblen'schen Institutionalismus gekommen (Böhmer 2005: 94; vgl. Hodgson 2004, 2007; Ford 2011), und auch in der IPÖ werden von Veblen geprägte Begriffe und Deutungsmuster aufgegriffen und für heutige Forschungsgegenstände fruchtbar gemacht. Dem Einfluss institutioneller Ansätze auf die Theorieentwicklung in der IPÖ wird dabei vermehrt Bedeutung beigemessen (Watson 2005; van der Pijl 2009). Gerade im Kontext der Finanzkrise scheint Veblens „hellsichtige Misanthropie" wieder an Aktualität gewonnen zu haben (Wehowsky 2011; vgl. Krier 2009). Gründe genug also, Veblen als Vordenker der IPÖ zu verorten; hinzu kommt, dass Veblens Arbeit in der deutschsprachigen Forschung bisher erstaunlich wenig rezipiert wurde. Bis auf die *Theorie der feinen Leute* wurde keine seiner Schriften übersetzt, und es finden sich keine Verweise auf seine Arbeit in den gängigen Übersichtstexten zur IPÖ.[2]

Ziel des vorliegenden Beitrages ist es, in der Auseinandersetzung mit institutionellen Ansätzen der IPÖ die Relevanz des Veblen'schen Institutionenverständnisses zu verdeutlichen (vgl. auch den Beitrag von van der Pijl in diesem Band). Im Anschluss an eine allgemeinere Diskussion der institutionellen politischen Ökonomie, und einem kurzen Umriss der historischen Einbettung von Veblens Arbeit soll dabei vor allem auf die folgenden drei Kerndimensionen eingegangen werden:

1. der Begriff des *demonstrativen Konsums* (*conspicuous consumption*);
2. die Unterscheidung zwischen *business* und *industry*; und
3. die Kritik der Neoklassik, die sich vor allem in der Formulierung einer evolutionär-institutionellen Ökonomie manifestiert.

Anschließend wird in einer Gegenüberstellung des ,alten' Institutionalismus und der neuen institutionellen Ökonomie auf die Relevanz der Veblen'schen Kritik für die IPÖ eingegangen. Zum Abschluss soll auf einige aktuelle Anwendungen und Erweiterungen des ,alten' Institutionalismus in der IPÖ hingewiesen werden, die Veblens Kritik anhand neuer Erklärungsansätze fruchtbar machen.

---

2   Im Folgenden wird auf die deutsche Übersetzung der *Theorie der feinen Leute* zurückgegriffen, während Stellenverweise zu anderen Schriften im englischen Original wiedergegeben werden.

2. Der Institutionenbegriff in der Internationalen Politischen Ökonomie

Wie Watsons Übersicht zu den ökonomischen Grundlagen der IPÖ verdeutlicht, stellt der Institutionalismus eine der zentralen Perspektiven der IPÖ dar. Die institutionalistische Diskussion ist dabei in verschiedene Theoriestränge differenziert (vgl. Hall/Taylor 1996). Während in diesem Beitrag vor allem eine Gegenüberstellung zwischen dem *Rational-Choice*-Institutionalismus und einem Institutionenverständnis nach Veblen vorgenommen werden soll, hat sich gerade auch der *historische* Institutionalismus als prominenter Ansatz der vergleichenden politischen Ökonomie etabliert (vgl. den Beitrag von Beck/Scherrer in diesem Band). Der *soziologische* Institutionalismus hingegen, dem ein kritisches Institutionenverständnis am ehesten nahesteht, wird in der IPÖ bisher nur peripher rezipiert (Leander 2000).

Die Namensgebung der unterschiedlichen institutionellen Ansätze ist etwas irreführend (Reuter 1994: 31). Der ‚alte' Institutionalismus hat zu neo-institutionellen Ansätzen wie der NIÖ nur im weitesten Sinn Bezug, insofern den Institutionen dort analytisch Bedeutung beigemessen wird.[3] In der IPÖ bezieht sich der Institutionenfokus vor allem auf den *Policy-making*-Kontext staatlicher Akteure, deren Verhalten in einem institutionellen Ordnungsrahmen unter der Bedingung des rationalen Handelns untersucht wird (Watson 2005: 95). Dabei wird ein Institutionenbegriff angewendet, der sich an die *neue Institutionenökonomik* anlehnt. Diese stellt vor allem im amerikanischen Kontext einen der Schwerpunkte der IPÖ-Ansätze dar (vgl. Blyth 2009). Während der eigentliche theoretische Hintergrund des Konzepts hier an sich eher unbestimmt bleibt, liegt ihm doch im Rahmen einer *Rational-Choice*-Perspektive eine Reihe von fundamentalen Annahmen zugrunde, auf denen ein universeller Erklärungsanspruch aufbaut (vgl. Bodenstein in diesem Band). So wird von einem methodischen Individualismus ausgegangen, in dem rational agierende Akteure mit überhistorischen und klaren Präferenzen und umfassender Markt- bzw. Strukturkenntnis ausgestattet sind und – höchstens exogen durch bestehende Institutionen in ihrem Handeln beschränkt – zweckrationale Entscheidungen treffen. Forschungsgegenstand sind demnach zentral die durch die Existenz dieses institutionellen Rahmens entstehenden Transaktionskosten, die sich wiederum auch in der *bounded rationality* der Akteure zeigen (zu diesem Konzept siehe z.B. Simon 1982). Institutionen werden dabei konzeptuell gegenüber dem Markt abgetrennt, sie bleiben also exogene, ‚äußerliche' Einflüsse. Basierend auf der Mikrofundierung des methodologischen Individualismus werden soziale Prozesse als das Ergebnis von Einzelentscheidungen von Akteuren verstanden. Dabei richtet sich der Forschungsanspruch

---

3   Zur Differenzierung soll in diesem Beitrag der Begriff ‚alter Institutionalismus' gehandhabt werden, ohne dass damit ein wertendes Urteil über die Relevanz und Zeitgemäßheit dieses Ansatz vorangestellt wird.

vor allem auf sparsame, möglichst einfache Erklärungsansätze, die eine Analyse der Wechselwirkung zwischen Institutionen und Akteuren vernachlässigen. Über einen Fokus auf Eigentumsrechte, Vertrags- und Vertretungstheorien (*principal-agent theory*) sollen mit Rekurs auf u. a. spieltheoretische Methodik nicht nur die Operationsweise dieser Institutionen erforscht, sondern vor allem Lösungsvorschläge erarbeitet werden, die einen bestimmten institutionellen Ordnungsrahmen am ‚effizientesten' rekalibrieren können (siehe z. B. Voigt 2009). Dabei wird ein Verständnis der politischen Ökonomie vertreten, nach dem wirtschaftliche und gesellschaftliche Prozesse um ein Gleichgewicht oszillieren; Ziel der Wissenschaft ist es demnach letztlich, durch die effiziente Gestaltung der Wechselwirkungen dieser Prozesse die Schwankungen um dieses Gleichgewicht zu verkleinern.

Dieses Paradigma wird durch den ‚alten' Institutionalismus grundlegend infrage gestellt, unter einer entschiedenen „Zurückweisung aller harmonischen Vorstellungen über die Entwicklung moderner Marktwirtschaften" (Boehmer 2005: 94). Dem zeit- und raumlos verkürzten Institutionenbegriff im neuen Institutionalismus und der Annahme fester Präferenzen und Gesetzmäßigkeiten im Verhalten spezifischer Akteure stellt Veblen eine historisch spezifische, institutionell-evolutionäre Perspektive entgegen. „Veblen wanted to know […] why things were as they were in the first place. Hence his inquiry began not with the economic play, but with the players" (Heilbronner 2000, zitiert in Watson 2005: 140). Diesem Institutionenverständnis liegen drei Kernannahmen zugrunde, wie Veblen in seinem Hauptwerk der *Theorie der feinen Leute* ausführt (Veblen 1973: 186):

- Institutionen stellen weitverbreitete Denkgewohnheiten (*habits of thought*) dar, „die die besonderen Beziehungen und besonderen Funktionen des Individuums und der Gesellschaft betreffen" (ebd.) Diese Institutionen stehen dabei nicht außerhalb gesellschaftlicher Prozesse, vielmehr ist die Entwicklung der Institutionen „identisch mit der Entwicklung der Gesellschaft" (ebd.).

- In einer Gesellschaft beständigen Wandels stellen Institutionen keine statischen Regelmäßigkeiten dar, sondern müssen unter evolutionären Gesichtspunkten betrachtet werden. „Die aktuelle Situation bildet und prägt die Institutionen der Zukunft mittels einer zwangsweisen Selektion, indem sie auf gewohnte Ansichten einwirkt und dabei von der Vergangenheit übermittelte geistige Haltungen oder Gesichtspunkte verändert oder verstärkt" (ebd.).

- Das bedeutet auch, dass eine fundamentale Spannung in der Wechselwirkung zwischen Institutionen und Gesellschaft bzw. Wirtschaft besteht, denn Institutionen sind „Ergebnisse eines vergangenen Prozesses, sie sind angepasst an vergangene Umstände und können daher niemals völlig mit den Erfordernissen der Gegenwart übereinstimmen." Der Versuch, bestehende Institutionen durch

Lösungsversuche effizienter zu gestalten, ist somit auch politisch und sozial konservativ.

Ausgehend von diesen Annahmen lässt sich bereits erahnen, dass sich ein derartiger Institutionalismus, sowohl was Forschungsgegenstände als auch Methodik und wissenschaftliches Selbstverständnis betrifft, scharf von neueren institutionellen Theoriesträngen, insbesondere der NIÖ, absetzt. So verwundert es nicht, dass die ‚alte' Schule der institutionellen politischen Ökonomie mit einem historisch-anthropologischen Verständnis an die soziale Basis wirtschaftlicher Prozesse und die Vergesellschaftung vorherrschender Denkgewohnheiten herangegangen ist. „For Veblen, the key to comprehending the way in which the economic system was bound together [...] revolved around understanding the habits of thought that shape particular forms of practice, which in turn create relatively settled patterns of behaviour" (Watson 2005: 133). Im Gegensatz zur NIÖ wird dabei *nicht* von einer klaren Gegenüberstellung von Institutionen und Gesellschaft ausgegangen. Es gilt mithin, diese in einem in Wechselwirkung begriffenen Prozess zu sehen, der jedoch, durch die Zeitverschiebung zwischen dem Entstehen und Verfestigen von Institutionen und dem gesellschaftlichen Wandel, stets von Widersprüchen und Spannungen charakterisiert ist. Aus diesen Spannungen ergeben sich laut Veblen quasi-evolutionäre Zwänge zum institutionellen Wandel, der jedoch wiederum durch die Instinkte und Denkgewohnheiten unterschiedlicher Bevölkerungsgruppen beeinflusst und gesteuert wird.

3. Schwachsinnige Institutionen und demonstrativer Konsum – Veblens Gesellschaftskritik

Thorstein Veblen (1857-1929) gilt als einer, wenn nicht *der* Hauptbegründer des Institutionalismus als Forschungsansatz der Politischen Ökonomie. Geboren in den Vereinigten Staaten als Sohn norwegischer Immigranten, war er Zeit seines Lebens eine umstrittene Person, als Wissenschaftler wie auch als Privatperson (siehe z. B. Dowd 2000; zur Verortung seines Lebenswerks in der Entwicklung der amerikanischen Institutionenökonomik siehe z. B. Hodgson 2004; O'Hara 2000, 2002). Veblen disziplinär einzuordnen, ist den heutigen Kategorien nach nicht eindeutig möglich; genau das macht mithin auch den Reiz seiner Arbeit aus. Sein Beitrag zum Institutionalismus sowieso seine scharfe Kritik der Neoklassik, haben einen wichtigen Einfluss auf Ökonomen wie John R. Commons oder John Kenneth Galbraith ausgeübt, und werden noch stets in der heterodoxen Ökonomie gewürdigt. So wurde Veblen in einer Umfrage der *Post-Autistic Economics Review* (2006) auf den sechsten Platz der bedeutendsten ÖkonomInnen des 20. Jahrhunderts gewählt, noch vor Friedrich von Hayek und Karl Polanyi. In der sozialwissenschaftlichen Literatur wird er auch als Sozialphilosoph bezeichnet, und die *Theorie der feinen Leute* stellt einen Klassiker der Konsumsoziologie dar. Veblens Werk ist am ehesten als Gesellschaftstheorie aufzufassen; dabei bieten die Argumentationsstränge in seinen wichtigsten Schriften unterschiedliche Zugänge zu seinem komplexen Verständnis von gesellschaftlichen Strukturen und wirtschaftlichen Prozessen. Seine „illusionslose Sachlichkeit" (Truninger 2010) und sein zuweilen beinahe überzeichnet beißender Stil tragen dazu bei, dass seine Arbeit im Gegensatz zum Großteil der gegenwärtigen Institutionenliteratur inspirierend zu lesen ist. Die nachfolgende Besprechung bietet einen Einblick in einige der wichtigsten Veblen'schen Konzepte und zeigt damit gleichzeitig die Vielseitigkeit von Veblens Institutionenverständnis auf.

3.1 Demonstrativer Konsum der müßigen Klasse

In seinem bekanntesten Werk *Theorie der feinen Leute* untersucht Veblen die soziale Dynamik von Produktion und Konsum vor einem wirtschaftsanthropologischen Hintergrund. Seine Analyse geht dabei vor allem auf den *demonstrativen Konsum* (*conspicuous consumption*) und Geltungskonsum der *müßigen Klasse (leisure class)* ein und legt dabei den Zusammenhang zwischen Konsum und Wohlstand dar. Einen zentralen Ausgangspunkt hierzu bildet die Infragestellung der Institution des Privateigentums. Institutionenansätzen, die Eigentum durch Produktion oder Konvention als gegeben ansehen, stellt Veblen eine historisch-kulturelle Perspektive gegenüber.

> „Ownership is not a simple and instinctive notion that is naively included under the notion of productive effort […] It is a conventional fact and has to be learned; it is a cultural fact which has grown into an institution in the past through a long course of habituation" (Veblen 1898: 360).

Die Verfestigung des Eigentums als eine bestimmende gesellschaftliche Institution trägt wiederum zur Herausbildung, oder besser gesagt Begünstigung anderer Denkgewohnheiten bei. Im Lauf der wirtschaftlichen Entwicklung hat sich so eine Dynamik ergeben, in der die Verflechtung von Eigentum und sozialer Stellung (Status) maßgeblich Einfluss auf wirtschaftliche Verhaltensmuster und Denkgewohnheiten hat. Wie Veblen schreibt: „Ist der Besitz einmal zur Grundlage des öffentlichen Ansehens geworden, so bildet er alsbald die Voraussetzung für jenes selbstgerechte Gefühl, das wir als Selbstachtung bezeichnen" (Veblen 1973: 47). Statuserlangung und Statusnacheiferung wird über Güterkonsum (re)produziert und führt zu einer stets größeren Differenzierung verschiedener Bevölkerungsgruppen. Veblen unterteilt diese Gruppen anhand der vorherrschenden *Instinkte,* die ihr Handeln steuern – diese werden wiederum durch Institutionen (und nicht zuletzt durch gesellschaftliche Strukturen wie den Kapitalismus) beschränkt oder gefördert. Die Verbindung zwischen grundlegenden Instinkten und Denkgewohnheiten führt zu einer historisch spezifischen Konstellation, in der sich *Werkinstinkt* und *räuberischer Instinkt* gegenüberstehen. „Wenn es die Umstände erlauben", so Veblen, „treibt [der Werkinstinkt] die Menschen dazu, jede produktive und nützliche Tätigkeit hochzuschätzen und die Vergeudung von Geld und Energie abzulehnen" (Veblen 1973: 100f.). Durch den institutionellen Rahmen bedingt werden jedoch „räuberische" Instinkte begünstigt, die sich in unproduktiven, „parasitären" Verhaltensformen widerspiegeln. Diese drücken sich in der „müßigen Klasse" durch demonstrativen Konsum aus (ebd.: 83ff.). Dabei geht es nicht nur um Konsum und Zurschaustellung von Statussymbolen; diese sind vielmehr gerade durch Verschwendung und gar Nutzlosigkeit gekennzeichnet. Die Symbole des demonstrativen Konsums sind nicht auf den tatsächlichen Nutzwert bezogen und können also auch nicht über ihren Beitrag zu Sicherheit, Komfort oder Zeitersparnis erklärt werden. Interessant ist, dass im Kontext des *demonstrativen Konsums* einer der wenigen Bezugspunkte zu finden ist, für die Veblen auch in der orthodoxen Ökonomie bekannt ist. Der sogenannte *Veblen-Effekt* sucht zu erklären, warum eine Preissteigerung in manchen Fällen zu einer Erhöhung der Nachfrage führt, obwohl nach dem Grundsatz des Marktgleichgewichtes das Gegenteil eintreten sollte. Je höher der Preis, desto deutlicher drückt sich der Geltungskonsum und die Statussuche aus. Veblen bietet in der *Theorie der feinen Leute* eine ganz Reihe von Beispielen des demonstrativen Konsums und welche gesellschaftlichen Implikationen dieser mit sich bringt.

Nur über eine Einbettung in den sozialen bzw. institutionellen Kontext lässt sich dieser demonstrative Konsum analytisch fassen. Neben der konsumsoziologischen Dimension beinhaltet dieses Verständnis der ‚müßigen Klasse' vor allem auch fundamentale Konsequenzen für die Analyse von gesellschaftlichem Wandel. Institutionen als kondensierte Denkgewohnheiten und Verhaltensmuster sind einer sich kontinuierlich verändernden Umwelt ausgesetzt (vgl. Ähnlichkeiten zum Diskursbegriff im Beitrag von Wullweber). Wie bereits oben erwähnt, wohnt der Entstehung und Entwicklung von Institutionen dabei unweigerlich eine Zeitverzögerung (*time lag*) inne. Diese Spannung wird durch die Ausdifferenzierung der Interessen verschiedener Klassen noch vertieft. So entwickelt die *müßige Klasse* eine dezidiert konservative Haltung gegenüber institutionellem Wandel (Veblen 1973: 201). Veblen formuliert somit ein evolutionär-politisches Institutionenkonzept, das sowohl der inhärenten Trägheit von Institutionen, als auch dem sozialen Prozess, der ihrem Wandel zugrunde liegt, Rechnung trägt.

Der von Veblen benutzte Klassenbegriff ist dabei keinesfalls so ausführlich theoretisiert wie zum Beispiel im Marxismus. Klasse ist für Veblen vor allem ein Konzept zur Taxonomie gesellschaftlicher Gruppen; die analytisch-methodologische Tragweite des Konzepts bleibt dabei weitgehend unbestimmt. Nichtsdestotrotz liefert die *müßige Klasse* eine zentrale Grundlage für die Analyse der Wechselwirkung zwischen gesellschaftlichen und wirtschaftlichen Prozessen. Und diese Sichtweise hat nichts an Aussagekraft verloren – man vergleiche nur die folgende Beobachtung mit aktuellen Diskussionen über die Rolle von Finanzmarktakteuren: „Die müßige Klasse lebt nicht in, sondern von der industriellen Gesellschaft, und ihre Beziehungen zur Welt der Arbeit sind pekuniärer Natur. Die Aufnahme in diese Klasse erfolgt durch die Ausübung finanzieller Talente und Fähigkeiten, Talente, die eher dem Erwerb von Reichtum als dem Nutzen dienen" (Veblen 1973: 236). Im Folgenden soll nun näher auf diese Gegenüberstellung von *industriellen* und *pekuniären* Beziehungen im Wirtschaftsprozess eingegangen werden. Wie Veblen hervorhebt, besteht die Rolle der herrschenden Klasse durch die Bestimmung der institutionellen Entwicklung nicht nur in der Wahrung bestehender Institutionen, sondern gerade auch insofern „als sie den Arbeitsprozess recht eigentlich prägen und formen" (Veblen 1973: 204).

3.2 Abwesende Eigentümer und technischer Fortschritt – Business *und* Industry

Für Veblen führt die vor allem durch technischen Fortschritt bedingte zunehmende Ausdifferenzierung von Produktion und Dienstleistungen zu einer Unterscheidung zwischen *business* und *industry* als grundlegende Prinzipien wirtschaftlicher Prozesse. Damit meint er vor allem die Dominanz von monetären Zielen gegenüber *industriellen* Interessen wie Effizienz, technischem Fortschritt und Produktivität. „Die Beziehung der müßigen Klasse zum Wirtschaftsprozess ist finanzieller Natur, das heißt, sie ist durch Erwerb und nicht durch Produktion, durch Ausbeutung und nicht durch Nutzen gekennzeichnet" (Veblen 1973: 203). Ausgangspunkt für diese Differenzierung ist wiederum das Privateigentum als ausschlaggebendes Prinzip, nach dem Denkgewohnheiten strukturiert werden. „The ultimate ground of validity for the thinking of the business classes is the natural-rights ground of property, – a conventional, anthropomorphic fact having an institutional validity, rather than a matter-of-fact validity such as can be formulated in terms of material cause and effect" (Veblen 1978). Veblen verweist hier unter anderem auf die Bedeutung institutioneller Rahmenbedingungen die diese Eigentumsrechte beschützen (Veblen 1973: 204).

Business ist nicht auf die Verbesserung von Produktion oder technologische Innovation an sich ausgerichtet; diese dienen letzten Endes lediglich dazu, dem eigentlichen Profitziel zuzuarbeiten. Hierbei ergeben sich unter Umständen unvereinbare Interessenskonflikte, bei denen *Industriekapitäne* (*captains of industry*) wie ManagerInnen und (Groß-)InvestorInnen, die zur Profitsteigerung in den industriellen Prozess eingreifen, eine Schlüsselrolle spielen. So können Unternehmen zum Beispiel ihre Produktion senken, Preise unnötig erhöhen, Aktien zurückkaufen oder andere

Entscheidungen treffen, die dem eigentlichen Unternehmensinteresse zuwiderlaufen. Für Veblen stellt dies einen Akt der *Sabotage* dar (Veblen 1967). Die Profitorientierung der EigentümerInnen sabotiert gleichermaßen die industriellen, und damit für Veblen letzten Endes die gesellschaftlichen Interessen. In seinem Spätwerk *Absentee Ownership* (1923) geht Veblen umfassend auf diese Problematik ein, und nimmt damit Diskussionen vorweg, die gerade im Rahmen des gegenwärtigen Finanzkapitalismus von unmittelbarer Bedeutung sind. So wird die Debatte um die ‚abwesenden Eigentümer' auch in der gegenwärtigen IPÖ geführt. *Corporate governance*, oder Unternehmensführung, ist dabei unter dem Stichwort *shareholder value* ein zentrales Konfliktterrain (Horn 2011). So sind zum Beispiel InvestorInnen als Großaktionäre eines börsennotierten Unternehmens bzw. EigentümerInnen eines privaten Unternehmens oft nicht bereit, über die jeweiligen institutionellen Arrangements Einfluss auf die Unternehmensführung zu nehmen – geschweige denn, sich als Ansprechpartner gegenüber den ArbeitnehmerInnen zu positionieren.

Über die unmittelbaren strategischen Entscheidungen in Wirtschaftsprozessen hinaus hat die Vorherrschaft des *Business*-Prinzips auch weitreichende Auswirkungen auf die institutionelle Rahmensetzung, in der sich diese vollziehen. Veblens Beobachtungen zu den Entwicklungen am Beginn des 20. Jahrhunderts in den USA legen dar, wie zum Beispiel die Rechnungslegung (*accounting*) den Bezug zu materiellen Vermögenswerten in der Realwirtschaft verliert (siehe z. B. Perry/Nölke 2006). „Under the price system, men have come to the conviction that money-values are more real and substantial than any of the material facts in this transitory world. [...] In the business world the price of things is a more substantial fact than the things themselves" (Veblen 1967: 88). Finanztransaktionen und immaterielle Vermögenswerte (*intangible assets*, wie z. B. Veblens Begriff des *goodwill*) sind zunehmend von mehr Bedeutung als industrielle Geschäfte, aber gleichzeitig auch immer weniger fassbar (Veblen 1978: 163f.). Veblens Analyse ist zeitlich in der frühen Entstehungsphase des Finanzkapitalismus verankert, seine Aussagen zur Fragilität und Krisenanfälligkeit dieses Systems sind jedoch, zumindest zum Teil, durchaus auch in einem gegenwärtigen Kontext tragbar. So schreibt er in einer Passage die an Keynes' Metapher vom Schönheitswettbewerb denken lässt: „The magnitude of business capital and its mutations from day to day are in great measure a question of folk psychology rather than of material fact [...] it is after all a confidence game" (Veblen 1978: 149). Diese scheinbare Entkoppelung von materiellen und immateriellen Werten drückt sich in einer Krise dementsprechend vor allem als Vertrauenskrise aus (Plotkin 2010). Die auf business ausgerichteten wirtschaftlichen Institutionen sind jedoch selbst nicht für Krisen gerüstet: „They have no privision for shrinkage of assets, and but a slight provision for a shrinkage of earnings [...] not designed to carry on in a falling market" (Veblen 1967: 93). Hier zeigt sich jedoch auch einer der Schwachpunkte in Veblens Ansatz; zwar geht er kurz auf die institutionelle Dynamik in einem Krisenkontext ein (siehe z. B. Veblen 1978: 207), die Rolle des Staates in diesem Kontext bleibt jedoch weitgehend unbestimmt. Veblens Gesellschaftstheorie basiert auf einem eher unspezifischen Staatsverständnis – in einer weberianischen Fassung versteht er den Staat als dominiert von *business groups*, oder *vested interests*; damit sind Machtverhältnisse klar zugunsten der herrschenden Klasse strukturiert (Veblen 1967, 1978).

Es stellt sich nun die Frage, inwiefern *industry* hier als Leitprinzip eine Alternative für sozialen Fortschritt bietet, und wie diese durchgesetzt werden könnte. Den „räuberischen" Instinkten und Denkgewohnheiten des *business* steht für Veblen der „Werkinstinkt" (*workmanship*) gegenüber, der sich in Innovation und Kreativität ausdrückt. „Wenn es die Umstände zulassen" so Veblen (1973: 100), „treibt dieser Instinkt die Menschen dazu, jede produktive und nützliche Tätigkeit hochzuschätzen und die Vergeudung von Geld und Energie abzulehnen." Im modernen Wirtschaftssystem sieht er diesen Werkinstinkt vor allem in Ingenieuren und Technikern (Veblen 2001: 34). An dieser Stelle zeigt sich Veblens fast naives Vertrauen in Fortschritt durch Technik, das oft als Determinismus kritisiert wird (vgl. Hodgson 2004). So sieht er die beste Alternative zu *business* darin, Wirtschaftsprozesse technokratisch zu strukturieren (Veblen 2001: 35). Wie das genau zu geschehen hat, umreißt er in etwa als Generalstreik der IngenieurInnen, geht aber nicht weiter auf politische und soziale Implikationen ein. Stattdessen wird sein Ton, was den gesellschaftlichen Wandel angeht, zunehmend pessimistischer: „There is nothing in the situation that should reasonably flutter the sensibilities of [..] that massive body of well-to-do citizens who make up the rank and file of absentee owners, just yet" (Veblen 2001: 104). Im Gegensatz zu anderen heterodoxen politischen Ökonomen ist Veblen also kaum als Theoretiker des Wandels oder gar der Alternativen zu bezeichnen; seine Vorschläge bleiben eher unbestimmt und implizit. Veblens Beitrag liegt vielmehr in seiner nachhaltigen Kritik begründet, sowohl auf gesellschaftlicher als auch auf wissenschaftlicher Ebene (Penner 2010).

3.3 Jenseits von homo oeconomicus – Wirtschaft als evolutionärer Prozess

Veblens Kritik der zunehmend formalistischen Annahmen und Methodik der Wirtschaftswissenschaften seit dem 19. Jahrhundert resoniert mit der heutigen Diskussion über den Realitätsbezug der Disziplin (siehe z. B. Plickert 2009). Wie bereits eingangs erwähnt, lehnt Veblen die Annahme ab, dass Wirtschaftsprozessen ein Gleichgewicht zugrunde liegt. Stattdessen formuliert er ein dynamisches Verständnis der Wirtschaft als Prozess, einer sich entfaltenden Sequenz (Veblen 1898: 375). Wichtiger Ausgangspunkt hierfür ist seine Weigerung, den Menschen als nutzenkalkulierenden Akteur zu reduzieren, dessen Verhalten losgelöst von historischem Kontext und sozialem Umfeld ist (Veblen 1898: 389). Im Gegensatz zu diesen atomistischen Annahmen sieht Veblen menschliches Handeln eingebettet in einem kumulativem Wachstum von Denkgewohnheiten (*cumulative growth of habits of thought*) (Veblen 1898: 394). Oder, wie Watson zusammenfasst, Veblens Akteure *agieren*, während sie sich in der Neoklassik lediglich *verhalten* (Watson 2005: 121, 131). Dieses Verständnis basiert auf wissenschaftsphilosophischen Grundannahmen, die auch Implikationen für die Forschung an sich haben. Insbesondere sollte hier auf die historische (und materialistische) Verankerung und Verpflichtung eines derartigen Akteursfokus hingewiesen werden (Veblen 1898: 124). Veblens sorgfältigen wirtschaftsanthropologischen und -historischen Untersuchungen verdeutlichen die Komplexität einer holistischen institutionellen Analyse (Böhmer 2005: 97-101). Gerade hier setzt jedoch auch Kritik am ‚alten' Institutionalismus als ‚anti-theoretisch' und deskriptiv an (zur Diskussion dieser Kritik siehe z. B. Hodgson 1998: 166). Der Institutionalismus versucht vielmehr, einen Mittelweg zu beschreiben zwischen formalistisch-deduktiven Ansätzen, deren Ziel die Formulierung von universell gültigen Gesetzmäßigkeiten ist, und einer allzu deskriptiven Geschichtsschreibung. In Veblens Werk lässt sich diese Spannung gut ablesen, vor allem in seiner Bemühtheit, allgemeine Dynamiken gesellschaftlicher und wirtschaftlicher Prozesse zu formulieren, ohne dabei in Teleologie abzugleiten.

Im Anschluss an diesen notwendigerweise eher kursorischen Überblick einiger Schwerpunkte des Veblenschen ‚alten' Institutionalismus bleiben viele Fragen offen. Inwiefern ist Veblens Analyse, die ja immerhin historisch spezifisch und vor allem auf die Nationalökonomie der Vereinigten Staaten gerichtet war, auch für Fragenstellungen in der IPÖ fruchtbar zu machen? Welche Ansatzpunkte gibt es für neuere Theorien, und welche Aspekte sind dabei besonders wichtig?

4. Veblen und Perspektiven in der IPÖ – Relevanz und Weiterentwicklung des ‚alten' Institutionalismus

‚Alte' institutionelle Ansätze tragen eine wichtige Dimension zum Verständnis der IPÖ bei (vgl. van der Pijl 2009: 139f.; Watson 2005). So fordern sie durch ihren interdisziplinären Fokus eine Beschäftigung mit anthropologischen und kulturellen Aspekten gesellschaftlicher und wirtschaftlicher Prozesse, die in der orthodoxen IPÖ kaum bzw. überhaupt nicht zur Geltung kommen. Gerade dieser Fokus auf Denkgewohnheiten und Alltagsprozesse macht eine institutionell-evolutionäre Perspektive aus. Dabei geht die Relevanz Veblens weit über das Feld der *institutionellen politischen*

Ökonomie hinaus. Die von Hodgson (2007: 336f.) vorgestellten Forschungsfragen schließen zum Beispiel fließend an den kritischen Institutionalismus an.

Gerade in Hinsicht auf Veblens Thesen zu Konsum und gesellschaftlichem Wandel hat es in der IPÖ in den letzten Jahren wichtige Weiterentwicklungen gegeben, die den Fokus des ‚alten' Institutionalismus aufgreifen, jedoch methodologisch und empirisch weiterentwickeln. Insbesondere durch die Verbreitung von Alltagsperspektiven in der IPÖ (*everyday IPE*, siehe z. B. Hobson/Seabrooke 2007) werden institutionelle Fragestellungen wieder aufgegriffen; sie ermöglichen eine systematische Analyse gesellschaftlicher Denkgewohnheiten und Verhaltensmuster in verschiedenen alltäglichen Lebensbereichen (z. B. Konsumverhalten und Haushaltsökonomie) sowie des Einflusses kultureller Wandlungsprozesse, wie er im Ansatz der *cultural political economy* zur Geltung kommt (Jessop/Sum 2010). Der ‚alte' Institutionalismus bewegt sich hier auf der Schnittstelle von Struktur und individuellem Handeln (May/Nölke 2012) und kann somit zwischen Makro- und Mikroebene vermitteln, die in der IPÖ sonst eher isoliert voneinander untersucht werden. So weist zum Beispiel der Beitrag von Beck und Scherrer in diesem Band eingehend auf das Fehlen einer fundierten makroökonomischen Fundierung institutioneller Perspektiven wie im Varieties-of-Capitalism-Ansatz hin. Hingegen ist der konzeptuelle Deutungsrahmen des ‚alten' Institutionalismus zeit- und räumlich sensibel und kann somit auch für vergleichende Studien angewendet werden. Die Ablehnung überhistorischer Gesetzmäßigkeiten stellt auch in empirischen Anwendungen des ‚alten' Institutionalismus einen wichtigen Ausgangspunkt dar und schließt an die Forderung nach mehr Historizität in der IPÖ an (Amoore et al. 2000). Dabei stellt die neue Institutionenökonomik somit einen der zentralen Gegenpole in Forschungsdiskussionen dar. Im Rahmen öffentlicher akademischer Initiativen wie zum Beispiel des *Netzwerks Plurale Ökonomik* (2012) wird vermehrt auf die bestehende Dominanz von Varianten neoklassischer Grundmodelle, wie der NIÖ, in Lehre und Forschung hingewiesen und ein Wandel hin zu „Theorienvielfalt statt geistiger Monokultur" gefordert. Dabei wird gerade der ‚alte' Institutionalismus besonders hervorgehoben.

In der Kritik neoklassischer Grundannahmen zeigt sich auch der Bezug zu einem der heutzutage bekanntesten Vertreter des Institutionalismus in der IPÖ, Karl Polanyi. In *The Great Transformation* untersucht Polanyi (1957) die Verfestigung der Marktwirtschaft und die Herausbildung ihrer angeblich selbstregulierenden Mechanismen; dabei verweist er auf den institutionellen Rahmen, der nötig ist, um den Markt zu ermöglichen und zeigt überzeugend auf, dass die Annahme einer freien, selbstregulierenden Marktwirtschaft, die außerhalb der Gesellschaft funktioniert, eine „starke Utopie" ist. Polanyis Konzept der Einbettung der Wirtschaft in die Gesellschaft ist zu einem zentralen Thema auch in der IPÖ geworden. Darüber hinaus teilt er mit Veblen die Kritik an monetären bzw. Finanzinteressen (van der Pijl 2009: 134). Der destruktive Einfluss des Finanzkapitals stellt in der IPÖ einen wichtigen Forschungsgegenstand dar. Veblens konzeptueller Apparat (vor allem die Unterscheidung von *business* und *industry*) hat sich hier als fruchtbar erwiesen, wie er in seinen Untersuchungen von Unternehmensreporten, Bilanzen und Börsenberichten zeigt. Für eine Analyse des gegenwärtigen Finanzkapitalismus bedarf es jedoch einer konzeptuell und vor allem methodisch-empirischen Weiterentwicklung. „Understanding the intricacies of contemporary financial institutions, innovative financial technologies, speculative markets, financial accounting, investment banking and mass investing requires even greater micro- to meso level conceptual sophistication than Veblen deployed in his writings" (Krier 2009: 413). Dabei kann zum Beispiel Veblens Besprechung und Differenzierung von materiellen und immateriellen Vermögenswerten einen wichtigen analytischen Beitrag leisten (vgl. Perry/Nölke 2006). Eine weiterentwickelte Adaption von Veblens Deutungsrahmen könnte zum Beispiel auch am Konzept der *sabotage* ansetzen. Darüber hinaus ist Veblens Untersuchung der Entwicklung von wirtschaftlichen Institutionen und der zeitlichen Verzögerung die sich in diesem Prozess vollzieht, vor allem im Bereich von gesetzlicher Steuerung von Unternehmen, auch anschlussfähig an die Diskussion um die Körperschaft der Unternehmen (*corporate personhood*, vor allem in den USA).

Der analytische Fokus und die grundsätzliche Infragestellung der Institution des Eigentums ist eine Dimension, über die sich Veblen, der den orthodoxen Marxismus des frühen 20. Jahrhunderts vor allem wegen dessen teleologischen Geschichtsbegriffes kategorisch ablehnte, und Marx in Verbindung bringen lassen (Ford/McColloch 2012). Die Berührungspunkte des ‚alten' Institutionalismus und marxistischer Perspektiven sind vielfältig; jedoch gibt es einige grundlegende Unterschiede. So basiert Veblens „nichtmarxistische Kapitalismuskritik" vor allem auf Erklärungsansätzen, die auf Denkgewohnheiten und psychologische Instinkte zurückgreifen, statt den objektiven Eigentumsverhältnissen analytischen Vorrang zu geben (Böhmer 2005: 94). In einer Kritik von Veblens Kulturverständnis schreibt Adorno (1967: 77) dazu: „The object of his critique is not the political economy of bourgeois society seen in terms of its foundations, but the uneconomic life of that society." Dieser Unterschied zeigt sich deutlich anhand Veblens Überzeugung, dass die Technokratie unter der Leitung von ExpertInnen das beste Alternativmodell zur Gestaltung wirtschaftlicher und gesellschaftlicher Prozesse darstellt. Interessant dabei ist natürlich, dass es gerade in den letzten Jahren im Kontext der Finanzkrise verstärkt zum Ruf nach Technokratie gekommen ist. Wie ein Kommentator in der *Zeit* schreibt (Heuser 2011):

"Rund hundert Jahre nach Thorstein Veblens amerikanischem Traum von der *technocracy* steigt der Druck auch in der Gegenwart: Lasst die Experten ran! Oder wie Veblen gesagt hätte: Wir brauchen eine von Technokraten verwaltete Wirtschaft und Gesellschaft ohne Politikwirrwarr, in der entlang der offensichtlichen und natürlichen Linien das Richtige entschieden wird."

Veblens Glauben an die Technik und seine Überzeugung, dass Geschichte letzten Endes von technisch-industriellen Kräften getrieben wird (Watson 2005: 135), scheint an Aktualität gewonnen zu haben. Es ist nun an den gegenwärtigen institutionellen Perspektiven in der IPÖ, sich mit diesen Annahmen kritisch auseinanderzusetzen.

Ziel dieses Beitrags war, einen Einblick in die IPÖ unter besonderer Berücksichtigung des Werks Thorstein Veblens zu geben. Ein besonderes Anliegen dabei war, den breiten Fokus und die Interdisziplinarität seines Ansatzes hervorzuheben; Institutionenökonomik, Konsum- und Wirtschaftssoziologie, Wirtschaftsgeschichte – Veblen hat einen wichtigen Beitrag zu so unterschiedlichen Disziplinen geleistet, dass es schwerfällt, ihn für eine einzelne zu vereinnahmen. Im Zuge der zunehmenden Spezialisierung und Ausdifferenzierung der Theorien der Internationalen Politischen Ökonomie erscheint gerade das als eine wichtige Dimension und ein Grund, sich (wieder) mit Veblen und dem ‚alten' Institutionalismus zu beschäftigen.

Literatur

Adorno, Theodor W. 1967 (1941): Veblen's Attack on Culture, in: Adorno, Theodor (Hrsg.): Prisms, Cambridge: MIT Press, 73–94.
Amoore, Louise/Dodgson, Richard/Germain, Randall/Gills, Barry/Langley, Paul/Watson, Ian 2000: Paths to a Historicized International Political Economy, in: Review of International Political Economy, 7: 1, 53–71.
Blyth, Mark (Hrsg.) 2009: Routledge Handbook of International Political Economy. IPE as global conversation, New York und London: Routledge.
Bruff, Ian 2011: What about the Elephant in the Room? Varieties of Capitalism, Varieties in Capitalism, in: New Political Economy 16: 4, 481–500.
Bruff, Ian/Horn, Laura 2012: Varieties of Capitalism in Crisis?, in: Competition and Change 16: 3, 161–68.
Bruff, Ian/Ebenau, Matthias/May, Christian/Nölke, Andreas (Hrsg.) 2013: Vergleichende Kapitalismusforschung: Stand, Perspektiven, Kritik, Münster: Westfälisches Dampfboot.
Böhmer, Robert 2005: Der Geist des Kapitalismus und der Aufbau Ost, Dresden: Thelem.
Dowd, Douglas 2000: Thorstein Veblen, New Brunswick: Transaction Publishers.
Ford, Kirsten 2011: The Veblenian Roots of Institutional Political Economy, Working Paper 2011-07, University of Utah: Department of Economics.
Ford, Kirsten/McColloch, William 2012: Thorstein Veblen: A Marxist Starting Point, Journal of Economic Issues 46: 3.
Gilpin, Robert 2001: Global Political Economy: Understanding the International Economic Order, Princeton, NJ: Princeton University Press.

Heuser, Uwe Jean 2011: Technokraten an die Macht, in: Die Zeit 48, 24.11.2011.
Hall, Peter A./Taylor, Rosemary 1996: Political Science and the Three New Institutionalisms, in: Political Studies 44, 936–957.
Hall, Peter/Soskice, David (Hrsg.) 2001: Varieties of Capitalism: the Institutional Foundations of Comparative Advantage, Oxford: Oxford University Press.
Hobson, John/Seabrooke, Leonard 2007: Everyday Politics of the World Economy, Cambrigde: Cambridge University Press.
Hodgson, Geoffrey M 1998: The Approach of Institutional Economics, in: Journal of Economic Literature 36, 166–192.
Hodgson, Geoffrey M. 2004: The Evolution of Institutional Economics: Agency, Structure and Darwinism in American Institutionalism, London: Routledge.
Hodgson, Geoffrey M. 2007: The Revival of Veblenian Institutional Economics, in: Journal of Economic Issues 42: 2, 325–337.
Horn, Laura 2011: Regulating Corporate Governance in the EU: Towards a Marketisation of Corporate Control, Basingstoke: Palgrave Macmillan.
Jessop, Bob/Sum, Ngai-Ling 2010: Cultural Political Economy: On Logics of Discovery, Epistemic Fallacies, and the Potential of the Cultural Turn, in: New Political Economy 15: 3, 445–451.
Kier, Dan 2009: Finance Capital, Neo-Liberalism and Critical Institutionalism, in: Critical Sociology 35: 5, 395–416.
Leander, Anna 2000: A Nebbish Presence: Undervalued Contributions of Sociological Institutionalism, in: Palan, Ronen (Hrsg.) 2000: Global Political Economy: Contemporary Theories, London: Routledge, 184–97.
May, Christian/Nölke, Andreas 2012: Kritischer Institutionalismus. Beitrag zum Workshop „Comparison, Analysis, Critique – Critical Perspectives on the Diversity of Contemporary Capitalisms", Wiesbaden, 10.–11.02.2011.
Netzwerk Plurale Ökonomik 2012: Offener Brief, http://www.plurale-oekonomik.de/?page_id=4; 1.10.2012.
North, Douglas 1990: Institutions, Institutional Change and Economic Performance, Cambridge: Cambridge University Press.
O'Hara, Philip A. 2000: Marx, Veblen, and Contemporary Institutional Political Economy: Principles and Unstable Dynamics of Capitalism, London: Edward Elgar.
O'Hara, Phillip A. 2002: The Contemporary Relevance of Thorstein Veblen's Institutional-Evolutionary Political Economy, History of Economics Review 35, 78–103.
Penner, Devin 2011: The Limits of Radical Institutionalism: A Marxian Critique of Thorstein Veblen's Political Economy, in: Review of Radical Political Economics 43: 2, 154–171.
Perry, James/Nölke, Andreas 2006: The Political Economy of International Accounting Standards, in: Review of International Political Economy 13: 4, 559–586.
Peukert, Helge 2002: Critical 'Old' Institutionalism in Perspective, in: Ipsen, Dirk/Peukert, Helge (Hrsg.): Institutionenökonomie: theoretische Konzeptionen und empirische Studien, Frankfurt: Haag und Herchen, 3–19.
Plickert, Philip 2009: Der Volkswirt. Gefangen in der Formelwelt, in: Frankfurter Allgemeine Zeitung, 20.01.2009.
Plotkin, Sidney 2010: War and Economic Crisis: What Would Veblen Say?, in: Society 47, 240–245.
Polanyi, Karl 1957: The Great Transformation: The Political and Economic Origins of Our Time, Boston, MA: Beacon Press.
Post-Autistic Economics Review 2006: Greatest Twentieth-Century Economists Poll, http://www.paecon.net/PAEReview/issue36/greatest20thcenturyeconomists.htm; 30.07.2012.
Reuter, Norbert 1996: Zur Bedeutung von Institutionen für die ökonomische Theorie. Zugleich ein Beitrag zum Verständnis evolutionärer Theorieentwicklung, in: Priddat, Birger/Wegener, Gerd (Hrsg.): Zwischen Evolution und Institution. Neue Ansätze in der ökonomischen Theorie, Marburg: Metropolis, 113–144.
Simon, Herbert A. 1982: Models of Bounded Rationality, Cambridge: MIT Press.
Truninger, Stephan 2010: Die Amerikanisierung Amerikas. Thorstein Veblens amerikanische Weltgeschichte. Münster: Westfälisches Dampfboot.

van der Pijl, Kees 2009: Pragmatism and Institutionalism, in: Survey of Global Political Economy, http://www.sussex.ac.uk/ir/research/gpe/gpesurvey; 30.07.2012.
Veblen, Thorstein 1967 (1923): Absentee Ownership and Business Enterprise in Recent Times: The Case of America, Boston, MA: Beacon.
Veblen, Thorstein 1898: The Beginning of Ownership, in: American Journal of Sociology 4: 3, 352–365.
Veblen, Thorstein 1921: The Engineers and the Price System, New York, NY: Viking.
Veblen, Thorstein 1964 (1914): The Instinct of Workmanship and the State of the Industrial Arts, New York: Augustus Kelly.
Veblen, Thorstein 1973 (1899): Theorie der feinen Leute. Eine ökonomische Untersuchung der Institutionen, Köln und Berlin: Kiepenheuer & Witsch.
Veblen, Thorstein 1978 (1904): The Theory of Business Enterprise. With a new Introduction by Douglas Dowd, New Brunswick: Transaction.
Veblen, Thorstein 1998 (1898): Why is Economics Not an Evolutionary Science?, in: Cambridge Journal of Economics 22, 403–414.
Veblen, Thorstein 2001 (1921): The Engineers and the Price System. Kitchener: Batoche Books.
Voigt, Stefan 2009: Institutionenökonomik. Stuttgart: UTB.
Watson, Matthew 2005: Foundations of International Political Economy, Basingstoke: Palgrave.
Wehowsky, Stephan 2011: Thorstein Veblen: Theorie der feinen Leute. Wie die Räuber zur herrschenden Klasse wurden, in: Journal 21, http://journal21.ch/thorstein-veblen-theorie-der-feinen-leute; 30.07.2012.
Williamson, Oliver 1985: The Economic Institutions of Capitalism, New York: Free Press.

Varieties of Capitalism.
Konzeptionelle Schwächen angesichts der Finanzkrise
Stefan Beck / Christoph Scherrer

1. Einführung

Ende 2009, nach der ersten dramatischen Phase der internationalen Finanzkrise, mehrten sich die Zweifel an der Nachhaltigkeit des angloamerikanischen Modells des Kapitalismus. Die eher marktliberalen Ökonomien der USA und Großbritanniens galten als Ursprungsort der Krise, währenddessen die in den *Varieties of Capitalism* (Hall/Soskice 2001) gemeinhin als *koordiniert* bezeichneten Ökonomien, insbesondere Deutschland, zwar ebenfalls angesteckt waren, aber doch deutlich besser mit den Krisenfolgen zurechtzukommen schienen. Mehr noch, im Verlauf der Krise gewannen wieder solche Regulationsformen, die eher typisch für koordinierte Marktwirtschaften sind, selbst in marktliberalen Ökonomien an Attraktivität.

Angesichts der voranschreitenden Finanzialisierung (siehe den Beitrag von Heires/Nölke in diesem Band) hatte sich vor der Krise zunehmend die Überzeugung durchgesetzt, dass sich die verschiedenen nationalen Varianten des Kapitalismus aufgrund der Vorherrschaft des Finanzsektors und der Konkurrenzmechanismen mehr und mehr dem marktliberalen Modell annähern würden. Selbst VertreterInnen der Varieties of Capitalism (VoC), die sonst eher auf das Beharrungsvermögen und die Funktionalität nationaler Diversität hinweisen, konstatierten derartige Trends beispielsweise bezüglich der Führung von Unternehmen (*Corporate Governance*). Die Krise nährte hingegen Erwartungen auf eine Trendumkehr. Lässt sich die scheinbare Robustheit der *koordinierten* Ökonomien als eine Bestätigung der Varieties of Capitalism betrachten? Und, falls ja, ist dies begründet durch eine überzeugende Konzeptualisierung entwickelter kapitalistischer Ökonomien und finanzieller Dynamiken?

In diesem Beitrag wollen wir den Varieties-of-Capitalism-Ansatz vorstellen und anhand der Prozesse der Finanzialisierung, die zu einer tiefen Krise führten, diskutieren. Hierzu sollen nach einer Skizzierung des Ansatzes zunächst die Bedeutung des Finanzsektors im Rahmen der VoC herausgearbeitet werden. Sodann werden wir anhand der in der VoC-Literatur häufig gewählten ‚Beispiel-Ökonomien' der USA und Deutschlands darstellen, in welcher Weise die Finanzialisierung und deren Krise in den Varieties of Capitalism erfasst wurden bzw. werden. Sowohl die spezifische – nationale Kapitalismen vergleichende – Perspektive auf Finanzialisierungsprozesse als auch die selektive Erfassung von Krisendynamiken illustrieren die epistemologischen und methodologischen Grundlagen der VoC und zeigen exemplarisch die Stärken und Schwächen des Ansatzes im Feld der internationalen Politischen Ökonomie auf.

2. Die Grundzüge des Varieties-of-Capitalism-Ansatzes

Die Varieties-of-Capitalism-Debatte kann sich auf eine lange Tradition der vergleichenden Kategorisierung nationaler Varianten des Kapitalismus in der Politischen Ökonomie stützen. Ein erster Beitrag zur vergleichenden Kapitalismusforschung, die modernisierungstheoretische Arbeit von Andrew Shonfield (1965), beschäftigte sich mit Fragen der Wachstumsdynamik und hob die volkswirtschaftlichen Steuerungs- und Allokationsfunktionen staatlicher und nicht-staatlicher Akteure hervor. In der Folgezeit verschob sich der Fokus von der Makroökonomie auf die Wettbewerbsfähigkeit von Nationen (Porter 1990), Produktionsmodellen (Piore/Sabel 1984) oder nationalen Produktionssystemen (Hollingsworth/Boyer 1997). Zwar spielten in verschiedenen Beiträgen kollektive Akteure, wie der Staat (Schmidt 2002) oder die Gewerkschaften in der Neokorporatismusforschung (Schmitter/Lehmbruch 1979), und gesellschaftliche Ziele jenseits der Wettbewerbsfähigkeit noch eine Rolle, zunehmend rückten aber die Firmen in den Mittelpunkt und die Gegenüberstellung von Staat und Markt (Boyer/Drache 1996) wurde zugunsten einer Vielfalt – quasi kontextueller – institutioneller Formen und Governancemodi aufgelöst (vgl. Peck/Theodore 2007).

Am konsequentesten haben Hall/Soskice den methodologischen Schritt von einem historisch ausgerichteten Ansatz hin zu einem rationalistisch (Akteure) und funktionalistisch (Institutionen) konzipierten Modell vollzogen, welches – analog zur neoklassischen Marktlogik – zu einem *institutionellen* Gleichgewicht tendiert (vgl. Streeck 2010: 21). Zwar sehen sie selbst ihren Ansatz in der Tradition von Shonfield, der Neokorporatismusforschung und der durch die französische Regulationstheorie beeinflussten *Social Systems of Production* (Hollingsworth/Boyer 1997), wollen aber über diese hinausgehen, indem sie die Firmen als strategisch-rational interagierende Akteure konzeptionell in den Mittelpunkt stellen und deren Verhalten durch den Einbezug spiel- und transaktionskostentheoretischer Überlegungen mikroökonomisch fundieren (Hall/Soskice 2001: 2ff.; kritisch dazu: Bohle/Greskovits 2009). Die Firmen wiederum sind durch eine Reihe unterschiedlicher Koordinationserfordernisse – in den Bereichen der *industriellen Beziehungen,* der *Corporate Governance und Finanzierung*, der *zwischenbetrieblichen Beziehungen* und der *beruflichen Bildung* – gekennzeichnet, denen sie im Kontext spezifischer institutioneller Arrangements nachkommen (müssen).

Tabelle 1: Komplementaritäten von *Liberal Market Economies* (LME) und *Coordinated Market Economies* (CME)

Institutioneller Bereich	LME	CME
Industrielle Beziehungen bzw. Arbeitsbeziehungen	Weitgehend begrenzt auf die Lohn-Profit-Verteilung; Kontrolle durch das Management	Wichtig für strategische Interaktion und Verhandlungen; Beteiligungsformen der Beschäftigten, Mitbestimmung
Corporate Governance	Bezug auf Kapitalmarkt; kurzfristige Orientierung	Bezug auf/Abhängigkeit von Bankkrediten; langfristige Orientierung
Zwischenbetriebliche Beziehungen	Kompetitiv; preisbestimmte Lieferbeziehungen	Netzwerkbeziehungen, Kapitalverflechtungen; strategische Interaktion
Berufliche Bildung	Hohes Gewicht allgemeiner Fähigkeiten; begrenzt Berufsausbildung	Hohes Gewicht spezifischer Fähigkeiten; Auszubildenden-System o. ä.
Soziale Sicherung	Residuale soziale Sicherung; geringe Entlassungshürden	Relativ ‚großzügige' soziale Sicherung; Kündigungsschutz
Produktmarktregulierung	Geringe Begrenzungen des Wettbewerbs; *Laissez-faire*-Prinzip	Ausmaß des Wettbewerbs von weiteren, z. B. sozialen Zielen abhängig

Quelle: nach Becker 2007: 267

Der Charakter der Institutionen in den verschiedenen Bereichen hat nun Einfluss auf die Form der Interaktion und das strategische Verhalten der Unternehmen, wobei unterschiedliche Institutionen über die verschiedenen Bereiche hinweg kohärente, abweichende oder sogar widersprüchliche Anreize bzw. Sanktionen implizieren können. Hier knüpfen Hall/Soskice an das insbesondere von Aoki (1994) entwickelte Konzept institutioneller Komplementarität an, wonach sich Institutionen wechselseitig in ihrer Effizienz bestärken und somit eine kohärente und effiziente Koordination über verschiedene Bereiche hinweg und spezifische Wettbewerbsvorteile begünstigen. Bei einem jeweils hohen Maß an Komplementarität unterscheiden Hall/Soskice idealtypisch zwischen *Liberal Market Economies* (LME) und *Coordinated Market Economies* (CME), je nachdem, ob diese überwiegend durch eine marktförmige oder nicht-marktförmige Koordination geprägt sind (siehe Tabelle 1).

Zu erstgenannten zählen sie exemplarisch die USA und zu letztgenannten Deutschland (Hall/Soskice 2001: 17ff.).

2.1 Varieties of Capitalism im Kontext der vergleichenden Kapitalismusforschung

Der VoC-Ansatz kann als der prominenteste Strang der vergleichenden Kapitalismusforschung betrachtet werden, zu der neben der bereits genannten Korporatismusforschung und der *Social Systems of Production* insbesondere deren Weiterentwicklung durch Bruno Amable (2003), die Untersuchung verschiedener *Business Systems* (Whitley 1999) sowie einige weniger systematisch angelegte Vergleichsuntersuchungen beispielsweise durch Vivian Schmidt (2002) oder Colin Crouch (2005) zählen. Gemeinsam sind diesen Ansätzen vor allem drei Aspekte. Zum ersten bieten sie Typologien, wonach nationale Ökonomien entsprechend ihrer institutionellen Konfiguration und daraus resultierenden unterschiedlichen systemischen Logiken differenziert werden können. Zum zweiten entwickeln die Ansätze Erklärungen für die Existenz komparativer institutioneller Vorteile, d. h. spezifische institutionelle Arrangements ermöglichen spezifische ökonomische Aktivitäten und damit verbundene Wettbewerbsvorteile. Und drittens begründen die Ansätze, entgegen der Annahme einer Konvergenz hin zu einem einzigen *Best-practice*-Modell, pfadabhängige Entwicklungen und institutionelle Diversität (Jackson/Deeg 2006: 30).

Jenseits dieser Gemeinsamkeiten unterscheiden sich die Ansätze jedoch unter anderem hinsichtlich der untersuchungsrelevanten institutionellen Bereiche, der Konzeption, Anzahl, und Komplexität unterschiedener Varianten des Kapitalismus oder der Annahme institutioneller Hierarchien. Im Gegensatz zur Differenzierung anhand deduktiv entwickelter Idealtypen, wie in den VoC, stützen sich andere Ansätze (z. B. Amable 2003) stärker auf die empirisch begründete oder induktiv entwickelte Unterscheidung von drei oder mehr Varianten. Wie in der kritischen Auseinandersetzung mit dem Ansatz von Hall und Soskice (z. B. Hancké/Rhodes/Thatcher 2007) zudem aufgezeigt wurde, teilen andere Ansätze nicht die funktionalistische Interpretation institutioneller Komplementaritäten sowie die dadurch eingeengte Konzeption institutionellen Wandels (vgl. Streeck/Thelen 2005). Stattdessen verweisen sie beispielsweise auf die Entwicklung hybrider Formen des Kapitalismus, interne Varianzen und Divergenzen zwischen formalem und funktionalem Charakter von Institutionen (Jackson/Deeg 2006: 38; Lane/Wood 2011).

In jüngerer Zeit wurden neben der vertieften Diskussion über Formen des institutionellen Wandels verstärkt periphere Länder (z. B. Schneider/Soskice 2009; Nölke/Vliegenthart 2009), die Rolle trans- bzw. internationaler Institutionen und Akteure (z. B. Nölke 2011) oder die Bedeutung von Globalisierungs- und Europäisierungsprozessen (z. B. Höpner/Schäfer 2008) betrachtet. Die Verknüpfung von Internationaler Politischer Ökonomie und vergleichender Kapitalismusforschung haben jüngst auch Kalinowski (2012) und Fioretos (2011) vorangetrieben. Durch die Betrachtung der Regulation und der Interdependenz von finanzgetriebenen und exportgetriebenen (nationalen) Wachstumsmodellen im internationalen Kontext kann Kalinowski nicht nur eine alternative Erklärung der Finanzkrise entwerfen, die die internationale Arbeitsteilung und Weltmarktdynamiken in den Mittelpunkt rückt. Darüber hinaus entwickelt er damit eine plausible Erklärung für die Schwierigkeiten einer wirksamen internationalen Regulierung des Finanzsektors aufgrund divergierender Interessen der beteiligten Akteure vor dem Hintergrund konkurrierender und zugleich komplementärer nationaler Kapitalismus- bzw. Wachstumsmodelle.

2.2 Der Finanzsektor in den Varieties of Capitalism

Infolge der zentralen Rolle von Firmen betrachten Hall/Soskice auch den Finanzsektor ausgehend vom einzelnen (produzierenden) Unternehmen hinsichtlich der Unternehmensfinanzierung, der Corporate Governance und – unter dem Gesichtspunkt der Komplementarität – der Innovationskapazität, der Produktstrategie, der beruflichen Bildung oder auch der industriellen Beziehungen. Anknüpfend an Arbeiten von Sigurt Vitols (2001) wird in den VoC grundlegend zwischen bankenbasierten Finanzsystemen in CME und marktbasierten Finanzsystemen in LME differenziert.

In *bankenbasierten Systemen* bestehen relativ enge Verflechtungen zwischen den Unternehmen und den Banken, sodass letztere einen privilegierten Zugang zu unternehmensspezifischen Informationen haben und infolgedessen eine höhere Bereitschaft zur Vergabe ggf. langfristiger Kredite (*patient capital*) aufweisen. Umgekehrt sind die Unternehmen weniger von der kurzfristigen Entwicklung der Profite abhängig und weniger der Kursentwicklung der von ihnen herausgegebenen Aktien unterworfen. Die längerfristig ausgerichtete Finanzierung durch Bankkredite und einbehaltene Gewinne ermöglicht nicht nur einen längeren Investitionshorizont, sondern begünstigt ebenso kooperative zwischenbetriebliche und industrielle Beziehungen. Die durch Mitbestimmungsrechte, Kündigungsschutz und Kollektivvereinbarungen geprägten industriellen Beziehungen schützen die Unternehmen wiederum im Zusammenspiel mit den wechselseitigen Verflechtungen vor *feindlichen* Übernahmen durch Finanzmarktakteure. Verstärkt werden diese institutionellen Komplementaritäten schließlich, wie im Fall Deutschlands, durch gesetzliche Regulierungen der Finanzmärkte, z.B. Regulierung des Verkaufs von Beteiligungen an Industrieunternehmen oder eine differenzierte Regelung von Stimmrechten, und einen großen gemeinwirtschaftlichen Bankensektor. Wettbewerbsvorteile haben koordinierte Marktwirtschaften letztlich vor allem durch die langfristige und diversifizierte Entwicklung qualifikations- und FuE-intensiver, aber grundsätzlich anwendungsreifer Technologien und Produkte (vgl. Hall/Soskice 2001: 22ff.).

In *marktbasierten Finanzsystemen* finanzieren sich die Unternehmen dagegen stärker über die Kapitalmärkte und einen vergleichsweise breit gestreuten Besitz frei handelbarer Aktien. Aufgrund der geringeren Verflechtungen sind hier strenge Publikationspflichten der Unternehmen eine wesentliche Voraussetzung und der Zugang zu Kapital (wie auch die erfolgsabhängige Vergütung des Topmanagements) hängt in höherem Maße von der aktuellen Profitabilität ab. Ein geringer Shareholdervalue erschwert hier nicht nur den Kapitalzugang, sondern erhöht auch das Risiko einer feindlichen Übernahme. Die Abhängigkeit vom kurzfristigen Erfolg kann dabei durchaus mit langfristigen Investitionsvorhaben und kooperativen Beziehungen konfligieren, weshalb beispielsweise Absatzmarktschwankungen unmittelbarer auf den Arbeitsmarkt durchschlagen. Die komparativen Vorteile liberaler Marktwirtschaften werden dementsprechend eher in der Massenproduktion ohne hohe Qualifikationsanforderungen oder in neuartigen, durch Risikokapital finanzierten Spitzentechnologien gesehen. Eine wirtschaftspolitische Unterstützung ist in LME schließlich weniger industriepolitisch ausgerichtet und beruht stattdessen auf einem vergleichsweise strengen Wettbewerbsrecht, einer schwächeren Regulierung von Produkt- und Arbeitsmärkten sowie (Versuchen) einer kurzfristigen Steuerung der Konsumnachfrage (vgl. Hall/Soskice 2001: 27ff.; Soskice 2007).

3. Verkürzungen der Konzeptualisierung des Finanzsektors in den VoC

3.1 Statische Sichtweise unterschätzt die Globalisierungsdynamik

Die dichotome Konzeption des Finanzsektors bei Hall und Soskice stützt sich auf den begrenzten Zeithorizont seit ca. Mitte der 1980er Jahre. So findet die Tatsache, dass das US-Finanzsystem in einem hohen Maße bis Anfang der 1980er Jahre staatlicher Aufsicht unterstand (Quint 1991), kaum Erwähnung. In dieser Phase spielte der Kapitalmarkt für die Industriekonzerne eine untergeordnete Rolle, da ihre oligopolistische Marktbeherrschung es ihnen ermöglichte, sich zumeist selbst zu finanzieren. Kreditbanken befriedigten den kurzfristigen Finanzierungsbedarf (Scherrer 1992: 127ff.). Nur in wenigen Fällen hielten Banken nennenswerte Aktienpakete von Industriekonzernen. Gleichwohl gab es enge Beziehungen zwischen den Konzernen und den Banken über die Aufsichtsräte (Mizruchi 1982), wobei das interne Management in der Regel autonom seine jeweiligen Unternehmen lenkte (Herman 1981: 134). Dieses Machtverhältnis drehte sich allerdings bei Liquiditätsengpässen der Unternehmen um. Dann entschieden die Banken über die Vergabe von weiteren überlebensnotwendigen Mitteln. Zur Sicherung ihrer Kredite zeigten sich Banken wiederholt zur direkten Intervention in die Firmenpolitik bereit (Scherrer 1992: 129), sodass der Unterschied zum deutschen Bankwesen weniger ausgeprägt war als es die VoC-Literatur darstellt.

Dieses interdependente, aber distanzierte Verhältnis zwischen Finanzinstitutionen und den Industriekonzernen änderte sich, als die Industriekonzerne aufgrund der wachsenden ausländischen Konkurrenz ihre oligopolistische Marktmacht ab den 1970er Jahren zunehmend verloren. Die *Junk-Bond*-Erfindung in den 1980er Jahren erlaubte dann feindliche Übernahmen durch *Private-Equity*-Firmen, die meist auf eine Restrukturierung, Filetierung oder Zerschlagung der übernommenen Firmen hinausliefen. In den 1990er Jahren etablierte sich im Zuge der schrittweisen Deregulierung des Finanzwesens der Markt für Unternehmenskontrolle (Krippner 2005). Gleichwohl wurden Anlageninvestitionen weiterhin vornehmlich aus Rücklagen finanziert, wobei sogar finanzielle Ressourcen in den Aktienmarkt abflossen, was auf einen lebhaften Markt für Firmenübernahmen hinweist (Corbet/Jenkinson 1997).

Da die VoC-Literatur das Endprodukt dieses Prozesses als Essenz des angelsächsischen Kapitalismus auffasst, gelingt es ihr nicht, die Dynamik zu erkennen, die sich aus geänderten Weltmarktkonstellationen ergibt. Gerade der wettbewerbliche Erfolg der Unternehmen aus dem CME-Raum (inkl. Japan) verhalf dem marktbasierten Finanzwesen zum Durchbruch. Dieser unterminierte zum einen die Oligopole der US-Industrieunternehmen und unterwarf sie damit den liberalisierten Finanzmärkten. Zum anderen emanzipierten sich die erfolgreichen CME-Unternehmen weitgehend von den heimischen Banken, die sie in den Aufbaujahren unterstützt hatten. Diese Konzerne wollten zudem selber Zugang zu ausländischen Kapitalmärkten erhalten und waren deshalb offener für die Forderung nach mehr Schutz für die Rechte von internationalen Investoren am CME-Heimatstandort (Dixon 2012: 585). Entsprechend wurden Ende der 1990er Jahre in Deutschland vier deregulierende Finanzmarktgesetze verabschiedet (Kellermann 2005). Kurz danach verloren die öffentlich-rechtlichen Landesbanken und Sparkassen aufgrund des Drucks der EU-Kommission ihre staatliche Absicherung (Anstaltslast und Gewährträgerhaftung; Grossman 2006).

Eine der Folgen dieser Gesetze war, dass die deutschen Großbanken bereits 2005 zahlenmäßig nicht signifikant stärker in den Aufsichtsräten von Nicht-Finanzunternehmen vertreten waren als die US-Banken (Dittmann/Maug/Schneider 2010). Somit hat eine dynamische Angleichung des US-amerikanischen und deutschen Finanzwesens in Richtung Deregulierung und Liberalisierung stattgefunden, wobei sich nicht nur das deutsche Finanzwesen angepasst hat, sondern auch die US-amerikanische Finanzlandschaft, indem Universalbanken und einzelstaatsübergreifende Bankfilialnetze entstanden.

Die Hinwendung zu mehr marktbasierten Finanzgeschäften hat allerdings in beiden Ländern die große Masse der Firmen weitgehend unberührt gelassen, da diese keinen Börsenzugang für die Ausgabe von Aktien und Schuldscheinen hat. Kleine und mittlere Unternehmen (KMU) mit weniger als 500 Lohnabhängigen beschäftigten 2007 in den USA fast 80 % aller im Privatsektor tätigen Erwerbspersonen, in Deutschland etwas über 70 % (Dixon 2012: 587). Diese Zahl relativiert gleichermaßen die Aussagen der VoC-Literatur zu den Auswirkungen der unterschiedlichen Finanzsysteme in LME und CME.

3.2 Verengte Erfassung des Finanzwesens

Die bereits erwähnte Firmenzentriertheit des VoC-Ansatzes kann noch weiter konkretisiert werden: Die VoC sind auf Firmen im verarbeitenden Gewerbe und im Dienstleistungsgewerbe fokussiert, das Finanzwesen wird nur in seiner Funktion der Bereitstellung von Krediten für diese Unternehmen in den Blick genommen. Hier zeigt sich wiederum die Nähe zur Neoklassik, die im Geld nur ein praktisches Hilfsmittel des Tausches erblickt. Doch das Finanzwesen hat in einer Profitwirtschaft nicht nur eine dienende Funktion, sondern ist selbst der Profitmaximierung verschrieben (Heinrich 2010). Profitabler als das traditionelle Depositen- und Kreditgeschäft der Banken hat sich vor der Krise der Handel mit Schulden und vergleichbaren Ansprüchen erwiesen.

Gerade vor der Krise hat dieses Profitstreben das Akkumulationsregime geprägt. Die Kreditschöpfung auf der Basis von Verbriefungen führte zu steigenden Preisen auf den Vermögensmärkten, auf denen Rechtstitel an Gegenständen gehandelt werden, deren Angebot nicht rasch an steigende Nachfrage angepasst werden kann (z. B. Grundstücke oder Gold) oder soll (z. B. Aktien). Diese Preissteigerungen vermehren das Vermögen der Haushalte und ermutigen sie dadurch zu höheren Ausgaben (und zu höherer Verschuldung), die die gesamtgesellschaftliche Nachfrage ankurbeln. Unter Präsident Clinton spielten die Technologieaktien diese Rolle, unter dem zweiten Präsidenten Bush die Immobilien. In diesen Phasen lagen die Wachstumsraten der US-Wirtschaft deutlich über denen der kontinentaleuropäischen Volkswirtschaften. Die Kehrseite dieses Akkumulationsmodells ist jedoch, dass die Preissteigerungen nicht von Dauer sind und somit die Kreditketten, die auf diesen Steigerungen aufbauen, wie ein Kartenhaus zusammenfallen, wenn die Vermögenswertpreise (im Jahr 2000 die Technologieaktien, 2006 die Immobilien) nicht mehr steigen (Herr 2010).

Die Rolle der Kreditwirtschaft für gesamtwirtschaftliches Wachstum bleibt im Narrativ des VoC-Ansatzes damit weitgehend ausgeblendet. In einer Veröffentlichung nach Ausbruch der Finanzkrise vergleichen Peter Hall und Daniel Gingerich die Wachstumsdynamik von LME und CME gemessen am BIP pro Kopf, wobei sie unter den erklärenden Variablen für das Wachstum die Zunahme des Verschuldungsgrades der privaten und öffentlichen Haushalte sowie der Unternehmen nicht berücksichtigen (Hall/Gingerich 2009: 481f.). Ferner übersehen sie die Tatsache, dass sich gerade auch die Großkonzerne des verarbeitenden Gewerbes zu zentralen Akteuren auf den Finanzmärkten entwickelten (Krippner 2005).

4. Finanzialisierung und deren Krise in den Varieties of Capitalism

4.1 Beispiel Deutschland: Noch oder wieder CME?

Die Internationalisierung der Finanzmärkte wurde vor der Krise in der Mehrzahl der VoC-Beiträge als Ursache für eine vermeintliche Annäherung der koordinierten Ökonomien, insbesondere Deutschlands, an das marktliberale Modell aufgefasst (vgl. Beckmann 2007). Die mit der Finanzialisierung verbundene Dynamik (und Instabilität) in den marktliberalen Ökonomien wurde erst nach Einsetzen der Krise in den USA analytisch thematisiert (z. B. Campbell 2011). Dabei konzentrieren sich die VoC-Beiträge auf Fragen nach den Triebkräften des institutionellen Wandels (Deeg/Jackson 2007) oder der Wirksamkeit institutioneller Komplementaritäten (Höpner 2005), jedoch – anders als beispielsweise regulationstheoretische Beiträge (Boyer 2000) – kaum auf Fragen der makroökonomischen Dynamik.

Die Folgen der Finanzkrise werden unterschiedlich bewertet. Zunächst wurde ein Wiedererstarken koordinierter Regulation und eine Umkehr des Liberalisierungstrends erwartet, nachdem selbst in den USA Verstaatlichungen von Finanzinstituten erfolgten (vgl. Beyer 2009). Das erfolgreiche Krisenmanagement in Deutschland bestätigte zudem diese Erwartung. Zwar war auch die deutsche Wirtschaft über den Exportkanal und die Portfolio-Strategien von Banken und anderen Finanzakteuren von der Krise betroffen, doch der Einschnitt war in Deutschland – unter Rückgriff auf etablierte Koordinationsformen – von vergleichsweise kurzer Dauer. Trotz eines zwischenzeitlichen Rückgangs des BIPs von rund 5 % fielen die Arbeitsplatzverluste in Höhe von rund 0,3 % gering aus. Neben der finanziellen Absicherung krisengeschüttelter Banken dämpften im Jahr 2009 vor allem die sozialstaatlichen Stabilisatoren, die Konjunkturpakete und die ausgeweitete Nutzung von Kurzarbeit den Abschwung. Darüber hinaus wurden auf betrieblicher Ebene Überstunden abgebaut, Leih- und Zeitarbeit reduziert und Reallohnsenkungen vorgenommen (Bundesagentur für Arbeit 2010). Schließlich war es Ende 2009 die das deutsche Modell kennzeichnende, korporatistisch getragene Exportstärke, die für eine Wiederbelebung der Konjunktur sorgte.

Letztlich waren die Erwartungen einer regulativen Trendwende in Richtung des koordinierten Modells voreilig. Mit der Verwandlung der Finanzkrise in eine europäische Fiskal- und Währungskrise (u. a. infolge staatlicher Garantien und Übernahmen privater Schulden) wandelte sich – angeführt von der deutschen Bundesregierung – auch das europäische Krisenmanagement hin zu einer rigorosen, neoliberalen Konsolidierungsagenda. Die Prozesse der Finanzialisierung, die eine wesentliche Ursache der Krise darstellten, verschwanden nahezu vollständig aus dem europäischen Krisendiskurs zugunsten einer Debatte über Staatsschulden und austeritätspolitische Konsolidierung, die nur zögerlich und notgedrungen auch die Verschuldungsgewinnerinnen bzw. Gläubiger miteinbezog (vgl. Bieling 2011).

4.2 Beispiel USA: Die Wirklichkeit entsprach nicht dem LME-Ideal

Der Einwand von Iain Hardie und Sylvia Maxfield (2011), dass die VoC-Literatur einem Ideal marktbasierter Finanzsysteme anhängt, das nicht der Realität entspricht, ist besonders gravierend. Noch 2009, also nach dem Ausbruch der Finanzmarktkrise in den USA, beschreibt einer der Hauptvertreter des VoC-Ansatzes, Peter Hall, das Finanzwesen einer LME wie folgt: „the United States is a typical LME. Here, firms face large equity markets marked by high levels of transparency and dispersed shareholding, where firms' access to external finance depends heavily on publicly assessable criteria such as market valuation. Regulatory regimes allow hostile takeovers that depend on share price, rendering managers sensitive to current profitability" (Hall/Gingerich 2009: 453).

Die Finanzkrise zeigte jedoch, dass die marktbasierten Finanzsysteme der USA und Großbritanniens in ihrer konkreten Ausprägung gerade nicht die Eigenschaften des Ideals aufweisen: weder hinsichtlich der Art der Transaktionen, noch dem institutionellen Ort des Risikos und dem Ausmaß des Liquiditätsrisikos.

Die marktbasierten Transaktionen erfolgten ohne die unterstellte Transparenz und glichen letztlich in einem hohen Maße dem *relational banking* der bankbasierten Systeme, sprich die Transaktionen erfolgten nicht zwischen ständig wechselnden, weit gestreuten MarktteilnehmerInnen, sondern mit hoher repetitiver Intensität zwischen wenigen, bestens miteinander bekannten Institutionen. Der Mangel an Transparenz ist der Tatsache geschuldet, dass die meisten Derivate nicht über Börsen, sondern zwischen einzelnen Finanzinstitutionen und AnlegerInnen individuell gehandelt werden (*over the counter*, OTC). Die diese Finanzgeschäfte betreibenden Finanzinstitutionen, vor der Krise vor allem selbstständige Emissionshäuser (Investmentbanken), refinanzieren sich auf dem Interbankenmarkt in der Regel sehr kurzfristig. Diese zumeist ungesicherten Ausleihungen bedürfen wegen geringer Transparenz eines hohen Maßes an Vertrauen, welches sich durch hohe Transaktionsdichte herstellt, die wiederum nur zwischen wenigen Finanzinstitutionen erfolgen kann. Somit verschiebt sich das enge Beziehungsgeflecht zwischen Bank und Kreditnehmer des bankbasierten Systems im tatsächlichen, nicht im idealisierten, marktbasierten System ins Finanzsystem selbst, in den Interbankenmarkt. Entsprechend konzentriert sich dort das Risiko. Kommt es zu einem Vertrauensverlust zwischen den Banken, wie es beispielsweise seitens JP Morgan als Clearinghaus gegenüber Lehman Brothers erfolgte (Sorkin 2009: 281), dann ist durch die enge Verflechtung der wenigen zentralen Akteure das ganze System betroffen. Die Refinanzierung über die Bereitstellung von Sicherheiten kann sogar die Krise verschärfen, denn da die bereitgestellten Sicherheiten ebenfalls Finanzprodukte sind, kann ihr ausfallbedingter Verkauf Panikverkäufe bei anderen Marktakteuren auslösen. Die zu Beginn der Krise in einem hohen Maße eingegangenen Versicherungen (*Credit Default Swaps*) boten nur eine scheinbare Sicherheit, denn sie wurden mit wenigen Anbietern abgeschlossen, die dann im Krisenfall nicht ihren Auszahlungsverpflichtungen nachkommen konnten und vom Staat gerettet werden mussten (prominentester Fall: American International Group).

Mit anderen Worten: Das Risiko des Bankensturms der Einleger (*bank run*) im bankbasierten System mutierte zum Bankensturm zwischen den Banken. Die Refinanzierung über den vertrauensbasierten Interbankenmarkt sowie der Handel mit komplexen Finanzprodukten, die vornehmlich von großen Finanzinstitutionen entwickelt werden, führt zu einer extremen Konzentration der Finanztransaktionen zwischen wenigen Finanzakteuren und somit, entgegen den Erwartungen hinsichtlich marktbasierter Finanzsysteme, zu einer hohen Risiko-Konzentration. Diese führt bei Vertrauensverlust schnell zu, eigentlich für bankbasierte Finanzsysteme typischen, Liquiditätsengpässen (Hardie/Maxfield 2011).

Einen weiteren Beitrag zur Erklärung der Finanzkrise in den Vereinigten Staaten lieferte zuletzt Campbell (2011) unter Rückgriff auf ein differenziertes Konzept institutioneller Komplementarität. Diesbezüglich unterscheidet er zwischen Formen einer wechselseitigen Bestärkung institutioneller Anreize und Formen einer gegenseitigen Kompensation von (negativen, zu weit reichenden, dysfunktionalen) Effekten oder Anreizen. Demnach erklärt sich die Krise unter anderem durch die Existenz sich wechselseitig verstärkender institutioneller Formen. Während riskante Finanzinnovationen institutionell ermöglicht wurden, kam es zum Abbau kompensierender Institutionen, die derartiges Verhalten hätten ausbalancieren können. Als Konsequenz daraus eskalierte die Bereitschaft, Risiken einzugehen in einem Maße, das zum Systemversagen führte (Campbell 2011: 212f.).

Bezogen auf den VoC-Ansatz lassen sich aus der Untersuchung von Campbell einige Schlüsse ziehen. Zum einen ist ein funktionalistisches oder rational-intentionales Verständnis institutioneller Komplementaritäten überaus problematisch. Nicht nur, dass die Vielzahl verschiedener inkrementeller Veränderungen kaum auf eine

Gesamtstrategie rückführbar ist. Die verstärkend wirkenden Komplementaritäten können auch in krisenhafte Systementwicklungen münden (vgl. Campbell 2011: 224ff.), die sich dem methodologisch-konzeptionellen Zugriff der VoC entziehen.

5. Erklärungsschwächen und Grenzen der Varieties of Capitalism

Der Varieties-of-Capitalism-Ansatz hat zweifellos zur differenzierten Betrachtung entwickelter kapitalistischer Ökonomien beigetragen und ist aus der Debatte über Fragen der Kohärenz, Konvergenz oder Divergenz nationaler, regionaler oder sektoraler Arrangements kaum mehr wegzudenken. Der Ansatz weist aber auch einige grundlegende Begrenzungen auf, die sich beispielhaft in der Auseinandersetzung mit Prozessen der Finanzialisierung und der Finanzkrise aufzeigen lassen. Sowohl die vorangegangene Affirmation der Finanzialisierungs- und Konvergenzprozesse als auch die nachfolgenden Mutmaßungen über eine Trendwende waren – u. a. aufgrund einer unzureichenden Erfassung makroökonomischer, politischer und sozialer (vgl. van Treeck 2008) Dynamiken – voreilig.

Das weitgehende Fehlen einer makroökonomischen Fundierung trägt zunächst einmal zu Unschärfen beim Vergleich der Leistungsfähigkeit nationaler Modelle bei. Letztere lässt sich nicht allein an Indikatoren der Wettbewerbsfähigkeit festmachen, sondern umfasst beispielsweise auch Fragen der Wachstumsdynamik oder der Verteilung. Zwar werden in empirischen Untersuchungen mitunter makroökonomische Variablen einbezogen (z. B. Hall/Gingerich 2004), bei der ohnehin schon schwierigen Erfassung institutioneller Komplementaritäten ist eine theoretisch nicht weiter begründete Korrelation mit ausgewählten makroökonomischen Variablen jedoch mit erheblichen Erklärungsunsicherheiten verbunden. Hierzu gehört vornehmlich die Blindheit gegenüber den Verschuldungsdynamiken der untersuchten Nationen.

Bei der Untersuchung von Finanzialisierungstrends wird das Fehlen einer kohärenten makroökonomischen Konzeption besonders deutlich, wenn beispielsweise institutionelle Entwicklungen zur Erklärung wirtschaftlicher Leistungen herangezogen werden, ohne deren makroökonomische Dynamiken, Restriktionen oder inhärente Instabilitäten zu berücksichtigen. Aus Sicht der heterodoxen Makroökonomie war hingegen die Krise des US-amerikanischen Wachstumsmodells, das neben der Immobilienpreisblase in exzessiver Weise auf schuldenfinanziertem Konsum, dauerhaftem Import ausländischer Ersparnisse und finanziellen Profiten bei rückläufigen produktiven Investitionen beruhte, durchaus absehbar (Bluestone 1999).

Nicht nur die Firmenzentriertheit als solche, sondern ihre zusätzliche Engführung auf Nicht-Finanzunternehmen führte in der VoC-Literatur zur Vernachlässigung der Dynamik des Finanzwesens und seiner makroökonomischen Auswirkungen. Das Finanzwesen wird nur in seiner Funktion gegenüber Produktions- und Dienstleistungsunternehmen gesehen, nicht als profitmaximierender Wirtschaftszweig mit eigenen Interessen. Die Bedeutung der Verschuldung für die Wachstumsdynamik einer Volkswirtschaft wurde zum Teil selbst nach der Krise nicht erkannt.

Die statische, längerfristige evolutorische Entwicklungen ausblendende Sicht des VoC-Ansatzes übersieht zudem die Interdependenzen von LME und CME in den Globalisierungs- und vor allem in den Finanzialisierungsprozessen, deren Ursprung einseitig den LME zugeordnet wird. Der Druck seitens der CME-Exporteure wird somit verkannt. Ebenso wird die Idealtypenbildung, die den VoC-Ansatz charakterisiert, nicht ausreichend hinsichtlich ihrer Korrespondenz zu den real existierenden Praxen hinterfragt. In der VoC-Literatur wurden auch nach der Finanzkrise dem Finanzsystem der LME Eigenschaften wie Transparenz und Risikostreuung zugeschrieben, die empirisch nicht erkennbar sind. Die marktbasierten Systeme weisen eine ausgeprägte Intransparenz, hohe Risikokonzentration und Liquiditätsengpässe aufgrund der Oligopolisierung der Märkte auf.

Der fehlende Einbezug sozialer Normen wie auch politischer Macht- und Herrschaftsverhältnisse verweist schließlich auf weitere Probleme des VoC-Ansatzes: einen „institutionellen Reduktionismus" (Bruff 2011: 482) und die mangelnde gesellschaftstheoretische Fundierung, die mit einem verkürzten Verständnis der kapitalistischen Ökonomie einhergeht. In der Operationalisierung deutet sich dementsprechend mitunter ein tendenziell widersprüchliches Institutionenverständnis an. Teils werden Institutionen funktionalistisch (quasi als abhängige Variable) aus der Perspektive rationaler Akteure konzipiert, teils aber auch reduktionistisch als Grundlage (bzw. unabhängige Variable) der gesellschaftlichen Verhältnisse dargestellt. Damit geraten letztlich die den Kapitalismus prägenden Konfliktlinien und Machtverhältnisse aus dem Blick und mit der weitgehenden Reduktion des Kapitalismus auf Marktwirtschaften beschreibt ein solcher firmenzentrierter Ansatz eher mögliche Varieties *in*, und nicht *of* Capitalism.

Eine gesellschaftstheoretische Fundierung könnte somit nicht nur zu einem klareren Institutionenverständnis, sondern ebenso zu einer Überwindung des *methodologischen Nationalismus* beitragen – auch wenn dies, ebenso wie eine makroökonomische Erweiterung, auf der vorherrschenden ontologischen und methodologischen Grundlegung des VoC-Ansatzes nur begrenzt möglich erscheint. Zumindest ließen sich durch die Einbettung der Varieties of Capitalism in einen breiteren Kontext der Internationalen Politischen Ökonomie beispielsweise Momente transnationaler (kapitalistischer) Vergesellschaftung, gesellschaftliche Auseinandersetzungen und die Rolle des Staates berücksichtigen, ohne auf die Operationalisierungsmöglichkeiten des Ansatzes vollständig verzichten zu müssen (vgl. Bruff et al. 2013).

Literatur

Amable, Bruno 2003: The Diversity of Modern Capitalism, Oxford: Oxford University Press.

Aoki, Masahiko 1994: The Contingent Governance of Teams: Analysis of Institutional Complementary, in: International Economic Review 35: 3, 657–676.

Becker, Uwe 2007: Open Systemness and Contested Reference Frames and Change: A reformulation of the Varieties of Capitalism Theory, in: Socio-Economic Review 5: 2, 261–286.

Beckmann, Martin 2007: Das Finanzkapital in der Transformation der europäischen Ökonomie, Münster: Westfälisches Dampfboot.

Beyer, Jürgen 2009: Varietät verspielt? Zur Nivellierung der nationalen Differenzen des Kapitalismus durch globale Finanzmärkte, in: Beckert, Jens/Deutschmann, Christoph (Hrsg.): Wirtschaftssoziologie, Wiesbaden: VS Verlag, 305–332.

Bieling, Hans-Jürgen 2011: Vom Krisenmanagement zur neuen Konsolidierungsagenda der EU, in: PROKLA 163, 173–194.

Bluestone, Barry 1999: Wall Street contra Main Street: Das US-amerikanische Wachstumsmodell, in: Lang, Sabine/Mayer, Margit/Scherrer, Christoph (Hrsg.): Jobwunder USA – Modell für Deutschland, Münster: Westfälisches Dampfboot, 22–43.

Bohle, Dorothee/Greskovits, Bela 2009: Varieties of Capitalism and Capitalism «tout court», in: European Journal of Sociology 50, 355-386.

Boyer, Robert 2000: Is a Finance-Led Growth Regime a Viable Alternative to Fordism? A Preliminary Analysis, in: Economy and Society 29: 1, 111–145.

Boyer, Robert/Drache, Daniel 1996: States against Markets: The Limits of Globalization, London: Routledge.

Bruff, Ian 2011: What About the Elephant in the Room? Varieties of Capitalism, Varieties in Capitalism, in: New Political Economy 16: 4, 481–500.

Bruff, Ian/Ebenau, Matthias/May, Christian/Nölke, Andreas 2013: Vergleichende Kapitalismusforschung: Stand, Perspektiven, Kritik, Münster: Westfälisches Dampfboot.

Bundesagentur für Arbeit 2010: Arbeitsmarkt 2009: Amtliche Nachrichten der Bundesagentur für Arbeit, 58 (Sn. 2), Bundesagentur für Arbeit, Nürnberg.

Campbell, John L. 2011: The US Financial Crisis: Lessons for Theories of Institutional Complementary, in: Socio-Economic Review 9: 2, 211–234.

Corbett, Jenny/Jenkinson, Tim 1997: How Is Investment Financed? A Study of Germany, Japan, the United Kingdom and the United States, in: The Manchester School 65, 69–93.

Crouch, Colin 2005: Capitalist Diversity and Change: Recombinant Governance and Institutional Entrepreneurs, Oxford: Oxford University Press.

Deeg, Richard/Jackson, Gregory 2007: Towards a More Dynamic Theory of Capitalist Variety, in: Socio-Economic Review 5: 1, 149–179.

Dittmann, Ingolf/Maug, Ernst G./Schneider, Christoph 2010: Bankers on the Boards of German Firms: What They Do, What They Are Worth, and Why They Are (Still) There, in: Review of Finance 14: 1, 35–71.

Dixon, Adam 2012: Function before Form: Macro-Institutional Comparison and the Geography of Finance, in: Journal of Economic Geography 12: 3, 579–600.

Fioretos, Orfeo 2011: Creative Reconstructions: Multilateralism and European Varieties of Capitalism after 1950, Ithaca, NY: Cornell University Press.

Grossman, Emiliano 2006: Europeanization as an Interactive Process: German Public Banks Meet EU State Aid Policy, in: JCMS: Journal of Common Market Studies 44: 2, 325–348.

Hall, Peter A./Gingerich, Daniel W. 2004: Varieties of Capitalism and Institutional Complementarities in the Macroeconomy: An Empirical Analysis, MPIFG Discussion Paper 04/5.

Hall, Peter A./Gingerich, Daniel W. 2009: Varieties of Capitalism and Institutional Complementarities in the Political Economy: An Empirical Analysis, British Journal of Political Science, 39: 3, 449–482.

Hall, Peter A./Soskice, David (Hrsg.) 2001: Varieties of Capitalism – The Institutional Foundations of Comparative Advantage, Oxford: University Press.

Hancké, Bob/Rhodes, Martin/Thatcher, Mark (Hrsg.) 2007: Beyond Varieties of Capitalism: Conflict, Contradictions, and Complementarities in the European Economy, Oxford: Oxford University Press.

Hardie, Iain/Maxfield, Sylvia 2011: What Does the Gobal Financial Crisis Tell Us About Anglo-Saxon financial capitalism?, University of Edinburgh, *Working Paper, http://www.pol.ed.ac.uk/__data/assets/pdf_file/0005/64562/HardieMaxfieldUSUKCrisis32011.pdf;* 10.09.2012.

Heinrich, Michael 2010: Das analytische Potential der Marxschen Theorie angesichts der Krise, in: Scherrer, Christoph/Overwien, Bernd/Dürmeier, Thomas (Hrsg.): Perspektiven auf die Finanzkrise, Leverkusen: Barbara Budrich, 50–69.

Herr, Hansjörg 2010: Die Mechanismen der Vermögensmarktblasen, in: Scherrer, Christoph/Overwien, Bernd/Dürmeier, Thomas (Hrsg.): Perspektiven auf die Finanzkrise, Leverkusen: Barbara Budrich, 70–88.

Herman, Edward S. 1981: Corporate Control, Corporate Power, Cambridge: Cambridge University Press.

Hollingsworth, J. Rogers/Boyer, Robert (Hrsg.) 1997: Contemporary Capitalism: The Embeddedness of Institutions, Cambridge: Cambridge University Press.

Höpner, Martin 2005: What Connects Industrial Relations and Corporate Governance? Explaining institutional complementarity, in: Socio-Economic Review 3: 2, 331–358.

Höpner, Martin/Schäfer, Armin (Hrsg.) 2008: Die Politische Ökonomie der Europäischen Integration, Frankfurt a. M.: Campus.

Jackson, Gregory/Deeg, Richard 2006: How Many Varieties of Capitalism? Comparing the Comparative Institutional Analyses of Capitalist Diversity, MPIfG Discussion Paper 06/02.

Kalinowski, Thomas 2012: Regulating International Finance and the Diversity of Capitalism, in: Socio-Economic Review.

Kellermann, Christian 2005: Disentangling Deutschland AG, in: Beck, Stefan/Klobes, Frank/Scherrer, Christoph (Hrsg.): Surviving Globalization? Perspectives for the German Economic Model, Dordrecht: Springer, 111–132.

Kenworthy, Lane 2006: Institutional Coherence and Macroeconomic Performance, in: Socio-Economic Revue 4, 69–91.

Knutsen, Sverre 2004: Financial systems and economic growth – A critical view on the ‚business systems' literature, Paper presented to the DaNeNo workshop, Utrecht 04.–05.06.2004, http://www.bintproject.nl/textfiles/2004_knutsen.pdf; 10.09.2012.

Krippner, Greta R. 2005: The Financialization of the American Economy, in: Socio-Economic Review, 3: 2, 173–208.

Lane, Christel/Wood, Geoffrey (Hrsg.) 2011: Capitalist Diversity and Diversity within Capitalism, London: Routledge.

Manow, Philip 2005: Globalisierung, „Corporate Governance" und Koordinierter Kapitalismus, in: Windolf, Paul (Hrsg.): Finanzmarktkapitalismus, Wiesbaden: VS Verlag für Sozialwissenschaften, 242–275.

Mizruchi, Mark S. 1982: The American Corporate Network 1904–1974, Beverly Hills: Sage.

Nölke, Andreas 2011: Transnational Economic Order and National Economic Institutions. Comparative Capitalism Meets International Political Economy, MPIfG Working Paper 11/3.

Nölke, Andreas/Vliegenthart, Arjan 2009: Enlarging the Varieties of Capitalism. The Emergence of Dependent Market Economies in East Central Europe, in: World Politics 61: 4, 670–702.

Peck, Jamie/Theodore, Nik 2007: Variegated Capitalism, in: Progress in Human Geography 31: 6, 731–772.

Piore, Michael J./Sabel, Charles 1984: The Second Industrial Divide, New York: Basic Books.

Porter, Michael E. 1990: The Competitive Advantage of Nations, New York: Free Press.

Quint, Andreas 1991: Das Bankensystem, in: Carl-Ludwig Holtfrerich (Hrsg.): Wirtschaft USA, München: Oldenbourgh Verlag, 303–326.

Scherrer, Christoph 1992: Im Bann des Fordismus. Die Auto- und Stahlindustrie der USA im internationalen Konkurrenzkampf, Berlin: Ed. Sigma.

Scherrer, Christoph 1999: Globalisierung wider Willen? Die Durchsetzung liberaler Außenwirtschaftspolitik in den USA, Berlin: Ed. Sigma.

Schmidt, Vivian 2002: The Futures of European Capitalism, New York: Oxford University Press.

Schmitter, Philippe C./Lehmbruch, Gerhard (Hrsg.) 1979: Trends toward corporatist intermediation, Beverly Hills, CA: SAGE.
Schneider, Ben Ross/Soskice, David 2009: Inequality in Developed Countries and Latin America: Coordinated, Liberal and Hierarchical Systems, in: Economy and Society 30: 1, 17–52.
Shonfield, Andrew 1965: Modern Capitalism. The Changing Balance of Public & Private Power, Oxford: Oxford University Press.
Sorkin, Andrew Ross 2009: Too Big to Fail, London: Allen Lane.
Soskice, David 2007: Macroeconomics and Varieties of Capitalism, in: Hancké, Bob/Rhodes, Martin/Thatcher, Mark (Hrsg.): Beyond Varieties of Capitalism: Conflict, Contradictions, and Complementarities in the European Economy, New York, NY: Oxford University Press, 89–121.
Streeck, Wolfgang 2010: E Pluribus Unum? Varieties and Commonalities of Capitalism, MPIfG Discussion Paper 10/12.
Streeck, Wolfgang/Thelen, Kathleen (Hrsg.) 2005: Beyond Continuity: Institutional Change in Advanced Political Economies, Oxford: Oxford University Press.
van Treeck, Till 2008: The Political Economy Debate on ‚Financialisation' – A Macroeconomic Perspective, IMK Working Paper 01.
Vitols, Sigurt 2001: The Origins of Bank-Based and Market-Based Financial Systems: Germany, Japan, and the United States, WZB Discussion Paper FS I 01–302.
Whitley, Richard 1999: Divergent Capitalisms: The Social Structuring and Change of Business Systems, Oxford: Oxford University Press.

Domestic Politics-Theorien und Societal Approach
Stefan A. Schirm

1. Theoretischer Fokus[1]

Theorien der endogenen Präferenzformation wie etwa Domestic-Politics-Ansätze und die Weiterentwicklung im Societal Approach zielen auf die gesellschaftsorientierte Erklärung von Regierungspolitik in der Internationalen Politischen Ökonomie. Forschungsfragen betreffen aktuell beispielsweise die Kontroversen in der G20 über die Steuerung der Weltwirtschaft, die unterschiedlichen Reaktionen von Regierungen gegenüber der Weltfinanzkrise sowie die Varianz von Regierungspositionen bei der Reform internationaler Organisationen. Im Mittelpunkt steht die theoriegeleitete Analyse empirischer Puzzles durch die Formulierung von Kausalvermutungen und ihre methodisch nach Plausibilitätsgesichtspunkten abgesicherte Überprüfung. Als empirisch-analytische Theorien unterscheiden sich diese Ansätze von normativen und metatheoretischen Ansätzen, wie etwa dem Konstruktivismus und dem Poststrukturalismus (vgl. Fuchs/Graf und Wullweber in diesem Band). Durch ihren Fokus auf die Analyse endogener gesellschaftlicher Akteure und Faktoren unterscheiden sich Theorien endogener Präferenzbildung aber auch von denjenigen analytischen Theorien, die das internationale System in den explanativen Mittelpunkt stellen – wie etwa Regimetheorie, internationaler Institutionalismus und Neorealismus. Kernthese der Weiterentwicklung von Theorien endogener Präferenzformation im Societal Approach ist, dass Politik entscheidend durch materielle Interessen gesellschaftlicher Gruppen und/oder wertgestützte gesellschaftliche Ideen geprägt wird, da Regierungen im Interesse des Machterhalts responsiv auf gesellschaftliche Befindlichkeiten reagieren. Eigenschaften des internationalen Systems, wie etwa Regelwerke, Strukturen und Machtkonstellationen werden dabei nicht als irrelevant betrachtet, sondern tendenziell als den endogenen Einflüssen nachgeordnet gesehen.

Zielsetzung der Theorien endogener Präferenzformation und der Ausdifferenzierung im Societal Approach ist es somit, die Positionen von Regierungen als abhängige Variable mit gesellschaftlichen Interessen und Ideen als unabhängige Variablen zu erklären. Besonderes Augenmerk liegt dabei auf der Erklärung von Varianz zwischen

---

1   Für hilfreiche Kommentare danke ich Brigitte Young, Joscha Wullweber und Maria Behrens.

Positionen verschiedener Regierungen mit im Ländervergleich unterschiedlichen gesellschaftlichen Interessen und Ideen. Internationale Institutionen und Verhandlungen liegen nicht im Fokus. Insofern besteht eine Komplementarität zur Regimetheorie, zum internationalen Institutionalismus und zu machtorientierten Ansätzen. Der Societal Approach beschränkt sich allerdings nicht auf die Betonung der gesellschaftlichen Einflüsse als Analyseebene, sondern ermöglicht eine Erklärung der inhaltlichen Strategie der Regierungspositionen und ihrer internationalen Kompromissfähigkeit. Außerdem befasst sich der Societal Approach intensiv mit der Frage, unter welchen Bedingungen sich eher Interessen (als Kosten-Nutzen-Erwägungen) oder eher Ideen (als wertgestützte Erwartungshaltungen) bei der Beeinflussung von Regierungspolitik durchsetzen. Damit baut er eine Brücke zwischen Erklärungsansätzen, die ausschließlich auf Transaktionskosten und Nutzenmaximierung oder ausschließlich auf wertgestützte Erwartungen fokussieren.

Der folgende Punkt 2. präsentiert zentrale Theorien der endogenen Präferenzbildung. In Punkt 3. werden ihre selektive Weiterentwicklung im Societal Approach ausgeführt, Kernvariablen definiert, Hypothesen und Operationalisierungswege begründet. Die Punkte 4. und 5. sind der Erläuterung der Erklärungskraft des Ansatzes in zwei Fallskizzen sowie der Kritik gewidmet.

2. Theorien der endogenen Präferenzformation

Die folgenden Ansätze gehören zu einer Theorie-Familie, weil sie alle auf endogene, also interne gesellschaftsorientierte Präferenzformation fokussieren. Neben einigen Überschneidungen setzen sie unterschiedliche Schwerpunkte, beispielsweise auf Interessen, Systeme und Ideen in innenpolitischen Prozessen (Domestic Politics, IB-Liberalismus), auf den Konnex zwischen internationalen und innenpolitischen Verhandlungen (Two-Level-Games) und auf Institutionen und Firmen (Varieties of Capitalism). Gemeinsam ist diesen Ansätzen der Fokus auf endogene gesellschaftliche Faktoren als unabhängige Variable und ein analytisch-empirisches Vorgehen.

2.1 Domestic Politics

Die theoretische Konzeptualisierung innenpolitischer Faktoren zur Erklärung der Außenwirtschaftspolitik von Regierungen reicht bis in die 1960er Jahre zurück (etwa Rosenau 1967) und fand mit Peter Katzensteins „Domestic and International Forces and Strategies of Foreign Economic Policy" (1978) eine einflussreiche Veröffentlichung. Peter Gourevitch (1986) untersuchte bereits in den 1980er Jahren die endogenen Ursachen für unterschiedliche nationale Antworten auf internationale ökonomische Herausforderungen. Judith Goldstein und Robert Keohane veröffentlichten 1993 einen wichtigen Band zur Rolle gesellschaftlicher Ideen als Determinanten von Regierungspolitik und ihrer Wechselwirkung mit endogenen Interessen und Institutionen. Während andere Domestic-Politics-Autoren wie Jeffry Frieden und Ronald Rogowski (s. u.) rationalistische Zugänge verfolgten, begründeten Goldstein/Keohane die Relevanz von Ideen als „Beliefs". Thomas Risse zeigte 1995 nicht nur die Relevanz transnationaler Entwicklungen auf, sondern entwickelte mit dem „Domestic-Structures-Konzept" auch einen Beitrag zu Domestic-Politics-Ansätzen zum Einfluss endogen-gesellschaftlicher Faktoren: im Ländervergleich unterschiedliche „domestic structures" würden unterschiedliche politische Prozesse bedingen (Risse-Kappen 1995: 20ff.). Unter „domestic structures" werden hier „state structure", „societal structure" und „policy networks" verstanden. Im Risse-Band wird dieses Konzept in Bezug auf den Einfluss transnationaler Koalitionen angewendet, liefert aber durchaus auch Anregungen für die Domestic-Politics-Debatte bezüglich nationaler Gesellschaften, da es auf endogene Interessen, Werte und Strukturen als Ursachen politischer Entwicklungen abhebt.

Robert Keohane und Helen Milner fokussierten die Domestic-Politics-Tradition auf die Auswirkung von Globalisierung auf Staaten und auf die Bedeutung gesellschaftlicher Sektoren für die Strategien nationaler Regierungen gegenüber weltwirtschaftlicher Integration. Ihr gemeinsamer Band „Internationalization and Domestic Politics" (1996) führte Argumente und Autoren aus dieser Forschungsrichtung zusammen. Der Band zeigte auch, wie wichtig der Brückenschlag zur Wirtschaftswissenschaft ist. Basierend auf politik- und wirtschaftswissenschaftlichen Theorien (etwa Stolper/Samuelson) formulierten Frieden/Rogowski Analyseraster zur Frage, wie Globalisierung als „exogenous easing of international exchange" (1996: 35) Sektoren je nach Faktorausstattung unterschiedlich betreffen und sie zu entsprechendem Lobbying gegenüber der Regierung (zur Verbesserung ihrer Wettbewerbsposition) bewegen kann. Basierend auf rationalistischen Argumenten entwickelte Helen Milner in „Interests, Institutions, and Information. Domestic Politics and International Relations" eine „Theory of Domestic Politics":

> „My central argument is that cooperation among nations is affected less by fears of other countries' relative gains or cheating than it is by the domestic distributional consequences of cooperative endeavors. Cooperative agreements create winners and losers domestically; therefore they generate supporters and opponents" (Milner 1997: 9).

2.2 IB-Liberalismus

Der Liberalismus als Theorie der Internationalen Beziehungen ist nicht mit wirtschaftsliberalen Ansätzen (vgl. Young in diesem Band) zu verwechseln, sondern geht u. a. auf die gesellschaftsorientierte Theorie von Kant („Demokratischer Friede") zurück. Der IB-Liberalismus fokussiert ebenfalls auf die gesellschaftlichen Grundlagen von Regierungspräferenzen. Andrew Moravcsik etablierte in seinem vielzitierten Aufsatz „Taking Preferences Seriously: A Liberal Theory of International Politics" (1997) drei Konzeptionen gesellschaftlicher bzw. innenpolitischer Faktoren, die Regierungspolitik beeinflussen können. Der kommerzielle Liberalismus (commercial liberalism) adressiert die Artikulation von materiellen Interessen, die internationalem Wettbewerb ausgesetzt sind. Der ideelle Liberalismus (ideational liberalism) erfasst gesellschaftliche Wertvorstellungen als Einflussfaktoren für Regierungspräferenzen. Der republikanische Liberalismus (republican liberalism) berücksichtigt die Charakteristiken des politischen Systems, die einzelnen Gruppen unterschiedlichen Zugang zum politischen Entscheidungsprozess bieten. Moravcsik fasst sein Argument zur Notwendigkeit der primären Analyse endogener Ursachen für Regierungspositionen wie folgt zusammen:

> „(…) states do not automatically maximize fixed, homogeneous conceptions of security, sovereignty, or wealth per se, as realists and institutionalists tend to assume. Instead (…) they pursue particular interpretations and combinations of security, welfare, and sovereignty preferred by powerful domestic groups" (Moravcsik 1997: 519).

2.3 Two-Level Games

Theorieansätze, die wie in Putnams Aufsatz von 1988 mit Two-Level Games argumentieren, sehen ebenfalls die Regierungspolitik als von innenpolitischen Faktoren geprägt. Allerdings interpretieren sie die Notwendigkeit für die Regierung, auf gesellschaftliche Einflüsse einzugehen, als eine von zwei Ebenen, auf denen die Regierung „spielen" würde. Die andere Ebene seien die internationalen Verhandlungen mit anderen Regierungen, die simultan und interaktiv mit der innenpolitischen Ebene im Zusammenhang stehen würden. Beide konditionieren den Handlungsspielraum der Regierung, geben ihr aber auch durch den Verweis auf die jeweils andere Ebene Argumente (d. h. Freiräume) gegenüber innenpolitischen Interessen bzw. internationalen Verhandlungspartnern. Das „win-set" für die Regierung bestehe somit aus denjenigen internationalen Abkommen, die innenpolitisch durchgesetzt (ratifiziert) werden können (Putnam 1988: 442). Es gilt daher aus der Sicht einer Regierung, sowohl internationale Verhandlungsmöglichkeiten als auch gesellschaftliche Interessen und Ideen zu identifizieren und für ihre Positionen und Handlungen zu berücksichtigen.

2.4 Varieties of Capitalism und Historical Institutionalism

Die gesellschaftliche Verankerung und Dauerhaftigkeit unterschiedlicher kapitalistischer Wirtschaftsmodelle in Zeiten der Globalisierung gewann seit den 1990er Jahren eine zentrale Bedeutung in der IPÖ-Forschung. Das Hauptwerk zur institutionalistischen Erforschung der Varieties of Capitalism (VoC) wurde 2001 von Peter Hall und David Soskice herausgegeben (vgl. Beck/Scherrer in diesem Band). Es stellt zwar die Unternehmensperspektive hinsichtlich institutioneller „comparative advantages" in den Mittelpunkt, liefert aber auch Grundlagen für den Societal Approach. Die VoC-Forschung erfasst die Unterschiede zwischen nationalen politik-ökonomischen Organisationsformen als Erklärung für das Verhalten und die Interessen gesellschaftlicher sowie staatlicher Akteure. Der Fokus liegt dabei auf Transaktionskosten, d. h. materiellen Interessen. Grundsätzlich unterscheiden Hall/Soskice zwischen „Liberal Market Economies" (etwa USA) und „Coordinated Market Economies" (etwa Deutschland). Damit liefert der VoC-Institutionalismus eine theoretische Konzeption endogener Institutionen im Ländervergleich und somit Analyseraster aus der vergleichenden Politischen Ökonomie, die für die Untersuchung der Varianz in den Positionen von Regierungen im Societal Approach wichtig sind.

Der mit dem VoC-Ansatz verwandte Historische Institutionalismus (HI) (Fioretos 2011) fokussiert auf die Pfadabhängigkeit von Akteuren und Systemen: In der Vergangenheit zu Institutionen geronnene gesellschaftliche Interessen und Ideen beeinflussten in der Gegenwart die Entwicklung komparativer Vorteile und damit einhergehender Interessen und Ideen. Historisch-institutionalistische Autoren sind somit analytisch offen für den möglichen Einfluss von Interessengruppen und ideellen Traditionen:

> „An institutional theory of state preferences suggests that governments' positions (…) are informed by their calculations of how international rules will affect their ability to sustain designs that are the foundation of economic groups' competitive advantages and that national traditions of policy-making determine which groups are given more weight in deliberations" (Fioretos 2010: 701).

HI und die VoC-Forschungen zu den endogenen Charakteristiken des Verhältnisses zwischen Regierung und Gesellschaft liefern daher auch Anregungen für die Präferenzformation im Societal Approach (Fioretos 2001). Letzterer berücksichtigt die Relevanz sozio-ökonomischer Institutionen als kodifizierte Interessen und Ideen (vgl. 3.). Der VoC-Ansatz sowie der historische und diskursive Institutionalismus (Farrell/Newman 2010; Schmidt 2008) formulieren auch Begründungsmuster für die gleichzeitige Berücksichtigung von Ideen und Interessen. Beispielsweise betont Mark Blyth (2002: 251), dass „structurally given interests" instruiert werden durch „ideas that inform agents' responses to moments of uncertainty and crisis". Peter Hall und

Kathleen Thelen (2009: 27f.) konstatieren: „although the interests of firms and workers are crucial to particular modes of coordination, capacities for coordination also depend on (…) a set of shared understandings about how other actors will behave".

Die diskutierten Theorien der Domestic Politics, des IB-Liberalismus, des Historical Institutionalism und des VoC-Institutionalismus teilen – trotz unterschiedlichem Fokus auf Interessen, Institutionen oder Systeme – zentrale theoretische Merkmale: sie sind empirisch-analytische Theorien, zielen auf die akteurszentrierte Erklärung von Positionen und sehen institutionelle, materielle oder/und ideelle gesellschaftliche Faktoren (unabhängige Variable) als prägende Elemente für politisches Handeln (abhängige Variable). Damit liefern sie theoretische Grundlagen für die Weiterentwicklung der empirisch-analytischen Erklärung von Regierungspositionen durch gesellschaftliche Ideen und Interessen. Andere Theorien, die ebenfalls gesellschaftliche Faktoren in den Mittelpunkt stellen, bewegen sich teilweise auf einer metatheoretisch-diskursiven Ebene (z. B. Konstruktivismus, Poststrukturalismus) oder fokussieren auf Strukturen (z. B. Produktions- und Herrschaftsstrukturen im Neo-Gramscianismus). Analytische Theorien endogener Präferenzbildung, wie die in diesem Punkt 2. geschilderten Theorien und ihre Ausdifferenzierung im Societal Approach, verfolgen dagegen das Ziel, die vermuteten Wirkungszusammenhänge der IPÖ in Hypothesen (zum Bezug zwischen unabhängiger und abhängiger Variable) zu gießen und zu überprüfen, d. h. nach Plausibilitätsgesichtspunkten durch empirische Belege zu erhärten oder zu entkräften.

3. Ideen und Interessen im Societal Approach

Der Societal Approach wurde als Theorie endogener Präferenzformation entwickelt und empirisch getestet (Schirm 2002, 2009a, 2009b, 2011, 2013b, 2013a: 279ff.). Er greift auf die ausgeführten Ansätze zurück, unterscheidet sich aber von ihnen durch fokussierte Weiterentwicklungen, Verknüpfungen und Vertiefungen:

(a) Im Societal Approach werden sowohl materielle Interessen als auch wertgestützte Ideen berücksichtigt, da angenommen wird, dass individuelle und kollektive Präferenzen von Kosten-Nutzen-Erwägungen als auch von ideellen Überzeugungen geprägt sein können. Ideen können die Interpretation dessen, was als Kosten-Nutzen-Relation wahrgenommen wird, ebenso beeinflussen wie umgekehrt materielle Handlungsbedingungen die ideellen Wertemuster (vgl. Goldstein/Keohane 1993; Fioretos 2011). Damit wird eine Brücke zwischen rationalistischen und historisch-diskursiven Ansätzen geschlagen. (b) Der Societal Approach begründet, unter welchen Bedingungen tendenziell eher Interessen oder wertgestützte Ideen die Regierungspositionen prägen können. (c) Der Societal Approach zielt auf die Operationalisierung von Variablen und Hypothesen, um konkrete empirische Puzzles der IPÖ zu erklären. Damit zeigt er sich als analytische Theorie, deren Ziel die Erklärung konkreter empirischer Fragen ist, und nicht, metatheoretische Fragen zu reflektieren, wie es etwa der Konstruktivismus und der Poststrukturalismus beabsichtigen. (d) Außerdem werden gesellschaftliche Ideen theoretisch (Inhaltsideen, Prozessideen) und methodisch (als Einstellungen, Praktiken und Regulierungen) definiert und ausdifferenziert (s. u.). (e) Schließlich konzentriert sich der Societal Approach (im Sinne theoretischer Fokussierung, d. h. *parsimony*) auf gesellschaftliche Ideen und Interessen als Primärvariablen und betrachtet nationale politische Systeme als intermediär, indem er sie als kodifizierte Ideen und Interessen definiert. Politische Systeme und Institutionen können auf die Form und Artikulation gesellschaftlicher Ideen und Interessen wirken, sind aber in der Kausalvermutung analytisch ebenso nachrangig wie etwa die Rolle politischer Parteien. Damit beschränkt sich der Societal Approach auf einen Teil des Gesamtbildes.

3.1 Gesellschaftliche Ideen als unabhängige Variable

Im Societal Approach sind Ideen definiert als wertgestützte kollektive Erwartungen über angemessenes Verhalten der Regierung. Dabei stehen gesellschaftliche Erwartungshaltungen über die Angemessenheit der Rolle der Politik bei der Steuerung der Wirtschaft im Mittelpunkt. Hier kann zwischen Ideen unterschieden werden, die sich auf die angemessene inhaltliche Aufgabe der Politik beziehen (*Inhaltsideen*), und Ideen, die die Angemessenheit der Entscheidungsfindung im politischen Prozess betreffen (*Prozessideen*). Prozessideen sind beispielsweise Erwartungshaltungen über eine alle bzw. breite gesellschaftliche Gruppen einschließende, d. h. inkludent-konsensuale Entscheidungsfindung (beispielsweise im deutschen Korporatismus), im Gegensatz zur stärkeren Akzeptanz der Durchsetzung von dominanten Gruppen (etwa in der US-Tradition des *winner takes all*). Inhaltsideen zu den Aufgaben der Politik können von der Erwartung einer starken Rolle der Regierung bei der Regulierung der Ökonomie bis hin zur Befürwortung einer starken Rolle des Marktes reichen. Die Dimensionen angemessener Steuerung der Ökonomie durch Politik oder Markt reichen von Erwartungen zu individueller Selbstverantwortung versus kollektiver Solidarität über die staatliche Sicherung öffentlicher Güter bis hin zur Gleichheit von Lebensumständen etwa durch Umverteilung über Steuern.

In pluralistischen Gesellschaften treten unterschiedliche Ideen auf. Daher ist es wichtig für die Analyse, die mögliche Rolle dominanter Ideen empirisch plausibel zu erhärten. Während der Ursprung von Ideen für ihre Wirkung auf Regierungspositionen sekundär ist, müssen ihre Existenz, Bedeutung und mögliche Varianz je nach Gesellschaft und Zeitraum empirisch nachgewiesen werden. Entsprechend der oben genannten Definition können Ideen mit drei Methoden ermittelt werden. Diese korrespondieren mit verschiedenen empirischen Ausdrucksformen einer Idee und ermöglichen somit potenziell eine dreifache Validierung. Erstens können *Ideen als Einstellungen* durch Meinungsumfragen im Ländervergleich beispielsweise mit dem World Values Survey (WVS) ermittelt werden. Zweitens können *Ideen als Verhaltensmuster* durch gesellschaftliche Praktiken – wie etwa eine langfristig hohe private Sparquote als Indiz für die Erwartung solider Fiskalpolitik – nachgewiesen werden. Drittens können *Ideen als Regulierungen*, d. h. in ihrer kodifizierten, regelgebundenen Form, empirisch ermittelt werden, beispielsweise in Form der jeweiligen Steuer-, Arbeitsmarkt- und Sozialsysteme. Diese drei Ausdrucksformen von Ideen erlauben eine methodisch abgesicherte empirische Untermauerung von gesellschaftlichen Ideen, lassen es aber auch plausibel erscheinen, dass Inhalt und Bedeutung von Erwartungshaltungen von Regulierungen und Verhaltensmustern beeinflusst werden. Die mögliche Wechselwirkung zwischen Ideen als Einstellungen und kodifizierten Ideen als Regulierungen spielt für die Kernthese des Societal Approach allerdings keine maßgebliche Rolle, da diese sich auf die Erklärung von Regierungspositionen mit gesellschaftlichen Einflüssen konzentriert – unabhängig davon, wie sich verschiedene Formen von Ideen möglicherweise gegenseitig bedingen.

3.2 Gesellschaftliche Interessen als unabhängige Variable

Interessen sind definiert als materielle Nutzenerwägungen spezifischer gesellschaftlicher Gruppen. Sie orientieren sich an konkreten, schnell wandelbaren Bedingungen der Globalisierung und den Regeln der Global Economic Governance. Diese Definition folgt weitgehend der oben genannten Literatur (etwa Frieden/Rogowski 1996; Moravcsik 1997) und fokussiert auf die Betroffenheit ökonomischer Sektoren durch internationalen Wettbewerb und dessen multilaterale Regulierung. Die spezifischen Sektoren – wie etwa der Finanz-, Export- oder der von Importen bedrohte Sektor – betreiben je nach Organisationsgrad und Betroffenheit Lobbying gegenüber der Regierung, um ihre wirtschaftlichen Interessen (Gewinn, Arbeitsplätze) zu sichern. Methodisch lassen sich materielle Interessenlagen etwa aufgrund von Veränderungen von Wettbewerbsbedingungen (z. B. von Anpassungskosten an eine Liberalisierung des Außenhandels für Sektoren mit knappen Ressourcen, beispielsweise des Agrarsektors in Deutschland und Japan) ermitteln, ohne Stellungnahmen aus dem jeweiligen Sektor zu recherchieren. Diese Vorgehensweise wird aber nur zur methodischen Unterstützung im Societal Approach betrachtet, da sein Fokus auf der akteurszentrierten Untersuchung der tatsächlich artikulierten Interessen liegt. Damit ist sichergestellt, dass nicht nur materielle Handlungsbedingungen, sondern auch deren Interpretation erfasst wird. Letztere kann durch Interviews sowie Stellungsnahmen von Verbänden (etwa der Banken- oder Bauernverbände), Industrie- und Außenhandelskammern empirisch erhoben werden. Aufgrund der Definition von Interessen als sektorale Interessen gilt es, nicht einzelne Firmen zu untersuchen, sondern die aggregierten Interessen in Verbänden.

3.3 Regierungspositionen als abhängige Variable

Der methodische Zugang zu den Regierungspositionen konzentriert sich auf Statements von Politikern und korreliert deren Argumentationsmuster mit gesellschaftlichen Ideen und Interessen. Eine empirische Analyse mit Regierungsstatements vorzunehmen, kann allerdings nur Plausibilität liefern und keinen Beweis. Denn Reden von Politikern und Politikerinnen, in denen ihre Strategien mit Ideen oder Interessen begründet werden, geben nicht zwangsläufig die tatsächliche Motivation wieder. Sie können auch tatsächliche Motive verschleiern, wenn etwa der Druck der Agrarlobby für Protektionismus als Autarkie oder das Expansionsstreben des Finanzsektors als Liberalisierung ideell begründet werden. Dennoch erscheint es sinnvoll, Statements in den Vordergrund zu stellen, da sie in jedem Fall Evidenz darüber geben, was Politiker für akzeptabel und insofern als legitim in der ideellen oder materiellen Wahrnehmung ihrer Wählerschaft erachten. Dieser Zusammenhang basiert auf der Annahme, dass Regierungsmitglieder Machterhalt durch Wiederwahl anstreben und sich dementsprechend rational verhalten. Um diese Verbindung zwischen Wiederwahlinteresse und Responsivität gegenüber dem Wahlvolk zu gewährleisten, konzentriert sich die Analyse auf Regierungspolitiker. Ministerialbürokratien werden nicht berücksichtigt, da sie nicht responsiv auf gesellschaftliche Ideen und Interessen reagieren müssen. Außerdem fällen Ministerialbürokratien nicht die letztendlichen Entscheidungen. Maßgeblich sind daher die Begründungsmuster von Regierungschefs und der jeweiligen Fachminister. Diese können abgesichert werden durch Medienberichterstattung und Experteneinschätzungen (erhoben in Diskursanalysen, Leitfaden- und Hintergrundinterviews).

3.4 Hypothesen

Die Grundhypothese zur Erklärung der Varianz von Regierungspositionen betrifft deren Beeinflussung durch gesellschaftliche Ideen und Interessen:

H1: *Wenn sich gesellschaftliche Ideen und/oder Interessen im Ländervergleich unterscheiden, dann sind entsprechend unterschiedliche Regierungspositionen zu Globalisierung und Global Governance zu erwarten – trotz bestehender internationaler Regelwerke oder Allianzen.*

Der Societal Approach schlägt im Gegensatz zu monokausalen Theorien, die auf nur eine Variable fokussieren (Institutionen, Macht, Normen, Regime etc.), zwei Erklärungsvariablen vor. Daher ist die Frage zentral, unter welchen Bedingungen sich tendenziell eher Interessen oder Ideen bei der Prägung von Regierungspositionen durchsetzen bzw. ob und wie diese sich gegenseitig verstärken oder widersprechen:

> H2: Sektorale Betroffenheit. *Wenn ein spezifischer Wirtschaftssektor stark von Globalisierung und/oder von Governance-Regeln betroffen ist, dann werden sich dessen Interessen bei der Beeinflussung der Regierungspositionen durchsetzen, weil intensives Lobbying zu erwarten ist. Umgekehrt werden Ideen relevanter als Interessen für Regierungspositionen sein, wenn kein spezifischer Sektor betroffen ist.*

> H3: Inhalt des Politikfeldes. *Wenn die anstehende politische Maßnahme die strukturelle Rolle der Politik (versus der Rolle des Marktes) bei der Steuerung der Wirtschaft tangiert, dann werden Ideen die Regierungsposition formen, weil wertgestützte Erwartungen über angemessene Politik betroffen sind. Umgekehrt ist analog zu H2 zu vermuten, dass sich eher Interessen gegenüber Ideen durchsetzen, wenn der Politikinhalt sektorspezifische Kosten/Nutzen-Wirkungen hat.*

Hinsichtlich des gesellschaftlichen Einflusses auf internationale Verhandlungen wird vermutet, dass die Kompromissfähigkeit von Regierungen unterschiedlich ausfällt, je nachdem, ob stärker Ideen oder Interessen ihre Positionen prägen:

> H4: *Wenn unterschiedliche materielle Interessen die Differenzen zwischen Regierungen dominieren, dann ist eine Kompromissfindung durch Aufteilung von Kosten und Nutzen eher wahrscheinlich als in Situationen, in denen die Differenzen auf verschiedenen Ideen basieren, da deren Überwindung die Schaffung eines neuen internationalen Konsenses erfordert.*

Eine Teilung von Anpassungskosten scheint in Verhandlungen eher möglich als die Überwindung ideeller Differenzen durch die Herstellung eines neuen Konsenses über angemessenes Verhalten. Letzterer ist international schwerer zu erreichen als auf nationaler Ebene, da gesellschaftlicher Diskurs nach wie vor dominant national verfasst ist, auch wenn transnationale Einflüsse zunehmen.

Diese Hypothesen dienen der Veranschaulichung der Kausalvermutungen des Societal Approach. Für das jeweils zu untersuchende empirische Puzzle müssen sie operationalisiert, auf die spezifischen Akteure und Governance-Initiativen hin konkretisiert und nach Plausibilitätsgesichtspunkten geprüft werden.

4. Fallbeispiele: G20 und die Reform internationaler Organisationen

Die folgenden kurzen Skizzen zeigen, wie mit dem Societal Approach analytische Puzzles untersucht werden können. Die Skizzen basieren auf Forschungsprojekten, deren vollständige Ergebnisse, theoretische Konzeption, empirische Untersuchung und Quellen in Schirm 2009a und 2013b zu finden sind. In einer weiteren Studie (Schirm 2011) konnte im Vergleich der britischen und deutschen Reaktionen auf die Finanzmarktkrise gezeigt werden, wie sich Interessen und Ideen gegenseitig verstärken.

4.1 Divergenz in der G20

Ausgangspunkt ist die Beobachtung, dass die Kontroversen in der G20 seit 2008 nicht entlang der Entwicklungsunterschiede zwischen Industrie- und Schwellenländern und auch nicht entsprechend bestehender Regime (G7, BRICs) verlaufen. Die Differenzen bestanden meist zwischen Industrieländern oder Ad-hoc-Gruppen, die sowohl Industrie- als auch Schwellenländer umfassten. Da die USA sich in der Defensive befanden und keine Balance-of-Power-Koalition sichtbar war, ist auch der machtorientierte Neorealismus nicht erklärungsfähig. Zwei G20-Kontroversen zwischen USA, Deutschland und Brasilien werden kurz skizziert:

Eines der zentralen Themen auf der G20-Agenda war die Frage nach der Form und der Höhe nationaler Stimulusprogramme zur konjunkturellen Abfederung der Rezession infolge der Weltfinanzkrise. Diese Debatte ging einher mit Differenzen über (1) das Volumen der Programme, (2) das vertretbare Ausmaß staatlicher Verschuldung zur Finanzierung des Stimulus und (3) die Verteilung der Mittel (eher staatlich gelenkt oder marktgesteuert). Während die USA von anderen G20-Ländern eine substanzielle Erhöhung ihrer durch Schulden finanzierten Stimulusprogramme und lockere Geldpolitik forderten, kritisierte eine Gruppe aus Industrie- und Schwellenländern (u. a. Deutschland, Brasilien) die verschuldungsträchtige Fiskalpolitik und die Ausweitung der Geldmenge in den USA durch „quantitative easing" (QE). Diese Instrumente seien ineffizient und würden Inflation bewirken. Bei der Verteilung setzten die USA stärker als die beiden anderen Länder auf den Markt (vor allem durch QE). Deutschland verwies darauf, dass sein konjunktureller Stimulus vorwiegend in Form automatischer Stabilisatoren über Transfers in den Sozialsystemen und Regelungen wie etwa Kurzarbeit erfolge. Brasilien verteilte seine Stimuliressourcen wesentlich über staatliche Entwicklungsbanken, d. h. ebenfalls nicht dominant über Marktmechanismen.

Diese Positionen in der G20 korrespondierten deutlich mit endogen vorherrschenden gesellschaftlichen Ideen. Sie entsprachen (a) der stärkeren ideellen Akzeptanz von mit Schulden finanziertem privaten Konsum und inflationsträchtiger Politik in den USA im Vergleich zu Deutschland und etwas schwächer Brasilien (Ideen als Einstellungen). (b) Außerdem entsprachen die Positionen der wesentlich niedrigeren historischen privaten Sparquote in den USA im Vergleich zu Deutschland und – dazwischen liegend – Brasilien (Ideen als Verhaltensmuster). Schließlich (c) korrespondierten nationale Politiken hinsichtlich der Verteilung der Stimuli überwiegend durch den Markt (USA) bzw. den Staat (Deutschland, Brasilien) mit der Institutionalisierung der jeweiligen ökonomischen Modelle (Ideen als Regulierung). Letzteres betrifft etwa die unterschiedliche Organisation der Sozial- und Arbeitsmarktsysteme in Deutschland (als Coordinated Market Economy) und den USA (als Liberal Market Economy), sowie die entwicklungspolitische Rolle des Staates in Brasilien (als State-Permeated Market Economy). Diese ideellen gesellschaftlichen Einflüsse lassen sich bei den gewählten Ländern nachweisen und können die Divergenzen in der G20 erklären. Entsprechend H2 und H3 haben gesellschaftliche Ideen und nicht sektorale Interessen die Regierungspositionen geprägt. Kein spezifischer Sektor war besonders betroffen und grundsätzliche Fragen nach der strukturellen Rolle des Staates bzw. des Marktes bei der Steuerung der Wirtschaft standen im Vordergrund. Hinzu kamen ideelle Erwartungen über die inhaltliche Strategie (Inhaltsideen), die auf unterschiedlichen privaten Sparquoten und Inflationsängsten basierten und die divergierende Akzeptanz staatlicher Verschuldung prägten.

Ein weiteres zentrales Thema der G20-Kontroversen waren Wechselkurse. Hier prangerten vor allem die USA die Unterbewertung des chinesischen Renminbi als wettbewerbsverzerrend an, während China die USA für die Dollarabwertung durch QE kritisierte. Deutschland und Brasilien kritisierten sowohl die USA als auch China für ihre Wechselkursmanipulation. Der brasilianische Finanzminister Guido Mantega monierte einen „currency war" zwischen den USA und China, unter dem die Exporte seines Landes zu leiden hätten. Finanzminister Wolfgang Schäuble beschwerte sich über die „Inkonsistenz" der US-Politik, da die USA Chinas Wechselkurspolitik kritisierten, aber gleichzeitig die eigene Währung durch die Ausweitung der Geldmenge abwerten würden. Die Regierungen aller drei Länder begründeten ihre Positionen in der G20 mit den Interessen von Wirtschaftssektoren: Während die US-Regierung ihre Politik mit dem Schutz der von Importen bedrohten US-Industrie und mit Erleichterungen für ihre Exportwirtschaft rechtfertigten, verwiesen die brasilianische und die deutsche Regierung auf die Nachteile, die der Exportsektor in ihren Ländern durch die Abwertungen in den USA haben würden. Die Regierungspositionen entsprachen den Forderungen von Interessengruppen wie der US Chamber of Commerce, dem Deutschen Industrie- und Handelskammertag und der Industrievereinigung des industriellen Zentrums Brasiliens, Sao Paulo, FIESP. Diese Verbände artikulierten ihre Forderungen an die Regierung und betrieben intensives

Lobbying, das mit ihrer spezifischen Betroffenheit durch die Wechselkursthematik entsprechend H2 korrespondierte (Schirm 2013b).

4.2 Global Financial Governance: Internationaler Währungsfonds (IWF) und Basel II

Die zweite Skizze illustriert die Reform multilateraler Institutionen am Beispiel des IWF und des Basel-II-Abkommens 1998–2008. Ausgangspunkt war die Beobachtung, dass bei Basel II nach langen Verhandlungen ein Kompromiss erzielt wurde, während trotz ebenfalls langjähriger Debatte keine Reform des IWF zustande kam. Warum gelingt neue Global Governance in manchen Fällen, aber nicht in anderen? Diese Varianz wurde am Beispiel des Einflusses von Ideen und Interessen auf die Regierungspositionen Deutschlands und der USA untersucht (Schirm 2009).

In der Debatte über eine Reform des IWF unterschieden sich die Positionen Deutschlands und der USA bezüglich der inhaltlichen Strategie des IWF und der Entscheidungsfindung im Fonds. Während die USA den IWF strategisch auf seine ursprüngliche Kernfunktion der Nothilfe bei Zahlungsproblemen von Mitgliedern reduzieren wollten, sprach sich die deutsche Regierung für eine Ausweitung der IWF-Aufgaben auf Armutsbekämpfung aus. Dabei betonte die US-Regierung ihre Präferenz für den Markt als primäres Steuerungsinstrument und die Eigenverantwortung der Marktteilnehmer (d. h. Empfängerländer von IWF-Krediten). Die deutsche Regierung unterstrich dagegen ihre Präferenz für eine erweiterte Rolle des IWF bei der Steuerung der Ökonomie und für kollektive Solidarität mit notleidenden Staaten. Diese Positionen korrespondierten mit unterschiedlichen gesellschaftlichen Ideen als Einstellungen zur Rolle des Staates bzw. des Marktes bei der Steuerung der Ökonomie sowie zur Bedeutung kollektiver Solidarität versus individueller Eigenverantwortung. Hinsichtlich der Entscheidungsfindung im IWF entsprach die US-Position zur starken Führung des größten Beitragszahlers (der USA) der endogen vorherrschenden ideellen Akzeptanz von Winner-takes-all-Prozessen und der gesellschaftlichen Erwartung einer internationalen Führungsrolle der USA. Die deutsche Forderung nach stärkerer Beteiligung von Entwicklungs- und Schwellenländern sowie die Bereitschaft, eigenen Einfluss zu begrenzen, entsprach der endogen dominanten Erwartung inklusiv-konsensualer Entscheidungsfindung als angemessener Politik. Beide Regierungen folgten gemäß H3 jeweils vorherrschenden gesellschaftlichen Inhaltsideen zur Rolle der Politik und Prozessideen zur präferierten Entscheidungsfindung. Die Positionen waren von Ideen geprägt, es konnte kein internationaler Konsens hergestellt werden, eine Reform des IWF blieb entsprechend H4 aus.

Bei den Verhandlungen über ein neues Abkommen für Bankenstandards im Basel Committee folgten beide Regierungen den materiellen Interessen des jeweiligen

Bankensektors, der von den neuen Regelungen spezifisch betroffen war. Beide Regierungen zielten auf die Übertragung der jeweils national existierenden Regelungen auf die internationale Ebene, um die Anpassungskosten der betroffenen Sektoren gering zu halten. Neben dieser Frage ging es um den Typus der von neuen Regelungen betroffenen Banken, um die Art und Anwendung von Ratingverfahren und Ausnahmen für mittelständische Unternehmen. Bei allen Fragen war ein starkes Lobbying der betroffenen Verbände festzustellen, deren Forderungen sich direkt in den Regierungspositionen wiederfanden. Im Ergebnis einigten sich beide Regierungen (und die anderen Mitglieder des Basel Committee) auf eine Aufteilung der Anpassungskosten und eine Anzahl von Ausnahmen und Übergangsregelungen. Spezifisch betroffene sektorale Interessen hatten sich bei der Prägung der Regierungspositionen entsprechend H2 und H3 durchgesetzt, Fragen nach der Rolle der Politik bei der Steuerung der Ökonomie wurden nicht thematisiert und ein internationaler Kompromiss wurde nach H4 durch Kostenteilung erzielt.

5. Fazit, Kritik und Weiterentwicklung

Die gesellschaftsorientierte Erklärung von Politik mit Theorien endogener Präferenzformation ermöglicht eine empirische Analyse des Einflusses von Ideen, Interessen (und Institutionen) auf die Präferenzen von Regierungen in der IPÖ. Im Vergleich zu systemischen Theorien, die auf internationale Institutionen, Regime und Macht fokussieren, können Theorien endogener Präferenzbildung besser erklären, warum Regierungen bestimmte Positionen vertreten und nicht andere. Der Societal Approach als ein Ansatz endogener Erklärungen ermöglicht neben Erkenntnissen zur Wechselbeziehung zwischen Politik und Ökonomie und zur Varianz nationaler Politik auch Aussagen zum Gelingen von Global Governance. Vor allem aber liefert er konzeptionelle Überlegungen zu den Bedingungen, unter denen eher gesellschaftliche Ideen oder eher Interessen Politik prägen können. Damit trägt der Societal Approach nicht nur zur theoretischen Differenzierung und Weiterentwicklung bei, sondern auch zur Überwindung des Reduktionismus anderer Ansätze auf entweder materielle Nutzenmaximierung oder ideelle Erwartungshaltungen. Somit wirkt der Societal Approach über Themen der IPÖ hinaus an der Erklärung von Politik im Allgemeinen mit.

Die Kritik und die Diskussion über eine Weiterentwicklung des Societal Approach konzentriert sich auf vier Bereiche. Erstens gilt es, das Verhältnis zwischen Ideen und Interessen sowie nationalen Institutionen weiter auszudifferenzieren. Während H2 und H3 exemplarisch Bedingungen für die tendenzielle Dominanz von Ideen oder Interessen bei der Prägung von Regierungspositionen aufzeigen, bleibt weiter zu erforschen, unter welchen Bedingungen sich Ideen und Interessen gegenseitig stärken oder sich widersprechen und welche Auswirkungen dies auf die Präferenzformation von Regierungen haben kann. Die Rolle nationaler Institutionen bedarf hierbei ebenfalls weiterer Forschung zur Frage, wie diese mit Interessen und Ideen interagieren (Fioretos 2011; Schmidt 2008). Zweitens erscheint es vielversprechend, den Societal Approach weiterzuentwickeln durch eine Erforschung der Brücken zwischen der Comparative Political Economy und der International Political Economy sowie zu anderen Theorien, etwa zu Poststrukturalismus, Neo-Gramscianismus oder Veblen'schen Institutionalismus (vgl. Wullweber, Bieling und Horn in diesem Band).

Als dritter Kritikpunkt liegt es nahe, den Fokus auf nationale Gesellschaften um die transnationale Dimension zu erweitern (Risse-Kappen 1995). Zwar bleiben Regierungen grundlegend weiterhin in nationalen Wahlen gesellschaftlichen Einflüssen gegenüber responsiv. Allerdings werden nationale Gesellschaften zunehmend durch transnationale Interaktion sozialisiert. Viertens ist die internationale Analyseebene konzeptionell zu stärken. Die direkte Anwendung und Erweiterung des Societal Approach auf die Erklärung zwischenstaatlicher Beziehungen erscheint vielversprechend. Ein erstes Projekt zeigte, dass die Berücksichtigung endogener gesellschaftlicher Ideen und Interessen *anderer* Länder in der internationalen Strategie einer Regierung durch „inclusive leadership" (Schirm 2010: 198), dazu beitragen kann, eigene Ziele zu erreichen bzw. Global Governance legitimer und effizienter zu gestalten.

Literatur

Blyth, Mark 2002: Great Transformations: Economic Ideas and Institutional Change in the Twentieth Century, Cambridge: Cambridge University Press.
Farrell, Henry/Newman, Abraham L. 2010: Making Global Markets: Historical Institutionalism in International Political Economy, in: Review of International Political Economy 17: 4, 609–638.
Fioretos, Orfeo 2001: The Domestic Sources of Multilateral Preferences: Varieties of Capitalism in the European Community, in: Hall, Peter A./Soskice, David (Hrsg.): Varieties of Capitalism, Oxford: Oxford University Press, 213–244.
Fioretos, Orfeo 2010: Capitalist Diversity and the International Regulation of Hedge Funds, in: Review of International Political Economy 17: 4, 696–723.
Fioretos, Orfeo 2011: Historical Institutionalism in International Relations, in: International Organization 65: 2, 367–399.
Frieden, Jeffry/Rogowski, Ronald 1996: The Impact of the International Economy on National policies: An Analytical Overview, in: Keohane, Robert O./Milner, Helen V. (Hrsg.): Internationalization and Domestic Politics, Cambridge: Cambridge University Press, 25–47.

Goldstein, Judith/Keohane, Robert O. (Hrsg.) 1993: Ideas and Foreign Policy: Beliefs, Institutions and Political Change, Ithaca, NY: Cornell University Press.

Gourevitch, Peter 1986: Politics in Hard Times: Comparative Responses to International Economic Crises, Ithaca, NY: Cornell University Press.

Hall, Peter A./Soskice, David 2001: An Introduction to Varieties of Capitalism, in: Hall, Peter A./Soskice, David (Hrsg.): Varieties of Capitalism. The Institutional Foundations of Comparative Advantages, Oxford: Oxford University Press, 1–68.

Hall, Peter A./Thelen, Kathleen 2009: Institutional Change in Varieties of Capitalism, in: Socio-Economic Review 7: 1, 7–34.

Katzenstein, Peter J. 1978: Introduction. Domestic and International Forces and Strategies of Foreign Economic Policy, in: Katzenstein, Peter J. (Hrsg.): Between Power and Plenty: Foreign Economic Policies of Advanced Industrial States, Madison, WI, 3–22.

Keohane, Robert O./Milner, Helen V. (Hrsg.) 1996: Internationalization and Domestic Politics, Cambridge: Cambridge University Press.

Milner, Helen V. 1997: Interests, Institutions, and Information: Domestic Politics and International Relations, Princeton, NJ: Princeton University Press.

Moravcsik, Andrew 1997: Taking Preferences Seriously: A Liberal Theory of International Politics, in: International Organization 51: 4, 513–553.

Putnam, Robert D. 1988: Diplomacy and Domestic Politics: The Logic of Two Level Games, in: International Organization 42: 3, 427–460.

Risse-Kappen, Thomas 1995: Bringing Transnational Relations Back In: Introduction, in: Risse-Kappen, Thomas (Hrsg.): Bringing Transnational Relations Back In, Cambridge: Cambridge University Press, 3–33.

Rosenau, James N. (Hrsg.) 1967: Domestic Sources of Foreign Policy, New York, NY: The Free Press.

Schirm, Stefan A. 2013a: Internationale Politische Ökonomie, 3. Auflage, Baden-Baden: UTB Nomos.

Schirm, Stefan A. 2013b: Global Politics are Domestic Politics. A Societal Approach to Divergence in the G20, in: Review of International Studies, 39: 3, 685-706.

Schirm, Stefan A. 2011: Varieties of Strategies: Societal Influences on British and German Responses to the Global Economic Crisis, in: Journal of Contemporary European Studies 19: 1, 47–62.

Schirm, Stefan A. 2010: Leaders in Need of Followers. Emerging Powers in Global Governance, in: European Journal of International Relations 16: 2, 197–221.

Schirm, Stefan A. 2009a: Ideas and Interests in Global Financial Governance. Comparing German and US Preference Formation, in: Cambridge Review of International Affairs 22: 3, 501–521.

Schirm, Stefan A. 2009b: Koordinierte Weltwirtschaft? Neue Regeln für effizientere und legitimere Märkte, in: Zeitschrift für Internationale Beziehungen 16: 2, 311–324.

Schirm, Stefan A. 2002: Globalization and the New Regionalism. Global Markets, Domestic Politics, and Regional Cooperation, Cambridge: Polity Press.

Schmidt, Vivian A. 2008: Discursive Institutionalism: The Explanatory Power of Ideas and Discourse, in: American Review of Political Science 11, 303–326.

IV.

Postpositivistische Theorien

Neogramscianismus
Hans-Jürgen Bieling

> „Hegemony at the international level is thus not merely an order among states. It is an order within a world economy with a dominant mode of production which penetrates into all countries and links into other subordinate modes of production. It is also a complex of international social relationships which connect the social classes of the different countries. World hegemony is describable as a social structure, an economic structure, and a political structure; and it cannot be simply one of these things but must all three. World hegemony, furthermore, is expressed in universal norms, institutions and mechanisms which lay down general rules of behavior for states and for those forces of civil society that act across national boundaries – rules which support the dominant mode of production" (Cox 1983: 171f.).

1. Einleitung[1]

Das vorangestellte Zitat von Robert Cox entstammt einem Aufsatz, der in der britischen Zeitschrift *Millennium* erschienen ist. Er stellt eine Art *Gründungsdokument* der neo-gramscianischen IPÖ dar. In dem Aufsatz werden einige der zentralen Kategorien, die Antonio Gramsci in erster Linie für die Analyse der national verfassten Gesellschaften entwickelt hatte, auf ihre Brauchbarkeit und Inspirationskraft für das Verständnis der internationalen politischen Ökonomie diskutiert. Die Strukturen der Weltordnung und Weltökonomie werden danach maßgeblich als das Resultat transnational verflochtener – und durch zwischenstaatliche Beziehungen und gesellschaftliche Kräfteverhältnisse vermittelter – sozialer (Re-)Produktionsbeziehungen begriffen. Die staatlich-zivilgesellschaftliche Vermittlung markiert dabei keine einfache Übersetzung ökonomischer Gegebenheiten, sondern einen komplexen, diskursiv, kulturell, rechtlich und institutionell umkämpften Prozess, in dem sich mitunter spezifische Strukturen einer gesellschaftlichen und internationalen Hegemonie, also Modi einer konsensual abgestützten transnationalen Vergesellschaftung, herausbilden.

Nimmt man die Resonanz, die der Artikel von Cox und die hieran anschließende neo-gramscianische Forschung und Diskussion erzeugt haben, zum Maßstab, so ist es Robert Cox offenkundig gelungen, den zuweilen recht sterilen Streit zwischen der realistischen und der liberalen Schule der Internationalen Beziehungen (zum Überblick vgl. Menzel 2001) aufzubrechen und mit Hilfe einer erfrischend neuen Analyseperspektive, die den Blick auf die Artikulation politökonomischer und staatlich-zivilge-

---

[1] Für hilfreiche Anmerkungen zu einer ersten Textfassung danke ich Joscha Wullweber und Laura Horn.

sellschaftlicher Prozesse lenkt, zu durchkreuzen. Innerhalb der kritischen IPÖ-Diskussion ist die Übertragbarkeit der von Gramsci entwickelten Kategorien – wie etwa Zivilgesellschaft, passive Revolution, hegemonialer Block etc. – auf die internationale Arena zwar vereinzelt in Frage gestellt worden (vgl. Germain/Kenny 1998); ansonsten ist im Anschluss an den Cox'schen Impuls aber eine inzwischen sehr breit gefächerte und sehr lebhafte, neo-gramscianisch inspirierte IPÖ entstanden.

Der mittlerweile recht breite Fächer neo-gramscianischer Arbeiten lässt sich – sehr grob – in folgende Stränge untergliedern und charakterisieren (vgl. Bieling 2011): erstens in die Variante eines *kritisch-realistischen* Neo-Gramscianismus wie er von Cox selbst repräsentiert wird (vgl. Falk 1997) und basierend auf einer kritischen Analyse der sozialen Produktionsbeziehungen und zivilgesellschaftlichen Hegemonialstrukturen die Aufmerksamkeit auf die fortbestehenden zwischenstaatlichen Machtbeziehungen und Konflikte richtet; zweitens in den Strang eines *transnationalen* Neo-Gramscianismus oder die sogenannte Amsterdamer Schule um Kees van der Pijl (1984; 2006), die ungeachtet vieler Übereinstimmungen mit Cox das politische Handeln maßgeblich durch das jeweilige Gewicht unterschiedlicher Kapitalfraktionen – also des Industrie-, Handels- und Geldkapitals – und die Operationsweise transnationaler Elitennetzwerke bestimmt sieht; drittens in die Variante eines *konstitutionalistischen* Neo-Gramscianismus (vgl. Gill 2002; 2003), die die Bedeutung der transnationalen Kräfte und Netzwerkstrukturen für die Prozesse der inter- und supranationalen Verfassungsbildung, vor allem der Institutionalisierung und Verrechtlichung marktliberaler Wettbewerbsvorgaben diskutiert; sowie viertens in die Variante eines *staatstheoretisch akzentuierten* Neo-Gramscianismus, die vor allem in Deutschland und Großbritannien vertreten ist und durch die Rezeption der staatstheoretischen Überlegungen von Nicos Poulantzas (vgl. Bretthauer et al. 2007; Bieling 2010) die inter- und transnationalen politökonomischen Prozesse konzeptionell stärker unterfüttern will.

Nachfolgend soll es vor allem darum gehen, die Entwicklung der hier benannten Theoriestränge zu rekonstruieren (2.). Die Kontextualisierung der jeweiligen Kernaussagen macht es dabei zugleich möglich, spezifische Phasen und Schwerpunkte der neo-gramscianischen Theoriedebatte zu identifizieren. Angesichts der Tatsache, dass sich die Diskussion in den unterschiedlichen Phasen zunehmend differenziert hat, ist allen Ambitionen eines *integralen* Neo-Gramscianismus mit einer gewissen Skepsis zu begegnen. Vermutlich ist es sehr viel sinnvoller und stimulierender, das produktive Potenzial der internen Differenzierung der neo-gramscianischen IPÖ zu mobilisieren und über eine Intensivierung des Disputs zwischen den divergierenden Analyserastern zu neuen Erkenntnissen zu gelangen, als die Entwicklung in Richtung eines synthetisierend-integralen und damit potenziell kanonisierten Neo-Gramscianismus anzustreben (3.). Doch nicht nur die internen Kontroversen, auch die komplementären analytischen Konzeptionen, die in den sozialwissenschaftlichen Nachbardisziplinen diskutiert werden, liefern einige Anregungen, um die neo-gramscianische IPÖ auch zukünftig zu stimulieren und zu erweitern.

2. Phasen der neo-gramscianischen Theoriedebatte

Die neo-gramscianische IPÖ zeichnet sich durch eine Reihe profilbildender Theoriebausteine aus, deren Verknüpfung, relative Bedeutung und Akzentuierung sich in den einzelnen Strängen sicherlich etwas unterschiedlich darstellt. Von allen Differenzen einmal abgesehen, erkennt man neo-gramscianische Arbeiten jedoch an einigen theoretisch-konzeptionellen Merkmalen (vgl. Bieling/Deppe 1996). So operieren sie erstens mit einem Hegemoniebegriff, der sich – im Unterschied zu neo-realistischen Theorien – nicht einfach auf die Dominanz eines ökonomisch und militärisch mächtigen Nationalstaats bezieht, sondern auf konsensual, d. h. materiell und ideologisch, abgestützte transnationale Macht- und Herrschaftsverhältnisse. Zweitens korrespondiert hiermit ein weites Verständnis des Staates. Dieses ermöglicht es, den sozialen (Klassen-)Charakter staatlicher Politik im Zusammenspiel mit zivilgesellschaftlichen Prozessen, d. h. Kämpfen um Deutungsmacht oder moralische und intellektuelle Führung, zu bestimmen, also über den „erweiterten" oder auch „integralen" Staat die organisatorische Rückbindung der internationalen Politik an die widersprüchlichen Formen des Alltagsbewusstseins in den Blick zu nehmen. Drittens geht es der neo-gramscianischen IPÖ auch darum, die inter- und transnationalen Aspekte hegemonialer Strukturen herauszuarbeiten. Hierzu wird nicht selten die Konzeption eines „transnationalen historischen Blocks" bemüht, um die verstetigten und relativ kohärenten politökonomischen Reproduktionsmuster und Machtbeziehungen der miteinander verflochtenen Gesellschaften innerhalb einer bestimmten historischen Epoche zu identifizieren. Die Verlaufsformen, über die hegemoniale Kräfte versuchen, übergreifende Ideen, Normen, Regeln und Institutionen zu etablieren und zu universalisieren, wird in der neo-gramscianischen IPÖ nicht selten viertens als „passive Revolution" (vgl. Morton 2010) gefasst, d. h. als ein Prozess, in dem subalterne Klassen und nicht-hegemoniale Staaten die etablierten politökonomischen, institutionellen und ideellen Reproduktionsmuster nachahmen und adaptieren. Allerdings sind dieser Prozess und dessen theoretische und empirische Analyse durch vielfältige Widersprüche gekennzeichnet. Dabei fragen die neo-gramscianischen Arbeiten fünftens insbesondere danach, ob, wie und warum sich diese Widersprüche politisch entfalten und emanzipatorische Potenziale in sich bergen, die es im Sinne einer kritischen Theorie – im Kontrast zu den sonst vorherrschenden Problemlösungstheorien – eingehender zu reflektieren gilt.[2] Über den letzten Aspekt, d. h. das erkenntnistheoretische Selbstverständnis der neo-gramscianischen IPÖ besteht weitgehend Einigkeit. Die anderen ontologischen Annahmen über die Beschaffenheit der internationalen politischen Ökonomie, also des Untersuchungsbereichs, haben sich im Zuge der Theorieentwicklung aber unterschiedlich ausgeprägt.

2.1 Konstitutionsphase

Wie einleitend bereits angedeutet, war die Herausbildung der neo-gramscianischen IPÖ in den 1980er Jahren sehr stark durch die Arbeiten von Robert Cox geprägt (vgl. Cohen 2008: 84ff.). Dessen Überlegungen profilierten sich nicht zuletzt durch eine deutliche Kritik des (Neo-)Realismus und des marxistischen Strukturalismus. Am (Neo-)Realismus kritisierte Cox (2011) vor allem die ahistorische Perspektive und das sehr eng auf den Staat fixierte Verständnis der internationalen Macht- und Herrschaftsverhältnisse. Die gleichzeitige Ausblendung der sozialen Produktionsbeziehungen, zivilgesellschaftlichen Institutionen und Kommunikationsformen steht ihm zufolge einer analytisch aufschlussreichen Berücksichtigung von anderen Herrschaftskomponenten entgegen, also den Dimensionen von Kooperation, politisch-ideologischer Führung und Konsens. Ähnlich, aber etwas anders gelagert, ist die Kritik am strukturalen Marxismus. Auch hier wird von Cox eine unhistorische und statische Sichtweise moniert, die zwar die politökonomischen Verhältnisse mit einbezieht, sich letztlich jedoch ausschließlich mit der Reproduktion, nicht aber mit dem Wandel und der Veränderbarkeit von gesellschaftlichen Strukturen befasst. Für Cox selbst sind Strukturen durchaus sehr bedeutsam. Als *historischem* oder *genetischem* Strukturalisten geht es ihm zugleich aber darum, immer auch die Historizität und Transformation von nationalen wie inter- und transnationalen Strukturen im Blick zu behalten.

Die Ausführungen von Cox (2011; 1987) kreisen immer wieder um zwei miteinander verwobene Vermittlungskomplexe. Den ersten, gesellschaftstheoretisch ausgerichteten Vermittlungskomplex bildet das dialektische Dreiecksverhältnis von materiellen Bedingungen, Institutionen und Ideen. Dabei wird von Cox die Produktion der materiellen Existenzbedingungen zwar als grundlegend angesehen, zugleich lehnt er ein deterministisches oder mechanisches Verständnis des Basis-Überbau-Modells aber ab. So spricht er sich für einen weiten Produktionsbegriff aus, der auch die Dimensionen von Wissen, sozialen Beziehungen, von Institutionen und Moral und viel-

---

[2] Die Unterscheidung zwischen kritischen Theorien und Problemlösungstheorien sollte freilich nicht schematisch gehandhabt werden. Cox (2011) selbst hat die unterschiedlichen Facetten, Ebenen und Reflexionsstufen der Theoriebildung eingehender diskutiert. Später ist diese Unterscheidung dann jedoch häufig mit einer schablonenhaften politischen Standpunktfrage gleichgesetzt und zuweilen sogar – nach dem Motto „me-clever-you-stupid" (Cammack 2007: 4) – zu einer neo-gramscianischen Überlegenheitsattitüde stilisiert worden.

fältige andere Aspekte der alltäglichen Reproduktion mit einbezieht. Letzteres ermöglicht es ihm, die konkreten Ausprägungen des Staates und der Weltordnung auch als das Ergebnis der politischen, kulturellen und ideologischen Kämpfe konkurrierender sozialer Kräfte zu betrachten. Dies verweist zugleich auf den zweiten Vermittlungskomplex, der das Zusammenspiel unterschiedlicher historischer Strukturen – der sozialen Produktionsbeziehungen, Staatsformen und der Weltordnung – beleuchtet. Die sozialen Produktionsbeziehungen begreift Cox als vermachtete, institutionell organisierte und international verflochtene Muster der materiellen Reproduktion. Diese korrespondieren ihrerseits – vermittelt über zivilgesellschaftliche Interaktionsmuster – mit spezifischen, historisch wandelbaren Staatsformen, die ihrerseits auf die Strukturen der Produktion und der Weltordnung zurückwirken. Für den Wandel der internationalen Strukturen macht Cox in diesem Sinne vor allem die Umbrüche in den sozialen Produktionsbeziehungen sowie die (zivil-)gesellschaftlichen und staatlichen Organisationsformen verantwortlich. Kurzum, er betrachtet die Weltordnung nicht nur als ein Produkt zwischenstaatlicher – politischer und militärischer – Machtverhältnisse, sondern auch als Resultat der produktionsorganisatorischen, institutionellen, kulturellen und ideologischen gesellschaftlichen Beziehungen und Dynamiken.

Stützt sich das Cox'sche Programm einer Dynamisierung transnationaler historischer Strukturen auf eine Mehrzahl sozialwissenschaftlicher Klassiker von Karl Marx über Max Weber, Fernand Braudel bis hin zu Karl Polanyi, so gibt es einige gewichtige Aspekte, die explizit auf den Einfluss von Antonio Gramsci verweisen; nicht zuletzt das weite Verständnis von Hegemonie als konsensual abgestützten Modus transnationaler Herrschaft und – hiermit zusammenhängend – die Analyse der Zivilgesellschaft als Bestandteil des „integralen Staates". Beide Aspekte verweisen darauf, dass staatliche Machtpolitik ein breites Arsenal unterschiedlicher Instrumente umschließt: von der Gesetzgebung über die exekutiven Überwachungs- und Repressionstechniken bis hin zu Techniken der Überzeugung, kulturellen Vereinnahmung oder Manipulation. Zudem sorgt die politökonomische Fundierung der Staatskonzeption zugleich dafür, dass die sozialen Voraussetzungen staatlicher und zivilgesellschaftlicher Prozesse und letztlich auch deren sozialer (Klassen-)Charakter reflektiert werden. Über die kommunikativen Interaktionen und Kämpfe staatlicher und zivilgesellschaftlicher Akteure werden auch die außenpolitischen Strategien definiert, wobei Cox (1983: 171) in kritisch-realistischer Perspektive (vgl. Pühretmayer in diesem Band) davon ausgeht, dass sich internationale hegemoniale Strukturen durch einen Prozess der außengerichteten Expansion einer inneren oder nationalen Hegemonie herausbilden, die ihrerseits durch eine dominante soziale Klasse etabliert worden ist.

Neben Cox hat sich in den 1980er Jahren mit Kees van der Pijl (1984; 1989) ein weiterer Politikwissenschaftler darum bemüht, gramscianische Konzepte für die

Analyse der internationalen Macht- und Hegemonialbeziehungen nutzbar zu machen. Die von ihm begründete *Amsterdamer Schule* betrachtet den Prozess der Herausbildung und Verallgemeinerung internationaler hegemonialer Strukturen zwar ebenfalls als ein staatlich-zivilgesellschaftlich vermitteltes *Klassenprojekt*, ist über diese neo-gramscianische Komponente im engeren Sinne hinaus aber auch noch durch einige weitere Charakteristika gekennzeichnet, die sich mit Henk Overbeek (2000: 163ff.) wie folgt zusammenfassen lassen:

- Historischer Materialismus: Die Selbstverortung der Amsterdamer Schule in der Tradition des historischen Materialismus kommt unter anderem darin zum Ausdruck, dass ein ontologischer Primat der *sozialen Produktionsverhältnisse* angenommen wird. Diese strukturieren ihrerseits maßgeblich die Klassenverhältnisse und wirken sich auch auf den Verlauf der gesellschaftlichen Widersprüche und Krisenprozesse aus.

- Transnationalismus: Bedingt durch die Transnationalisierung des Kapitals und die internationale Arbeitsteilung wird davon ausgegangen, dass die sozialen Beziehungen innerhalb der kapitalistischen Gesellschaftsformation durch transnationale, den Nationalstaat überschreitende Prozesse markiert sind. So sind die politischen Machtverhältnisse zwar maßgeblich nationalstaatlich organisiert, weisen in vielfacher Hinsicht aber ebenso über diesen hinaus (vgl. van Apeldoorn 2004).

- Fraktionalismus: Die transnationale Expansionsdynamik des Kapitals tritt unter anderem dann hervor, wenn sich die Aufmerksamkeit auf unterschiedliche, durch den Reproduktionskreislauf konstituierte Kapitalfraktionen richtet. Die Kapitalfraktionen haben dabei unterschiedliche Interessen und politische Visionen. So präferiert das Bankkapital nach van der Pijl (1984) das Konzept des „liberalen Internationalismus", also einer umfassenden wirtschaftlichen Liberalisierung und Deregulierung, indessen das produktive Kapital – aufgrund der lokalen Gebundenheit und der Kooperationserfordernisse mit den Beschäftigten – eher Formen der „staats-monopolistischen Regulierung", d. h. einer stärkeren wirtschaftspolitischen Kontrolle und Steuerung, zuneigt.

Die Differenzierung und Kräfteverschiebung zwischen den verschiedenen Kapitalfraktionen, d. h. der wachsende Einfluss des transnationalen Finanzkapitals, liefert in dieser Perspektive einen wichtigen Schlüssel für die Ausbreitung neoliberaler Reorganisationsstrategien. Deren innere Kohärenz wird zuweilen aber überschätzt, und zwar in dem Maße, wie hierbei – vor allem durch die analytische Fixierung auf transnationale strategische Planungskörper oder Elitennetzwerke – eine relativ bruchlose Übersetzung der Interessen der jeweiligen Kapitalfraktionen in praktische politische Projekte unterstellt wird. Im Umkehrschluss bleibt der partielle, vorläufige und fragmentarische Charakter neoliberaler Hegemonie unerkannt, und auch die vielfältigen Ansatzpunkte gegenhegemonialer Blockbildung geraten oft nicht hinreichend in den Blick (vgl. Drainville 1994).

2.2 Profilierungsphase

Der neo-gramscianischen Diskussion taten die genannten Schwächen zunächst jedoch keinen Abbruch. Im Gegenteil, der Verzicht darauf, die zahlreichen Modifikationen, Grenzen und Widerstände der neoliberalen Restrukturierung herauszuarbeiten, erlaubte es der neo-gramscianischen IPÖ, sich analytisch ganz auf die Mechanismen der Verallgemeinerung und Reproduktion neoliberaler Hegemonie zu konzentrieren und sich hierdurch – im akademischen wie im globalisierungskritischen Diskurs – zu profilieren. Die Forschungsstrategie einer negativen zeitdiagnostischen Zuspitzung verdichtete sich in unterschiedlichen theoretischen Konzeptionen. Als besonders eingängig und ausstrahlungskräftig haben sich dabei die Überlegungen von Stephen Gill erwiesen. Gill (1995; 2002; 2003) hat in den 1990er Jahren in diversen Veröffentlichungen wiederholt dargelegt, dass die transnationalen hegemonialen Entwicklungsdynamiken – in den Bereichen der politischen Ökonomie, der staatlich-institutionellen Organisationsformen sowie der zivilgesellschaftlichen Diskurse – durch drei dominante Tendenzen gekennzeichnet sind.

Die erste dominante Tendenz stellt der „disziplinierende Neoliberalismus" im Bereich der politischen Ökonomie dar. Nach Stephen Gill (1995) verdichten sich in dieser Tendenz all jene Prozesse, durch die im Zuge der Globalisierung und Entfesselung von Marktfreiheiten, also der Implementierung der praktischen Empfehlungen neoliberaler Theoretiker wie August von Hayek oder Milton Friedman, die Organisation – transnationaler – Macht- und Herrschaftsbeziehungen ökonomisiert, partiell anonymisiert und zugleich subjektiv internalisiert wird. Mit dem Konzept des „disziplinierenden Neoliberalismus" bezieht sich Gill zum einen explizit auf die Überlegungen Michel Foucaults zur Subjektivierung und Internalisierung von Herrschaft, verknüpft diese zum anderen zugleich aber mit den Strukturveränderungen in der internationalen politischen Ökonomie. Letztere sieht er vor allem dadurch geprägt, dass durch die Globalisierung des Handels und der Produktion, mehr aber noch der Kapital- und Kreditmärkte, die strukturelle Macht des transnationalen Kapitals systematisch gestärkt wird (Gill 2000: 42f.). Ganz im Sinne der Politik der drei „C" des transnationalen Kapitals wächst auf die gesellschaftlichen und politischen Akteure, so auch die Regierungen, unverkennbar der Druck, gegenüber den Finanzmärkten ihre Glaubwürdigkeit (Credibility) zu beweisen und durch eine konsistente Politik (Consistency) dem Vertrauen der Investoren (Confidence) gerecht zu werden.

Die Verallgemeinerung und Verstetigung des „disziplinierenden Neoliberalismus" wird im Bereich der politisch-institutionellen Organisationsformen durch eine zweite Tendenz, den „neuen Konstitutionalismus", begleitet. Im Kern materialisiert sich diese Tendenz in der Herausbildung einer transnationalen Rechts- und Regulierungsstaatlichkeit, über die die Globalisierung von Investitionen, Handelsbeziehungen und Wettbewerbsdynamiken gefördert und der demokratischen Kontrolle und Einflussnahme zugleich entzogen wird. In den Worten von Gill (2003: 132):

> „The new constitutionalism can be defined as the political project of attempting to make transnational liberalism, and if possible liberal democratic capitalism, the sole model for future development. New constitutionalist proposals [...] emphasize market efficiency, discipline and confidence; economic policy credibility and consistency; and limitation on democratic decision-making processes. Proposals imply or mandate the insulation of key aspects of the economy from the influence of politicians or the mass of citizens by imposing, internally and externally, ‚binding constraints' on the conduct of fiscal, monetary and trade and investment policies. Ideology and market power is not enough to ensure the adequacy of neo-liberal restructuring."

Über die vertragliche Verankerung der aufgeführten Zielvorgaben hinaus stützt sich der „neue Konstitutionalismus" zuweilen auch auf eine besondere institutionelle Struktur, d. h. ein entpolitisiert-technokratisches System der Kommunikation und Entscheidungsfindung. Hierin spiegelt sich die starke Exekutivlastigkeit der internationalen Politik, die durch die erweiterte Einbeziehung nicht-staatlicher Akteure – Wissenschaftler, Experten und (Wirtschafts-)Verbände – allenfalls punktuell abgeschwächt und modifiziert wird.

Die dritte dominante Tendenz erfasst vor allem die Zivilgesellschaft und die Arenen der Öffentlichkeit. Sie besteht in der Ausbreitung einer „Kultur des Marktes" – Gill (1995) selbst verwendet im Englischen den Begriff der „market civilisation" –, durch die die vorangehend beschriebenen Prozesse konsensual unterfüttert werden. Aspekte und Facetten dieser dritten Tendenz bestehen im weiteren Bedeutungszuwachs der Kulturindustrie, im Siegeszug des besitzindividualistischen Denkens, den Diskursen über die Vorteile einer marktvermittelten Nutzenmaximierung und im Glauben an die produktiven Effekte der Marktkonkurrenz. Zumeist profiliert sich die „Kultur des Marktes" auch über negative Kontrastfolien, so etwa die der öffentlichen Verschwendung, der staatlichen Bürokratie oder der freiheitsmindernden Bevormundung gemeinschaftlicher Institutionen. In der Konsequenz lassen sich jedenfalls vielfältige Formen der Privatisierung, Kommerzialisierung und Vermarktlichung von Staat und Gesellschaft, ein gewachsenes Gewicht medien-, marketing- und konsumorientierter Mittelklassen oder auch eine Ästhetisierung bzw. Entmoralisierung von Identitäten beobachten, die allesamt auf deutlich veränderte – national freilich unterschiedlich ausgeprägte – zivilgesellschaftlich-kulturelle Reproduktionsmuster verweisen.

Die Tatsache, dass sich die skizzierten Prozesse in der Praxis an den überlieferten institutionellen, rechtlichen oder kulturellen Gegebenheiten vielfach brechen und selbst innerhalb des transnationalen Machtblocks die strategischen Prioritäten differieren, wird zuweilen zwar eingeräumt, theoretisch und empirisch aber nicht eingehender beleuchtet. Dies gilt allerdings weniger für Kees van der Pijl (1997; 2006: 6ff.), der sich in seinen späteren Arbeiten explizit der räumlich-komparativen und zugleich trans- und international umkämpften Expansionsdynamik (neo-)liberal verfasster Wirtschaftsräume zuwendet. Er unterscheidet dabei zwischen zwei Staats-Zivilgesellschafts-Komplexen: Den einen Komplex bezeichnet er als das Locke'sche Kerngebiet, das ausgehend von Großbritannien über die USA und mit diesen verbundene Länder (markt-)liberale Organisationsprinzipien zu etablieren vermochte: einen (selbst-) begrenzten Staat, eine besitzindividualistische Kultur, weitreichende Freiheitsrechte und stabile Formen der zivilgesellschaftlichen Selbstorganisation. Im Kontrast hierzu ist das Hobbes'sche Modell durch eine umfassende staatliche Kontrolle von Ökonomie und Gesellschaft, eine Top-down-Mobilisierung sozialer Klassen und relativ starke repressive Staatsapparate gekennzeichnet. Die divergierenden staatlich-zivilgesellschaftlichen Organisationsprinzipien haben in der Vergangenheit immer wieder Spannungen und Konflikte genährt, die zumeist zugunsten des Locke'schen Kerngebietes aufgelöst wurden. Dessen expansiv-liberale Ausrichtung hat bislang jedenfalls eine hegemoniale Wirkung entfaltet, der sich die Hobbes'schen Herausforderer auf Dauer nicht zu entziehen vermochten.

Empirisch sind die skizzierten Dynamiken des „disziplinierenden Neoliberalismus", des „neuen Konstitutionalismus" und der „Kultur des Marktes" wie auch die expansive Kraft des Locke'schen Kerngebietes vor allem mit Blick auf die transatlantische Ökonomie, d. h. die hegemoniale Rolle der USA (vgl. Gill 1990; Scherrer 1999) und die Reorganisation Europas untersucht worden (vgl. Bieling/Steinhilber 2000; Bieler/Morton 2001; Cafruny/Ryner 2003; Apeldoorn et al. 2008). Es würde zu weit führen, an dieser Stelle nun vertieft auf die vielen Einzelstudien einzugehen, die sich aus neo-gramscianischer Perspektive mit der europäischen Integrationsdynamik befasst haben. Diese regionale Schwerpunktsetzung hat die neo-gramscianische Diskussion der 1990er und 2000er Jahre aber ganz maßgeblich geprägt und – aufgrund des exemplarischen und besonders ausgeprägten Charakters der Transnationalisierung in Europa – mit dazu beigetragen, die theoretisch-konzeptionellen Überlegungen auf konkrete empirische Phänomene und Probleme zu beziehen.

2.3 Diffusions- und Differenzierungsphase

Schon die Studien zu diversen Teilaspekten der europäischen Integration lassen erkennen, dass sich die neo-gramscianische IPÖ zunehmend ausdifferenziert hat (zum

Überblick vgl. auch Opratko/Prausmüller 2011). In den letzten beiden Jahrzehnten ist die Zahl an Analysen, die sich mit unterschiedlichsten Themen, Untersuchungsgegenständen und Akteuren befassen, deutlich angewachsen. Der Blick richtete sich dabei unter anderem auf regionale Integrationsprozesse in verschiedenen Weltregionen (vgl. Gamble/Payne 1996; Malcher 2005), auf wichtige Länder in Lateinamerika (vgl. Schmalz 2008; Morton 2011), auf die Widersprüche und Konflikte im Prozess der Globalisierung, die politisch vor allem von sozialen Bewegungen und Gewerkschaften artikuliert wurden (vgl. Gill 2003; Bruff/Horn 2012), oder auch auf klima-, energie- und umweltpolitische Probleme (vgl. Newell/Paterson 2010; Bedall 2011). Die hier angedeutete Diffusion und Differenzierung der neo-gramscianischen Forschungsagenda reflektiert zum einen, dass sich die internationale politische Konstellation in mancher Hinsicht verändert hat. Zum anderen haben sich zugleich aber auch viele NachwuchswissenschaftlerInnen der neo-gramscianischen IPÖ zugewendet, d. h. deren analytische Konzepte aufgegriffen, weiterentwickelt und auf jeweils aktuelle Untersuchungsgegenstände angewandt.

Diese Verschiebungen sind nun freilich nicht so zu verstehen, dass die „älteren" Themen und Fragen in der neo-gramscianischen IPÖ überhaupt keine Rolle mehr spielen würden. Im Gegenteil, noch immer geht es primär um die Frage, ob, in welcher Form und durch welche Mechanismen sich im globalen oder transnationalen Raum hegemoniale Strukturen reproduzieren und welche Widersprüche und Konflikte darin eingelagert sind. Ungeachtet der inzwischen sehr vielfältigen konkreten Untersuchungsgegenstände bewegt sich die neo-gramscianische Diskussion demzufolge in einem Spannungsfeld: Auf der einen Seite stehen zahlreiche Analysen, die sich in erster Linie mit der politischen Organisation – neoliberal geprägter – hegemonialer Verhältnisse befassen. Besonders deutlich wird dies in all jenen Studien, die sich mit der Entstehung und Operationsweise der sogenannten „transnationalen kapitalistischen Klasse" (vgl. Sklair 2001; Robinson 2004; Carroll 2010) oder etwas offener formuliert: mit transnationalen Elitennetzwerken wie dem *Weltwirtschaftsforum* (vgl. Graz 2003), strategischen Planungskörpern wie der *Trilateralen Kommission* (vgl. Gill 1990) oder dem *European Round Table of Industrialists (ERT)* (vgl. van Apeldoorn 2002), mit dem global verzweigten Netzwerk neoliberaler Think-Tanks (vgl. Plehwe et al. 2006) oder mit der Herausbildung einer transnationalen Zivilgesellschaft (vgl. Showstack Sassoon 2005) auseinandersetzen. All diese Untersuchungen legen dar, dass die elitären transnationalen Netzwerke und strategischen Planungskörper eine politisch privilegierte Rolle spielen. Sie haben die inhaltliche Ausrichtung von wichtigen, gleichsam neu-konstitutionalistischen Entscheidungen und Verträgen sehr stark beeinflusst, mitunter sogar definiert. Der Erfolg der transnationalen kapitalistischen Klasse erklärt sich freilich nicht durch die Netzwerkaktivitäten und Lobbying-Initiativen allein. Er gründet sich politökonomisch vielmehr auch auf das wirtschaftliche Gewicht der repräsentierten Konzerne sowie die kulturelle Ausstrahlung, die – vermittelt über große Teile der ebenfalls global orientierten Mittelklassen – z. B. manageriale Stile der Lebensführung in weiten Teilen der massenmedial-kulturindustriell organisierten Öffentlichkeit genießen.

Die neo-gramscianische IPÖ bleibt nun aber keineswegs dabei stehen, die Reproduktion hegemonialer Strukturen zu analysieren. Auf der anderen Seite wendet sie sich – seit den 2000er Jahren verstärkt – der Frage zu, ob und inwiefern angesichts vielfältiger Krisen und zuweilen recht scharfer gesellschaftspolitischer Konflikte die neoliberal geprägte transnationale Hegemonie erodiert. Die Krisenprozesse haben einen harten politökonomischen Kern, da sie durch die kapitalistische Akkumulationsdynamik, die Prozesse der ungleichen Entwicklung sowie instabile transnationale Finanzbeziehungen systematisch gefördert werden. Darüber hinaus korrespondieren mit ihnen vermehrt Legitimationskrisen, durch die die Operationsweise internationaler und regionaler Organisationen und Regime, aber auch die jeweiligen nationalen Regierungen und staatlichen Institutionen problematisiert und infrage gestellt werden. Ob sich die ökonomischen Krisenprozesse und Legitimationskrisen zu einer Hegemonie-Krise verdichten, hängt letztlich jedoch davon ab, dass alternative Krisen-Narrative, d. h. gesellschaftskritische Deutungsangebote und emanzipatorische politische Projekte, im öffentlichen Diskurs an Attraktivität und Bedeutung erlangen. Um dies zu ergründen – und indirekt auch zu fördern –, hat sich die neogramscianische IPÖ vermehrt mit gewerkschaftspolitischen Strategien und der globalisierungskritischen Bewegung und deren Nachfolgern im Zuge der sogenannten Weltfinanzkrise, also Occupy, den *Empörten* oder der spanischen M15 (Bewegung des 15. Mai), auseinandergesetzt (vgl. Bieler 2011; Stephen 2011).

Ungeachtet der bisherigen intellektuellen Anstrengungen gibt es weiteren Klärungsbedarf. Dieser ist zum Teil sicherlich der offenen politischen Konstellation, zum Teil aber auch der noch immer unzureichenden Analyse der hegemonialen Reproduktions- und Destabilisierungsprozesse geschuldet. Dabei ist das Potenzial neo-gramscianischer Erklärungsangebote noch keineswegs ausgeschöpft. Ein aufschlussreicher Zugriff auf die widersprüchlichen Tendenzen in der aktuellen Krisenkonstellation besteht darin, sich eingehender mit der diskursiven Verarbeitung drängender gesellschaftlicher Probleme und Krisen auf der Ebene des Alltagsbewusstseins oder Alltagsverstands auseinanderzusetzen. Im Unterschied zur relativ kohärenten Weltsicht der konzeptiven und meinungsbildenden Intellektuellen stellt sich das Alltagsbewusstsein der breiten Massen in vielfacher Hinsicht als widersprüchlich und fragmentarisch dar, setzt sich also sowohl aus konservativen und konformistischen als auch aus widerständig-rebellischen, innovativen und über den *Status quo* hinausdrängenden Aspekten zusammen.

Wie sich diese unterschiedlichen Aspekte – gerade auch unter Krisenbedingungen – ausprägen und verschieben, ist für den Fortgang der gesellschaftspolitischen Auseinandersetzung von grundlegender Bedeutung. Daher ist es schlüssig, dass sich die neogramscianische IPÖ dieser Analyseebene zuletzt wieder verstärkt zugewendet hat (vgl. Bruff 2008; Worth 2011), obgleich mit Blick auf die politischen Orientierungen die bisherigen Forschungsergebnisse alles andere als eindeutig sind (vgl. Stephen 2011).

Im Bestreben, die Ebene des Alltagsbewusstseins in die IPÖ-Diskussion stärker mit einzubeziehen, stehen die neo-gramscianischen Ansätze nicht allein. Inzwischen haben sich unter dem Label einer „Everyday International Political Economy" (Hobson/Seabrooke 2007) eine ganze Reihe von WissenschaftlerInnen versammelt, die der neo-gramscianischen IPÖ nahestehen, in ihrem theoretischen Selbstverständnis zum Teil aber auch primär anderen wissenschaftlichen Strömungen entstammen, so etwa der von Foucault inspirierten Gouvernementalitätsforschung oder einer post-weberianischen IPÖ. Etwas anders orientiert, aber ebenfalls aufschlussreich, sind darüber hinaus die inzwischen gleichermaßen zahlreichen Beiträge zu einer „Kulturellen Politischen Ökonomie", die die kulturellen Prozesse der gesellschaftlichen Bedeutungsproduktion systematischer zu konzeptualisieren und in die IPÖ-Forschung zu integrieren versuchen (vgl. Best/Paterson 2010; Jessop 2009). Sie tragen mit dazu bei, die subjektiven Erfahrungen und gesellschaftspolitischen Artikulationsformen politökonomischer (Krisen-)Prozesse genauer in den Blick zu nehmen. Die erwähnten Forschungsfelder dürften einer neo-gramscianischen IPÖ, die die Entwicklung des Alltagsbewusstseins verstärkt in aktuelle Analysen integriert, sicherlich wichtige Impulse geben. Zugleich legen es die jüngeren Krisendynamiken aber auch nahe, sich nicht allein auf die subjektiv-kulturellen Entwicklungen zu konzentrieren, sondern auch die politisch-soziologischen und politökonomischen Prozesse im Auge zu behalten. Als ein aufschlussreiches soziologisches Gegengewicht zum „cultural turn" könnten dabei unter anderem die Intersektionalitätsstudien fungieren, da diese grundsätzlich in der Lage sind, die soziale Bedingtheit und Strukturierung von Sinnproduktion wie auch die komplexe Überlagerung und Interaktion sehr unterschiedlicher Dimensionen sozialer Ungleichheit – Klasse, Geschlecht, Ethnizität etc. – zu erfassen (vgl. Aulenbacher/Nickel/Riegraf 2012) Außerdem liefern viele Beiträge, die sich aus regulationstheoretischer oder finanzkeynesianischer Perspektive mit den politökonomischen Dynamiken der jüngeren Krisenprozesse auseinandersetzen, wichtige Einsichten – etwa in die spezifischen Muster der grenzüberschreitenden kapitalistischen Verflechtung oder in die Ursachen finanzkapitalistischer Instabilität –, die für eine zeitgemäße neo-gramscianische IPÖ-Forschung unverzichtbar und anregend sind (vgl. Bieling 2009; Bellofiore et al. 2010).

3. Perspektiven der neo-gramscianischen Diskussion

Die hier nur grob umrissenen und notgedrungen selektiv dargestellten Entwicklungen innerhalb wie auch im Umfeld der neo-gramscianischen IPÖ verweisen auf eine mittlerweile breit aufgefächerte Theoriediskussion und Forschungsagenda. Diese Auffächerung bringt es mit sich, dass die neo-gramscianische Diskussion weit davon entfernt ist, einen klar umrissenen Stand kanonisierter Theoriebausteine und Wissensbestände zu repräsentieren. Auf der einen Seite mag man versucht sein, die interne Differenzierung und Heterogenität als Abkehr von einer integralen neo-gramscianischen IPÖ und als ein Defizit an theoretisch-begrifflicher Klarheit und Stringenz zu interpretieren. Auf der anderen Seite stellt die innere Heterogenität aber vor allem ein Potenzial dar, das im Sinne kontroverser, lebhafter und stimulierender Debatte produktiv, d. h. zur Generierung neuer Erkenntnisse genutzt werden kann.

Eine zentrale Ursache für die interne Differenzierung besteht in der „Dehnbarkeit" und Ambivalenz vieler Begriffe und Konzepte, die über die Rezeption der Schriften und Notizen Gramscis von diesem gleichsam „geerbt" wurde. Gramsci (1991– 2002) selbst hatte manche Konzepte wie etwa das der „passiven Revolution" auf sehr unterschiedliche Phänomene – z. B. den Faschismus oder den Fordismus – bezogen und auch das Verhältnis von Staat und Zivilgesellschaft verschieden gefasst (vgl. Anderson 1979): mal als ein „Ensemble von Gegensätzen" – Osten/Westen, Bewegung/ Stellung, Zwang/Konsens, Herrschaft/Hegemonie etc. –, mal als eine „Gleichgewichtsbeziehung", in der sich beide Seiten – die Konsens- und Zwangselemente – die Waage halten und mal als eine „synthetische Konstellation", in der die Unterschiede beider Bereiche zu verschwinden scheinen. Die neo-gramscianische IPÖ hat es nun weitgehend geschafft, den hierin eingelagerten philologischen Streitigkeiten aus dem Weg zu gehen; ebenso hat sie es geschafft, die zuweilen etwas sterilen Kritiken der 1990er Jahre, die die Übertragbarkeit der von Gramsci entwickelten Kategorien auf den Bereich der IPÖ problematisiert hatten (vgl. Germain/Kenny 1998), hinter sich zu lassen. Der Schlüssel für ihren relativen Erfolg bestand dabei darin, die gramscianischen Begriffe nicht einfach zu *übertragen*, sondern mit ihnen aktiv zu arbeiten und sie weiterzuentwickeln. Produktive Kritiken, Anregungen und Erweiterungen konnten dabei verwandten theoretischen Perspektiven entnommen werden wie etwa der Regulationstheorie, dem Finanzkeynesianismus, der Kulturellen Politischen Ökonomie sowie der poststrukturalistisch oder post-weberianisch inspirierten IPÖ-Diskussion (vgl. Dzudzek/Kunze/Wullweber 2012).

Vermutlich werden die Spannungen, die zwischen diesen Theoriesträngen und der neo-gramscianischen IPÖ bestehen, auch in den kommenden Jahren weiter fortwirken. Es ist zu hoffen, dass die neo-gramscianische IPÖ die hiervon ausgehenden Impulse theoretisch-konzeptionell aufnehmen und empirisch fundieren kann. Der zuletzt genannte Aspekt, die empirische Unterfütterung der – oft recht *dehnbaren* – theoretisch-konzeptionellen Überlegungen und Begriffe, bildet eine fortlaufende Herausforderung für die neo-gramscianische Forschungsagenda. Viele der inzwischen vorliegenden Analysen sind diese Herausforderung über unterschiedliche Operationalisierungsstrategien angegangen, die im Sinne einer post-positivistischen Analyseperspektive historisch-rekonstruktive Methoden zu nutzen versuchen und dabei sich auch spezifischer interpretativer – netzwerkanalytischer oder diskursanalytischer – Untersuchungstechniken bedienen. Jenseits aller Besonderheiten geht es in einem ersten Schritt zumeist darum, die zentralen analytischen Begriffe wie Hegemonie, hegemonialer Block, historischer Block, politische Projekte etc. präzise zu fassen, um sich in einem zweiten Schritt passenden – politökonomischen, kulturtheoretischen oder diskurstheoretischen – Analyseverfahren und -techniken zuzuwenden. Wenn die Umsetzung dieser Schritte einigermaßen gelingt, können die neo-gramscianischen Studien – die bislang vorliegenden Arbeiten haben dies zumindest gezeigt – die IPÖ-Diskussion spürbar beleben. Vielleicht liegt dies auch daran, dass sie stärker als andere Forschungsarbeiten den eigenen Theorieeffekt reflektieren und die publizierten Erkenntnisse auch unter dem Aspekt eines potenziell eingreifenden Denkens betrachten.

Literatur

Anderson, Perry 1979: Antonio Gramsci. Eine kritische Würdigung, Berlin: Olle & Wolter.
Apeldoorn, Bastiaan van/Drahokoupil, Jan/Horn, Laura (Hrsg.) 2008: Contradictions and Limits of Neoliberal European Governance – From Lisbon to Lisbon, London: Palgrave Macmillan.
Aulenbacher, Brigitte/Nickel, Hildegard M./Riegraf, Birgit (Hrsg.) 2012: Geschlecht, Ethnie, Klasse – Perspektiven auf den Gegenwartskapitalismus, Schwerpunktheft, Berliner Journal für Soziologie 22: 1.
Bedall, Philip 2011: NGOs, soziale Bewegungen und Auseinandersetzungen um Hegemonie. Eine gesellschaftstheoretische Verortung in der Internationalen Politischen Ökonomie, in: Brunnengräber, Achim (Hrsg.): Zivilisierung des Klimaregimes. NGOs und soziale Bewegungen in der nationalen, europäischen und internationalen Klimapolitik, Wiesbaden: VS Verlag, 59–84.
Bellofiore, Riccardo/Garibaldo, Francesco/Halevi, Joseph 2010: The Great Recession and the Contradictions of European Neomercantilism, in: Panitch, Leo/Albo, Greg/Chibber, Vivek (Hrsg.): Socialist Register 2011: The Crisis This Time, London: Merlin Press, 120–146.
Best, Jaqueline/Paterson, Matthew (Hrsg.) 2010: Cultural Political Economy, London: Routledge.
Bieler, Andreas 2011: Labour, New Social Movements and the Resistance to Neo-Liberal Restructuring in Europe, in: New Political Economy 16: 2, 163–183.
Bieler, Andreas/Morton Adam D. (Hrsg.) 2001: Social Forces in the Making of New Europe. The Restructuring of European Social Relations in the Global Political Economy, London: Palgrave.
Bieling, Hans-Jürgen 2009: Wenn der Schneeball ins Rollen kommt: Überlegungen zur Dynamik und zum Charakter der Subprime-Krise, in: Zeitschrift für Internationale Beziehungen 16: 1, 107–121.

Bieling, Hans-Jürgen 2010: Die Globalisierungs- und Weltordnungspolitik der Europäischen Union, Wiesbaden: VS Verlag.
Bieling, Hans-Jürgen 2011: „Integraler Staat" und Globalisierung, in: Opratko, Benjamin/Prausmüller, Oliver (Hrsg.): Gramsci global. Neogramscianische Perspektiven in der Internationalen Politischen Ökonomie, Hamburg: Argument-Verlag, 87–105.
Bieling, Hans-Jürgen/Deppe, Frank 1996: Gramscianismus in der internationalen politischen Ökonomie, in: Das Argument 38: 5/6, 729–740.
Bretthauer, Lars/Gallas, Alexander/Kannankulam, John/Stützle, Ingo (Hrsg.) 2006: Poulantzas lesen. Zur Aktualität marxistischer Staatstheorie, Hamburg: VSA.
Bruff, Ian 2008: Culture and Consensus in European Varieties of Capitalism: A „Common Sense" Analysis, Basingstoke: Palgrave Macmillan.
Bruff, Ian/Horn, Laura (Hrsg.) 2012: Varieties of capitalism in crisis?, Special Issue of Competition & Change 16: 3.
Cafruny, Alan/Ryner, Magnus (Hrsg.) 2003: A Ruined Fortress. Neoliberal Hegemony and Transformation in Europe, Boulder: Rowman & Littlefield Publishers.
Cammack, Paul 2007: ‚RIP IPE', Papers in the Politics of Global Competitiveness 7, Manchester: Institute for Global Studies, Manchester Metropolitan University.
Carroll, William K. 2010: The Making of a Transnational Capitalist Class: Corporate Power in the 21st Century, London: Zed Books.
Cohen, Benjamin J. 2008: International Political Economy. An Intellectual History, Princeton, NJ: Princeton University Press.
Cox, Robert W. 1983: Gramsci, Hegemony and International Relations: An Essay in Method, in: Millennium 12: 2, 162–175.
Cox, Robert W. 1987: Production, Power and World Order. Social Forces in the Making of History, New York, NY: Columbia University Press.
Cox, Robert W. 2011 (1981): Soziale Kräfte, Staaten und Weltordnungen. Jenseits einer Theorie Internationaler Beziehungen, in: Opratko, Benjamin/Prausmüller, Oliver (Hrsg.): Gramsci global. Neogramscianische Perspektiven in der Internationalen Politischen Ökonomie, Hamburg: Argument-Verlag, 39–83.
Drainville, André, C. 1994: International Political Economy in the Age of Open Marxism, in: Review of International Political Economy 1: 1, 105–132.
Dzudzek, Iris/Kunze, Caren/Wullweber, Joscha (Hrsg.) 2012: Hegemonie- und Diskurstheorien. Gesellschaftskritische Perspektiven, Bielefeld: transcript.
Falk, Richard 1997: The Critical Realist Tradition and the Demystification of Interstate Power: E.H. Carr, Hedley Bull and Robert W. Cox, in: Gill, Stephen/Mittelman, James H. (Hrsg.): Innovation and Transformation in International Studies, Cambridge: Cambridge University Press, 39–55.
Gamble, Andrew/Payne, Anthony (Hrsg.) 1996: Regionalism and World Order, New York, NY: St. Martins Press.
Germain, Randall D./Kenny, Michael 1998: Engaging Gramsci: International Relations Theory and the New Gramscians, in: Review of International Studies 24: 2, 3–21.
Gill, Stephen 1990: American Hegemony and the Trilateral Commission, New York, NY: Cambridge University Press.
Gill, Stephen 1995: Globalisation, Market Civilisation, and Disciplinary Neoliberalism, in: Millennium: Journal of International Studies 24: 3, 339–423.
Gill, Stephen 2000: Theoretische Grundlagen einer neo-gramscianischen Analyse der europäischen Integration, in: Bieling, Hans-Jürgen/Steinhilber, Jochen (Hrsg.): Die Konfiguration Europas. Dimensionen einer kritischen Integrationstheorie, Münster: Westfälisches Dampfboot, 23–50.
Gill, Stephen 2002: Constitutionalizing Inequality and the Clash of Globalizations, in: International Studies Review 4: 2, 47–65.
Gill, Stephen 2003: Power and Resistance in the New World Order, Houndmills: Palgrave.
Gramsci, Antonio 1991–2002: Gefängnishefte. Kritische Gesamtausgabe, Hamburg: Argument-Verlag.

Graz, Jean-Christophe 2003: How Powerful are Transnational Elite Clubs? The Social Myth of the World Economic Forum, in: New Political Economy 8: 3, 321–340.
Hobson, John M./Seabrooke, Leonard (Hrsg.) 2007: Everyday Politics of the World Economy, Cambridge: Cambridge University Press.
Jessop, Bob 2009: Cultural Political Economy and Critical Policy Studies, in: Critical Policy Studies 3: 3–4, 336–356.
Malcher, Ingo 2005: Der Mercosur in der Weltökonomie. Eine periphere Handelsgemeinschaft in der neoliberalen Globalisierung, Baden-Baden: Nomos.
Menzel, Ulrich 2001: Zwischen Idealismus und Realismus. Die Lehre von den Internationalen Beziehungen, Frankfurt a. M.: Suhrkamp.
Morton, Adam D. 2010: The Continuum of Passive Revolution, in: Capital & Class 34: 3, 315–342.
Morton, Adam D. 2011: Revolution and State in Modern Mexico: The Political Economy of Uneven Development, Boulder, CO: Rowman & Littlefield Publishers.
Newell, Peter/Paterson, Matthew 2010: Climate Capitalism. Global warming and the transformation of the global economy, Cambridge: Cambridge University Press.
Opratko, Benjamin/Prausmüller, Oliver (Hrsg.) 2011: Gramsci global. Neogramscianische Perspektiven in der Internationalen Politischen Ökonomie, Hamburg: Argument-Verlag.
Overbeek, Henk 2000: Auf dem Weg zu einer neo-gramscianischen Theorie der europäischen Integration – das Beispiel der Steuerharmonisierung, in: Bieling, Hans-Jürgen/Steinhilber, Jochen (Hrsg.): Die Konfiguration Europas. Dimensionen einer kritischen Integrationstheorie, Münster: Westfälisches Dampfboot, 162–188.
Plehwe, Dieter/Walpen, Bernhard/Neunhöffer, Gisela (Hrsg.) 2006: Neoliberal Hegemony. A Global Critique, London: Routledge.
Robinson, William I. 2004: A Theory of Global Capitalism. Production, Class, and State in a Transnational World, Baltimore, MD: The Johns Hopkins University Press.
Scherrer, Christoph 1999: Globalisierung wider Willen? Die Durchsetzung liberaler Außenwirtschaftspolitik in den USA, Berlin: Sigma.
Schmalz, Stefan 2008: Brasilien in der Weltwirtschaft. Die Regierung Lula und die neue Süd-Süd-Kooperation, Münster: Westfälisches Dampfboot.
Showstack Sassoon, Anne 2005: Intimations of a Gramscian Approach to Global Civil Society, in: Germain, Randall D./Kenny, Michael (Hrsg.): The Idea of Global Civil Society. Politics and Ethics in a Globalizing Era, London: Routledge, 35–46.
Sklair, Leslie 2001: The Transnational Capitalist Class, Oxford: Blackwell Publishers.
Stephen, Matthew 2011: Globalisation and Resistance: Struggles over Common Sense in the Global Political Economy, in: Review of International Studies 37: 1, 209–228.
van Apeldoorn, Bastiaan 2002: Transnational Capitalism and the Struggle over European Integration, London: Routledge.
van Apeldoorn, Bastiaan 2004: Transnational Historical Materialism: The Amsterdam International Political Economy Project. Introduction to the Special Issue, in: Journal of International Relations and Development 7: 2, 110–112.
van der Pijl, Kees 1984: The Making of an Atlantic Ruling Class, London: Verso.
van der Pijl, Kees 1989: Ruling Classes, Hegemony, and the State System: Theoretical and Historical Considerations, in: International Journal of Political Economy 19: 3, 7–35.
van der Pijl, Kees 1997: Transnational class formation and state forms, in: Gill, Stephen/Mittelmann, James H. (Hrsg.): Innovation and Transformation in International Studies, Cambridge: Cambridge University Press, 115–137.
van der Pijl, Kees 2006: Global Rivalries. From the Cold War to Iraq, London: Pluto Press.
Worth, Owen 2011: Recasting Gramsci in International Politics, in: Review of International Studies 37: 1, 373–392.

Feministische Theorien
Gülay Caglar

1. Einleitung[1]

„Theory is always *for* someone and *for* some purpose." (Cox 1981: 128)

Dieser vielzitierte Satz von Robert Cox umfasst zwei Dimensionen kritischer Theoriebildung, die auch für die kritische feministische IPÖ zentral sind: Die erste Dimension bezieht sich darauf, dass die wissenschaftliche Erkenntnisgewinnung kein rein objektiver Prozess ist, durch den die Realität abgebildet und erklärt wird. Nach Cox sind Theorien nicht einfach wertneutral, sondern sie spiegeln stets eine Perspektive wider, die vom jeweiligen Standpunkt der BetrachterInnen abhängt (Cox 1981: 128). Theorien werden demnach als sozial, politisch und geographisch situiert erachtet und entsprechend auch nicht als losgelöst von gesellschaftlichen (und geschlechtsspezifischen) Herrschaftsverhältnissen. Die zweite Dimension bezieht sich auf den normativen Anspruch, Ungleichheits- und Herrschaftsverhältnisse in ihrem Entstehungsprozess zu begreifen und die Rahmenbedingungen sowie Möglichkeiten für sozialen Wandel im emanzipatorischen Sinne zu analysieren und somit zu einem Wandel beizutragen. Es sind genau diese Dimensionen kritischer Theoriebildung, die die feministische und heterodoxe IPÖ miteinander verbinden: Beide gehen von der standpunkttheoretischen[2] Prämisse aus, dass wissenschaftliches Wissen sozial situiert ist; beide plädieren für eine Praxis der differenzierten und reflexiven Theoriebildung, wodurch die den Theorien innwohnenden Perspektiven offengelegt werden; beide betrachten Ungleichheits- und Herrschaftsverhältnisse nicht als gegeben, sondern als historisch gewachsen und veränderbar; und beide beanspruchen, mit ihrem Wissen einen Beitrag zur Veränderung eben dieser Verhältnisse zu leisten (Elias 2011: 104). Trotz dieser epistemologischen und ontologischen Gemeinsamkeiten ist die kritische IPÖ, wie diverse Literaturstudien zeigen, kaum empfänglich für feministische Ansätze der IPÖ (z. B. Eschle 2004; Waylen 2006; Elias 2011; sie-

---

1 Für wertvolle Hinweise bedanke ich mich bei Christine Bauhardt, Joscha Wullweber und Antonia Graf.
2 Die feministische Standpunkttheorie geht von der Annahme aus, dass die Art der Erkenntnisgewinnung vom Standpunkt der eigenen sozialen Gruppenzugehörigkeit abhängt (Harding 2003).

he dazu den Beitrag von Habermann in diesem Band). Die kritische IPÖ, so die feministische Kritik, sei mehrheitlich geschlechtsneutral oder beziehe sich allenfalls verkürzt auf Frauen. Das heißt, die Berücksichtigung der Geschlechterperspektive erschöpfe sich meist darin, Frauen entweder als Leidtragende der Globalisierung oder als Aktivistinnen in der internationalen Frauenbewegung zu *erwähnen* (Waylen 2006: 148). Dieses „adding women in" wird von Vertreterinnen der feministischen IPÖ ambivalent bewertet: Positiv hervorgehoben wird, dass die Marginalisierung von Frauen in ökonomischen Prozessen nicht mehr einfach ausgeblendet wird. Ging es doch gerade in den Anfängen der feministischen IPÖ auch darum, die spezifische Situation von Frauen in der globalen politischen Ökonomie sichtbar zu machen (z. B. Elson 1989; Ward 1990; vgl. Marchand/Runyan 2011: 10). In der Kritik steht jedoch das simplifizierte Verständnis von *gender*. Die Kategorie Geschlecht habe in erster Linie als empirische Kategorie Eingang in die kritische IPÖ gefunden und werde meist synonym für „Frauen" verwendet (Peterson 2005: 500f.). Der wesentliche Beitrag der feministischen IPÖ bestehe hingegen darin, mit der Kategorie Geschlecht eine Analysekategorie zu bieten, die es erlaube, geschlechtsspezifische Normierungs-, Segregations- und Hierarchisierungsprozesse in der globalen politischen Ökonomie herauszuarbeiten und somit die Herstellung von geschlechtsspezifischen Ungleichheitsverhältnissen zu analysieren (ebd.).

Ziel dieses Artikels ist es, das Verständnis für feministische Ansätze in der IPÖ zu schärfen und dadurch den theoretisch-konzeptionellen Mehrwert der feministischen IPÖ für die kritische Theoriebildung zu verdeutlichen. Im Folgenden wird dargelegt, was es bedeutet, *gender* als Analysekategorie zu fassen, welche unterschiedlichen theoretischen Überlegungen damit einhergehen und welche Implikationen dies für die Analyse der globalen politischen Ökonomie mit sich bringt. Dies wird am Beispiel von feministischen Analysen im Themenbereich der ökonomischen Restrukturierungspolitik illustriert. Diese Analysen zu markt- und effizienzorientierten Wirtschaftsreformen in den Ländern des globalen Südens bieten wichtige theoretisch-konzeptionelle Grundlagen für die Bearbeitung aktueller Themen, wie etwa der Subprime-Krise im Jahre 2007/2008 und der darauffolgenden Wirtschaftskrise. Abschließend werden Schlussfolgerungen zum weiteren Forschungsprogramm der feministischen IPÖ gezogen.

2. Feministische Ansätze in der Internationalen Politischen Ökonomie: Ein Überblick

Die feministische IPÖ ist keine in sich geschlossene, homogene Forschungsrichtung, sondern zeichnet sich durch einen hohen Grad an Interdisziplinarität aus (Elias 2011: 102). Feministische Analysen der IPÖ speisen sich aus verschiedenen (sub)disziplinären Richtungen, wie etwa aus der feministischen Ökonomie, der Entwicklungs- und Industriesoziologie, Geographie oder den Internationalen Beziehungen. In den Arbeiten werden unterschiedliche Aspekte und Dimensionen der Globalisierung aus einer Geschlechterperspektive beleuchtet – so zum Beispiel lokale Produktionsstrategien transnationaler Unternehmen, die Implikationen makroökonomischer Politik (Geld- und Fiskalpolitik), die Reorganisation von Arbeit und Lebenszusammenhängen im Zuge globaler Restrukturierungsprozesse, sozioökonomische Dimensionen der Migration, die Rolle internationaler Organisationen sowie sozialer Bewegungen und Praktiken des politischen Widerstands (z. B. Salzinger 2004; Young 2003; Chang Ling 2000; Coleman/Bassi 2011).

Deutliche Unterschiede bestehen innerhalb der feministischen IPÖ hinsichtlich der Bezugnahme auf *gender* als Analysekategorie. In der Literatur werden gemeinhin drei Stränge beziehungsweise Phasen identifiziert (Marchand/Runyan 2011; Sassen 2007; Eschle 2004):

2.1 Gender als empirische Kategorie

In der ersten Phase, Ende der 1970er und in den 1980er Jahren, konzentrierten sich viele Analysen, wie bereits eingangs erwähnt, auf das Sichtbarmachen von Frauen bzw. ihrer Lebensbedingungen und ihrer Rolle in ökonomischen Prozessen. So verfolgte beispielsweise die in Reaktion auf die mehrheitlich androzentrischen Analysen entstandene „Women-in-Development"-Literatur das (liberal-feministische) Anliegen, entwicklungspolitische Paradigmen und Programme unter Berücksichtigung der *produktiven* Rolle von Frauen für die ökonomische Entwicklung zu überdenken (Boserup 1970; vgl. Moser 1993).

Ein weiterer und sehr wichtiger Forschungsschwerpunkt formierte sich darüber hinaus in Bezug auf die sogenannten Stabilisierungs- und Strukturanpassungsprogramme des Internationalen Währungsfonds (IWF) und der Weltbank, die in den 1980er Jahren den hochverschuldeten Ländern des Südens als Bedingung zur weiteren Kreditvergabe auferlegt wurden. Diese Programme sahen eine grundlegende Korrektur in der Wirtschaftspolitik der betroffenen Länder vor, nämlich die Reduktion von Staatstätigkeiten etwa durch massive Einsparungen im öffentlichen Haushalt, durch die Privatisierung staatseigener Betriebe und die Deregulierung und Liberalisierung der nationalen Märkte. Feministische Forscherinnen aus verschiedenen Disziplinen haben die negativen Implikationen dieser Strukturanpassungsprogramme für Frauen eingehend untersucht und nachgewiesen, dass diese in einer spezifischen Weise von der markt- und effizienzorientierten Politik betroffen sind. Eine der zentralen Erkenntnisse ist, dass im Zuge der Austeritäts- und der Privatisierungspolitik die Arbeitsbelastung von Frauen im Bereich der unbezahlten Hausarbeit massiv zunimmt (z. B. Moser 1989; Elson 1989). So sehr dieser Literaturstrang für seinen ausschließlichen Fokus auf Frauen kritisiert werden kann, muss doch hervorgehoben werden, dass diese Arbeiten gerade für die Anfänge der feministischen IPÖ von zentraler Bedeutung waren. Denn zum einen ging es darum, ein Problembewusstsein für die Marginalisierung von Frauen in der globalen Ökonomie zu schaffen. Zum anderen wurden die Grundlagen dafür geschaffen, die Rolle geschlechtsspezifischer Machtverhältnisse und Asymmetrien für die Funktionsweise der globalen Ökonomie zum Gegenstand der Forschung zu erheben.

2.2 Gender als Strukturkategorie

Im Laufe der 1980er Jahre änderte sich die Analyseperspektive. *Gender* wurde nun nicht mehr auf eine empirische Kategorie reduziert, sondern als eine Strukturkategorie konzeptualisiert. Geschlecht als eine Strukturkategorie zu fassen bedeutet, das Geschlechterverhältnis als ein Ungleichheitsverhältnis in den Mittelpunkt der Betrachtung zu stellen. Dabei wird davon ausgegangen, dass die Kategorie Geschlecht als soziales Konstrukt „in die Formierung und Institutionalisierung aller gesellschaftlichen Verhältnisse eingeht" (Dölling 1999: 20) und stets geschlechtsspezifische Hierarchien hervorbringt. Das heißt, die Kategorie Geschlecht wird als ein gesellschaftliches Ordnungsprinzip bzw. als „ungleichheitserzeugender Faktor" (ebd.) verstanden, der die gesellschaftliche Marginalisierung von Frauen als soziale Gruppe begründet. In Hinblick auf die Analyse der Strukturanpassungsprogramme bedeutet eine solche Perspektive, nicht mehr die Auswirkungen der Strukturanpassungsprogramme auf Frauen in den Blick zu nehmen, sondern vielmehr die geschlechtsspezifischen Asymmetrien, auf denen diese Programme ruhen, näher zu betrachten. Vor allem feministische Ökonominnen haben darauf hingewiesen, dass die effizienzorientierte Restrukturierungspolitik nicht nur in ihrer Wirkung, sondern *an sich* hochgradig geschlechtsspezifisch ist. Sie zeigen, dass die geschlechtliche Arbeitsteilung und somit die von Frauen unentgeltlich erbrachte Sorgearbeit im Haushalt stillschweigend als gegeben vorausgesetzt wird; das heißt also, dass die Bürden der Spar- und Privatisierungspolitik in erster Linie Frauen auferlegt werden (siehe unten; Bakker 1994; vgl. Caglar 2009a).

Ein weiteres Themengebiet der feministischen IPÖ, in dem *gender* als Strukturkategorie gefasst wird, ist die neue internationale Arbeitsteilung und die Feminisierung der Arbeit bzw. des Proletariats (Elson/Pearson 1981; Benería/Roldán 1987; Standing 1989, 1999; vgl. Peterson 2012). Diese Analysen beschäftigen sich mit der Auslagerung arbeitsintensiver Fertigungsschritte der industriellen Produktion in den globalen Süden. Sie zeigen, dass die Produktionsauslagerungen mit einer hohen Arbeitsmarktintegration von Frauen einhergegangen sind. Dieser Befund wird allerdings kritisch bewertet, da die erhöhte Nachfrage nach weiblichen Arbeitskräften eng verknüpft ist mit der Zielsetzung, durch die Auslagerungen die Kosten und Risiken der Produktion zu externalisieren – dient doch die Einrichtung der sogenannten *Export Processing Zones* (EPZ) vor allem der Umgehung arbeitsrechtlicher Regelungen und der Durchsetzung flexibler und informeller Beschäftigungsverhältnisse (Nash/Fernández-Kelly 1983: viii). Dass vor allem Frauen als billige und flexible Arbeitskräfte in die Exportindustrie integriert werden, wird in erster Linie damit erklärt, dass die geschlechtsspezifische Differenzierung und Hierarchisierung des Arbeitsmarktes auf geschlechtsspezifischen Rollenzuschreibungen – nämlich, dass Frauen fügsame, flinke und fingerfertige Arbeitskräfte seien – und der damit einhergehenden Abwertung der weiblich konnotierten Arbeit fußt. Diane Elson und Ruth Pearson (1981) bringen dies wie folgt auf den Punkt:

> „In particular, jobs which are identified as ‚women's work' tend to be classified as ‚unskilled' or ‚semi-skilled', whereas technically similar jobs identified as ‚men's work' tend to be classified as ‚skilled' […]. To a large extent, women do not do ‚unskilled' jobs because they are the bearers of inferior labour; rather the jobs they do are ‚unskilled' because women enter them already determined as inferior bearers of labour" (ebd.: 94; vgl. Pearson 1998).

2.3 Gender als Prozesskategorie und intersektionale Kategorie

Dem dritten Strang in den feministischen Theorien werden Analysen zugeordnet, die *gender* als Prozesskategorie und/oder als intersektionale Kategorie verstehen. Ein Großteil dieser Arbeiten lehnt sich an konstruktivistische oder poststrukturalistische und teils auch an postkoloniale Ansätze der IPÖ an (siehe dazu die Beiträge von Wullweber und Habermann in diesem Band). *Gender* als Prozesskategorie zu fassen bedeutet, geschlechtsspezifische Asymmetrien nicht einfach als gegeben anzunehmen, sondern deren Herstellung näher auf den Grund zu gehen. Im Vordergrund stehen folglich Fragen nach der Konstruktion von Geschlecht und die diskursive Herstellung von Geschlechtsidentitäten (Salzinger 2004; Habermann 2008; Griffin 2009; Bedford 2013). Solche Analysen zeigen also nicht nur, *dass* die Kategorie Geschlecht die globale politische Ökonomie strukturiert, sondern *wie* beispielsweise in der Exportindustrie Geschlechtsidentitäten konstruiert werden; multinationale Unternehmen gelten entsprechend als „site for the active construction of gendered identities across globalizing production lines" (Elias 2005: 91). So betrachtet Leslie Salzinger (2004), welchen Einfluss die Geschlechtsidentitäten von Managern in multinationalen Unternehmen auf die Rekrutierung von Arbeitskräften haben. Sie zeigt am Beispiel der Exportindustrie in Mexiko in den 1970er und 80er Jahren – der sogenannten Maquiladora-Industrie –, dass personalpolitische Entscheidungen vom „gendered sense of self" (ebd.: 44) der Manager abhängen und dass sich genau aus diesem Grund die Vorstellung von Frauen als produktiven, schwach organisierten und fügsamen Arbeitskräften trotz gegenteiliger Erfahrungen hartnäckig hält. Auf eine sehr amüsante Weise stellt Salzinger dar, dass Frauen – entgegen der Vorstellungen der Manager – keine beständigen und immerzu arbeitswilligen Arbeitskräfte sind. Ihre Auswertung von Zeitungsartikeln zwischen den Jahren 1974 und 1985 zeigt, dass weibliche Arbeitskräfte gegen schlechte Arbeitsbedingungen aufbegehrten, zu Arbeitsplätzen mit besseren Bedingungen überwechselten oder gar schlecht bezahlte Arbeitsplätze von vornherein nicht annahmen (ebd.: 48ff.). So stand die Maquiladora-Industrie vor dem Problem, dass eine Knappheit an weiblichen Arbeitskräften herrschte, weshalb Männer (widerwillig) angeworben werden mussten. Trotz dieser Entwicklungen hat sich, wie Salzinger verdeutlicht, die Vorstellung von der produktiven Femininität bzw. von Frauen als „paradigmatic maquila worker" (ebd.: 52) in der transnationalen Produktion gehalten (vgl. auch Lind 2011).

In ähnlicher Weise zeigen feministische Analysen, die sich kritisch mit Global-Governance-Prozessen auseinandersetzen, in welcher Weise internationale Organisationen zur Konstruktion von Geschlechtsidentitäten beitragen und heteronormative Lebensformen stabilisieren (Griffin 2009; Bedford 2009, 2013). Kate Bedford verdeutlicht beispielsweise, wie die Weltbank versucht, den negativen Effekten der Strukturanpassungsprogramme und der Krise der sozialen Reproduktion auf der Haushaltsebene durch Armutsminderungsprojekte zu begegnen. Am Beispiel lokaler Projekte in Ecuador und Argentinien zeigt sie, dass die Weltbank eine neoliberale Re-Familiarisierungsstrategie verfolgt und dadurch die Geschlechterrollen in Familien reguliert und neue Subjektivitäten hervorbringt und normalisiert. Sie stellt dar, wie die Weltbank eine Rekonfiguration von Geschlechterrollen in einer Partnerschaft anstrebt, nämlich eine „two-partner model of love and labour in which women work more and men care better" (Bedford 2009: 22). Im Kern ginge es der Weltbank darum, die Arbeitsmarktintegration der Frauen zu fördern und das dadurch entstehende Vakuum in der sozialen Reproduktion, aber auch in den Geschlechterrollen durch ein neues Verantwortungsbewusstsein von Männern zu schließen. Zu diesem Zweck habe die Weltbank Lehrgänge für Männer organisiert, worin ihnen „caring skills" (ebd.: 96) vermittelt und diese zudem als Bestandteil einer männlichen Identität angepriesen würden.

Arbeiten, die Geschlecht vor allem als intersektionale Kategorie konzeptualisieren, analysieren, in welcher Weise *gender* mit anderen Kategorien (Rasse/Ethnie, Klasse etc.) verwoben ist. Damit beanspruchen sie, die Komplexität von Ungleichheitsverhältnissen in der globalen Ökonomie herauszuarbeiten – also nicht nur die sozialen Ungleichheiten zwischen Frauen und Männern in den Vordergrund zu stellen, sondern auch die Differenzen und Hierarchien zwischen Frauen in den Blickpunkt zu rücken (Young 2001; Elias 2005; Sassen 2007; Safri/Graham 2010). Diese geschlechtertheoretische Weiterentwicklung ist für die feministische IPÖ von zentraler Bedeutung, da sie eine differenzierte Perspektive auf das Geschlechterverhältnis als Ungleichheitsverhältnis ermöglicht.

Vor allem die zwei letztgenannten Literaturstränge erachten *gender* als konstitutiv für die globale politische Ökonomie, wobei der Wirkungszusammenhang in beide Richtungen gedacht wird. So wird in den Analysen einerseits gezeigt, wie Geschlechterhierarchien sowie normative Vorstellungen über Weiblichkeit und Männlichkeit auf sozioökonomische Prozesse strukturierend wirken und somit maßgeblich den Gang der Globalisierung prägen. Zum anderen wird nachgezeichnet, in welcher Weise Prozesse der ökonomischen Restrukturierung Geschlechterrollen und Geschlechterverhältnisse reproduzieren, verfestigen, verändern oder gar neue Subjektivitäten hervorbringen (Eschle 2004: 114; Lind 2011: 49).

3. Gemeinsamkeiten in der feministischen IPÖ: Die Kritik an der Trennung zwischen öffentlich und privat sowie global und lokal

So unterschiedlich die Bezugnahme auf die Kategorie Geschlecht in der feministischen IPÖ sein mag, bestehen doch theoretisch-konzeptionelle Gemeinsamkeiten, die sich aus der Kritik an liberalen bis hin zu marxistischen Theorien der IPÖ ergeben. Kritisiert werden die Privilegierung von Staat und Markt und die daraus folgende Geschlechtsblindheit in den Analysen. Dies wird auf die binäre Trennung zwischen öffentlich/privat, global/lokal und Produktion/Reproduktion zurückgeführt (z. B. Peterson 2000; Youngs 2000). Die Trennung zwischen dem Privaten und Öffentlichen wird als Kernelement des politischen Denkens erachtet und deshalb in den Mittelpunkt der feministischen IPÖ gestellt. Damit knüpft die feministische IPÖ an eine lange feministische Forschungstradition in den Politikwissenschaften an. Theoretikerinnen, wie etwa Carol Pateman (1988), haben die in der politischen Ideengeschichte vollzogene Grenzziehung zwischen der Öffentlichkeit und der Privatsphäre beleuchtet und gezeigt, dass diese mit einer Hierarchisierung einhergeht. Pateman kritisiert die dem modernen Staatsgedanken zugrunde liegende Idee vom Gesellschaftsvertrag – eine Idee, die von klassischen Vertragstheoretikern wie beispielsweise Thomas Hobbes, John Locke oder Jean-Jacques Rousseau eingeführt wurde. Sie argumentiert, dass der Gesellschaftsvertrag zugleich auch ein Geschlechtervertrag ist; es handele sich um einen Gesellschaftsvertrag zwischen freien, über Eigentum verfügenden (männlichen) Bürgern, wodurch die Herrschaftsgewalt dem Staat übertragen und im Gegenzug Schutz von Freiheit und Eigentum garantiert würde. Der Gesellschaftsvertrag sei folglich ein Freiheitsvertrag; der Geschlechtervertrag hingegen würde den Ausschluss von Frauen aus dem gesellschaftlichen bzw. öffentlichen Bereich und „ihre Unterordnung in der familialen Privatheit" (Wilde 2009: 39) begründen. Der politischen Gesellschaft, bestehend aus freien Individuen, werde die natürliche bzw. private Gemeinschaft, bestehend aus Ehemann und Ehefrau, gegenübergestellt. Dabei werde das Private als der emotionale Bereich – als Ort der Liebe und Intimität sowie der menschlichen Fürsorge und Reproduktion – festgeschrieben und dem Öffentlichen als politischem (sprich: rationalem) Bereich untergeordnet (ebd.; vgl. Peterson 2000). Feministinnen kritisieren, dass diese Grenzziehung eine Depolitisierung des Privaten mit sich bringt, ähnlich wie bei der Trennung des Politischen vom Ökonomischen in liberalen Wirtschaftstheorien, wonach die Marktwirtschaft als ‚privat' und folglich als frei von öffentlicher bzw. staatlicher Einflussnahme gilt. Obgleich die Marktwirtschaft gemeinhin als nicht-öffentlich konzeptualisiert wird, gehört sie doch – wie Spike Peterson (2000) betont – in Abgrenzung zum Privathaushalt zum öffentlichen Raum. Entscheidend für diese Abgrenzung ist die Unterscheidung zwischen Produktion/Reproduktion bzw. zwischen marktförmigen und nicht-marktförmigen Tätigkeiten (ebd.; siehe unten). Es ist dieses dichotome Denken, worauf die gesellschaftliche Marginalisierung von Frauen zurückgeführt wird.

Die feministische IPÖ beansprucht, dieses dichotome Denken in Theorien der IPÖ nicht nur aufzudecken, sondern in ihren Analysen auch aufzulösen und umzudeuten. Gillian Youngs (2000) konzeptualisiert dieses Denken als „patriarchal prism" (ebd.: 45) – also als ein Prisma, wodurch der Blick auf die globale politische Ökonomie verzerrt werde. Das Private und analog dazu das Lokale seien in der IPÖ schlichtweg absent; die Rolle der sozialen Reproduktion in der globalen Ökonomie und Geschlechterverhältnisse als Machtverhältnisse würden dadurch ausgeblendet. Kimberley A. Chang und L. H. M. Ling (2000) formulieren eine ähnliche Kritik, indem sie sowohl liberalen als auch kritischen Ansätzen der IPÖ vorwerfen, dass diese sich nur mit einer bestimmten Form der globalen Restrukturierung auseinandersetzen, nämlich der neoliberalen Globalisierung bzw. dem „technomuscular capitalism" (ebd.: 27), wie sie es nennen: Die Globalisierungsliteratur – liberal oder kritisch – konzentriere sich auf die „glitzy, Internet-surfing, structurally integrated world of global finance, production, trade, and telecommunications" (ebd.) und unterschlage dadurch das ‚intime Andere' der neoliberalen Globalisierung, nämlich die monetär unterbewertete Dienstleistungs- und Reproduktionsökonomie bzw. das „regime of labour intimacy" (ebd.). Chang und Ling argumentieren zum einen, dass mit dem Fokus auf den *technomuscular capitalism* in der Globalisierungsliteratur die Rolle des Staates unzureichend reflektiert werde; der Aushöhlung des Staates (*hollowing out*) und dessen Handlungsunfähigkeit im Zuge der gesteigerten Standortkonkurrenz würde in der Literatur große Aufmerksamkeit geschenkt. Dabei werde dessen aktive Rolle beispielsweise in der Regulierung von Migrationsströmen ausgeblendet (vgl. Benz/Schwenken 2005). Zum anderen werde durch die Fixierung auf den *technomuscular capitalism* in den Analysen ein bestimmter Subjektivitätstypus privilegiert, nämlich eine koloniale bzw. „[w]esternized, masculinized, and industrialized" (ebd.: 32) Subjektivität. Subalterne migrantische Frauen würden dadurch als ökonomisch sowie politisch handelnde Subjekte ausgeblendet.

Doch in der feministischen IPÖ geht es nicht nur darum, diese Dichotomien und die damit einhergehenden Ausblendungen sichtbar zu machen. Es geht auch darum, die diametrale Gegenüberstellung des Öffentlichen und Privaten bzw. des Globalen und Lokalen grundsätzlich zu hinterfragen. Feministinnen heben hervor, dass diese Sphären nicht als zwei getrennte Bereiche, die funktional voneinander unabhängige Tätigkeitsfelder (Produktion/Reproduktion) und Verhaltensweisen (eigennützig/altruistisch) umfassen, betrachtet werden sollten (Peterson 2000: 12). Folglich wird auch vor der Konzeptualisierung des Lokalen als ausschließlich weibliches Terrain in der globalen Ökonomie gewarnt, da eine solche Perspektive nur die Dichotomie reproduzieren würde (Freeman 2001). Dem feministischen Diktum „Das Private ist politisch" folgend, geht es deshalb in empirischen Analysen der feministischen IPÖ vor allem darum zu zeigen, dass das Lokale global und das Reproduktive produktiv ist (ebd.; siehe auch Safi/Graham 2010; Youngs 2000; Chang/Ling 2000).

4. Feministische Perspektiven auf die ökonomische Restrukturierungspolitik

Die feministische IPÖ setzt sich mit verschiedenen Themen auseinander, die hier nicht alle im Einzelnen diskutiert werden können. Im Folgenden konzentriere ich mich vor allem auf das Thema der ökonomischen Restrukturierung – das heißt, tiefgreifender marktradikaler Wirtschaftsreformen, da diese seit nunmehr drei Dekaden im Mittelpunkt des feministischen Interesses steht (Ward 1990; Bakker 1994; Elson/Cagatay 2000; vgl. Caglar 2009a). Insbesondere feministische Ökonominnen haben sich kritisch mit ökonomischen Restrukturierungsprozessen auseinandergesetzt. Im Zentrum steht die Frage, welche Rolle der Kategorie Geschlecht bei der Konzeptualisierung ökonomischer Restrukturierungsprogramme zukommt. Dabei stellen sie einen engen Zusammenhang zwischen Prozessen der Wissensgenerierung einerseits und der Politikformulierung andererseits her. Sie argumentieren, dass die Restrukturierungspolitik auf geschlechtsblinden makroökonomischen Theorien und Modellen ruht.

In der Makroökonomik werden äußerst komplexe wirtschaftliche Vorgänge vereinfacht in Modellen dargestellt, indem Kategorien und Variablen gebildet und zueinander in Beziehung gesetzt werden. Die Komplexitätsreduzierung auf der Makroebene führt jedoch nicht nur im positiven Sinne zu einer Vereinfachung. Ganze Bereiche, Beweggründe sowie Dynamiken wirtschaftlichen Handelns geraten in makroökonomischen Modellen aus dem Blick. So stehen in der Makroökonomik, wie feministische Ökonominnen betonen, lediglich marktvermittelte Aktivitäten und infolgedessen auch nur monetäre Größen im Mittelpunkt der makroökonomischen Betrachtungsweise. Alle nicht-marktvermittelten Aktivitäten, wie etwa die unbezahlte Hausarbeit oder auch ehrenamtliche Aktivitäten, sind folglich nicht Gegenstand makroökonomischer Theorien und Modelle. Es ist wichtig, an dieser Stelle zu erwähnen, dass sich diese Ausblendung nicht auf die Rolle von privaten Haushalten in der Volkswirtschaft *an sich* bezieht; diese werden in makroökonomischen Theorien und Modellen durchaus berücksichtigt, allerdings nur als konsumierende Einheiten und nicht als produzierende Einheiten. Das heißt, Privathaushalte gelten nicht als produktiv; sie kaufen die von der Privatwirtschaft produzierten Güter und erhalten für ihre angebotene Arbeit Lohn. Wie jedoch diese Arbeitskraft (re)produziert wird, ist in den Modellen nicht von Interesse. Folglich bezieht sich die Ausblendung auf den gesamten Bereich der sozialen Reproduktion. Diese umfasst nach Kate Bedford und Shirin Rai (2010) drei Komponenten: 1) die biologische Reproduktion bzw. die Produktion der zukünftigen Arbeitskraft, die auch emotionale Beziehungsarbeit einschließt, 2) die unbezahlte Sorgearbeit zur physischen und psychischen Reproduktion aller Haushaltsmitglieder und 3) die Reproduktion kultureller und sozialer Normen, die zur Stabilisierung der Gesellschaftsverhältnisse beitragen (ebd.: 7). Feministinnen kritisieren an diesen Ausblendungen zweierlei: einerseits bleibe ein für die Funktionsweise der gesamtwirtschaftlichen und globalen Produktion zentraler Bereich unberücksichtigt und andererseits werde dadurch die Rolle der geschlechtlichen Arbeitsteilung und geschlechtsspezifischer Asymmetrien in gesamtwirtschaftlichen Prozessen verschleiert. Sie kommen zu dem Schluss, dass die geschlechtsspezifischen Auswirkungen der ökonomischen Restrukturierung ein Resultat genau dieser Ausblendung sind (Elson/Cagatay 2000; vgl. Caglar 2009a).

Im Mittelpunkt dieser Kritik steht also die Trennung zwischen Produktion/ Reproduktion. Diese führt nach Diane Elson und Nilüfer Cagatay (ebd.) zu drei miteinander eng verbundenen theoretisch-konzeptionellen Schieflagen, die der Ausrichtung von Restrukturierungsmaßnahmen zugrunde liegen, nämlich dem *male-breadwinner bias*, dem *commodification bias* und dem *deflationary bias*.

1. Der *male-breadwinner bias* bezieht sich auf die Annahme, dass Männer die Hauptverdiener des Haushalts sind und Frauen lediglich die Zuverdienerinnen. Diese eher mikroökonomische Annahme hat insbesondere in den Industrienationen maßgeblich die Arbeitsmarkt-, Lohn- und Sozialpolitik bestimmt. Elson und Cagatay kritisieren wie viele feministische Wissenschaftlerinnen die Orientierung der Politikmaßnahmen am Idealtyp des männlichen Normalarbeitnehmers. Soziale Ansprüche und Löhne würden von diesem Idealtyp abgeleitet, sodass Frauen – sei es aufgrund der unbezahlten Reproduktionsarbeit oder der in der Regel geringer bewerteten Tätigkeit auf dem Arbeitsmarkt – meist in einem Abhängigkeitsverhältnis zu ihren besser verdienenden Ehemännern stünden.

2. Der *commodification bias* bezieht sich auf die massive Spar- und Privatisierungspolitik mit dem Ziel, die Staatstätigkeiten in einer Volkswirtschaft auf ein Minimum zu reduzieren. Dies basiere auf dem neoklassischen Entwicklungsleitbild, wonach das Wirtschaftswachstum nur über den freien Lauf der Marktkräfte zu erreichen sei. Folglich gelte die Kommodifizierung staatlicher Leistungen, wie beispielsweise im Pflege- und Gesundheitsbereich, gesamtwirtschaftlich als wachstumssteigernd, da davon ausgegangen werde, dass diese Leistungen auf dem Markt nach Effizienzkriterien angeboten werden. Feministische Ökonominnen sprechen von einer Reprivatisierung[3] der sozialen Reproduktion: Der Rückzug der öffentlichen Hand führe dazu, dass Frauen die Pflege und Betreuung von Familienangehörigen im Haushalt übernehmen müssten. Das heißt, die höhere Markteffizienz ginge mit einer Intensivierung der Arbeitsbelastung und Überlastung von Frauen im Haushalt einher, die wiederum eine Krise der sozialen Reproduktion nach sich ziehe.

3. Die dritte Schieflage, der *deflationary bias*, hängt eng mit dem *commodification bias* zusammen, bezieht sich jedoch viel grundsätzlicher auf das Verständnis von einer ‚guten' Wirtschaftspolitik, nach der die Preisniveaustabilität als Maxime guter ökonomischer Performanz gilt und daher als Indikator für die Glaubwürdigkeit einer Volkswirtschaft auf dem internationalen Finanzmarkt fungiert. Die von Geberorganisationen gewählte Formulierung „prudent fiscal and monetary policies" (ebd.: 1351) beziehe sich auf restriktive Geld- und Fiskalpolitik, mit

---

3   Siehe dazu kritisch Kunz 2010.

dem Ziel, Preisniveausteigerungen zu drosseln. Elson und Cagatay betonen, dass diese wirtschaftspolitische Ausrichtung Wachstumssteigerungen hemme, Entwicklungspotenziale einschränke und Wirtschaftskrisen eher verstärke, wovon Frauen überproportional betroffen seien: „The result is a ‚deflationary bias in macroeconomic policy' which prevents governments from dealing effectively with their recession and which has a disproportionally negative impact in women" (ebd.: 1354).

Das den herkömmlichen Theorien und Modellen zugrunde liegende dichotome Denken führt also, wie bisher gezeigt wurde, zu theoretisch-konzeptionellen Schieflagen, die zu verkürzten Analysen der globalen politischen Ökonomie führen. Ein wichtiges theoretisches wie empirisches Anliegen der feministischen IPÖ ist es dementsprechend, diese Dichotomie aufzulösen und umzudeuten. Die Kategorie Geschlecht in die Analyse miteinzubeziehen, heißt beispielsweise, die nicht-marktförmige Reproduktionsarbeit im Haushalt bzw. die Reproduktionsökonomie als zentralen Bestandteil der (globalen) Ökonomie zu berücksichtigen. Es gilt – so Maliha Safri und Julie Graham (2010) – den Haushalt als „everyday site of production" (ebd.: 111) zu fassen, wobei der globale Charakter von Haushalten hervorgehoben wird. Aus diesem Grund sprechen sie auch vom „globalen Haushalt" als einer Institution, die meist durch transnationale Familiennetzwerke formiert wird und eine makroökonomische Kategorie darstellt:

> „In the aggregate, the global household produces and distributes a large quantum of social wealth in the form of unpaid household labor, household-based business income, monetary and in-kind remittances, and gifts. It thus participates in international production, finance, and trade in addition to the coordination of international migration" (ebd.: 100).

5. Die theoretische und politische Aktualität feministischer Ansätze in der IPÖ: Ein Fazit

Die Ausführungen vor allem zur ökonomischen Restrukturierungspolitik zeigen die Aktualität feministischer Ansätze. Betrachten wir die Krisenbearbeitungsstrategien im Zuge der aktuellen Euro-Krise und den Umgang mit Krisenländern wie beispielsweise Griechenland, so wird deutlich, dass die feministische Kritik an der neoliberalen Restrukturierung der 1980er Jahre oder an vorangegangenen Finanz- und Wirtschaftskrisen (Young 2003) nach wie vor Gültigkeit hat und für Diskussionen der kritischen IPÖ anschlussfähig ist.

Vor allem feministische Ökonominnen betonen, dass es gilt, die Dichotomie zwischen Produktion/Reproduktion auch politisch aufzulösen. Ziel sei es, der sozialen Dimension der Makroökonomie gerecht zu werden bzw. die soziale Reproduktion in makroökonomischen Maßnahmen als zentralen Bestandteil zu berücksichtigen. Elson und Cagatay (2000) plädieren entsprechend dafür, wachstumsfördernde bzw. expansive Maßnahmen durchzuführen, statt nach wie vor eine Austeritätspolitik zu verfolgen. Dabei unterstellen sie, dass eine expansive Wirtschaftspolitik grundsätzlich besser sei, wenngleich diese Maßnahmen nicht automatisch Frauen zugute kämen, sondern durch eine geschlechtersensible Politik flankiert werden müssten (beispielsweise durch eine geschlechtersensible Haushaltspolitik). Die kausale Verknüpfung einer expansiven Geld- und Fiskalpolitik mit Wachstum, Beschäftigung und sozialer Gerechtigkeit offenbart den keynesianischen Einschlag in der Argumentation der beiden Autorinnen. Dementsprechend weisen sie dem Staat als Instanz der Umverteilung eine zentrale geschlechterpolitische Rolle zu und fordern somit in gewisser Weise die Rückkehr des keynesianischen Wohlfahrtsstaates. Der unkritische Rekurs auf den Staat ist insgesamt vor allem in den eher wirtschaftswissenschaftlich orientierten Analysen der feministischen IPÖ vorzufinden (Caglar 2009b). Politikwissenschaftliche Analysen der feministischen IPÖ sehen die Rolle des Staates kritischer und zeigen, wie dieser geschlechtsspezifische Herrschaftsverhältnisse produziert und reproduziert (Kunz 2010). Die Leistung solcher Ansätze besteht darin, dass sie das dichotome Denken innerhalb der Subdisziplin nicht nur aufdecken und Konstruktionen aufspüren, sondern auch deren Machteffekte aufzeigen und die Auflösung und Umdeutung der Dichotomien anstreben. Gerade im Hinblick auf die Rolle des Staates in der globalen politischen Ökonomie könnte ein fruchtbarer Dialog zwischen feministischen und heterodoxen Ansätzen der IPÖ entstehen. Dies setzt jedoch voraus, dass zentrale Analysekategorien der feministischen IPÖ ernst genommen werden – das heißt also, dass Geschlecht nicht mehr nur als empirische Kategorie begriffen wird, sondern als eine, die die Struktur und die Prozesse der globalen politischen Ökonomie maßgeblich prägt.

Literatur

Bakker, Isabella (Hrsg.) 1994: The Strategic Silence. Gender and Economic Policy, London: Zed Books.
Bedford, Kate 2013: Regulating Intimacy: the World Bank, in: Caglar, Gülay/Prügl, Elisabeth/Zwingel, Susanne (Hrsg.): Feminist Strategies in International Governance, London: Routledge, 233–248.
Bedford, Kate 2009: Developing Partnerships: Gender, Sexuality and the Reformed World Bank, Minneapolis, MN: University of Minnesota Press.

Bedford, Kate/Rai, Shirin M. 2010: Feminists Theorize International Political Economy, in: Signs 36: 1, 1–18.
Benería, Lourdes/Roldán, Martha 1987: The Crossroads of Class and Gender, Chicago, IL: University of Chicago Press.
Benz, Martina/Schwenken, Helen 2005: Jenseits von Autonomie und Kontrolle: Migration als eigensinnige Praxis, in: Prokla, Zeitschrift für kritische Sozialwissenschaft 35: 3, Heft 140, 363–377.
Boserup, Esther 1970: Women's Role in Economic Development, New York, NY: St. Martin's Press.
Caglar, Gülay 2010: Gender Knowledge and Economic Knowledge in the World Bank and UNDP: Multiple Meanings of Gender Budgeting, in: Young, Brigitte/Scherrer, Christoph (Hrsg.): Gender Knowledge and Knowledge Networks in International Political Economy, Baden-Baden: Nomos, 55–74.
Caglar, Gülay 2009a: Engendering der Makroökonomie und Handelspolitik. Potenziale transnationaler Wissensnetzwerke, Wiesbaden: VS Verlag für Sozialwissenschaften.
Caglar, Gülay 2009b: Staatlichkeit in der ökonomischen Globalisierung: Zum Staatsverständnis in der feministischen Ökonomie und Global Governance-Forschung, in: Ludwig, Gundula/Sauer, Birgit/Wöhl, Stefanie (Hrsg.): Staat und Geschlecht. Grundlagen und aktuelle Herausforderungen feministischer Staatstheorie, Baden-Baden: Nomos, 121–135.
Chang, Kimberly A./Ling, L.H.M. 2000: Globalization and its Intimate Other. Filipina Domestic Workers in Hong Kong, in: Marchand, Marianne H./ Runyan, Anne Sisson (Hrsg.): Gender and Global Restructuring. Sightings, Sites and Resistance, London: Routledge, 27–43.
Coleman, Lara Montesinos/Bassi, Serena A. 2011: Deconstructing Militant Manhood, in: International Feminist Journal of Politics 13: 2, 204–224.
Cox, Robert W. 1981: Social Forces, States and World Orders: Beyond International Relations Theory, in: Millennium - Journal of International Studies 10: 2, 126–155.
Dölling, Irene 1999: „Geschlecht" – eine analytische Kategorie mit Perspektive in den Sozialwissenschaften?, in: Potsdamer Studien zur Frauen und Geschlechterforschung 3: 1, 18–27.
Elias, Juanita 2011: Critical Feminist Scholarship and IPE, in: Shields, Stuart/Bruff, Ian/Macartney, Huw (Hrsg.): Critical International Political Economy. Dialogue, Debate and Dissensus, New York, NY: Palgrave Macmillan, 99–113.
Elias, Juanita 2005: Stitching-up the Labour Market. Recruitment, Gender and Ethnicity in the Multinational Firm, in: International Feminist Journal of Politics 7: 1, 90–111.
Elson, Diane 1989: The Impact of Structural Adjustment on Women: Concepts and Issues, in: Onimode, Bade (Hrsg.): The IMF, the World Bank and African Debt, Vol. 2. The Social and Political Impact. London: Zed Books, 56–74.
Elson, Diane/Cagatay, Nilüfer 2000: The Social Content of Macroeconomic Policies, in: World Development 28: 7, 1347–1364.
Elson, Diane/Pearson, Ruth 1981: 'Nimble Fingers Make Cheap Workers': An Analysis of Women's Employment in Third World Export Manufacturing, in: Feminist Review 7: 1, 87–107.
Eschle, Catherine 2004: Feminist Studies of Globalisation: Beyond Gender, Beyond Economism?, in: Global Society 18: 2, 97–125.
Freeman, Carla 2001: Is Local: Global as Feminine: Masculine? Rethinking the Gender of Globalization, in: Signs 26: 4, 1007–1037.
Griffin, Penny 2009: Gendering the World Bank. Neoliberalism and the Gendered Founda-tions of Global Governance, New York, NY: Palgrave Macmillan.
Habermann, Friederike 2008: Der homo oeconomicus und das Andere. Hegemonie, Identität und Emanzipation, Baden-Baden: Nomos.
Harding, Sandra 2003: The Feminist Standpoint Theory Reader. Intellectual and Political Controversies, London: Routledge.
Kunz, Rahel 2010: The Crisis of Social Reproduction in Rural Mexico: Challenging the 'Reprivatization of Social Reproduction' Thesis, in: Review of International Political Economy 17: 5, 913–945.
Lind, Amy 2011: Querying Globalization. Sexual Subjectivities, Development, and the Governance of Intimacy, in: Marchand, Marianne H./Runyan, Anne Sisson (Hrsg.): Gender and Global Restructuring. Sightings, Sites and Resistance, 2. Auflage, London: Routledge, 48–65.

Marchand, Marianne H./Runyan, Anne Sisson 2011: Introduction: Feminist Sightings of Global Restructuring. Old and New Conceptualizations, in: Marchand, Marianne H./Runyan, Anne Sisson (Hrsg.): Gender and Global Restructuring. Sightings, Sites and Resistance, 2. Auflage, London: Routledge, 1–29.

Moser, Caroline O. N. 1993: Gender Planning and Development: Theory, Practice and Training, London: Routledge.

Moser, Caroline O. N. 1989: The Impact of Recession and Adjustment Policies at the Micro-Level: Low Income Women and their Households in Guayaquil, Ecuador, in: UNICEF (Hrsg.): The Invisible Adjustment: Poor Women and the Economic Crisis, Santiago: UNICEF, The Americas and the Caribbean Regional Office, 137–166.

Nash, June/Fernández-Kelly, María Patricia 1983: Introduction, in: Nash, June Fernández-Kelly, María Patricia (Hrsg.): Women, Men, and the International Division of Labor, Albany, NY: State University of New York Press.

Pateman, Carol 1988: The Sexual Contract, Cambridge: Polity Press.

Pearson, Ruth 1998: 'Nimble Fingers' Revisited: Reflections on Women and Third World Industrialization in the Late Twentieth Century, in: Jackson, Cecile/Pearson, Ruth (Hrsg.): Feminist Visions of Development: Gender Analysis and Policy, London: Routledge, 171–188.

Peterson, Spike V. 2012: Rethinking Theory, in: International Feminist Journal of Politics 14: 1, 5–35.

Peterson, Spike V. 2005: How (the Meaning of) Gender Matters in Political Economy, in: New Political Economy, 10: 4, 499–521.

Peterson, Spike V. 2000: Rereading Public and Private: The Dichotomy that is Not One, in: SAIS Review 20: 2, 11–29.

Safri, Maliha/Graham, Julie 2010: The Global Household: Toward a Feminist Postcapitalist International Political Economy, in: Signs 36: 1, 99–125.

Salzinger, Leslie 2004: From Gender as Object to Gender as Verb: Rethinking how Global Restructuring Happens, in: Critical Sociology 30: 1, 43–62.

Sassen, Saskia 2007: Countergeographies of Globalization: The Feminization of Survival, in: Lucas, Linda E. (Hrsg.): Unpacking Globalization: Markets, Gender and Work, Lanham, MD: Lexington Books, 21–34.

Standing, Guy 1999: Global Feminization Through Flexible Labor: A Theme Revisited, in: World Development 27: 3, 583–602.

Standing, Guy 1989: Global Feminization Through Flexible Labor, in: World Development 17: 7, 1077–1095.

Ward, Kathryn 1990: Women Workers and Global Restructuring. Ithaca, NY: Cornell University Press.

Waylen, Georgina 2006: You Still Don't Understand: Why Troubled Engagements Continue Between Feminists and (Critical) IPE, in: Review of International Studies 32: 1, 145–164.

Wilde, Gabriele 2009: Der Geschlechtervertrag als Bestandteil moderner Staatlichkeit. Carole Patemans Kritik an neuzeitlichen Vertragstheorien und ihre Aktualität, in: Ludwig, Gundula/Sauer, Birgit/ Wöhl, Stefanie (Hrsg.): Staat und Geschlecht. Grundlagen und aktuelle Herausforderungen feministischer Staatstheorie, Baden-Baden: Nomos, 31–45.

Young, Brigitte 2003: Financial Crisis and Social Reproduction: Asia, Argentina and Brazil, in: Bakker, Isabella/Gill, Stephen (Hrsg.): Power, Production and Social Reproduction, New York NY: Palgrave Macmillan, 103–123.

Young, Brigitte 2001: The 'Mistress' and the 'Maid' in the Globalized Economy, in: Socialist Register 37, 315–127.

Youngs, Gillian 2000: Breaking Patriarchal Bonds: Demythologizing the Public/Private, in: Marchand, Marianne H./ Runyan, Anne Sisson (Hrsg.): Gender and Global Restructuring. Sightings, Sites and Resistance, 1. Auflage, London: Routledge, 44–58.

Kritischer Realismus.
Eine Wissenschaftstheorie der Internationalen Politischen Ökonomie
Hans Pühretmayer

1. Einleitung[1]

In jüngster Zeit wurden zunehmend Analysen zur internationalen politischen Ökonomie veröffentlicht, die sich explizit an einer kritisch-realistischen Wissenschaftstheorie orientieren; zu erwähnen sind dabei vor allem Joseph (2012), Jäger/Springler (2012), Buch-Hansen/Wigger (2011), Gruffyyd Jones (2011), Jessop (2010), Patomäki (2008), Kurki (2008) und Wight (2006). Der *Critical Realism*[2] besteht aus einer Kombination von ontologischen Überlegungen für die Praxis der wissenschaftlichen Erkenntnisproduktion mit einer kritischen Wissenschaftskonzeption sowie einem Interesse an politisch-gesellschaftlicher Emanzipation. Die Grundlagen wurden von Roy Bhaskar (1997, 1998) gelegt, der insbesondere an wissenschaftstheoretische Thesen von Marx, Althusser und Adorno anknüpfte und diese kritisch weiterentwickelte. Bhaskar erarbeitete seine wissenschaftstheoretischen Thesen zunächst vor allem als Kritik positivistischer Ansätze[3]. Mitte der 1970er Jahre, in einer Zeit der angeschlagenen Hegemonie des Positivismus in den Sozialwissenschaften sowie der Krise des Fordismus (vgl. Steinmetz 2005: 310), veröffentlichte Roy Bhaskar (1997) sein grundlegendes Werk *A Realist Theory of Science*, in welchem er zentrale Annahmen des Positivismus als Wissenschaftstheorie im engeren Sinn, also vor allem dessen Realitäts-, Kausalitäts- und Objektivitätskonzeption, dekonstruierte. Darauf folgte 1979 in der kritischen Auseinandersetzung mit hermeneutischen und sozialkonstruktivistischen Ansätzen die Ausarbeitung grundlegender wissenschafts-

---

1   Für anregende Kommentare danke ich Friederike Habermann, Armin Puller und Joscha Wullweber.
2   Begründet und in den wesentlichen Grundzügen für die Sozialwissenschaften ausgearbeitet wurde der Critical Realism insbesondere von Roy Bhaskar, Margaret Archer, Andrew Sayer und Tony Lawson.
3   Positivistische Ansätze beschränken die wissenschaftlich relevante Realität auf beobachtbare und quantifizierbare Phänomene. Als Basiseinheit von Analysen gelten ausschließlich individuelle AkteurInnen und deren Verhalten (*methodologischer Individualismus*); gesellschaftliche Verhältnisse und Strukturen werden als Aggregate von individuellen Handlungen verstanden. Als Ziel wird das Erstellen von raum- und zeitübergreifenden kausalen Gesetzen angesehen.

theoretischer Thesen für kritisch-materialistische Sozialwissenschaften[4] (vgl. Bhaskar 1998). Roy Bhaskar hat seine Thesen aus einer Analyse der ontologischen Voraussetzungen, die Natur- und Sozialwissenschaften in ihrer *realen Forschungspraxis* machen, gewonnen. Diese neue theoretische Architektur des Critical Realism wurde und wird in den darauffolgenden Jahrzehnten sowohl philosophisch (in verschiedene Richtungen) weiterentwickelt als auch zur Reformulierung der wissenschaftstheoretischen Prämissen u. a. von Soziologie, Sozialgeographie, feministischer Theorie, Staatstheorie und Internationaler Politischer Ökonomie (IPÖ) sowie für konkrete Analysen in diesen Feldern verwendet.

Die Betonung der Relevanz ontologischer Reflexionen für wissenschaftstheoretische Argumente wird nicht als rein wissenschaftsinterne Reflexion verstanden, sondern ist inhärent verbunden mit einem politisch-emanzipatorischen Verständnis von nichtpositivistischer Wissenschaft. Lange Zeit hatten epistemologische Fragen[5] ontologische Thesen verdrängt, da Ontologie missverständlicherweise auf eine Frage nach einem ahistorischen Wesen der Dinge verkürzt worden war. Vom Critical Realism wird unter (Sozial-)*Ontologie* die Gesamtheit der Prämissen verstanden, die ein bestimmter sozialwissenschaftlicher Ansatz über die Grundcharakteristika der zu analysierenden gesellschaftlichen Realität macht. Eine zentrale ontologische Frage für Sozialwissenschaften ist z. B. diejenige nach den jeweils spezifischen Eigenschaften gesellschaftlicher und politischer Strukturen und Institutionen einerseits und den Praxisformen individueller wie kollektiver AkteurInnen andererseits sowie das Verhältnis von Struktur und Handlung generell (vgl. Hay 2006: 61f.).[6] Den wissenschaftstheoretischen Argumenten, Thesen und Konzeptionen kommt insofern eine wesentliche eigenständige Bedeutung im wissenschaftlichen Erkenntnisproduktionsprozess zu, als sie darüber mitentscheiden, welche Fragen in einem sozialwissenschaftlichen Forschungsprozess überhaupt gestellt werden können, was als legitimer Untersuchungsgegenstand angesehen wird und mit welchen Methoden analysiert werden soll (vgl. für die IPÖ Kurki 2008: 259ff.; Patomäki 2002; Wight 2006; für die Sozialwissenschaften allgemein Danermark et al. 2002; Pühretmayer 2012).

Anhand der Konzeption des Struktur-Handlungs-Themas lässt sich bereits das politisch-theoretische Anliegen des Critical Realism veranschaulichen. Der Critical

---

4   Kritisiert werden alle Wissenschaftstheorien, die teleologisch, naturalisierend, ahistorisch, reduktionistisch oder methodologisch-individualistisch argumentieren.

5   Die *epistemologischen* Thesen beziehen sich auf die Behauptungen und Annahmen darüber, in welcher Weise und unter welchen Bedingungen es möglich ist, Erkenntnisse über die Wirklichkeit zu erlangen. Dazu kommt die Frage, nach welchen Kriterien über die Geltung dieser Erkenntnisse (stets vorläufig) entschieden werden kann.

6   Jede ontologische Theorie ist selbst historisch spezifisch und damit letztlich kontingent und bestreitbar (Bhaskar 1998: 5f.; Collier 1994: 23f.).

Realism teilt mit anderen kritischen Ansätzen der IPÖ die politische Intention, „die Beherrschten als gesellschaftliche Akteure ernst zu nehmen" (Hajek/Kinzel 2011: 126; Habermann 2008). Er betont dabei die Aufgabe, durch präzise wissenschaftliche Erkenntnisse über strukturelle Verhältnisse und über Potenziale von AkteurInnen politisch-emanzipatorisches Handeln zu unterstützen (Bhaskar 1989: 178; Gruffydd Jones 2011: 250f.). Kritische RealistInnen argumentieren, dass sie mit ihrer *spezifischen* Konzeption von Strukturen und Handelnden sowie deren Verhältnis wissenschaftstheoretisch fundierte – aber keineswegs abgeschlossene – Thesen und Argumente bereitstellen können, damit die strukturellen Beschränkungen, Möglichkeiten und Ressourcen sowie die Dispositionen, Subjektivierungen, Identitäten, Interessen, Wünsche, Begehren und Motivationen von individuellen und kollektiven politischen AkteurInnen in ihrer Spezifik sozialwissenschaftlich[7] angemessen analysiert werden können. Zentral für Sozialwissenschaften, die mit kritisch-realistischen Thesen arbeiten, ist es, sich nicht wie positivistische Ansätze auf die Beschreibung direkt beobachtbarer Phänomene und die Feststellung von regelmäßigen Verbindungen zwischen ihnen zu beschränken, sondern zu analysieren, *weshalb, wodurch* und *wie* diese Phänomene und Ereignisse zustande kamen.

2. Grundthesen und zentrale Begriffe des Critical Realism

Wie jeder kritische theoretische Ansatz erarbeitet auch der Critical Realism neue Begriffe und reformuliert gängige Begriffe, um Werkzeuge (Thesen) für eine präzisere und angemessenere Analyse relevanter gesellschaftlicher Prozesse und Probleme erarbeiten zu können und dabei Verkürzungen, blinde Flecken und Widersprüche anderer Ansätze aufzulösen. In diesem Text[8] werden insbesondere die kritisch-realistischen Bestimmungen der zusammenhängenden Begriffe Realität, Struktur, Mechanismen, kausale Kräfte, Emergenz, Handelnde und Wissenschaftlichkeit kurz erläutert.

2.1 Realität und Struktur

Auf der Grundlage der Analyse der wissenschaftstheoretischen Prämissen der realen Praxis naturwissenschaftlicher Experimente sowie sozialwissenschaftlicher Forschung zeigte Bhaskar, dass wir, wenn wir wissenschaftliche Analysen durchführen, eine stratifizierte und strukturierte *Realität* voraussetzen. Damit ist gemeint, dass

---

7   Wissenschaftstheoretische Fragestellungen beschäftigen sich mit ontologischen und epistemologischen Fragen. Sozialwissenschaftliche Fragestellungen im engeren Sinne sind solche nach den konkreten Wirkungsweisen von historisch und sozialräumlich spezifischen Strukturen und AkteurInnen. Beide sind eng miteinander verbunden, aber nicht aufeinander reduzierbar.

8   Einzelne Passagen dieses Beitrags basieren auf Pühretmayer 2010.

für eine differenzierte wissenschaftliche Untersuchung die Realität einerseits unterschieden werden kann und muss zwischen (a) unmittelbar Erfahrbarem, (b) (nicht notwendigerweise immer wahrgenommenen) Ereignissen und (c) (zumeist) unbeobachtbaren Strukturen und Mechanismen (Bhaskar 1997: 13). Diese These der strukturierten Realität (Wight 2006: 28f.) besagt, dass Strukturen real sind (Bhaskar 1997: 13 und 56f.; Sayer 2000), also nicht bloße Abstraktionen, Modelle (Kenneth Waltz) oder *Erinnerungsspuren* (Giddens 1984: 16ff.). Mit dieser Konzeption von materiellen und wirkkräftigen Strukturen unterscheidet sich der Critical Realism wesentlich von hermeneutischen, radikalkonstruktivistischen sowie den meisten poststrukturalistischen Ansätzen. Unter einer gesellschaftlichen *Struktur* versteht der Critical Realism eine historisch und sozialräumlich spezifische Konstellation von „Verhältnissen zwischen gesellschaftlichen Positionen" (Wight 2006: 127; Sayer 1993: 89), z. B. zwischen Unternehmern und Arbeitenden oder HauseigentümerInnen und MieterInnen (Sayer 1993: 92f.). Diese Positionen geben den AkteurInnen, die sie innehaben, bestimmte Möglichkeiten bzw. beschränken ihre Handlungsräume: Wer keine Verfügungsmacht über Produktionsmittel innehat, kann z. B. nicht bestimmen, welche Produkte unter welchen Bedingungen produziert und verkauft werden. Die spezifische Konstellation dieser Positionen – d. h. auch die machtförmigen Regeln, wer weshalb und wie über die Ressourcen verfügen kann (Wight 2006: 152; Patomäki 2002: 117) – konstituiert *generative Mechanismen* und bewirkt die spezifischen *Tendenzen* (genauere Begriffsbestimmungen unten) von Strukturen bzw. gesellschaftlichen Verhältnissen.[9] Da in der *gesellschaftlichen* Realität alle Verhältnisse und deren Elemente in historisch und sozialräumlich spezifischen und stets von Widersprüchen durchzogenen Kontexten produziert worden sind, sind sie auch prinzipiell veränderbar. Strukturen werden vom Critical Realism also weder als notwendigerweise verdinglicht und entfremdend noch als unveränderlich oder per se zur Schließung tendierend gedacht. Wirksam sind gesellschaftliche Strukturen nur in den und durch die Aktivitäten von Menschen: Sie sind Ergebnisse intendierter und nicht intendierter Konsequenzen von Praxisformen (Bhaskar 1998: 40f.; Archer 1995).

Für eine sowohl wissenschaftstheoretisch konsistente Reflexion als auch sozialwissenschaftlich praktikable Analyse gesellschaftlicher Prozesse und Veränderungen sind (1) die Beachtung des Zeitfaktors wie auch (2) der qualitativen, also auch ontologischen, Unterschiede zwischen (ökonomischen, politischen, militärischen, kulturellen, diskursiven etc.) Strukturen und Handelnden wesentlich. Zu 1: Aktuelle Handlungen setzen stets eine bereits existierende, ihnen also zeitlich vorausge-

---

9   Eine bestimmte Form der Beschränkung bleibt so lange wirksam, bis das asymmetrische, hierarchische Gefüge dieser Positionen von politischen Praxisformen kollektiver AkteurInnen verändert wird.

hende, Konstellation von wirkmächtigen Strukturen voraus (Patomäki 2002: 102). Die *Eigenschaften* und *kausalen Kräfte*[10] (*properties and causal powers*) dieser Strukturen resultieren nicht nur aus den Handlungen der jeweils aktuellen AkteurInnen, sondern zu einem wesentlichen Teil aus Handlungen, die schon Jahrzehnte bzw. Jahrhunderte zurückliegen (Gorski 2009: 164; Kurki 2008; Archer 1995): z. B. die Verteilung von Kapital- und Grundbesitz, die vom Kolonialismus mitbedingten globalen ökonomischen und politischen Abhängigkeiten oder der anthropogene bzw. eigentlich soziogene Klimawandel. Abstrakte, weil zeitvergessene Formulierungen wie *Handeln und Strukturen bedingen bzw. konstituieren sich wechselseitig* erwecken den Eindruck, ausschließlich die aktuell lebenden Menschen würden die gegenwärtig wirksamen sozialen Strukturen produzieren. Die unterschiedlichen Thesen zum Struktur-Handlungs-Verhältnis haben gravierende Auswirkungen auf die darauf aufbauenden politischen Strategien: Während die abstrakte These zur Illusion relativ problemloser Veränderbarkeit gesellschaftlicher Verhältnisse verleitet (im Sinne von *alles von uns selbst Geschaffene können wir auch selbst verändern*), verweist der Critical Realism darauf, dass Strategien zur Veränderung aktueller Strukturen stets mit einer sehr komplexen Konstellation von *Kontexten* (jeder Kontext verstanden als Ensemble von Kräften und Mechanismen) konfrontiert sind. Hinsichtlich der qualitativen Unterschiede zwischen Strukturen und Handelnden (Punkt 2) wird aus der Perspektive des Critical Realism argumentiert, dass gesellschaftliche Strukturen kausale Kräfte haben, die qualitativ verschieden von den kausalen Kräften von AkteurInnen sind und dass sie als Konfigurationen spezifischer gesellschaftlicher Positionen den Handlungen der AkteurInnen einen materiell wirksamen Rahmen vorgeben (Wight 2006: 101; Kurki 2008). Für diesen *analytischen Dualismus* von Bhaskar, Archer und Sayer ist es sowohl theoretisch und forschungspraktisch als auch politisch entscheidend, strukturelle Bedingungen und menschliche Handlungen *analytisch* auseinanderzuhalten: Strukturen funktionieren und wirken auf eine ihnen spezifische Weise, die von der der Handlungen verschieden ist; für beide müssen daher auch grundsätzlich unterschiedliche Begriffe verwendet werden (z. B. kann bei Strukturen nicht von Strategie, Intention, Verantwortung, Entscheidung, Begehren u. dgl. gesprochen werden; bei AkteurInnen nicht von Klassenantagonismen, Genderregimen, Akkumulationsdynamiken, Marktmechanismen etc.) (Archer 1995, 2000: 172). Wight kritisiert verschiedene Ansätze der konstruktivistischen und poststrukturalistischen IPÖ, welche Gesellschaft auf Praxisformen reduzieren, und damit die „Kräfte und Prozesse, die diese Praxisformen produzieren" (Wight 2006: 83), entthematisieren.

---

10 Den Begriff *(causal) powers* übersetze ich, in Anlehnung an Jürgen Ritsert (1997: 213), mit den hier synonym verwendeten Begriffen (transformative bzw. kausale) Kräfte, Fähigkeiten bzw. Kapazitäten.

Bei der genaueren Ausarbeitung der sozialontologischen Prämissen des Struktur-Handlungs-Verhältnisses haben sich insbesondere Margaret Archer, Roy Bhaskar und Bob Jessop mit Anthony Giddens' Strukturierungstheorie kritisch auseinandergesetzt. Giddens versteht gesellschaftliche Strukturen bloß als Abstraktionen, die keine eigenständigen Eigenschaften (*properties*) und kausalen Fähigkeiten (*causal powers*) hätten (Jessop 1990: 294). Seine Konzeption macht es damit unmöglich, die realen Wirkkräfte von gesellschaftlichen Verhältnissen umfassend wissenschaftlich zu analysieren (Wight 2006: 137ff.).[11] Bob Jessop hat die Thesen Bhaskars (sein *Transformationsmodell gesellschaftlichen Handelns*) und Archers (ihren *morphogenetischen Ansatz*) im Rahmen seiner Staatstheorie als *strategisch-relationalen Ansatz* (SRA) weiterentwickelt (Jessop 2005, 2008). Im SRA geht es um das Verhältnis von strategischen und strukturellen „Selektivitäten von Strukturen und den reflexiven, strukturell-orientierten strategischen Überlegungen individueller und kollektiver AkteurInnen", d. h. um „Tendenzen spezifischer Strukturen und struktureller Konfigurationen", selektiv bestimmte AkteurInnen, Identitäten, Handlungsformen, Strategien und zeitliche sowie räumliche Horizonte zu bevorzugen sowie andere zu entmutigen bzw. zu behindern (Jessop 2008: 49f.). Der Critical Realism überwindet also das (Schein-)Problem, ob wir eine strukturtheoretische oder eine „handlungstheoretische Fundierung" (Hajek/Kinzel 2011: 141) von Gesellschaftstheorie bzw. von IPÖ vertreten sollen, indem er auch hier auf dem (ontologischen) Primat der Relationalität besteht: Es geht zuallererst um das *Verhältnis* zwischen Handlungen und Strukturen. Innerhalb dieses relationalen *Rahmens* muss dann allerdings die *spezifische* Konzeption von Strukturen und AkteurInnen bzw. Praxisformen erarbeitet werden. Bhaskar nahm später die Thesen Archers und Jessops auf und integrierte sie im *Dialectical Critical Realism* in sein Konzept des *social cube*, bei dem es sich vor allem um die Verknüpfung von (i) gesellschaftlichen Naturverhältnissen, (ii) inter- und intrasubjektiven Beziehungen, (iii) gesellschaftlichen Verhältnissen und Prozessen (Macht- sowie Herrschaftsverhältnisse inkl. diskursive und normative Verhältnisse) und (iv) der Subjektivität der AkteurInnen dreht (vgl. Wight 2006: 174).

2.2 AkteurInnen

Während der nicht-strukturalistische Strukturbegriff im Critical Realism inzwischen sehr ausdifferenziert ist, bleiben bei der wissenschaftstheoretischen Begründung und der sozialwissenschaftlichen Ausarbeitung einer komplexen Theorie von Handlungen und AkteurInnen noch viele Fragen offen. Allerdings hat Margaret

---

11 Van Apeldoorn (2001: 15f.) bezieht sich in seinen wissenschaftstheoretischen Ausführungen zwar ebenfalls auf den Critical Realism Bhaskars, setzt diesen jedoch missverständlicherweise mit der Theorie Giddens' gleich.

Archer einige grundlegende Texte zu dieser Frage vorgelegt. Sie reflektiert die komplexen Bedingungen der Bildung organisierter kollektiver AkteurInnen (*corporate agents*): die Artikulation ihrer Interessen, die Entwicklung von Strategien zur Veränderung von Aspekten des strukturellen und diskursiven Kontextes, das Schließen von Bündnissen etc. (Archer 1995: Kap. 8). Dabei kritisiert Archer sowohl an poststrukturalistischen wie auch an liberal-individualistischen Ansätzen, dass diese über die – eigenständigen, emergenten, historisch-gesellschaftlich produzierten, mit ihren gesellschaftlichen Positionen zusammenhängenden, aber nicht daraus ableitbaren – *Kräfte* der individuellen und kollektiven AkteurInnen kaum Spezifisches aussagen können. Sie versucht, die Emergenz der Wirkkräfte und Eigensinnigkeiten von handlungs-, reflexions- und entscheidungsfähigen AkteurInnen in der konstitutiven und nie abgeschlossenen Auseinandersetzung mit der gesellschaftlichen und der natürlichen Welt zu erklären. Mit ihrem Konzept des *Selbst* setzt sie sich ab von einer Dichotomie zwischen als vollständig von gesellschaftlichen Prozessen bestimmt konzipierten AkteurInnen („society's being": Archer 2000: 86ff.) und einem individualistisch-autonomen „modernity's man" (Archer 2000: 51ff.). Zugleich bleibt ihre Agency-Konzeption aber bislang rationalistisch verengt und diskurstheoretisch unterkomplex. Die Verknüpfung von reformulierten Thesen Archers mit einer kritisch-realistisch orientierten Theorie der Internationalen Politischen Ökonomie stellt eines von mehreren offenen Forschungsfeldern dar (siehe jedoch für eine erste Systematisierung Wight 2006: Kap. 5).

2.3 Kausale Kräfte, Tendenzen, Mechanismen

Wie bereits angedeutet, stützt sich der Critical Realism bei der Bestimmung des Strukturbegriffs auf Reformulierungen der Begriffe der Kausalität bzw. der kausalen Kräfte, der Tendenzen und Mechanismen. Bhaskar hatte, basierend auf der Analyse und Kritik positivistischer Wissenschaftstheorien, gezeigt, dass die Hume'sche Kausalitätskonzeption[12] nicht haltbar ist. Der kritische Realismus schlägt daher für kritisch-materialistische Sozialwissenschaften vor, als *Ursache* allgemein dasjenige zu verstehen, das für die Produktion einer Veränderung verantwortlich ist. Mit diesem Kausalitätsbegriff wird auf zu untersuchende „reale ontologische Strukturen, Kräfte oder Verhältnisse" (Kurki 2008: 179) wie auch auf Dispositionen (Habitus), Intentionen, Begehren sowie Gründe, Motive und Argumente (*reasons as causes*) von

---

12 In dieser empiristischen Konzeption wird Kausalität definiert als Regelmäßigkeit der Abfolge von beobachtbaren Ereignissen („Wenn A, dann immer B') – regelmäßige Ereignisabfolgen führten in unserem Verstand zu Vorstellungen von Ursache und Wirkung und damit zur Bildung von (naturwissenschaftlichen) Gesetzen. Dabei wird keine Unterscheidung gemacht zwischen Ereignissen und den Mechanismen, die zu diesen Ereignissen führen (Bhaskar 1998: 9f.; Sayer 1993: 125; Kurki 2008: 138).

AkteurInnen (Bhaskar 1998: 90ff.; Sayer 1993: 110f.) verwiesen. Er unterscheidet sich damit einerseits von einer positivistischen Erforschung beobachtbarer Regelmäßigkeiten wie auch von einer hermeneutischen *Reduktion* auf Sinnzusammenhänge bzw. *intersubjektiv geteilte Ideen, Regeln und Normen* (vgl. Kurki 2008: 211).[13] Das Verhältnis zu poststrukturalistischen Ansätzen (insbesondere Foucault, Laclau und Butler) ist ein komplexeres: Einerseits kritisiert der Critical Realism jede Reduktion von gesellschaftlichen Verhältnissen wie auch von Körper-Subjekten auf diskursive Konstruktionen. Zugleich können aber sowohl *Sedimentierungen von Diskursen* (Laclau) wie auch *nicht-diskursive Praxisformen* (Foucault) als kausale Kräfte verstanden werden, die insofern relativ unabhängig von *konkreten aktuellen* AkteurInnen sind, als sie nicht auf deren Handlungen reduzierbar sind. Der Critical Realism argumentiert, dass die zu analysierenden Phänomene ein Resultat eines komplexen, historisch und sozial-räumlich spezifischen Zusammenspiels meist nicht direkt beobachtbarer Kräfte, Mechanismen und Tendenzen gesellschaftlicher Strukturen (z. B. Geschlechterverhältnisse, ideologisch-symbolische Verhältnisse, Produktionsverhältnisse, Staat als *materielle Verdichtung von Kräfteverhältnissen*) sind (Outhwaite 1998: 293). Unter *kausalen Kräften* (*causal powers*) von gesellschaftlichen Verhältnissen und AkteurInnen versteht der Critical Realism Fähigkeiten, Kräfte bzw. Kapazitäten, über die diese Verhältnisse und AkteurInnen aufgrund ihrer spezifischen Strukturiertheit grundsätzlich verfügen, unabhängig davon, ob diese Fähigkeiten ausgeübt werden oder nicht.[14] Diese kausalen Kräfte und Fähigkeiten einer Akteurin oder eines gesellschaftlichen Verhältnisses sind gesellschaftlich, kulturell und historisch produziert worden und daher auch veränderbar (Archer 2000: 264ff.; Sayer 2000; Kurki 2008). Als *Tendenzen* werden dann diejenigen Fähigkeiten bezeichnet, die ausgeübt werden, aber kaum jemals in Reinform beobachtet werden können, da sie in der Regel von anderen Tendenzen überlagert, verstärkt oder auch aufgehoben werden. Marx[15] hat z. B. die gesellschaftlichen Verhältnisse in ihrer Dynamik als Tendenzen und Gegentendenzen analysiert (Jessop 2001: 23f.).

---

13 Mit der kritisch-realistischen Konzeption von *reasons as causes* werden sowohl Hermeneutik als auch Diskursanalysen als wesentliche und notwendige Bestandteile jeder umfassenden sozialwissenschaftlichen Analyse verstanden (Kurki 2008: 207).

14 Eine Armee hat z. B. die Fähigkeit, einen Krieg zu beginnen – ohne diese jedoch ausüben zu müssen.

15 Nach Bob Jessop (2001) stütz(t)en sich sowohl Marx als auch mehrere VertreterInnen des Regulationsansatzes auf eine kritisch-realistische Wissenschaftstheorie. Aus Platzgründen kann hier leider nicht gezeigt werden, inwiefern auch die Staats- und Klassentheorie von Nicos Poulantzas auf einer kritisch-realistischen und nicht-strukturalistischen Wissenschaftstheorie basiert. Diese Neuinterpretation der Theorie von Poulantzas könnte auch – wie von Bruff (2012) angeregt – zur Entfaltung der Potenziale seiner Thesen für die IPÖ beitragen.

Unter *generativen Mechanismen* werden im Critical Realism sowohl kausale Fähigkeiten als auch Tendenzen verstanden (Collier 1994: 62, 109). Sie sind gesellschaftlich produziert und daher veränderbar (Gorski 2009: 163ff. am Beispiel des Themas Fabrik). Mit der These, dass Mechanismen nicht *selbsttätig agieren*, sondern nur *operieren*, wenn sie von kollektiven und individuellen AkteurInnen *ausgelöst* werden (Danermark et al. 2002: 41ff.), vermeidet der Critical Realism eine verdinglichende bzw. strukturalistische Konzeption. Beispiele für generative Mechanismen sind die klassen- und geschlechtsspezifische Selektivität von Staatsapparaten sowie die „Grundwidersprüche des Kapitalverhältnisses" (Jessop 2010: 186); die Akkumulation durch Enteignung (Harvey); die Mechanismen der neoliberalen Wettbewerbsregulierung (Buch-Hansen/Wigger 2011); der Standortwettbewerb von nationalen Wettbewerbsstaaten; *Anrufungen* durch ideologische (Staats-)Apparate (Althusser 2012), heteronormative Mechanismen bzw. Selbsttechnologien, Habitus oder der Mechanismus der Identifikation. In gesellschaftlichen Systemen operieren Mechanismen immer in Verbindung mit anderen generativen Mechanismen und produzieren so ein komplexes, verdichtetes Resultat (Bhaskar 1997: 50). Dieses Faktum stellt erhebliche Anforderungen an deren empirische Analyse (Sayer 1993). Aufgrund dieser Darstellung der kritisch-realistischen Strukturkonzeption sollte auch klar werden, dass eine Beschränkung auf Korrelationen bzw. Regelmäßigkeiten zwischen beobachtbaren Phänomenen aus Sicht einer kritischen Wissenschaft nicht zielführend ist, da sie die wirkenden Kräfte unerforscht lässt und so tendenziell zu oberflächlichen Erkenntnissen führt (Kurki 2008: 119f.).

2.4 Emergenz

Die Mechanismen komplexer Phänomene, z. B. eines transnational agierenden Unternehmens, lassen sich aus Sicht des Critical Realism nicht aus der Summe der kausalen Kräfte und Eigenschaften (*causal powers and properties*) der isolierten Elemente (gesellschaftlich unterschiedlich positionierte Individuen wie Eigentümer, Vorarbeiter, ManagerInnen, ArbeiterInnen, LeiharbeiterInnen und Werkschutz, dann Maschinen, Rohstoffe, Vorprodukte etc.) herleiten. Dies versucht der Critical Realism mit seinem Konzept der *Emergenz* zu denken: Er bezeichnet damit, dass *ein Ganzes* – als Verhältnis bzw. komplexe Zusammensetzung verschiedener Elemente – *andere und mächtigere* Wirkkräfte und Eigenschaften hat als die einzelnen Teile dieses Ganzen (Gorski 2009: 157). Diese emergenten Eigenschaften sind daher auch mit eigenen Begriffen zu analysieren. Der kritisch-realistische Begriff der Emergenz stellt ein theoretisches Instrument zur Verfügung, mit dem zentrale Untersuchungsgegenstände der IPÖ wie der *transnationale Netzwerkstaat* (Demirovic), Institutionen des internationalen Rechts, internationale Organisationen oder der *transnati-*

onale Machtblock (vgl. Brand in diesem Band) in ihrer *spezifischen* Eigendynamik und Wirkmächtigkeit wissenschaftlich präziser analysiert werden können. Colin Wight kritisierte, dass ähnlich wie Giddens auch AutorInnen der konstruktivistischen IPÖ wie Alexander Wendt oder Roxanne Doty die „Realität emergenter materieller gesellschaftlicher Verhältnisse" (Wight 2006: 157ff., hier: 162) theoretisch nicht in den Griff bekommen.

Auf der Basis der bisher dargestellten Begriffe und Argumente kann die These der *Realität und Materialität von Strukturen* (inkl. ihrer Kräfte, Mechanismen und Tendenzen) plausibel gemacht werden: Um diese Materialität zu verstehen, ist es sinnvoll zu überlegen, welche politischen (im weiten Sinne) Aktionen mit welchen Ressourcen, welchen Strategien, welchen Allianzen und welcher Dauerhaftigkeit notwendig wären, um ein bestimmtes aktuelles Positionengefüge (z. B. der transnationalen kapitalistischen, maskulinistischen und ethnisierten Arbeitsteilung samt ihrer militärischen und ideologischen Absicherung) so zu transformieren, dass es auf allen Ebenen bzw. in allen Aspekten tendenziell egalitär und solidarisch gestaltet ist. Damit wird klar, dass gesellschaftliche Strukturen keineswegs bloße Abstraktionen, Idealtypen, heuristische Modelle oder Sinnverhältnisse sind.

2.5 Kritische Wissenschaft

Mit diesen begrifflich-theoretischen Neubestimmungen verbunden ist auch eine neue Konzeption von *kritischer Wissenschaft*. In Ansätzen war diese schon von Marx skizziert und in unterschiedlichen Aspekten von Louis Althusser und Theodor W. Adorno ausgearbeitet worden. Aufgabe von Wissenschaft ist es, die überdeterminierten und widersprüchlichen Charakteristika, Ursachen (Kräfte, Mechanismen, Interessen, Motive, Begehren) und Tendenzen eines bestimmten gesellschaftlichen Phänomens[16] in einem bestimmten Kontext zu analysieren und zu erklären (Outhwaite 1998; Sayer 1993). Im Unterschied zu poststrukturalistischen Ansätzen haben kritisch-realistische AutorInnen gezeigt, dass das Faktum, dass wir die gesellschaftliche Realität sprachlich vermittelt und kulturell positioniert wahrnehmen, uns nicht daran hindert, über diese Realität (insbesondere von politischen, ökonomischen und ideologischen Strukturen und Praxisformen) wissenschaftliche Aussagen machen zu können (Bhaskar 1998). Es zählt eben zu den Aufgaben von (nichtpositivistischer) Wissenschaft, durch die Methoden der Abduktion und Retroduktion diejenigen Mechanismen zu erschließen, die in Kombination mit bestimmten Praxisformen

---

16 Zum Beispiel prekäre Arbeitsverhältnisse, *global care chains, disciplinary neoliberalism* (Bakker/Gill 2003), Internationalisierung bzw. Transnationalisierung des Staates (vgl. Behrens in diesem Band) oder soziale Protestbewegungen.

den zu untersuchenden *Gegenstand* [17] produziert haben und diese dann theoretisch und empirisch zu überprüfen (Bhaskar 2008; Jessop 2005; Danermark et al. 2002).

3. Anwendung des Critical Realism in der IPÖ

Ian Bruff hatte jüngst kritisch konstatiert, dass es immer noch ein Randthema für die IPÖ sei, sich explizit mit den Implikationen wissenschaftstheoretischer Thesen auseinanderzusetzen (Bruff 2011: 82). Reflexionen dieser Fragen stellen allerdings einen Schwerpunkt der Arbeiten von VertreterInnen des Critical Realism dar. Heikki Patomäki und Colin Wight (2000) haben aus dieser Perspektive die Prämissen des positivistischen Mainstreams der IB/IPÖ einer fundierten Kritik unterzogen. Wight (2006) und Patomäki (2002) diskutierten weiters kritisch die Realitäts-, Struktur-, Handlungs- und Wissenschaftsbegriffe unterschiedlicher Ansätze der IB/IPÖ, zeigten deren theoretische Probleme auf und schlugen dann auf dieser Basis jeweils eine kritisch-realistische Konzeption vor. Milja Kurki (2008) analysierte die Kausalitätsvorstellungen positivistischer, konstruktivistischer und neo-gramscianischer Ansätze der IB und IPÖ und zeigte die wissenschaftstheoretischen wie auch sozialwissenschaftlichen Vorzüge einer kritisch-realistischen Konzeption gegenüber diesen konkurrierenden Ansätzen auf.

Wenngleich das Hauptgewicht kritisch-realistischer Reflexionen in der IPÖ auf wissenschaftstheoretischen (ontologischen, epistemologischen und methodologischen) Fragen lag, so gibt es inzwischen auch vermehrt empirisch orientierte Analysen. Patomäki untersucht in seiner *politischen Ökonomie der globalen Sicherheit* die Konstellation der „wichtigsten Strukturen, Mechanismen, AkteurInnen und Handlungsformen (*forms of agency*)" (Patomäki 2008: 125), die ökonomisch, staatlich und ideologisch zu Beginn des 21. Jahrhunderts wirksam sind. Dabei erklärt er auch die historischen Gründe und Ursachen, die zur aktuellen Situation geführt haben: der *transnationale Neoliberalismus*; der Aufstieg eines Neo-Imperialismus; die Schaffung neuer Handlungsformen und AkteurInnen, deren Interessen abhängig sind von einer kontinuierlichen Reproduktion und Konsolidierung des Neoliberalismus; die Ideologie des New Public Managements; das Einführen neoliberaler Politiken und Institutionen auch im globalen Süden und dem ehemaligen Sowjetblock sowie der Niedergang sozialdemokratischer Strukturen (Patomäki 2008: 145ff.) Insbesondere erläutert er, wie die zentralen Mechanismen der *global political economy* dazu beitragen, dass Energiefragen zu Sicherheitsfragen erklärt (*securitization)* werden, verbunden mit diversen Feindkonstruktionen. Als eines von mehreren möglichen Szenarien,

---

17 Mit *Gegenstand* werden hier alle möglichen Objekte wissenschaftlicher Analyse bezeichnet, also vor allem auch gesellschaftliche Verhältnisse und kollektive wie individuelle AkteurInnen.

die aus der aktuellen Konstellation von Kräften entstehen können, nennt Patomäki eine *globale militärische Katastrophe* (der Einsatz von Massenvernichtungswaffen in neo-imperialistischen Auseinandersetzungen um zunehmend knappe Ressourcen). *Szenarien*, die auf der Analyse von kausal (im oben definierten kritisch-realistischen Sinne) wirksamen geo-historischen Strukturen, Mechanismen und AkteurInnen beruhen, begreift Patomäki nicht als Formen positivistischer Pseudovorhersagen. Vielmehr sollen sie als wissenschaftlich begründete *global early warning indicators* dienen, die auf Emanzipation im Sinne der Friedensforschung zielen: Sie sollen Praxisformen informieren und anregen, die eine Transformation in Richtung verstärkte Gewaltpolitik verhindern und eine friedliche, demokratische Weltpolitik vorantreiben.[18]

In ihrem neu entwickelten Ansatz der *kulturellen IPÖ* (*Cultural International Political Economy*) haben Bob Jessop und Ngai-Ling Sum die konstitutive und eigenständige Rolle und Relevanz von „Diskurs und Subjektivität für die ökonomischen und außerökonomischen Dimensionen kapitalistischer Restrukturierung" (Sum 2011: 181) sowohl gesellschaftstheoretisch als auch ontologisch begründet (Jessop 2008: 49f.). Auf der Basis dieses stärker *diskurs- und prozessorientierten Verständnisses von kapitalistischer Restrukturierung* erläutert Sum verschiedene „diskursiv selektive Momente" der Produktion von Hegemonien in globalen Kontexten (Sum 2011: 170ff.). In diesem Ansatz bestehen produktive Anknüpfungspunkte für sowohl an Foucault als auch an Laclau orientierte Diskurstheorien. Sum und Jessop bestehen in ihrem *diskursanalytisch sensibilisierten strategisch-relationalen Ansatz* jedoch zugleich darauf, dass die *Materialität* gesellschaftlicher Verhältnisse, insbesondere die von diesen auf die Handelnden ausgehenden Wirkkräfte, sowohl für die Analyse als auch die hegemonialen Strategien zur Neugestaltung von Akkumulationsregimes und Regulationsmodi von zentraler Bedeutung ist (Sum 2011: 168f). Sie überwinden damit wissenschaftstheoretisch bedingte Beschränkungen poststrukturalistischer Ansätze. Jonathan Joseph (2012) zeigte in einer empirischen Untersuchung zunächst, inwiefern der Gouvernementalitätsansatz Foucaults produktive Einsichten für die Analyse bestimmter Politikformen der Weltbank und der EU liefert. Er plädiert dann dafür, die Gouvernementalitätsthesen in eine kritisch-realistische Gesellschaftstheorie zu integrieren, um die gesellschaftlichen und internationalen Dimensionen von Gouvernementalität präziser bestimmen zu können, vor allem durch Verknüpfung mit „ontologischen Fragen über gesellschaftliche Strukturen, soziale Klassen und ökonomische Produktion" (Joseph 2012: 30).

---

18 Patomäki kritisiert auch Wallersteins auf mehreren positivistischen Prämissen beruhenden wissenschaftstheoretischen Ansatz sowie insbesondere dessen Konzeption von Ökonomie, die viel zu wenig Spielraum für (globale) Politik zulasse (Patomäki 2008: 159).

4. Ausblick

Vom Critical Realism werden Ansätze kritisiert, welche alle gesellschaftlichen Verhältnisse, Praxen und Strukturen (z. B. das Positionengefüge der kapitalistischen Produktionsverhältnisse und ihrer Tendenzen, Dynamiken sowie der materiellen Wirkkräfte) mit Diskursivem gleichsetzen (vgl. zur Kritik diesbezüglich Demirovic 2007). In diesen Ansätzen bliebe offen, wie die spezifischen sozialstrukturellen Bedingungen einer verändernden Praxis *umfassend* analysiert werden können. Branwen Gruffydd Jones (2011) und Colin Wight (2006) bezweifeln z. B., ob in den Ansätzen von Laclau/Mouffe und Foucault ausreichend komplexe theoretische Mittel zur Verfügung stehen, um erklären zu können, *welche* AkteurInnen *weshalb* mit *welchen spezifischen* Diskursen, mit *welchen* Ressourcen, mit *welchen* Kräften und mit *welcher* Wirkung in gegebene Kontexte intervenieren und neue bzw. qualitativ veränderte Verhältnisse schaffen.[19] Ein wesentliches Problem sehen sie in deren ontologischen wie auch gesellschaftstheoretischen Verkürzungen des Strukturbegriffs begründet: es fehle insbesondere an Begriffen für die emergenten Mechanismen und Wirkkräfte unterschiedlicher Strukturen. Andererseits existieren im Critical Realism wissenschaftstheoretische Reflexionen, in welcher Weise Bedeutungen und Diskurse eine relative Eigendynamik und eine spezifische Wirkmächtigkeit im Verhältnis zu ökonomischen und politischen Strukturen haben, erst in Ansätzen. Zugleich vertreten viele kritisch-realistische AutorInnen einen Diskursbegriff, der zum einen mit Texten gleichgesetzt wird und oft auch auf eine vom Ökonomischen abhängige und zugleich getrennte Ebene beschränkt wird (z. B. Gruffydd Jones 2011; anders hingegen Jessop 2008 und Sum 2011). Daher erscheint eine Integration sowohl einiger poststrukturalistischer Thesen wie auch einer materialistischen Ideologietheorie (Althusser 2012) in die Theoriearchitektur kritisch-realistisch fundierter IPÖ-Ansätze notwendig. Eine weitere Schwachstelle des Critical Realism bildet die fehlende eigenständige Analyse von maskulinistischen und rassistischen Verhältnissen. Da es in modernen gesellschaftlichen Zusammenhängen, also auch in der internationalen politischen Ökonomie, keinen gesellschaftlichen Prozess und keine Struktur gibt, in welcher *geschlechts-, klassen- und rassismusspezifische* Mechanismen ohne konstitutive Bedeutung und reale Wirksamkeit wären, muss die Produktion von wissenschaftlichem Wissen über den zur Debatte stehenden *gesellschaftlichen* Gegenstand notwendigerweise diese Mechanismen, ihre Verknüpfungen und die möglicherweise emergenten Resultate bearbeiten, beschreiben, analysieren und – sofern sie eine unterdrückende oder ausbeutende Wirkung haben – kritisieren. De facto allerdings hat der Critical Realism wie ein Großteil anderer kritischer IPÖ-Ansätze Geschlech-

---

19 Damit werden selbstverständlich die innovativen und analytisch produktiven Aspekte dieser Ansätze nicht geleugnet.

terverhältnisse kaum rezipiert und etwa die implizite Geschlechtsblindheit zentraler Kategorien nicht reflektiert (vgl. auch Habermanns Jessop-Kritik in diesem Band sowie Hajek/Kinzel 2011: 126). Kurki (2008: 258f.) verweist zwar kurz darauf, dass maskulinistische und rassistische Vergesellschaftungsprinzipien – wie auch Widerstände dagegen – das internationale ökonomische und politische System konstitutiv mitformen; eine ausführliche Analyse bleibt aber aus. Vielmehr hebt Kurki diesbezüglich die Arbeiten poststrukturalistisch orientierter AutorInnen hervor – womit auch die Notwendigkeit einer konstruktiven Diskussion unterschiedlicher Ansätze der IPÖ betont wird.

Literatur

Althusser, Louis 2012: Über die Reproduktion. Ideologie und ideologische Staatsapparate, Band 2, Hamburg: VSA.
Archer, Margaret S. 1995: Realist Social Theory: The Morphogenetic Approach, Cambridge: Cambridge University Press.
Archer, Margaret S. 2000: Being Human: The Problem of Agency, Cambridge: Cambridge University Press.
Archer, Margaret/Bhaskar, Roy/Collier, Andrew/Lawson, Tony/Norrie, Alan (Hrsg.) 1998: Critical Realism: Essential Readings, London: Routledge.
Bakker, Isabella/Gill, Stephen (Hrsg.) 2003: Power, Production and Social Reproduction, Basingstoke: Palgrave.
Bhaskar, Roy 1997: A Realist Theory of Science, 2. Auflage, London: Verso.
Bhaskar, Roy 1998: The Possibility of Naturalism: A Philosophical Critique of the Contemporary Human Sciences, 3. Auflage, London: Routledge.
Bruff, Ian 2011: Overcoming the State/Market Dichotomy, in: Shields, Stuart/Bruff, Ian/Macartney, Huw (Hrsg.): Critical International Political Economy: Dialogue, Debate and Dissensus, Basingstoke: Palgrave, 80–98.
Bruff, Ian 2012: The Relevance of Nicos Poulantzas for Contemporary Debates on 'the international', in: International Politics 49:2, 177–194.
Buch-Hansen, Hubert/Wigger, Angela 2011: The Politics of European Competition Regulation: A Critical Political Economy Perspective, London: Routledge.
Collier, Andrew 1994: Critical Realism: An Introduction to Roy Bhaskar's Philosophy, London: Verso.
Danermark, Berth/Ekström, Mats/Jakobsen, Liselotte/Karlsson, Jan Ch. 2002: Explaining Society. Critical Realism in the Social Sciences, London: Routledge.
Demirovic, Alex 2007: Hegemonie und diskursive Konstruktion der Gesellschaft, in: Nonhoff, Martin (Hrsg.): Diskurs, radikale Demokratie, Hegemonie. Zum politischen Denken von Ernesto Laclau und Chantal Mouffe, Bielefeld: transcript, 55–86.
Giddens, Anthony 1984: The Constitution of Society, Cambridge: Polity Press.
Gorski, Philip 2009: Social 'Mechanisms' and Comparativ-Historical Sociology: A Critical Realist Proposal, in: Hedström, Peter/Wittrock, Björn (Hrsg.): Frontiers of Sociology, Leiden: Brill, 147–194.
Gruffydd Jones, Branwen 2011: 'Weder Mut noch Losungen sind auf Dauer ausreichend!' Postkoloniale Reflexionen zum globalisierungskritischen Widerstand, in: Opratko, Benjamin/Prausmüller, Oliver (Hrsg.):

Gramsci global. Neogramscianische Perspektiven in der Internationalen Politischen Ökonomie, Hamburg: Argument-Verlag, 241–264.
Habermann, Friederike 2008: Der homo oeconomicus and das Andere. Hegemonie, Identität und Emanzipation, Baden-Baden: Nomos.
Hajek, Katharina/Kinzel, Katharina 2011: Hegemonie, Geschlecht und Weltordnung. Feministische und neogramscianische Ansätze in der IPÖ, in: Opratko, Benjamin/Prausmüller, Oliver (Hrsg.): Gramsci global. Neogramscianische Perspektiven in der Internationalen Politischen Ökonomie, Hamburg: Argument-Verlag, 125–144.
Hartmann, Eva/Kunze, Caren/Brand, Ulrich (Hrsg.) 2009: Globalisierung, Macht und Hegemonie. Perspektiven einer kritischen Internationalen Politischen Ökonomie, Münster: Westfälisches Dampfboot.
Hartwig, Mervyn 2007: Causality, in: Hartwig, Mervyn (Hrsg.): Dictionary of Critical Realism, London: Routledge, 57–60.
Hay, Colin 2006: Political Analysis: A Critical Introduction, Basingstoke: Palgrave.
Jäger, Johannes/Springler, Elisabeth 2012: Ökonomie der internationalen Entwicklung, Wien: Mandelbaum.
Jessop, Bob 1990: State Theory: Putting the Capitalist State in its Place, Cambridge: Polity Press.
Jessop, Bob 2001: Kritischer Realismus, Marxismus und Regulation. Zu den Grundlagen der Regulationstheorie, in: Candeias, Mario/Deppe, Frank (Hrsg.): Ein neuer Kapitalismus. Akkumulationsregime – Shareholder Society – Neoliberalismus und Neue Sozialdemokratie, Hamburg: Argument, 16–40.
Jessop, Bob 2005: Critical Realism and the Strategic-Relational Approach, in: New Formations 56, 40–53.
Jessop, Bob 2008: State Power: A Strategic-Relational Approach, Cambridge: Polity Press.
Jessop, Bob 2009: Kontingente Notwendigkeit in den kritischen politisch-ökonomischen Theorien, in: Hartmann, Eva/Kunze, Caren/Brand, Ulrich (Hrsg.): Globalisierung, Macht und Hegemonie. Perspektiven einer kritischen Internationalen Politischen Ökonomie, Münster: Westfälisches Dampfboot, 143–180.
Jessop, Bob 2010: World Market, World State, World Society: Marxian Insights and Scientific Realist Interrogations, in: Joseph, Jonathan/Wight, Colin (Hrsg.): Scientific Realism and International Relations, Basingstoke: Palgrave, 186–203.
Joseph, Jonathan 2012: The Social in the Global: Social Theory, Governmentality and Global Politics, Cambridge: Cambridge University Press.
Kurki, Milja 2008: Causation in International Relations. Reclaiming Causal Analysis, Cambridge: Cambridge University Press.
Opratko, Benjamin/Prausmüller, Oliver (Hrsg.) 2011: Gramsci global. Neogramscianische Perspektiven der Internationalen Politischen Ökonomie, Hamburg: Argument-Verlag.
Outhwaite, William 1998: Realism and Social Science, in: Archer, Margaret/Bhaskar, Roy/ Collier, Andrew/ Lawson, Tony/Norrie, Alan (Hrsg.): Critical Realism: Essential Readings (Critical Realism: Interventions), London: Routledge, 282–296.
Patomäki, Heikki/Wight, Colin 2000: After Postpositivism? The Promises of Critical Realism, in: International Studies Quarterly 44: 2, 213–237.
Patomäki, Heikki 2002: After International Relations: Critical Realism and the (Re)Construction of World Politics, London: Routledge.
Patomäki, Heikki 2008: The Political Economy of Global Security: War, Future Crises and Changes in Global Governance, London: Routledge.
Pühretmayer, Hans 2010: Zur Kombinierbarkeit von Critical Realism und Poststrukturalismus: eine Reformulierung der Struktur-Handlungs-Frage, in: Österreichische Zeitschrift für Politikwissenschaft 39: 1, 9–26.
Pühretmayer, Hans 2012: Bedeutung wissenschaftstheoretischer Reflexionen für den politikwissenschaftlichen Erkenntnisproduktionsprozess, in: Kreisky, Eva/Löffler, Marion/Spitaler, Georg (Hrsg.): Theoriearbeit in der Politikwissenschaft, Wien: Facultas, 33–50.
Ritsert, Jürgen 1997: Kleines Lehrbuch der Dialektik, Darmstadt: Primus.
Sayer, Andrew 1993: Method in Social Science: A Realist Approach, 2. überarb. Auflage, London: Routledge.
Sayer, Andrew 2000: Realism and Social Science, London: Sage.

Sekler, Nicola/Brand, Ulrich 2011: Eine 'widerständige' Aneignung Gramscis, in: Opratko, Benjamin/Prausmüller, Oliver (Hrsg.): Gramsci global. Neogramscianische Perspektiven in der Internationalen Politischen Ökonomie, 224–240.

Steinmetz, George 2005: Scientific Authority and the Transition to Post-Fordism: The Plausibility of Positivism in U.S. Sociology since 1945, in: Steinmetz, George (Hrsg.): The Politics of Method in the Human Sciences. Positivism and its Epistemological Others, Durham: Duke University Press, 275–323.

Sum, Ngai-Ling 2011: Opening an IPE Blackbox. Diskurse, materielle Macht und die Produktion von (Gegen-)Hegemonie, in: Opratko, Benjamin/Prausmüller, Oliver (Hrsg.): Gramsci global. Neogramscianische Perspektiven in der Internationalen Politischen Ökonomie, 163–183.

Van Apeldoorn, Bastiaan 2002: Transnational Capitalism and the Struggle over European Integration, London: Routledge.

Wight, Colin 2006: Agents, Structures and International Relations: Politics as Ontology, Cambridge: Cambridge University Press.

Wullweber, Joscha 2009: Eine hegemonie- und diskurstheoretisch fundierte Kritik der (Internationalen) Politischen Ökonomie, in: Hartmann, Eva/Kunze, Caren/Brand, Ulrich (Hrsg.): Globalisierung, Macht und Hegemonie. Perspektiven einer kritischen Internationalen Politischen Ökonomie, Münster: Westfälisches Dampfboot, 122–142.

Poststrukturalismus
Joscha Wullweber

1. Einleitung

Wenige Theorien und Analysen innerhalb der Internationalen Politischen Ökonomie verwenden explizit das Label *Poststrukturalismus*.[1] Manche Arbeiten firmieren stattdessen unter Begriffen wie *Diskurstheorie*, *Postfundamentalismus* (engl. *post-foundationalism*), *Postrationalismus* oder *radikaler Konstruktivismus*.[2] Auch wenn diese Ansätze zum Teil sehr unterschiedlich ausgerichtet sind und auf verschiedenen Theorietraditionen beruhen, können Gemeinsamkeiten benannt werden. In diesem Beitrag werden unter poststrukturalistischer IPÖ Theorien und Analysen zusammengefasst, die erstens einen unkritischen Objektivismus in Gestalt von allgemeingültigen Aussagen und Analysen ablehnen, deren Wahrheitsgehalt also nicht zeitlich und räumlich verortet wird. Zweitens kennzeichnet sie der Widerspruch zu positivistischen Theorien – wie Rational Choice, Spieltheorie, Behaviorismus, merkantilistischem (Neo-)Realismus und (neo)liberalem Institutionalismus – die davon ausgehen, naturwissenschaftliche Methoden auf die Sozial- und Wirtschaftswissenschaften übertragen und für die Analyse gesellschaftlicher Prozesse nutzen zu können. Schließlich fordern sie die weberianische Sichtweise einer wertfreien Wissenschaft heraus und betonen, dass Wissenschaft nicht abseits von gesellschaftlichen Werten stattfindet: „[P]oststructuralists and their allies see their works as interpretative interventions that have political effects, whereas the mainstream (in both its orthodox and relatively progressive guises) perceives itself as engaged in the objective pursuit of cumulative knowledge" (Campbell 1998: 221f.). Stattdessen teilen poststrukturalistische Theorien die Vorstellung, dass Wissen(schaft) und Gesellschaft, bzw. Wissensgene-

---

1 Für ausführliche und konstruktive Kritik, Kommentare und Anregungen bedanke ich mich bei Antonia Graf, Friederike Habermann, Kees van der Pijl, Hans Pühretmayer und Helga Wullweber.
2 Bisweilen werden poststrukturalistische Theorien mit *postmodernen* Theorien gleichgesetzt (z. B. Devetak 2001). Dieser Gleichsetzung wird hier nicht gefolgt. Postmoderne Ansätze (z. B. Lyotard 1984) basieren häufig auf voluntaristischen und relativistischen Sichtweisen, wovon sich poststrukturalistische Theorien scharf abgrenzen (vgl. Butler 1992; Mouffe 1992). Häufig werden auch diskursanalytische Arbeiten dazugezählt, die allerdings zumeist stark auf sprachliche (linguistische) Aspekte fokussieren und hier weniger interessieren.

rierung und Gesellschaftsentwicklung, untrennbar miteinander verbunden sind und eine wertfreie und von Machtverhältnissen abstrahierende Beobachtung nicht möglich ist. Jede Theorie stärkt eine spezifische Perspektive und impliziert bestimmte Vorstellungen von Gesellschaft. Wissenschaft ist eine gesellschaftlich eingebettete Tätigkeit. Theoretische Konzepte sind folglich idealtypische Abstraktionen, die als Heuristik bestimmte Vorstellungen von Gesellschaft und gesellschaftlichen Prozessen privilegieren und andere Konzepte (begründet) vernachlässigen. Es gibt demnach keine gesellschaftlichen Bereiche, die nicht inhärent politisch wären (was nicht impliziert, dass alles stets politisiert ist). Weiterhin wird die vorherrschende analytische Trennung von Staat, Ökonomie und Gesellschaft, die sich in der Aufteilung verschiedener wissenschaftlicher Disziplinen widerspiegelt, problematisiert (siehe van der Pijl in diesem Band).

Ein weiteres kennzeichnendes Merkmal poststrukturalistischer Theorien ist, dass diese von der sozialen Konstruiertheit von Bedeutung ausgehen. Bedeutung wird erst im sozialen Prozess durch die Interaktion gesellschaftlicher Akteure generiert. Bedeutung ist kontextabhängig und bedingt durch die Zuschreibungen der sozialen Subjekte. Daraus folgt, dass Bedeutungen nicht über alle Zeiten hin fixiert, sondern beständig im Werden und im Wandel begriffen sind. Wenn aber Bedeutungen abhängig sind von den Zuschreibungen der Akteure, folgt daraus erstens, dass konkurrierende Zuschreibungen existieren und Akteure in einem konflikthaften Prozess um die Durchsetzung divergierender Deutungen ringen. Zweitens handelt es sich bei denjenigen Deutungen, die sich als gesellschaftliche Wahrheit durchgesetzt haben, um partikulare und also spezifische Deutungszuschreibungen, die erst im sozialen Prozess als *Wahrheit* verallgemeinert und universalisiert wurden. Objektivität wird demnach als soziale, gesellschaftlich eingebettete Objektivität verstanden. Drittens vollzieht sich das Ringen um Bedeutungen nicht auf einem neutralen, sondern auf einem bereits von ungleichen Machtstrukturen durchzogenen gesellschaftlichen Terrain.

In diesem Beitrag werden einige der zentralen theoretischen Konzepte einer poststrukturalistischen Internationalen Politischen Ökonomie vorgestellt. Zu Beginn wird diese innerhalb von heterodoxen IPÖ-Theorien verortet und Gemeinsamkeiten dieser Theorien hinsichtlich der Kritik an orthodoxen IPÖ-Theorien herausgearbeitet. Im Anschluss werden die Konzepte *Struktur* und *Akteur* in Abgrenzung zu bestehenden Theoretisierungsangeboten entwickelt und das Präfix *post* im Begriff *Poststrukturalismus* spezifiziert. Ausgehend von der These, dass Ökonomie, Staat und Gesellschaft nicht als objektive und geschlossene Entitäten existieren, sondern erst durch die Handlungen und Bedeutungszuschreibungen der Akteure ihre historisch und räumlich spezifische Form erhalten, wird ein dekonstruktiver und relationaler

Zugang zur IPÖ vorgestellt. Mittels des Begriffs *Diskursorganisation* werden schließlich die spezifisch verstetigten Funktionsweisen sowie diskursive Konturen dieser Bereiche herausgearbeitet und beispielhaft aufgezeigt.

2. Heterodoxe Internationale Politische Ökonomie

Die heute dominierenden politisch-ökonomischen Theorien basieren vor allem auf (neo)liberal institutionellen Ansätzen. Von verschiedenen *heterodoxen* Theorien ist ausführlich Kritik an diesen Theorien geübt worden (siehe Bieling 2011: 47ff.). Heterodoxe politisch-ökonomische Theorien, wie z. B. die Regulationstheorie, der historische Materialismus oder der *Varieties-of-Capitalism*-Ansatz, kritisieren die VertreterInnen der klassischen bzw. der neoklassischen Ökonomie dafür, dass diese vorgeben, ahistorische und damit allgemeingültige Mechanismen der ökonomischen Entwicklung identifizieren zu können. Hieraus folgt, so die Kritik, ein fehlendes soziales und relationales Verständnis von Ökonomie. Im Gegensatz zur (neo)klassischen Ökonomie wird von heterodoxen Theorien nicht davon ausgegangen, dass die ökonomische Sphäre allein über Marktbeziehungen reguliert werden könnte und diese zum allgemeinen Gleichgewicht tendieren würden. Vielmehr wird betont, dass ergänzende Formen der Reproduktion, der Regulation und der Governance benötigt werden, um das ökonomische System zu stabilisieren.

Aus heterodoxer Sicht werden ökonomische Krisen daher als permanenter und inhärenter Bestandteil gesellschaftlicher Entwicklung und insbesondere von profitorientierten Ökonomien gesehen und die Analyse auf die dynamischen Prozesse der Regulation dieser Krisen gerichtet. Es wird davon ausgegangen, dass der Markt immer schon gesellschaftlich eingebettet ist und dass das Kapitalverhältnis ein konkretes, gegliedertes gesellschaftliches Verhältnis darstellt. Begriffe wie Ware, Geld, Lohnarbeit, Eigentum an Produktionsmitteln und Arbeitsorganisation werden jeweils als spezifische gesellschaftliche Formen begriffen (vgl. Demirović 2003: 46). Hierbei wird Regulation als komplexer Zusammenhang von sozio-ökonomischer Struktur, Institutionen, Normen und Wertvorstellungen konzeptualisiert, der bestimmt, wie sich ein bestimmtes soziales Verhältnis ohne steuerndes Zentrum „*trotz und wegen seines konfliktorischen und widersprüchlichen Charakters reproduziert*" (Lipietz 1985: 109, Herv. i. O.). Demnach sollte die internationale Ökonomie als eine internationale *politische* Ökonomie verstanden werden.

3. Poststrukturalistischer Theorierahmen

Was unterscheidet poststrukturalistische Theorien der Internationalen Politischen Ökonomie von anderen heterodoxen Theorien? Das Präfix *post* zeigt an, dass es sich um mehr als einen schlichten *Nach*-Strukturalismus handelt. Vielmehr verweist das Präfix auf wichtige Kontinuitäten zwischen Strukturalismus und Poststrukturalismus. Es handelt sich daher auch nicht um einen *Nicht*- oder *Anti*-Strukturalismus. Gleichzeitig benennt das Präfix *post* einen Bruch und bedeutsame Diskontinuitäten mit mehreren grundlegenden Annahmen strukturalistischer Theorie. Es handelt sich bei dem Poststrukturalismus folglich auch nicht um einen *Neo*-Strukturalismus (vgl. Wullweber/Scherrer 2010). Im Folgenden werden die Kontinuitäten und Differenzen zwischen diesen Ansätzen anhand der Kategorien *Struktur* und *Akteur* aufgezeigt.

3.1 Akteur

Poststrukturalistische Theorien teilen mit strukturalistischen Theorien die Kritik an der subjektzentrierten Sichtweise des methodologischen Individualismus, wie sie z. B. in der (neo)klassischen Ökonomie und in der Rational-Choice-IPÖ zu finden sind (vgl. Bodenstein in diesem Band). In der Neoklassik wird davon ausgegangen, der Markt würde von rationalen, nutzenmaximierenden Individuen mit gesellschaftlich vorgängigen und stabilen Präferenzen angetrieben – dem *Homo oeconomicus* (vgl. Habermann 2008). Kritisiert werden Vorstellungen, die Ökonomie könnte unabhängig von ihrem politischen, sozialen und kulturellen Kontext analysiert werden: „The study of capitalist regulation, therefore, cannot be the investigation of abstract economic laws. It is the study of the transformation of social relations" (Aglietta 1979: 16). Innerhalb der neoklassischen Theorie wird die Gesellschaft bzw. der Markt aus Individuen bestehend konzeptualisiert, deren Handlungen durch die *unsichtbare Hand des Marktes* (Adam Smith) Angebot und Nachfrage über Preisvermittlungen ins Gleichgewicht bringen und so insgesamt zu einem allgemeinen gesellschaftlichen Nutzen führen. Diese Theorien beruhen auf einer Konzeptualisierung des Subjekts, das nicht durch gesellschaftliche Strukturen eingeschränkt wird, sondern schlicht zweckrational die objektiven Kosten und deren *Grenznutzen* kalkuliert und danach handelt.

Gegen diesen *methodologischen Individualismus* und *Voluntarismus*[3] betonen strukturalistische wie poststrukturalistische Theorien, dass Subjekte stets in eine gesellschaftliche Struktur eingebunden sind und durch diese geformt werden. Demzufolge kann nicht von einem *freien* autonomen und daher gesellschaftlich entbetteten Subjekt ausgegangen werden, das aufgrund von ahistorischen Eigenschaften handelt.

---

3 Von lat. *voluntas*: Wille, daher: der Wille der Subjekte wird nicht durch historisch gewachsene soziale Strukturen eingeschränkt.

3.1.1 Poststrukturalistische Kritik

Aus poststrukturalistischer Sicht schießen strukturalistische Ansätze jedoch bei ihrer Kritik an subjektivistischen Theorien über ihr Ziel hinaus, indem sie das Verhältnis von Subjekt und Struktur umkehren: Dem kritisierten Fehlen sozialer Strukturen wird eine tendenziell allumfassende gesellschaftliche Struktur gegenübergestellt. Handlung ist demzufolge – je nach Ansatz in unterschiedlichem Maße – vorbestimmt durch die Funktionsweise der Struktur. Akteure können meinen, sie hätten Entscheidungsfreiheit, letztlich agieren sie aber als Funktionsträger eines größeren Systems. Die Weltsystemtheorie, insbesondere in ihrer ursprünglichen Version von Immanuel Wallerstein (1974), und bestimmte Strömungen des strukturellen Marxismus sind Beispiele für stark deterministisch ausgerichtete Theorien, während die Regulationstheorie eine schwächere Version markiert (vgl. Schmalz und Sablowski in diesem Band). Die stärkste Form des Determinismus findet sich allerdings – auf den ersten Blick recht unerwartet – bei Rational-Choice-Ansätzen. Denn hier wird davon ausgegangen, dass zu jedem Zeitpunkt eine optimale Wahl zwischen verschiedenen Optionen möglich ist. Zugleich wird das Subjekt als zweckrational agierend konzeptualisiert, das bestmöglich informiert ist und sich folglich stets für eben diese optimale Wahl entscheidet. Daraus folgt, dass das Subjekt letztlich *gar keine Wahl* hat (vgl. Shackle 1969: 272f.). Selbst die Möglichkeit, irrational zu handeln und diese objektiv beste Wahl nicht zu wählen, steht dem Subjekt nicht frei, da es *per definitionem* stets zweckrational handelt. Die objektive Struktur der vorgegebenen Wahlmöglichkeiten gibt vielmehr die beste Wahl und damit die individuelle Entscheidung vor.

Aus dem strukturalistischen Bias folgt eine Tendenz zum Funktionalismus. Eine *Funktion* zu haben, bedeutet, dass etwas zur Erfüllung bestimmter Aufgaben existiert. Funktionalistisch ist eine Herangehensweise, die die Anwesenheit von spezifischen sozialen Systemen aus der Notwendigkeit ihrer Existenz zur Übernahme bestimmter gesellschaftlicher Aufgaben erklärt (und damit funktional ableitet). So wird in einer frühen Schrift des Staatstheoretikers Nicos Poulantzas argumentiert, dass dem Staat die Funktion sozialer Kohäsion einer in Klassen gespaltenen Gesellschaft zukäme. Er habe die Funktion, „Kohäsionsfaktor der verschiedenen Ebenen einer Gesellschaftsformation zu sein" (Poulantzas 1975: 43). Wenngleich beim Funktionalismus, wie beim Poststrukturalismus, von einem relationalen sozialen Gefüge ausgegangen wird, sind die Relationen der Funktion untergeordnet, sie sind zweckbestimmt. Diese teleologische Herangehensweise führt gewissermaßen *durch die Hintertür* die strukturalistische Vorstellung ein, dass der sozialen Strukturierung von Gesellschaft eine Zweckgerichtetheit inhärent wäre, die dem Handeln der Subjekte vorgängig und folglich ahistorisch ist (vgl. Laclau 2005: 68). Damit gerät aus dem Blick, dass gesellschaftliche Institutionen selbst das kontingente Produkt historischer Auseinandersetzungen sind.

3.1.2 Poststrukturalistischer Ansatz

Poststrukturalistische teilen mit strukturalistischen Theorien folglich die Ablehnung der Vorstellung eines autonomen Subjekts. Zugleich lehnen sie aber die Determinierung des Subjekts durch die (ökonomische) Struktur ab. Laclau und Mouffe (1985) verwenden angelehnt an Foucault (1983) den Begriff der Subjektpositionen, um zu betonen, dass Subjekte nicht auf eine Identität innerhalb eines Diskurses reduziert werden können. Vielmehr ist deren Identität *zerstreut* und setzt sich aus unterschiedlichen Positionen innerhalb von verschiedenen Diskursen zusammen. Einem strukturellen Determinismus wird hierdurch aber nur scheinbar ausgewichen. Denn selbst wenn sich das Subjekt in verschiedene Subjektpositionen zerstreut und damit auf die Anrufungen verschiedener Diskurse reagiert, veräußert es sich letztlich in diesen Diskursen. Dem Subjekt wird kein Spielraum außerhalb dieser Strukturen eingeräumt. Die Diskurse determinieren in letzter Instanz das Handeln der Subjekte – das Subjekt erschöpft sich vollständig in der diskursiven Struktur, es ist nichts weiter als ein Moment derselben (vgl. Žižek 1990: 250f.).

Laclau und Mouffe gehen zur Vermeidung dieses Determinismus und als Reaktion auf diese Kritik in *New Reflections* (Laclau 1990a) einen Schritt weiter. Sie behalten die Idee der Zerstreuung bei, wenden diese aber nicht auf das Subjekt, sondern auf die gesellschaftliche Struktur an. In diesem Sinne ist das Subjekt zwar der Struktur inhärent, die Struktur selbst ist allerdings aufgrund der Unmöglichkeit ihrer kompletten Schließung nicht in der Lage, das Subjekt vollständig zu determinieren. Das Subjekt existiert also nicht etwa, weil es eine essenzielle, vor- oder extradiskursive Substanz besäße, sondern weil die Struktur selbst darin scheitert, sich zu schließen. Das Subjekt ist demnach weder wirklich außerhalb noch wirklich innerhalb der Struktur: „[T]he subject is nothing but this distance between the undecidable structure and the decision" (Laclau 1990b: 30). Es ist daher nicht die abwesende strukturelle Identität, sondern die fehlgeschlagene strukturelle Identität, die das Subjekt ermöglicht. Beispielsweise fördert (und fordert) der neoliberale Diskurs ein Subjekt des unternehmerischen Selbst, das sich flexibel, eigenverantwortlich, risikobewusst und wettbewerbsorientiert verhalten soll (vgl. Bröckling 2007; Bröckling/Krasmann/Lemke 2000). Dieser Diskurs geht einher mit einer stetigen Umstrukturierung der Wirtschaft hin zu einem immer flexibleren Produktionsprozess, basierend auf einem flexiblen Maschinenpark bzw. Produktionssystemen und entsprechend flexiblen Arbeitskräften (flexiblere Handhabung der Arbeitszeit, verstärkter Bedarf nach Mobilität und Zeitarbeit, *lebenslanges Lernen* etc.). Zugleich entsprechen die Menschen weder dem Ideal des Homo oeconomicus, noch gibt dieser Diskurs konkrete Handlungsanleitungen für das alltägliche Leben oder würde die Handlungen gar determinieren. Die räumlich und historisch hegemonialen gesellschaftlichen Idealbilder (z. B. von der leistungsfähigen, erfolgreichen, flexiblen und gleichzeitig fürsorglichen, liebevollen und ständig präsenten Mutter) sind unerreichbare Ideale. Die Subjekte müssen selbstständig entscheiden und ihre spezifischen Handlungsstrategien entwickeln, auf welche Weise sie mit dem gesellschaftlichen Druck und auch dem Umstand umgehen, dass sie sich diesem Ideal zwar annähern, aber ihm nicht vollständig entsprechen können (oder wollen).

Derrida (1991) spricht in diesem Zusammenhang von der Unentschiedenheit der sozialen Struktur.[4] Das Konzept der Unentschiedenheit betont eine permanente und doch begrenzte Offenheit der Struktur: „Das Unentscheidbare ist nicht einfach das Schwanken oder die Spannung zwischen zwei Entscheidungen, es ist die Erfahrung dessen, was dem Berechenbaren, der Regel nicht zugeordnet werden kann" (Derrida 1991: 49f.). Auch wenn sich gesellschaftliche Institutionen stabilisieren (ohne solche Stabilisierungen ist Gesellschaft nicht möglich), ist dies nur eine relative Stabilität. Die soziale Struktur ist demnach aus sich heraus nicht in der Lage, eine algorithmische Schließung – im Sinne einer genau definierten Handlungsvorschrift – zu vollziehen. Genau in dieser Unabgeschlossenheit offenbart sich die Lücke – die *Dislokation* – in der Struktur. Die Entscheidung zur Schließung dieser Lücke ist nicht in der Struktur selbst begründet. Die Unmöglichkeit der Struktur zur vollständigen Schließung ist nun genau die Möglichkeitsbedingung für die *Entstehung* des Subjekts. Die Entscheidung wird dem Subjekt durch die Unentschiedenheit der Struktur gleichsam *aufgezwungen* (vgl. Laclau 1999: 127ff.). Das Handeln des Subjekts beinhaltet also einerseits den Moment der Entscheidung und ist andererseits in historisch verstetigte Praktiken eingebettet, die das normative Gerüst der Handlungsoptionen für den Moment der Entscheidung liefern.

3.2 Gesellschaftliche Struktur

Die Beschäftigung mit und die Untersuchung von Strukturen ist für strukturalistische wie poststrukturalistische Ansätze zentral. Beide Ansätze gehen davon aus, dass politische und ökonomische Strukturen über ihre Beziehungen – über ihr Verhältnis zueinander – analysiert werden können und sollten.

---

4   Im deutschen Sprachraum wurde *indécise* statt mit *unentschieden* mit *unentscheidbar* übersetzt (wie auch im oben folgenden Zitat). Letzterer Ausdruck ist jedoch missverständlich, da er suggeriert, es könne in diesem spezifischen Moment keine Entscheidung getroffen werden. Gemeint ist jedoch vielmehr, dass die Struktur keine Entscheidung vorgibt und die Situation daher *unentschieden* ist.

3.2.1 Poststrukturalistische Kritik

Poststrukturalistische Ansätze kritisieren, dass von strukturalistischen Theorien soziale Strukturen als objektiv angesehen werden. Auch wird häufig eine Hierarchie zwischen Ökonomie und Politik angenommen, was wiederum zu einem Klassenreduktionismus führen kann: „Als geschichtlicher Bewegungsmotor gelten ausschließlich die aus dem Widerspruch zwischen Kapital und Arbeit entwickelten Kämpfe um Hegemonie" (Habermann 2008: 51). Strukturen werden in strukturalistischen Ansätzen tendenziell als eine selbstregulierende, selbsttransformierende und selbsterhaltende Formation gesehen: Es sei die (ökonomische) Struktur, die soziale Prozesse und Bedeutungen innerhalb der Struktur determiniert. Gesellschaftliche Veränderungen und Umbrüche würden tendenziell auf der Struktur inhärenten Widersprüchen beruhen (klassisch: Widerspruch zwischen Produktivkräften und Produktionsverhältnissen). Folglich kritisiert Scherrer (1995: 460): „Während die sozialen Akteure ihre Geschichte machen, wird der soziale Wandel, im Sinne der Abfolge geschichtlicher Phasen, durch den dem Kapitalismus innewohnenden Antagonismus angetrieben." Außerdem werden analytisch meist bestimmte gesellschaftliche Strukturen – Staat und Markt – privilegiert, während andere, z. B. Gender oder ‚Race' als Strukturkategorien, kaum Beachtung finden (vgl. Çağlar und Habermann in diesem Band).

3.2.2 Poststrukturalistischer Ansatz

Poststrukturalistische Theorien geben die rigide Gegenüberstellung von Struktur und Akteur auf. Die Kontingenz von Strukturen wie auch die Auseinandersetzungen um die Strukturierung von Strukturen werden betont. Kontingenz ist allerdings nicht mit Zufall oder Beliebigkeit zu verwechseln. Das Konzept der Kontingenz ist vielmehr zwischen Zufall (verstanden als die komplette Abwesenheit von Struktur) und Notwendigkeit (verstanden als komplette Strukturierung) angesiedelt. Es handelt sich um eine *strukturierte Unsicherheit* oder, anders formuliert, um eine *fehlgeschlagene Strukturierung*. Die beidseitige Durchdringung und Beeinflussung von Struktur und Subjekt soll im Diskursbegriff ausgedrückt werden. Diskurs und gesellschaftliche Struktur sind demnach nicht als zwei getrennte analytische Sphären anzusehen, sondern entsprechen sich. Hierbei handelt es sich nicht einfach um die Feststellung, dass Diskurse Einfluss auf gesellschaftliche Prozesse hätten, also die gesellschaftliche Struktur mitgestalten würden. Poststrukturalistische Ansätze sehen das Diskursive grundlegender: Hiernach gibt es außerhalb des diskursiven Feldes nichts Sinnhaftes, nichts Bedeutungsvolles. Es gibt vielmehr immer nur spezifische Wahrheits- und Handlungshorizonte. Das Konzept des Diskurses fungiert daher als soziale Strukturkategorie (vgl. Wullweber 2012: 39ff.).

Diese Aussage wird, zur Vermeidung eines strukturalistischen Rückfalls, um ein wichtiges Kriterium ergänzt: Auch wenn Gesellschaft und das diskursive Feld identisch sind, wirkt das Feld des Diskursiven nicht determinierend auf die Bedeutungskonstruktionen und das Handlungsfeld ein. Denn die gesellschaftliche Struktur kann sich nicht selbst herstellen, wie oben anhand der Unentschiedenheit der Struktur gezeigt wurde. Es bedarf des handelnden Subjekts, das die soziale Struktur tagtäglich produziert, reproduziert und transformiert (vgl. aber Pühretmayer in diesem Band). Haben sich zu einem bestimmten Zeitpunkt bestimmte Handlungen und Aussagen in Diskursen verstetigt – genauer: wurden bestimmte Handlungen und Aussagen über einen gewissen Zeitraum beständig und erfolgreich von Subjekten einer Gesellschaft in der Art reartikuliert, dass eine Vielzahl weiterer Subjekte diese Artikulationen[5] als *normale* Handlungen und Wahrheiten übernehmen – wirken diese wiederum selektiv auf weitere Handlungen innerhalb dieser Gesellschaft ein. Eine solche spezifische Ansammlung von Diskursen mit räumlich und zeitlich spezifischen Formen von Verstetigungen, die als Gesamtheit eine relative Geschlossenheit suggerieren, habe ich an anderer Stelle als *Diskursorganisation* bezeichnet (vgl. Wullweber 2010: 107ff.).[6] Bei einer Diskursorganisation handelt es sich folglich um eine spezifisch verfestigte und infolgedessen über einen gewissen Zeithorizont und innerhalb eines bestimmten sozio-politischen Raums stabilisierte soziale Verfasstheit und Strukturiertheit von Gesellschaft. Eine bestimmte Diskursorganisation muss demnach kontinuierlich von einer Vielzahl von Subjekten reartikuliert werden, um Bestand zu haben – sie reproduziert und verselbstständigt sich gerade nicht ‚hinter dem Rücken' der Akteure. Hat sich das Handeln der Subjekte erst einmal verstetigt, können allerdings äußerst stabile und lang anhaltende soziale Strukturen entstehen.

4. *Integrale* Internationale Politische Ökonomie

Eine poststrukturalistische Internationale Politische Ökonomie problematisiert die vorherrschende Sichtweise, Politik und Ökonomie als getrennte Bereiche zu konzeptualisieren: Im Bereich der Ökonomie geht es in orthodoxen IPÖ-Theorien zuvorderst um Effizienzgewinne, Wohlstandsproduktion und Verteilungsfragen unter Bedingungen von Knappheit. Politik wird demgegenüber häufig auf Staatspolitik mit

---

5   Eine Artikulation stellt einen Akt des In-Beziehung-Setzens von Elementen (Dingen, Ereignissen, Handlungen, Subjektpositionen etc.) dar, wodurch deren Identität und damit deren Bedeutung verändert wird (vgl. Laclau/Mouffe 1985: 105).

6   Der Begriff geht auf Laclau und Mouffe (1985) zurück, die allerdings den Begriff der *Diskursformation* verwenden. Da dieser Begriff wiederum auf Foucault zurückgeht, Foucault jedoch von extra-diskursiven Bereichen ausgeht, wird hier der Begriff Diskursorganisation bevorzugt. Auch wird mit diesem Begriff ein stärkerer Akzent auf die Handlungen der Akteure gelegt.

dem Ziel des Machtgewinns reduziert. Beide Bereiche würden zwar miteinander interagieren, konzeptionell bleiben sie dennoch getrennt: „wealth is somehow separate from ‚politics', and ‚politics' takes place where the realm of economics stops" (Murphy/Tooze 1991: 24). Beispielhaft für ein Negieren von Interdependenz schreiben Simmons et al. (2006: 787, zit. n. Keohane 2009: 38): „[P]rocesses of policy change can adequately be understood by conceiving of national governments as making decisions independently of each other." Demgegenüber betonen heterodoxe IPÖ-Theorien, dass es vielfältige und komplexe Verbindungen und eine reziproke Beeinflussung zwischen sozialen und ökonomischen Phänomenen und Akteuren gibt. Zugleich verändern sich diese Phänomene. Versuche, politisch-ökonomische Phänomene und Zusammenhänge zu begreifen, die auf fixierten Analyseeinheiten und der Annahme feststehender Relationen zwischen diesen Bereichen basieren, werden als unangemessen angesehen (vgl. Redding 2005: 128; vgl. auch Keohane 2009; Wade 2009). Ein poststrukturalistischer Ansatz fügt dem noch eine weitere Reflexionsstufe hinzu und betont, dass die analytische Trennung von Politik und Ökonomie das Resultat konflikthafter gesellschaftlicher Zuschreibungs- und Konstruktionsprozesse und damit selbst schon von Machtverhältnissen durchdrungen ist. Das von Austin (1962) stammende Konzept der Performativität wird beispielsweise von Callon (2007) aufgegriffen, um zu argumentieren, dass die Ökonomik nicht eine bereits existierende externe Welt beschreibt, sondern dass diese – nicht nur, aber auch – durch die Ökonomik überhaupt erst konstituiert wird. So wäre beispielsweise die massive Ausweitung von Derivaten ohne eine Theorie der Preisbildung von Vermögenswerten, die eine glaubwürdige Anleitung zur Preisbestimmung ermöglicht, sehr unwahrscheinlich gewesen. Auch die Praxis der *Arbitrage* selber und nicht zuletzt Buchführungspraktiken und Standardisierungskonflikte einzelner Finanzprodukte, wie z. B. die Rolle des *ABX-Index* als Anzeiger der beginnenden und sich vertiefenden Finanzkrise, führen zur – durchaus konflikthaften – performativen Konstruktion ökonomischer Wirklichkeit (vgl. MacKenzie 2003, 2012).

Aus poststrukturalistischer Sicht ist der Staat, als spezifische Diskursorganisation, bereits Ausdruck historischer Auseinandersetzungen um die Artikulation einer bestimmten Form sozio-politischer und raumzeitlich spezifischer gesellschaftlicher Organisierung. Ähnlich verhält es sich mit der Ökonomie. Hier haben sich historisch bestimmte Relationen – wie das Waren-, das Geld-, das Kapitalverhältnis – stark verfestigt und tief in das Handeln, das Denken und den Wahrheitshorizont der Subjekte eingeschrieben. Die verstetigten Handlungen und Wahrheiten sind gewissermaßen *sedimentiert*.[7] Die Diskursorganisation muss einerseits aktiv reprodu-

---

[7] Der Begriff der *Sedimentation* geht auf Edmund Husserl zurück, der damit einen Vorgang bezeichnet, bei dem das Wissen um den schöpferischen Moment bei einer wissenschaftlichen Erkenntnis

ziert werden, um Bestand zu haben. Andererseits vollzieht sich diese Reartikulation nur bedingt bewusst, da sich die Handlungen der Menschen durch Sozialisationsprozesse über Jahre oder gar Jahrhunderte ausgebildet und verstetigt haben. Den sedimentierten Handlungen und Wahrheiten ist jedoch immer die Möglichkeit ihrer *Reaktivierung* inhärent. Schließlich verlaufen soziale Verstetigungsprozesse alles andere als friedlich: Gesellschaftliche Auseinandersetzungen und auch das Finden eines Konsenses intendieren den Ausschluss anderer Positionen und enthalten damit auch Zwangselemente, die mehr oder wenig gewaltförmig sein können. Das bedeutet, dass die (legitime) Anwendung von Zwang und Gewalt (insbesondere durch den Staat) Teil einer Diskursorganisation ist. Hierbei ist die physische Gewalt nur eine Form möglicher Gewaltanwendungen.

Bereits Antonio Gramsci (1991–2002.) hob deren Relationalität mittels des Begriffs des *integralen Staates* hervor. Bob Jessop (2007: 24) ergänzte diesen durch den Begriff der *integralen Ökonomie*. In diesem Sinne betonen auch poststrukturalistische Theorien, dass Politik und Ökonomie bzw. Staat, Ökonomie und Gesellschaft nicht isoliert voneinander betrachtet werden können und Politik bzw. politisches Handeln alle drei Bereiche durchdringt, also gewissermaßen deren Grundlage darstellt. Die Grenzen zwischen diesen Bereichen sind nicht fixiert, sondern werden kontrovers verhandelt und sind Veränderungen unterworfen: „[All] such distinctions are products of history, or, more correctly, of political struggles to shape, reproduce, or transform social orders and symbolic systems" (Ashley 1983: 471). Zu betonen, dass Staat, Ökonomie und Gesellschaft bzw. die Trennung zwischen Staat, Ökonomie und Gesellschaft diskursive Konstruktionen sind, beinhaltet nicht, ihnen Präsenz abstreiten zu wollen, sondern heißt, nach den historischen und sozio-politischen Bedingungen für ihre aktuelle Bedeutung zu fragen.

Der Kern einer poststrukturalistischen Perspektive auf die Ökonomie liegt in der Qualifizierung der Ökonomie als Teil einer Diskursorganisation und damit als spezifische gesellschaftliche Form: „there is no single and unambiguous ‚logic of capital'" (Jessop 2001: 291). Anders ausgedrückt: Die Ökonomie besitzt kein Wesen (im Sinne von *Essenz*), das sich uns direkt vermitteln könnte, sondern artikuliert sich ausschließlich in jeweils historisch-spezifischen Diskursen, die es zu analysieren gilt. Das heißt auch, „dass das Kapital als soziales Verhältnis nicht vor seiner Regulation existiert, sondern dass in der Regulation und durch sie dem Kapital erst Form [...] verliehen wird" (Jessop 2003: 90). Es kann daher, wie auch schon der Staatstheoretiker Poulantzas (2002: 48) betonte, „weder eine allgemeine Theorie der Ökonomie [...] noch eine ‚allgemeine Theorie' [...] des Staates [...] mit einem ebenfalls un-

---

schrittweise verloren geht und dieses Wissen damit eine objektive Form annimmt (vgl. Husserl 1978: 164ff.).

veränderlichen theoretischen Gegenstand geben." Oder wie Foucault es ausdrückt: „we must produce truth in order to produce wealth" (Foucault 1980: 93, zit. n. de Goede 2003: 94).

Eine poststrukturalistische IPÖ interessiert sich folglich für das wechselseitige Artikulationsverhältnis von Politik und Ökonomie auf globaler Ebene. Durch welche Politik – durch welche Formen politischen Handelns – und auf welche Art und Weise wird die ökonomische Sphäre international artikuliert, konstruiert und gestaltet? Diese Fragestellung erfordert beispielsweise auch, die Bedeutung – in diesem Fall auch: den Wert – des Geldes von seiner haptischen bzw. vergegenständlichten Form (Gold, Silber, Papiergeld etc.) zu trennen. Shapiro (1993) zeigt anhand der Arbeiten von Adam Smith auf, dass dieser annimmt, der Wert des Geldes könnte aus dem Objekt des Geldes selbst heraus abgeleitet werden. Ein poststrukturalistischer Ansatz betont hingegen, dass Geld ein Symbol eines sozial verhandelten abstrakten Wertes darstellt. Es hat keinen prädiskursiven oder extradiskursiven Wert, das heißt, der Wert kann nicht aus etwas anderem heraus (aus dem Gegenstand oder dessen Sach-, Waren- oder Tauschwert) abgeleitet werden, sondern bildet sich erst in sozialer Interaktion heraus. Zugleich werden (neo)klassische Erklärungen abgelehnt, die die Entstehung des Geldes als symbolische Repräsentation eines Warenstandards – sprich: Buchgeld bzw. Rechnungseinheit – als logische historische Entwicklung aus unzähligen Tauschgeschäften heraus beschreiben. Geld ist aus poststrukturalistischer Sicht weder zufällig noch aus einer bestimmten, systemimmanenten Notwendigkeit heraus entstanden, sondern ist das kontingente Resultat historisch vorgängiger gesellschaftlicher und in diesem Fall recht gewaltsamer Auseinandersetzungen (vgl. Ingham 2004). Es ist also nach den gesellschaftlichen Voraussetzungen und konflikthaft-kontingenten Prozessen zu fragen, die Geld, Wert und Profit ihre jeweilige Bedeutung zuschreiben. Zugleich sollte nicht aus den Augen verloren werden, wem solche Konstruktionen zugutekommen, ohne jedoch den gesellschaftlichen Prozess darauf zu reduzieren.

Aus poststrukturalistischer Sicht sind internationale Strukturen nicht von den konkreten und in diesem Sinne auch stets lokalen Handlungen der Akteure entkoppelt. Die Vorstellung einer *Entbettung* des Weltmarkts oder des globalen Finanzmarkts aus staatlichen Strukturen depolitisiert die ökonomische Sphäre und suggeriert, dass der Welt- bzw. Finanzmarkt nicht politisch organisiert und strukturiert wäre (vgl. Altvater/Mahnkopf 1997; Cohen 1996). De Goede (2005) zeigt auf, wie die Finanzwirtschaft historisch als legitimer Ort der Kalkulation von Risiken konstruiert wurde und früher vorherrschende Sichtweisen des Finanzmarkts als Spielkasino an Bedeutung verloren. Mathematische Modelle, wie das durch den Nobelpreis ausgezeichnete Black-Scholes-Merton-Modell, unterstützen die Behauptung der Berechenbarkeit von Märkten: „It wasn't speculation or gambling, it was efficient pricing" (MacKenzie/Millo 2003: 121, zit. n. de Goede 2005: 130). Insbesondere die politische Regulierung der Finanzmärkte führte paradoxerweise zu deren Legitimierung und letztendlich dazu, dass diese gesellschaftsfähig werden konnten. Auch wenn eine poststrukturalistische IPÖ Interessen und Strategien in politisch-ökonomischen Prozessen nicht bestreitet, wird doch zugleich die Kontinenz historischer Entwicklung betont. So zeigt MacKenzie (2006: 256f.), wie die Anerkennung des oben erwähnten Black-Scholes-Merton-Modells, das zunächst unrealistische Annahmen zur Bewertung von Finanzoptionen aufstellte (dieses Modell zunächst also die Handlungen der Finanzmarktakteure nur sehr bedingt abbildete), dazu führte, dass sich die Handlungen der Finanzmarktakteure an diesem Modell orientierten und das Modell dadurch allmählich die Finanztransaktionen immer realistischer widerspiegelte. Das Modell wurde performativ durch seine Anwendung immer ‚realistischer'. Allerdings erhöhte dessen breite Anwendung wiederum die – modellwidrige – Wahrscheinlichkeit extremer Ereignisse (vgl. Scherrer 2012: 179ff.).

Weiterhin rücken poststrukturalistische Theorien die Handlungen der Akteure in den Vordergrund. Routinisierte Handlungen reproduzieren demnach, wenn auch nicht vollkommen identisch, die historisch verstetigte gesellschaftliche Struktur. Paul Langley (2008) verwendet den Begriff *everyday finance*, um hervorzuheben, dass die Finanzwelt gerade keine externe Kraft ist, die gewissermaßen *von oben* und also außerhalb der politischen Kontrolle auf die nationalen Ökonomien einwirkt. Bestärkt wird dieser Diskurs durch das Konstrukt von dem Gegensatzpaar einer auf der einen Seite *fiktiven* Finanzwirtschaft und auf der anderen Seite einer *realen* Produktionswirtschaft. Ähnlich heben Safri und Graham (2010) hervor, dass der Haushalt als *everyday site of production* verstanden werden sollte (vgl. Çağlar in diesem Band).

5. Ausblick

In Auseinandersetzung mit orthodoxen ökonomischen Theorien einerseits und strukturalistisch-heterodoxen ökonomischen Theorien andererseits wurden Konturen einer poststrukturalistischen IPÖ diskutiert. Indem alle gesellschaftlichen Verhältnisse als politische Verhältnisse begriffen werden, eröffnet sich eine sehr breite Forschungsperspektive für die IPÖ. Auch wenn es sich bislang noch um ein recht junges Forschungsprogramm handelt (vgl. de Goede 2006), gibt es bereits Forschungen zum Beispiel im Bereich Finanzmärkte, Finanzströme, Finanzkrise, Wohlfahrtspolitik, neoliberale und Sicherheitspolitik, globale Ökonomie der Migration, der Konstruktion von Nationalstaaten, Geldpolitik und techno-ökonomischer Innovation. Weitere Forschungen beschäftigen sich mit Konzepten wie Identität, kulturelle Repräsentation, (fordistische und neoliberale) Subjektivierungen, Gegenhegemonie, Performativität, mit der Materialität von Diskursen, der Konstruktion des gesellschaftlichen Gemeinwohls und des Nationalinteresses. Nach Palan (2013) handelt es sich inzwischen um eines der dynamischsten Forschungsprogramme innerhalb der IPÖ.

Durch die Hervorhebung des diskursiven Charakters sämtlicher gesellschaftlicher Beziehungen kann gezeigt werden, dass sich Machtverhältnisse in allen gesellschaftlichen und damit auch in allen ökonomischen Beziehungen, seien sie auf lokaler, nationaler oder globaler Ebene artikuliert, widerspiegeln. Zugleich kann nach den spezifischen Konstruktionen gefragt werden, die einige gesellschaftliche Bereiche als ökonomisch und andere als nicht-ökonomisch kennzeichnen. Das bedeutet auch, die Grenzziehungen zwischen Ökonomie, Staat und Gesellschaft oder auch zwischen Realwirtschaft und Finanzsektor beständig zu hinterfragen: „Wenn wir die Beschränkungen des Denkbaren als historische Beschränkungen denken, fragen wir, wie Machtverhältnisse bestimmte Objektarten als denkbar und wißbar konstruieren und wie diese Konstruktion durch die simultane und begleitende Konstruktion des Undenkbaren und Unwißbaren stattfindet" (Butler 1998: 222). Was beinhaltet z. B. ein systemisches Risiko (z. B. von Banken) und auf welche Weise wird die Grenze zwischen Sicherheit und Unsicherheit und legitimen und illegitimen Finanzderivaten und -transaktionen verhandelt (vgl. Aitken 2011; de Goede 2012)? Eine poststrukturalistische IPÖ ist folglich eine *integrale* IPÖ, die die Trennungen, Grenzziehungen und Machtverhältnisse innerhalb des Feldes der ipÖ und der Disziplin selbst sichtbar macht, problematisiert und aufzeigt, dass eine Internationale Politische Ökonomie mehr ist als die Summe ihrer Teilbereiche.

Literatur

Aglietta, Michel 1979: A Theory of Capitalist Regulation. The US Experience, London: New Left Books.
Aitken, Rob 2011: Financializing Security: Political Prediction Markets and the Commodification of Uncertainty, in: Security Dialogue 42: 2, 123–141.
Altvater, Elmar/Mahnkopf, Birgit 1997: The World Market Unbound, in: Review of International Political Economy 4: 3, 448–471.
Ashley, Richard K. 1983: Three Modes of Economism, in: International Studies Quarterly 27: 4, 463–496.
Austin, John L. 1962: Zur Theorie der Sprechakte, Stuttgart: Reclam.
Bieling, Hans-Jürgen 2011: Internationale Politische Ökonomie. Eine Einführung, 2. Auflage, Wiesbaden: VS Verlag.
Bröckling, Ulrich/Krasmann, Susanne/Lemke, Thomas (Hrsg.) 2000: Gouvernementalität der Gegenwart. Studien zur Ökonomisierung des Sozialen, Frankfurt a. M.: Suhrkamp.

Bröckling, Ulrich 2007: Das unternehmerische Selbst. Soziologie einer Subjektivierungsform, Frankfurt a. M.: Suhrkamp.
Butler, Judith 1998: Gleichheiten und Differenzen. Eine Diskussion mit Ernesto Laclau, in: Marchart, Oliver (Hrsg.): Das Undarstellbare der Politik. Zur Hegemonietheorie Ernesto Laclaus, Wien: Turia + Kant, 238-253.
Butler, Judith 1992: Contingent Foundations. Feminism and the Question of 'Postmodernism', in: Butler, Judith/Scott, Joan W. (Hrsg.): Feminists Theorize the Political, London: Routledge, 3-21.
Callon, Michel 2007: What does it mean to say that economics is performative? in: MacKenzie, Donald/ Muniesa, Fabian/ Siu, Lucia (Hrsg.): Do economists make markets? On the performativity of economics, Princeton: Princeton University Press, 311-357.
Campbell, David 1998: National Deconstruction: Violence, Identity, and Justice in Bosnia, Minneapolis, MN: University of Minnesota Press.
Cohen, Benjamin J. 1996: Phoenix Risen: The Resurrection of Global Finance, in: World Politics 48: 2, 268-296.
de Goede, Marieke 2003: Beyond Economism in International Political Economy, in: Review of International Studies 29: 1, 79-97.
de Goede, Marieke 2005: Virtue, Fortune and Faith. A Genealogy of Finance, Minneapolis, MN: University of Minnesota Press.
de Goede, Marieke (Hrsg.) 2006: International political economy and poststructural politics, Basingstoke, Hampshire: Palgrave Macmillan.
de Goede, Marieke 2012: Speculative Security. The Politics of Pursuing Terrorist Monies, Minneapolis, MN: University of Minnesota Press.
Demirovic, Alex 2003: Stroboskopischer Effekt und die Kontingenz der Geschichte, in: Brand, Ulrich/Raza, Werner (Hrsg.): Fit für den Postfordismus? Münster: Westfälisches Dampfboot, 43-57.
Derrida, Jacques 1988: Limited Inc, Evanston, IL: Northwestern University Press.
Derrida, Jacques 1991: Gesetzeskraft. Der „mythische Grund der Autorität", Frankfurt a. M.: Suhrkamp.
Devetak, Richard 2001: Postmodernism, in: Burchill, Scott et al. (Hrsg.): Theories of International Relations, Basingstoke: Palgrave Macmillan, 181-208.
Fairclough, Norman 1992: Discourse and Social Change, Oxford: Blackwell.
Fairclough, Norman 1995: Critical Discourse Analysis: the Critical Study of Language, London: Longman.
Foucault, Michel 1980: Two Lectures, in: Gordon, Colin (Hrsg.): Power/Knowledge: Selected Interviews and Other Writings, New York, NY: Pantheon.
Foucault, Michel 1983: Der Wille zum Wissen. Sexualität und Wahrheit 1, 11. Auflage, Frankfurt a. M.: Suhrkamp.
Foucault, Michel 2004a: Geschichte der Gouvernementalität I. Sicherheit, Territorium, Bevölkerung, Frankfurt a. M.: Suhrkamp.
Foucault, Michel 2004b: Geschichte der Gouvernementalität II. Die Geburt der Biopolitik, Frankfurt a. M.: Suhrkamp.
Gramsci, Antonio 1991-2002.: Gefängnishefte, Hamburg: Argument.
Habermann, Friederike 2008: Der homo oeconomicus und das Andere. Hegemonie, Identität und Emanzipation, Baden-Baden: Nomos, 320.
Shackle, George L.S. 1969: Decision, Order and Time in Human Affairs, London: Cambridge University Press.
Husserl, Edmund 1978: The Origin of Geometry, in: Derrida, Jacques (Hrsg.): Edmund Husserl's „Origin of Geometry": An Introduction, New York, NY: Nicolas Hays, 157-180.
Ingham, Geoffrey 2004: The nature of money, Cambridge: Polity.
Jäger, Margarete/Jäger, Siegfried 2007: Deutungskämpfe. Theorie und Praxis Kritischer Diskursanalyse, Wiesbaden: VS Verlag.
Jessop, Bob 2001: What Follows Fordism? On the Periodization of Capitalism and Its Regulation, in: Albritton, Robert/Itoh, Makoto/Westra, Richard/Zuege, Alan (Hrsg.): Phases of Capitalist Development. Booms, Crises and Globalizations, London: Macmillan, 283-300.

Jessop, Bob 2003: Postfordismus und wissensbasierte Ökonomie. Eine Reinterpretation des Regulationsansatzes, in: Brand, Ulrich/Raza, Werner (Hrsg.): Fit für den Postfordismus? Münster: Westfälisches Dampfboot, 89–113.
Jessop, Bob 2007: State Power. A Strategic Relational Approach, Cambridge: Polity Press.
Keohane, Robert O. 2009: The Old IPE and the New, in: Review of International Political Economy 16: 1, 34–46.
Laclau, Ernesto/Mouffe, Chantal 1985: Hegemony and Socialist Strategy: Towards a Radical Democratic Politics, London: Verso.
Laclau, Ernesto (Hrsg.) 1990a: New Reflections on the Revolution of Our Time, London: Verso.
Laclau, Ernesto 1990b: New Reflections on the Revolution of Our Time, in: Laclau, Ernesto (Hrsg.): New Reflections on the Revolution of Our Time, London: Verso, 3–88.
Laclau, Ernesto 1999: Dekonstruktion, Pragmatismus, Hegemonie, in: Mouffe, Chantal (Hrsg.): Dekonstruktion und Pragmatismus, Wien: Passagen-Verlag, 111–154.
Laclau, Ernesto 2005: On Populist Reason, London: Verso.
Langley, Paul 2008: The Everyday Life of Global Finance: Saving and Borrowing in Anglo-America, Oxford: Oxford University Press.
Lipietz, Alain 1985: Akkumulation, Krisen und Auswege aus der Krise: Einige methodische Überlegungen zum Begriff der ‚Regulation', in: Prokla 15: 58, 109–137.
Lyotard, Jean-Francois 1984: The Postmodern Condition: A Report on Knowledge, Manchester: Manchester University Press.
MacKenzie, Donald 2003: Long-Term Capital Management and the sociology of arbitrage, in: Economy and Society 32: 3, 349–380.
MacKenzie, Donald A. 2006: An Engine, Not a Camera. How Financial Models Shape Markets, Cambridge: MIT.
MacKenzie, Donald 2012: Knowledge production in financial markets: credit default swaps, the ABX and the subprime crisis, in: Economy and Society 41: 3, 335–359.
MacKenzie, Donald/Millo, Yuval 2003: Constructing a Market, Performing Theory: The Historical Sociology of a Financial Derivatives Exchange, in: American Journal of Sociology 109: 1, 107–145.
Maingueneau, Dominique 1999: Analysing Self-Constituting Discourses, in: Discourse Studies 1: 2, 175–199.
Mouffe, Chantal 1992: Feminism and Radical Politics, in: Butler, Judith/Scott, Joan W. (Hrsg.): Feminists Theorize the Political, London: Routledge, 369–384.
Murphy, Craig/Tooze, Roger 1991: Getting Beyond the "Common Sense" of the IPE Orthodoxy, in: Murphy, Craig/Tooze, Roger (Hrsg.): The new International Political Economy, Boulder, CO: Lynne Rienner Publisher, 11–31.
Palan, Ronen 2013: New Trends in Global Political Economy, in: Palan, Ronen (Hrsg.): Global Political Economy. Contemporary theories, London: Routledge, 2. Auflage, 1–14.
Poulantzas, Nicos 1975: Politische Macht und gesellschaftliche Klassen, Frankfurt a. M.: Athenäum Fischer.
Poulantzas, Nicos 2002: Staatstheorie. Politischer Überbau, Ideologie, Autoritärer Etatismus, Hamburg: VSA.
Redding, Gordon 2005: The thick description and comparison of societal systems of capitalism, in: Journal of International Business Studies 36: 3, 123–155.
Safri, Maliha/Graham, Julie 2010: The Global Household. Toward a Feminist Postcapitalist International Political Economy, in: Signs 36: 1, 99–125.
Scherrer, Christoph 1995: Eine diskursanalytische Kritik der Regulationstheorie, in: Prokla 100: 3, 457–482.
Scherrer, Christoph 2012: Hegemonietheoretische Zugänge zum Finanzwesen: Neogramscianismus und Poststrukturalismus, in: Dzudzek, Iris/Kunze, Caren/Wullweber, Joscha (Hrsg.): Hegemonie- und Diskurstheorien. Gesellschaftskritische Perspektiven, Bielefeld: transcript, 173–202.
Shapiro, Michael J. 1993: Reading Adam Smith. Desire, History and Value, Newbury Park: Sage.
Simmons, Beth A./Dobbin, Frank/Garrett, Geoffrey 2006: The Institutional Diffusion of Liberalism, in: International Organization 60: 4, 781–810.
Torfing, Jacob 2005: Discourse Theory: Achievements, Arguments, and Challenges, in: Howarth, David/Torfing, Jakob (Hrsg.): Discourse Theory in European Politics: Identity, Policy and Governance, Basingstoke, Hampshire: Palgrave Macmillan, 1–32.

Wade, Robert 2009: Beware What you Wish for: Lessons for International Political Economy From the Transformation of Economics, in: Review of International Political Economy 16: 1, 106–121.

Wallerstein, Immanuel 1974: The Modern World-System. Capitalist Agriculture and the Origins of the European World-Economy in the Sixteenth Century, New York, NY: Academic Press.

Wullweber, Joscha/Scherrer, Christoph 2010: Postmodern and Poststructural International Political Economy, in: Denemark, Robert A. (Hrsg.): The International Studies Encyclopedia, Oxford: Blackwell, Blackwell Reference Online.

Wullweber, Joscha 2010: Hegemonie, Diskurs und Politische Ökonomie. Das Nanotechnologie-Projekt, Baden-Baden: Nomos.

Wullweber, Joscha 2012: Konturen eines politischen Analyserahmens. Hegemonie, Diskurs und Antagonismus, in: Dzudzek, Iris/Kunze, Caren/Wullweber, Joscha (Hrsg.): Hegemonie- und Diskurstheorien. Gesellschaftskritische Perspektiven, Bielefeld: transcript, 29–58.

Žižek, Slavoj 1990: Beyond Discourse-Analysis, in: Laclau, Ernesto (Hrsg.): New Reflections on the Revolution of Our Time, London: Verso, 249–260.

V.
Themen, Konzepte und aktuelle Diskussionen

Finanzialisierung

Marcel Heires / Andreas Nölke

1. Einleitung

Im Zuge der jüngsten Finanzkrise seit 2007 nimmt die kritische Auseinandersetzung mit Finanzmärkten und Finanzkrisen auch in der Internationalen Politischen Ökonomie (IPÖ) wieder einen größeren Raum ein. Zwar kann die IPÖ bereits auf eine lange Tradition der Beschäftigung mit diesen Themen zurückblicken (z. B. Strange 1986), in Abwesenheit größerer Krisen während einer Periode relativer Ruhe nach den Krisen in den Schwellenländern und dem Platzen der Dotcom-Blase sind sie seit Beginn der 2000er Jahre wieder gegenüber anderen Themen wie Handel und Entwicklung in den Hintergrund gerückt (Cohen 2009; Palan 2009).

Außerhalb der Disziplin hat sich aber in der Zwischenzeit unter dem Stichwort Finanzialisierung (engl. financialization) ein äußerst lebendiges, multidisziplinäres Forschungsprogramm entwickelt, in dem sich aus unterschiedlichen Perspektiven kritisch mit einer als zu dominant empfundenen Rolle der Finanzmärkte und des Finanzsektors auseinandergesetzt wird. Beiträge hierzu stammen bislang vor allem aus der Wirtschaftssoziologie, der Humangeographie und aus der heterodoxen Ökonomie, weniger hingegen aus der eher politikwissenschaftlich orientierten IPÖ.

Über die wissenschaftliche Auseinandersetzung hinaus hat das Thema Finanzialisierung auch Eingang in Diskussionen in der Praxis gefunden. So haben etwa die Konferenz der Vereinten Nationen für Handel und Entwicklung (UNCTAD) und der Internationale Währungsfonds (IWF) den Begriff für ihre Analysen der Frage aufgegriffen, inwiefern Spekulationen auf den Finanzmärkten die Preise für Rohstoffe beeinflussen (IMF 2008: 88ff.; UNCTAD 2011) und auch die Deutsche Bundesbank spricht in ihrem letzten Finanzstabilitätsbericht von einer „Finanzialisierung der Rohstoffmärkte" (Deutsche Bundesbank 2011: 42).

In diesem Beitrag wollen wir zeigen, wie die Beschäftigung mit Finanzialisierung die politikwissenschaftliche Diskussion über Finanzmärkte und Finanzkrisen in der IPÖ bereichern kann, aber auch, welche blinden Flecken das Konzept derzeit noch aufweist. Insbesondere fehlt der Diskussion über Finanzialisierung bisher noch eine globale Perspektive, die auch die Entwicklung außerhalb der USA und Großbritanniens, die oft als die „Kernländer" der Finanzialisierung gesehen werden, in den Blick nimmt. Darüber hinaus bleiben die politischen Ursprünge der Finanzialisierung derzeit noch wenig beleuchtet, genauso wie die Frage nach Perspektiven, wie dieser Entwicklung entgegengewirkt werden kann. Hier kann die IPÖ ihrerseits noch wichtige Beiträge zum Forschungsprogramm der Finanzialisierung leisten.

2. Was ist Finanzialisierung?

Mit dem Begriff der Finanzialisierung werden eine Reihe von Veränderungen im Finanzsystem und dessen Verhältnis zum Rest der Wirtschaft und der Gesellschaft während der letzten 20–30 Jahre bezeichnet. Hierzu werden unter anderem die Deregulierung des Finanzsektors, der Abbau von Schranken für den internationalen Kapitalverkehr, die Verbreitung neuer Finanzinstrumente wie Derivate und strukturierter Produkte, der Aufstieg von Investmentfonds und anderen institutionellen Anlegern, die Umgestaltung der Unternehmenskontrolle und die Propagierung des Shareholder-Value als neue Leitideologie für die Führung von Unternehmen sowie die Ausweitung des Kredit- und Anlagegeschäftes für Privatkunden gezählt (Stockhammer 2008: 148). Während diese Entwicklungen in der neoklassisch geprägten Mainstreamökonomie in der Vergangenheit generell eher positiv bewertet wurden, weil die Verbreiterung und Vertiefung der Finanzmärkte auch ihre Effizienz erhöhen sollte (Walter 2009), wird mit der These der Finanzialisierung dagegengehalten, dass sich eine problematische Dominanz der Finanzmärkte, des Finanzsektors und von Finanzmotiven in Wirtschaft und Gesellschaft herausgebildet hat (Epstein 2005: 3).

Die Beschäftigung mit der Rolle von Finanzmärkten hat bereits seit den Anfangstagen der IPÖ eine große Rolle gespielt. Beiträge von Susan Strange, Philip Cerny, Eric Helleiner und Randall Germain haben bereits sehr früh die Globalisierung und das Wachstum der Finanzmärkte seit Beginn der 1980er Jahre und die daraus erwachsenden Risiken für die Stabilität des Finanz- und Wirtschaftssystems thematisiert (Strange 1986; Cerny 1993; Helleiner 1994: Germain 1997). Diese Beiträge waren aber meist politikwissenschaftlich geprägt und nahmen dementsprechend eine staatszentrierte Sichtweise auf die Problematik ein. Die Rolle der Finanzmärkte wurde in ihrem Verhältnis zur staatlichen Macht und den Möglichkeiten der staatlichen Steuerung untersucht. Im Fokus standen dabei zum Beispiel die Frage, inwiefern die globalisierten Finanzmärkte die Handlungsfähigkeit von Nationalstaaten beschneiden oder inwiefern diese Entwicklung selber von staatlichen Akteuren vorangetrieben wurde (Helleiner 1995; Burn 1999; Lütz 2002; McCaffrie 2009).

Den Referenzpunkt für die Diskussion in der IPÖ stellt hier vor allem der Zusammenbruch des Systems von Bretton Woods, mit seinen festen Wechselkursen und Beschränkungen internationaler Kapitalbewegungen zu Beginn der 1970er Jahre dar (Helleiner 1993). Mit der fortschreitenden Globalisierung der Finanzmärkte hat sich dieser Analyserahmen – entlang der Konfliktlinie Staat versus Markt – aber als zu grob erwiesen, um die Tiefenveränderungen innerhalb eines Finanzsystems zu erfassen, dessen globale Reichweite spätestens durch die internationalen Finanzkrisen gegen Ende der 1990er Jahre demonstriert wurde. Genau hier knüpft das Forschungsprogramm an, das sich um das Konzept der Finanzialisierung herum entwickelt hat (Froud et al. 2000; Grahl/Teague 2000; Boyer 2000; Lazonick/O'Sullivan 2000; Aglietta 2000b; Williams 2000). Die Diskussion über Finanzialisierung wurde zunächst außerhalb der politikwissenschaftlich geprägten IPÖ geführt, im Zuge der jüngsten Finanzkrise wird sie aber auch dort zunehmend rezipiert (Nölke/Perry 2007; Deeg/O'Sullivan 2009).

Das Konzept dient dabei als Kristallisationspunkt für eine ganze Reihe von Arbeiten, die sich aus unterschiedlichen disziplinären, theoretischen und empirischen Perspektiven kritisch mit einer als zu dominant empfundenen Rolle des Finanzsektors und der Finanzmärkte auseinandersetzen. Je nach Perspektive der jeweiligen Studie werden dabei unterschiedliche Aspekte dieser Dominanz hervorgehoben. Über die disziplinären Grenzen hinweg lassen sich die Beiträge zu diesem Forschungsprogramm entlang von zwei Dimensionen systematisieren, einerseits nach ihrer theoretischen Orientierung und andererseits nach ihrer Analyseebene.

3. Theoretische Perspektiven auf Finanzialisierung

Aufgrund der normativen Grundausrichtung des Konzeptes der Finanzialisierung überrascht es nicht, dass sich die meisten Autorinnen und Autoren, die damit arbeiten, innerhalb des eher kritisch orientierten, heterodoxen Theoriespektrums der politischen Ökonomie bewegen (vgl. Bieling 2009). Innerhalb dieses Spektrums finden sich sowohl solche Ansätze, die einen eher „traditionellen" marxistischen oder postkeynesianisch orientierten Zugang zum Thema Finanzialisierung wählen, als auch solche, die von „neueren", konstruktivistischen und poststrukturalistischen Ansätzen inspiriert sind.

Marxistische und postkeynesianische Zugänge konzipieren Finanzialisierung als ein abgeschlossenes und objektiv bestimmbares Phänomen. Die zentralen Analysekategorien sind hier die Produktions- und Investitionsbeziehungen einer bestimmten Wirtschafts- und Gesellschaftsformation. Im Zentrum der Analyse stehen etwa bei der französischen Regulationsschule historisch und funktional relativ klar umrissene Produktions- und Akkumulationsregime wie das des Fordismus und das des ihm folgenden finanzdominierten oder -getriebenen Regimes (Aglietta 2000a; Boyer 2000). Finanzialisierung wird hier daher als eine relativ klar identifizierbare Phase oder Variation des Kapitalismus betrachtet (Montgomerie 2008: 234f.).

Für die Weltsystemtheorie ist Finanzialisierung kein neues Phänomen, sondern eine sich wiederholende Entwicklung des Kapitalismus in Phasen hegemonialer Übergänge. In dem Maße, wie hegemonische Mächte den Zenit ihrer Macht erreichen, schwinden in dieser Perspektive die Möglichkeiten zur profitablen Investition der akkumulierten Überschüsse, die dann in unproduktive, finanzielle Investitionen fließen und damit die produktive Basis ihrer Macht unterminieren und schließlich zur Erosion ihrer Hegemonie beitragen (Bichler/Nitzan 2012: 10). Weltsystemtheoretiker finden Beispiele früherer Phasen von Finanzialisierung im Übergang von Genua zu Venedig im 16. Jahrhundert, zu Amsterdam im 17. Jahrhundert, zu Großbritannien im 18. Jahrhundert, zu den USA nach 1945 und nun wahrscheinlich zu China (Arrighi 1994, Arrighi 2003). Diese hegemonialen Übergänge waren jeweils charakterisiert durch ähnliche Symptome der Überakkumulation und finanziellen Expansion, wie sie sich auch heute finden lassen. Finanzialisierung kann aus marxistischer Sicht daher als ein „temporal fix" für die strukturellen Probleme eines bestimmten Produktions- oder Akkumulationsregimes gesehen werden, welcher die Probleme zwar kurzzeitig vertagt, die Krisentendenzen aber letztlich nicht stoppen kann (Harvey 2006; 2010).

Neuere Ansätze der politischen Ökonomie, die durch konstruktivistische und poststrukturalistische Theorien beeinflusst sind (Jessop/Sum 2001; Goede 2006; Best/Paterson 2009; Wullweber/Scherrer 2010) sind skeptischer gegenüber der Möglichkeit, eine solche objektive und klar bestimmbare Logik der Finanzialisierung identifizieren zu können. Sie argumentieren, dass Wirtschafts- und Gesellschaftsformen nicht nur durch ihre materiellen Produktions- und Investitionsbeziehungen bestimmt sind, sondern auch diese erst durch diskursive Praktiken – Vorstellungen und Geschichten darüber, wie „die Ökonomie" funktioniert – konstituiert werden. Diese Ansätze weisen deshalb die Vorstellung von deterministischen ökonomischen Logiken, die unabhängig vom Betrachter operieren, zurück, ebenso den Versuch, darauf aufbauende, klar unterscheidbare und kohärente ökonomische und gesellschaftliche Formationen zu identifizieren. Aus dieser Perspektive ist Finanzialisierung weniger ein klar umrissenes Phänomen als ein widersprüchliches, nicht abgeschlossenes und umkämpftes, diskursives Projekt (Montgomerie 2008: 241).

Die verschiedenen theoretischen Zugänge lassen sich in unterschiedlichem Maße in allen Disziplinen finden, die mit dem Konzept der Finanzialisierung arbeiten. Die meisten Beiträge aus der IPÖ operieren mit marxistischen und postkeynesianischen Ansätzen, auch wenn konstruktivistische und poststrukturalistisch inspirierte Ansätze sich neuerdings zunehmend größerer Beliebtheit erfreuen (Pryke/du Gay 2007; Langley 2008; Belfrage 2011).

4. Analyseebenen der Finanzialisierung

Auf einer zweiten Achse können verschiedene Ansätze zum Thema Finanzialisierung nach der Analyseebene unterschieden werden, auf der sie dieses Phänomen untersuchen. In der frühen Literatur zu Finanzialisierung hat man sich vor allem mit der Mikroebene beschäftigt und etwa den Aufstieg des Shareholder-Value-Prinzips und der Umgestaltung der Corporate Governance auf der Ebene von Unternehmen untersucht (Lazonick/O'Sullivan 2000; Froud et al. 2000). Diese Forschung hat gezeigt, wie der Aufstieg des Shareholder-Value zu einer Reorientierung von Unternehmensstrategien und zur Reduktion von traditionellen, weniger profitablen Aktivitäten durch Downsizing und Outsourcing geführt hat, während gleichzeitig profitablere finanzielle Aktivitäten wichtiger geworden sind (Epstein 2005: 7).

Analysen zur Finanzialisierung auf der Mikroebene diskutieren das Prinzip des Shareholder-Value sowohl als tatsächliche als auch als rhetorische Strategie. Detaillierte empirische Studien haben gezeigt, wie die Shareholder-Value-Agenda sowohl durch den direkten Druck von Aktionären als auch durch Narrative des Managements befördert wurde (Froud et al. 2000, 2006). Im Finanzsektor selber spiegeln sich die Veränderungen auf der Unternehmensebene in den grundlegend veränderten Geschäftsmodellen von Banken wider, die sich von bloßen Intermediären, die Haushaltsersparnisse in Investitionen für Produktionen vermitteln, hin zu eigenständigen kapitalistischen Akteuren entwickelt haben (Erturk/Solari 2007: 386; dos Santos 2009; Hardie/Howarth 2009) und dabei zunehmend größere Risiken eingegangen sind (Crotty 2008).

Ein anderer Strang dieser Literatur analysiert die Finanzialisierung des alltäglichen Lebens (Martin 2002) auf der Mikroebene von Individuen und Haushalten. Diese Arbeiten zeichnen nach, wie die zunehmende Verschuldung privater Haushalte, insbesondere in Form von Kreditkartenforderungen (Montgomerie 2006) und Hypothekenschulden (Aalbers 2008), neue Formen ökonomischer Unsicherheit geschaffen und damit Individuen und Haushalte verletzlicher gegenüber den Entwicklungen auf den Finanzmärkten gemacht haben (Froud et al. 2002). Zugleich hat die zunehmende Verbreitung von Investmentfonds und anderen Anlageprodukten für Privathaushalte sowie die Privatisierung der Sozialversicherungssysteme breite Teile der Gesellschaft zu Anlegern auf den Finanzmärkten gemacht. Das Resultat dieser „Masseninvestitionskultur" ist, dass Finanzialisierung nicht mehr nur von Finanzeliten, sondern auch von den finanzialisierten Massen der Mittelklasse getragen wird (Deutschmann 2008; Schwartz/Seabrooke 2008).

Auf der Makroebene wird das Verhältnis zwischen dem Finanzsektor und dem produzierenden Sektor der Wirtschaft analysiert. Als Heuristik wird in traditionellen Ansätzen hierfür üblicherweise die Analyse der dominanten Profitform herangezogen. Hierzu werden einerseits der Profitanteil des FIRE-Sektors (Finance, Insurance, Real Estate) den Profitanteilen anderer Sektoren gegenübergestellt und andererseits die Anteile von Finanzaktivitäten an den Profiten aller Unternehmen, inklusive Unternehmen außerhalb des Finanzsektors, erfasst. Innerhalb des produzierenden Sektors stellt beispielsweise Krippner *portfolio income* (Einnahmen aus Zinsen, Dividenden und sonstigen Kapitalerträgen) dem allgemeinen *cash flow* gegenüber und stellt fest, dass der Anteil von ersterem in den 1990er Jahren 3 bis 5 mal so hoch war wie noch in den 1960er Jahren (Krippner 2005). Werden die Profite zwischen den Sektoren verglichen, dann zeigt sich, dass sich die relativen Anteile zwischen dem Finanzsektor und dem produktiven Sektor praktisch verkehrt haben. Hatte der Finanzsektor 1950 noch einen Anteil von nur knapp über 10% am BIP der USA, so ist sein Anteil nach 2000 auf weit über 40% gestiegen, während der Anteil des produzierenden Sektors im gleichen Zeitraum von 50% auf 10% gefallen ist.

Mit sehr ähnlichen Ergebnissen untersuchen Epstein und Jayadev (2005) die Entwicklung des Anteils des *rentier income* am BIP, welchen sie definieren als die Einnahmen des Finanzsektors plus alle Zinseinnahmen von Haushalten und Unternehmen außerhalb des Finanzsektors. Auf konzeptioneller Ebene zielen sie damit auf eine Klassenanalyse der Rentierklasse. Empirisch ist ihre Analyse vor allem deswegen interessant, weil sie sich nicht wie Krippner nur auf die USA beschränken, sondern die Entwicklung in allen OECD-Staaten untersuchen. Erst kürzlich haben weitere Analysen auch die globale Perspektive in den Blick genommen, insbesondere das Verhältnis zwischen kreditbasierten Wachstumsmodellen wie dem der USA und exportgetriebenen Wachstumsmodellen wie denen von China oder Deutschland, die ihre Überschüsse in finanzialisierten Volkswirtschaften wie den USA anlegen. Finanzialisierung ist aus dieser Perspektive dann nicht nur ein Aspekt des US-Modells, sondern nur eine Seite einer symbiotischen Beziehung zwischen den USA und Großbritannien mit Ländern wie China oder Deutschland (Lim 2010; Kalinowski 2011; Christophers 2012; Stockhammer 2010: 9).

Andere Untersuchungen von Finanzialisierung auf der Makroebene zeigen, wie die Dominanz des Finanzsektors durch ihre Repräsentation in der Praxis und den Institutionen des ökonomischen Rechnens und der Rechnungslegung konstituiert wird (Nölke/Perry 2007; Christophers 2011). Andere Studien untersuchen das kulturelle und symbolische Kapital des Finanzsektors (Clark et al. 2004; Hall 2009; Belfrage 2011).

Weitere wichtige Themen sind die Wirkung von Finanzialisierung auf die wirtschaftliche Dynamik und die Verteilung von Einkommen und Vermögen. Diese Studien zeigen zumeist eine negative Wirkung von Finanzialisierung, weil Kapital von produktiven und langfristig angelegten Investitionen in kurzfristige Finanzanlagen umgeleitet wird (Stockhammer 2004; Crotty 2005; Orhangazi 2007; van Treeck 2009). Lohndruck und öffentliche Sparmaßnahmen reduzieren die gesamtwirtschaftliche Nachfrage und haben zudem ungünstige Verteilungskonsequenzen. Der Anteil der Rentiereinkommen in finanzialisierten Volkswirtschaften steigt, während normale Löhne und Haushaltseinkommen stagnieren oder sogar zurückgehen (Duménil/Lévy 2005). Der Nachfragerückgang wird durch kreditfinanzierten Konsum gefüllt, der oftmals auf dem Wachstum von Finanzanlagen, insbesondere Immobilien, basiert (Stockhammer 2010: 5; Montgomerie 2006; Aalbers 2008). Die wirtschaftliche Dynamik ist dadurch zunehmend abhängiger von der Wertentwicklung von Finanzanlagen und den Entwicklungen auf den Finanzmärkten geworden (Crouch 2009) und damit auch empfindlicher für Anlageblasen und Finanzkrisen (Boyer 2000).

5. Kritik am Finanzialisierungskonzept: Die Definitionsfrage

Finanzialisierung erscheint in der Gesamtschau der unterschiedlichen Beiträge als allgegenwärtiges, sich in alle Lebensbereiche erstreckendes Phänomen. Dies zeigt sich exemplarisch in dem sehr breit angelegten Definitionsversuch von Gerald Epstein: „Financialization refers to the increasing importance of financial markets, financial motives, financial institutions, and financial elites in the operation of the economy and its governing institutions, both at the national and international level" (Epstein 2005: 3).

Unklar bleibt bei einem solch breiten Verständnis von Finanzialisierung aber, worauf die diagnostizierte Verschiebung beruht, welche Entwicklungen bzw. Phänomene sich der Finanzialisierung zuordnen lassen und welche nicht, und wie sich Finanzialisierung von anderen Konzepten unterscheiden lässt, die zur Charakterisierung der wirtschaftlichen Entwicklung der letzten Jahrzehnte herangezogen werden, wie etwa Globalisierung oder Neoliberalismus. Die Breite des Konzepts kann dabei sowohl als Stärke als auch als Schwäche für das Forschungsprogramm gelten. Die Stärke besteht darin, dass mit seiner Hilfe es gelingt, theoretisch und empirisch unterschiedliche Beiträge miteinander zu verbinden, die jeweils Teilaspekte eines komplexen Phänomens beleuchten. Gleichzeitig besteht dadurch aber auch die Gefahr, dass das Konzept überdehnt wird und seinen analytischen Mehrwert verliert (Engelen 2008: 111; French et al. 2011: 3f.). Notwendig erscheint daher für eine Weiterentwicklung des Konzepts eine klar fassbare Definition von Finanzialisierung. Eine solche Definition kann aber angesichts der Komplexität des Phänomens nur vor dem Hintergrund einer spezifischen Forschungsfrage formuliert werden. Tendenziell scheint uns für die Forschung in der eher politikwissenschaftlich orientierten IPÖ folgende Definition von Finanzialisierung hilfreich:

> „Financialization is a process whereby financial markets, financial institutions and financial elites gain greater influence over economic policy and economic outcomes. Financialization transforms the functioning of economic system at both the macro and micro levels. Its principal impacts are to (1) elevate the significance of the financial sector relative to the real sector; (2) transfer income from the real sector to the financial sector; and (3) increase income inequality and contribute to wage stagnation. Additionally, there are reasons to believe that financialization may render the economy prone to risk of debt-deflation and prolonged recession. Financialization operates through three different conduits: changes in the structure and operation of financial markets; changes in the behavior of nonfinancial corporations, and changes in economic policy" (Palley 2007: 3).

Da hier zwischen dem Kern der Finanzialisierung (1, 2), den „conduits" oder Mechanismen, durch die dieser Prozess operiert, und den Folgen (3), die sich daraus ergeben, differenziert wird, erscheint uns diese Definition auch für eine weitere Präzisierung des Konzepts sinnvoll. Sie erlaubt es, den Stellenwert einzelner Elemente der Finanzialisierung für die Dynamik des Gesamtphänomens besser abzuschätzen und Ursachen von Wirkungen der Finanzialisierung zu trennen. Gleichzeitig ist eine Definition, die auch auf die Relevanz politischer Entscheidungen und Konsequenzen abstellt, besser in der Politikwissenschaft anschlussfähig als Definitionen, die stärker auf gesellschaftliche Entwicklungen (z. B. Veränderungen in der Klassenstruktur) oder auf den globalen Strukturwandel des Kapitalismus (z. B. Überakkumulation) verweisen, auch wenn diese Aspekte in der Realität nicht zu trennen sind. Die Definition verweist schließlich auf problematische normative Konsequenzen der Finanzialisierung und ist auch in dieser Hinsicht einschlägig für das damit verbundene Forschungsprogramm.

6. Weiterentwicklung: Zu einer Globalen Politischen Ökonomie der Finanzialisierung

Das Konzept der Finanzialisierung bringt die Diskussion über die Rolle von Finanzmärkten in der IPÖ in vielerlei Hinsicht voran. Es schärft den Blick für die komplexen und vielschichtigen Veränderungen im Finanzsektor und in seinem Verhältnis zum Rest der Wirtschaft und Gesellschaft, für die das übliche Analyseraster von Staat versus Finanzmärkte in der IPÖ zu grob ist. Dies wurde insbesondere im Kontext der jüngsten Finanzkrise deutlich. Das Konzept der Finanzialisierung verbindet die Analyse von Entwicklungen auf der Mikroebene, wie etwa in der Immobilienfinanzierung privater Haushalte, den Geschäftsmodellen des Finanzsektors und Entwicklungen auf der Makroebene der globalen Finanzmärkte. Eine IPÖ, die sich nur auf Wirtschaftspolitik zwischen Staaten konzentriert, kann nicht erklären, wie es zu dieser größten Finanzkrise seit vielen Jahrzehnte kommen konnte (Helleiner 2011: 85). Das Konzept hat darüber hinaus einen gemeinsamen Referenzpunkt für den fruchtbaren interdisziplinären Austausch mit Nachbardisziplinen wie Wirtschaftssoziologie, Humangeographie und heterodoxer Ökonomie geschaffen. Aus Sicht der IPÖ lassen sich aber auch drei Kritikpunkte an der bisherigen Diskussion über Finanzialisierung formulieren. Erstens fehlt der Debatte bisher eine globale Perspektive, die auch die Entwicklung außerhalb der USA und Großbritanniens in den Blick nimmt; zweitens lag der Fokus bisher zumeist vor allem auf den Folgen der Finanzialisierung, während insbesondere die politischen Ursprünge dieses Phänomens noch wenig Beachtung erfahren haben und drittens fehlt es bisher an Forschung zur Frage, wie dieser Entwicklung entgegengewirkt werden kann.

Fehlen einer globalen Perspektive: Die meisten empirischen Untersuchungen zum Thema Finanzialisierung wurden am Beispiel der USA und Großbritanniens durchgeführt, was den Eindruck nahelegt, es hier primär mit einem anglo-amerikanischen Phänomen zu tun zu haben. Die wenigen vergleichenden Studien zum Thema scheinen diesen Eindruck zu bestätigen, auch wenn sich der Trend zu Finanzialisierung zunehmend auch in anderen OECD-Staaten nachweisen lässt (Epstein/Jayadev 2005; Stockhammer 2009). Diese Ergebnisse decken sich mit der Sichtweise des Varieties-of-Capitalism-Ansatzes, der das anglo-amerikanische Modell einer liberalen Marktwirtschaft mit einer größeren Rolle externer Finanzmärkte für die Unternehmensfinanzierung assoziiert und eine zunehmende Verbreitung von Elementen dieses Modells in andere, bisher stärker „koordinierte" Marktwirtschaften sieht (Hall/Soskice 2001; Culpepper 2005). Diese Analyse von Finanzialisierung in isolierten nationalen Kontexten steht nicht nur im Widerspruch zu der Beobachtung, dass die mit einem hohen Maß an Finanzialisierung assoziierte Subprime-Krise auch in koordinierten Marktwirtschaften erhebliche Auswirkungen hatte (Nölke 2009), sondern hat insbesondere auch ihre methodischen Tücken. Nimmt man beispielsweise den Anteil von Gewinnen aus Finanzgeschäften am BIP als einen zentralen Indikator der Finanzialisierung (Krippner 2005; Orhangazi 2008; Bichler/Nitzan 2012; Krippner 2011), dann sind durchaus Zweifel angebracht, ob dieser Indikator etwas über Verschiebungen zwischen dem produktiven Sektor und dem Finanzsektor in dem jeweiligen Land oder doch eher über Verschiebungen auf der Ebene der Weltwirtschaft aussagt. So ist die gestiegene relative Bedeutung von Profiten aus Finanzgeschäften in den USA und Großbritannien sowohl von einem Wachstum des Finanzsektors als auch von einem Schrumpfen des produktiven Sektors, etwa durch Outsourcing, beeinflusst. Darüber hinaus wird das Wachstum des Finanzsektors in diesen Ländern vor allem auch durch eine gestiegene Nachfrage nach Finanzdienstleistungen und Finanzprodukten aus dem Ausland befeuert (Christophers 2012). Dies deutet darauf hin, dass Finanzialisierung nicht nur als ein Aspekt des US-Modells gesehen werden kann, wie es etwa die VoC-Sicht nahe legen würde, sondern eine Entwicklung auf der Ebene des globalen Kapitalismus darstellt. Aus Sicht der IPÖ ist es daher höchst unbefriedigend, dass in der Diskussion über Finanzialisierung diese globalen Dimensionen nicht berücksichtigt werden.

Fehlen von Politik: Das bisherige Forschungsprogramm zur Finanzialisierung hat zwar die strukturellen Ursachen dieser Entwicklung identifiziert, es überzeugt aber bisher nicht in Bezug auf die Analyse der zentralen Akteure, Entscheidungen und Institutionen, die der Finanzialisierung die Bahn geebnet haben (mit der Ausnahme von Krippner 2011). Man kann sogar feststellen, dass sich oftmals überraschend wenig ‚Politik' in der Finanzialisierungsliteratur findet (Mügge 2009: 524). Zumeist dominieren allzu deterministische Analysen der ökonomischen Dynamik oder Darstellungen der vielfältigen Folgen der Finanzialisierung, es fehlen aber konkrete empirische Untersuchungen, die zeigen, welche politischen Weichenstellungen und Institutionen Finanzialisierung historisch befördert haben und diese Entwicklung heute weiter aufrechterhalten.

Fehlende Alternativen: Die unzureichende Beschäftigung mit den politischen Ursprüngen der Finanzialisierung führt auch dazu, dass in diesem Forschungsprogramm bisher nur wenige Überlegungen angestellt wurden, wie dieser Entwicklung entgegengewirkt werden und Alternativen zur Finanzialisierung gestaltet werden könnten. Wenn man jedoch akzeptiert, dass Finanzialisierung auch eine Konsequenz politischer Entscheidungen ist (und nicht nur das Ergebnis struktureller Entwicklungen des globalen Kapitalismus) und man zudem ihre Folgen normativ problematisch bewertet, dann stellt sich die Frage nach Strategien zur De-Finanzialisierung. Das gilt umso mehr, wenn man davon ausgeht, dass Finanzialisierung kein historisch völlig neuartiges Phänomen ist, sondern der Kapitalismus bereits früher Phasen von Finanzialisierung durchgemacht hat. Eine solche Sicht ergibt sich nicht nur aus der Sicht der Weltsystemtheorie mit ihrer notwendigerweise sehr hohen Abstraktionsebene (Arrighi 1994, 2003), sondern auch vor dem Hintergrund konkreter institutioneller Analysen (Nölke 2012). Gefragt sind also Studien, die sich mit konkreten Policy-Fragen zur De-Finanzialisierung beschäftigen. Eine solche Weiterentwicklung des Forschungsprogramms, die beispielsweise auf eine radikale Veränderung von Geschäftsmodellen im Finanzsektor (CRESC 2009) und ein wieder stärker dezentralisiertes Finanzsystem setzt (Warwick Commission 2009), liegt bisher erst in sehr groben Umrissen vor (Heires/Nölke 2011).

Literatur

Aalbers, Manuel B. 2008: The Financialization of Home and the Mortgage Market Crisis, in: Competition and Change, 12: 2, 148–166.
Aglietta, Michel 2000a: Ein neues Akkumulationsregime. Die Regulationstheorie auf dem Prüfstand, Hamburg: VSA-Verlag.
Aglietta, Michel 2000b: Shareholder Value and Corporate Governance: Some Tricky Questions, in: Economy and Society, 29: 1, 146–159.
Arrighi, Giovanni 1994: The Long Twentieth Century: Money, Power, and The Origins of Our Times, London: Verso.
Arrighi, Giovanni 2003: Spatial and Other Fixes of Historical Capitalism, in: Journal of World-Systems-Research, 10: 2, 527–539.
Belfrage, Claes 2011: Facing Up to Financialisation and the Aesthetic Economy: High Time for Aesthetics in International Political Economy, in: Journal of International Relations and Development, 14: 3, 383–391.
Best, Jacqueline/Paterson, Matthew (Hrsg.) 2009: Cultural Political Economy, London: Routledge.
Bichler, Shimshon/Nitzan, Jonathan 2012: Imperialism and Financialism: A Story of a Nexus, in: Journal of Critical Globalisation Studies, 5: 42–78.
Bieling, Hans-Jürgen 2009: IPÖ zwischen neuer Orthodoxie und heterodoxen Ansätzen, in: Hartmann, Eva/Kunze, Caren/Brand, Ulrich, (Hrsg.): Globalisierung, Macht und Hegemonie: Perspektiven einer kritischen Internationalen Politischen Ökonomie, Münster: Westfälisches Dampfboot.
Boyer, Robert 2000: Is a finance-led growth regime a viable alternative to Fordism? A preliminary analysis, in: Economy and Society, 29: 1, 111–145.
Burn, Gary 1999: The State, the City and the Euromarkets, in: Review of International Political Economy, 6: 225–261.
Cerny, Philip G. 1993: Finance and World Politics: Markets, Regimes, and States in the Post-Hegemonic Era, Aldershot, UK: Edward Elgar.
Christophers, Brett 2011: Making Finance Productive, in: Economy and Society, 40: 1, 112–140.
Christophers, Brett 2012: Anaemic Geographies of Financialisation, in: New Political Economy, 17: 3, 1–21.
Clark, Gordon L./Thrift, Nigel/Tickell, Adam 2004: Performing finance: the industry, the media and its image, in: Review of International Political Economy, 11: 2, 289–310.
Cohen, Benjamin J. 2009: A Grave Case of Myopia, in: International Interactions, 35: 4, 436–444.
CRESC 2009: An Alternative Report on UK Banking Reform, Manchester: CRESC Centre for Research on Socio Cultural Change, University of Manchester.
Crotty, James 2005: Market Competition and Modem Financial Markets on Nonfinancial Corporation Performance in the Neoliberal Era, in: Epstein, Gerald, (Hrsg.): Financialization and the World Economy, Cheltenham, UK: Edward Elgar.
Crotty, James 2008: If Financial Market Competition is so Intense, Why are Financial Firm Profits so High? Reflections on the Current Golden Age of Finance, in: Competition and Change, 12: 2, 167–183.

Crouch, Colin 2009: Privatised Keynesianism: An Unacknowledged Policy Regime, in: The British Journal of Politics & International Relations, 11: 3, 382–399.
Culpepper, Pepper D. 2005: Institutional Change in Contemporary Capitalism: Coordinated Financial Systems Since 1990, in: World Politics, 57: 173–199.
Deeg, Richard/O'Sullivan, Mary 2009: The Political Economy of Global Finance Capital, in: World Politics, 61: 4, 731–763.
Deutsche Bundesbank 2011: Finanzstabilitätsbericht 2011, Frankfurt am Main: Deutsche Bundesbank.
Deutschmann, Christoph 2008: Die Finanzmärkte und die Mittelschichten: der kollektive Buddenbrooks-Effekt, in: Leviathan, 36: 4, 501–517.
dos Santos, Paulo L. 2009: On the Content of Banking in Contemporary Capitalism, in: Historical Materialism, 17: 2, 180–213.
Duménil, Gérard /Lévy, Dominique 2005: Costs and Benefits of Neoliberalism: A Class Analysis, in: Epstein, Gerald A., (Hrsg.): Financialization and the World Economy, Cheltenham, UK: Edward Elgar, 17–45.
Engelen, Ewald 2008: The Case for Financialization, in: Competition and Change, 12: 2, 111–119.
Epstein, Gerald A. 2005: Introduction: Financialization and the World Economy, in: Epstein, Gerald A., (Hrsg.): Financialization and the World Economy, Cheltenham, UK: Edward Elgar, 3–16.
Epstein, Gerald A./Jayadev, Arjun 2005: The Rise of Rentier Incomes in OECD Countries: Financialization, Central Bank Policy and Labor Solidarity, in: Epstein, Gerald A., (Hrsg.): Financialization and the World Economy, Cheltenham, UK: Edward Elgar, 46–76.
Erturk, Ismail/Solari, Stefano 2007: Banks as Continuous Reinvention, in: New Political Economy, 12: 3, 369–388.
French, Shaun/Leyshon, Andrew/Wainwright, Thomas 2011: Financializing Space, Spacing Financialization, in: Progress in Human Geography, 35: 6, 798–819.
Froud, J./Johal, S./Williams, K. 2002: Financialisation and the Coupon Pool, in: Capital & Class, 26: 3, 119.
Froud, Julie/Haslam, Colin/Johal, Sukhdev et al. 2000: Shareholder Value and Financialization: Consultancy Promises, Management Moves, in: Economy and Society, 29: 1, 80–110.
Froud, Julie/Johal, Sukhdev/Leaver, Adam et al. 2006: Financialization and Strategy: Narrative and Numbers, London: Routledge.
Germain, Randall 1997: The International Organization of Credit: States and Global Finance in the World-Economy, Cambridge: Cambridge University Press.
Goede, Marieke de (Hrsg.) 2006: International Political Economy and Poststructural Politics, New York: Palgrave Macmillan.
Grahl, John/Teague, Paul 2000: The Régulation School, The Employment Relation and Financialization, in: Economy and Society, 29: 1, 160–178.
Hall, Peter A./Soskice, David W. (Hrsg.) 2001: Varieties of Capitalism: The Institutional Foundations Of Comparative Advantage, Oxford: Oxford University Press.
Hall, Sarah 2009: Financialised Elites and the Changing Nature of Finance Capitalism: Investment Bankers in London's Financial District, in: Competition and Change, 13: 2, 173–189.
Hardie, Iain/Howarth, David 2009: Die Krise but not La Crise? The Financial Crisis and the Transformation of German and French Banking Systems, in: Journal of Common Market Studies, 47: 5, 1017–1039.
Harvey, David 2006: The Limits to Capital, London: Verso.
Harvey, David 2010: The Enigma of Capital and the Crises of Capitalism, Oxford: Oxford University Press.
Heires, Marcel/Nölke, Andreas 2011: Das neue Gesicht des Kapitalismus – Finanzkrise in Permanenz?, in: Neue Gesellschaft / Frankfurter Hefte, 9/2011: 25–28.
Helleiner, Eric 1993: When Finance Was the Servant: International Capital Movements in the Bretton Woods Order, in: Cerny, Philip G., (Hrsg.): Finance And World Politics: Markets, Regimes, and States in the Post-Hegemonic Era, Aldershot: Edward Elgar,
Helleiner, Eric 1994: States and the Reemergence of Global Finance: From Bretton Woods to the 1990s, Ithaca, NY: Cornell University Press.
Helleiner, Eric 1995: Explaining the Globalization of Financial Markets: Bringing States Back in, in: Review of International Political Economy, 2: 2, 315–341.

Helleiner, Eric 2011: Understanding the 2007–2008 Global Financial Crisis: Lessons for Scholars of International Political Economy, in: Annual Review of Political Science, 14: 67–87.
IMF 2008: World Economic Outlook 2008, Washington DC: International Monetary Fund.
Jessop, Bob/Sum, Ngai-Ling 2001: Pre-disciplinary and Post-disciplinary Perspectives, in: New Political Economy, 6: 1, 89–101.
Kalinowski, Thomas 2011: Regulating International Finance and the Evolving Imbalance of Capitalisms, in: MPIfG Discussion Paper 10/11, Köln: Max-Planck-Institut für Gesellschaftsforschung.
Krippner, Greta R. 2005: The Financialization of the American Economy, in: Socioeconomic Review, 3: 2, 173–208.
Krippner, Greta R. 2011: Capitalizing on Crisis: The Political Origins of the Rise of Finance, Cambridge, MA: Harvard University Press.
Langley, Paul 2008: Sub-Prime Mortgage Lending: A Cultural Economy, in: Economy and Society, 37: 4, 469–494.
Lazonick, William/O'Sullivan, Mary 2000: Maximizing Shareholder Value: A New Ideology for Corporate Governance, in: Economy and Society, 29: 1, 13–35.
Lim, Kean Fan 2010: On China's Growing Geo-Economic Influence and the Evolution of Variegated Capitalism, in: Geoforum, 41: 677–688.
Lütz, Susanne 2002: Der Staat und die Globalisierung von Finanzmärkten. Regulative Politik in Deutschland, Großbritannien und den USA, Frankfurt/New York: Campus Verlag.
Martin, Randy 2002: Financialization of Daily Life, Philadelphia, PA: Temple.
McCaffrie, Brendan 2009: Contesting the frame: opposition leadership and the global financial crisis, in: Hart, Paul 't/Tindall, Karen, (Hrsg.): Framing the Global Economic Downturn: Crisis rhetoric and the politics of recessions, Canberra: ANU Press.
Montgomerie, Johnna 2006: The Financialization of the American Credit Card Industry, in: Competition and Change, 10: 3, 301–319.
Montgomerie, Johnna 2008: Bridging the Critical Divide: Global Finance, Financialisation and Contemporary Capitalism, in: Contemporary Politics, 14: 3, 233–252.
Mügge, Daniel 2009: Tales of Tails and Dogs: Derivatives and Financialization in Contemporary Capitalism, in: Review of International Political Economy, 16: 3, 514–526.
Nölke, Andreas 2009: Finanzkrise, Finanzialisierung und die kapitalistische Vielfalt, in: Zeitschrift für Internationale Beziehungen, 16: 1, 123–139.
Nölke, Andreas 2012: The Rise of the B(R)IC-Variety of Capitalism, in: Overbeek, Henk/Apeldoorn, Bastiaan van, (Hrsg.): Neoliberalism in Crisis, Houndmills: Palgrave Macmillan,
Nölke, Andreas/Perry, James 2007: The Power of Transnational Private Governance: Financialization and the IASB, in: Business and Politics, 9: 3, 1–25.
Orhangazi, Özgür 2007: Financialization and Capital Accumulation in the Non-Financial Corporate Sector: A Theoretical and Empirical Investigation of the U.S. Economy: 1973–2003, in: PERI Working Paper 149, Political Economy Research Institute, Amherst, University of Massachusetts.
Orhangazi, Özgür 2008: Financialization and the US Economy, Cheltenham; Northampton, MA: Edward Elgar.
Palan, Ronen 2009: The Proof of the Pudding is in the Eating: IPE in Light of the Crisis of 2007/8, in: New Political Economy, 14: 3, 385–394.
Palley, Thomas I. 2007: Financialization: What it is and Why it Matters, in: Levy Economics Institute Working Paper No 525, Annandale-on-Hudson, NY: Bard College
Pryke, Michael/du Gay, Paul 2007: Take an Issue: Cultural Economy and Finance, in: Economy and Society, 36: 3, 339–354.
Schwartz, Herman/Seabrooke, Leonard 2008: Varieties of Residential Capitalism in the International Political Economy: Old Welfare States and the New Politics of Housing, in: Comparative European Politics, 6: 237–261.
Stockhammer, Engelbert 2004: Financialisation and the Slowdown Of Accumulation, in: Cambridge Journal of Economics, 28: 719–741.

Stockhammer, Engelbert 2008: Some Stylized Facts on the Finance-dominated Accumulation Regime, in: Competition and Change, 12: 2, 184–202.
Stockhammer, Engelbert 2009: The Finance-Dominated Accumulation Regime, Income Distribution and the Present Crisis, in: Papeles de Europa, 19: 58–81.
Stockhammer, Engelbert 2010: Financialization and the Global Economy, PERI Working Paper 240, Political Economy Research Institute, Amherst, University of Massachusetts.
Strange, Susan 1986: Casino Capitalism, Oxford: Blackwell.
The Warwick Comission on International Financial Reform 2009: In Praise of Unlevel Playing Fields, Coventry: The University of Warwick.
UNCTAD 2011: Price Formation in Financialized Commodity Markets: The Role of Information, New York: United Nations.
van Treeck, Till 2009: The Political Economy debate on Financialisation – A Macroeconomic Perspective, in: Review of International Political Economy, 16: 5, 907–944.
Walter, Norbert 2009: Vom Segen der Finanzmärkte: Zu den Grundlagen einer effizienten und sozialen Marktwirtschaft, in: Die Politische Meinung, 471: 2, 31–35.
Williams, Karel 2000: From Shareholder Value to Present-Day Capitalism, in: Economy and Society, 29: 1, 1–12.
Wullweber, Joscha/Scherrer, Christoph 2010: Post-Modern and Post-structural International Political Economy, in: Denemark, Robert A., (Hrsg.): The International Studies Association Compendium, Oxford: Blackwell.

Macht – ihr diskursives Regierungspotenzial
Antonia Graf / Doris Fuchs

1. Einleitung[1]

Obwohl Macht ein zentrales Konzept in der Politikwissenschaft ist, gibt es keine allgemeingültige Definition und insbesondere die dynamischen und ungegenständlichen Formen von Macht stellen die Forschung vor Herausforderungen (Baldwin 2002; Barnett/Duvall 2005; Guzzini 2000). Macht wird oftmals mit der Definition von Weber umschrieben. Demnach bedeutet Macht „jede Chance, innerhalb einer sozialen Beziehung den eigenen Willen auch gegen Widerstreben durchzusetzen, gleichviel worauf diese Chance beruht" (Weber 1972: 29). An dieser Definition wird bereits die Vielschichtigkeit des Machtbegriffes deutlich: Weber schließt nichts aus, das nicht als Ressource von Macht dienen könnte und er lässt im Dunklen, worauf die Chance zur Machtausübung beruht. Entsprechend bringen unterschiedliche Foki auf die verschiedensten Bestimmungsfaktoren ein Prisma unterschiedlicher, sich überschneidender und widersprechender Perspektiven auf Macht hervor. Das Erkenntnisinteresse und die theoretische Perspektive beeinflussen, ob Macht im Sinne von Wissen, Hegemonie, Herrschaft, Einfluss, Kontrolle oder Zwang operationalisiert wird und die Prozesse ihrer Durchsetzung oder Verhinderung mit militärischer Intervention, wirtschaftlichen Sanktionen, symbolischen Gesten, (sozialer) Exklusion oder dem Unvermögen zur Artikulation begleitet werden. Selbst innerhalb einer einzelnen Teildisziplin wie der IPÖ führen Varianzen in ontologischen, epistemologischen und methodischen Zugängen, subdisziplinären Verortungen, Analyseebenen, empirisch-analytischem Erkenntnisinteresse und nicht zuletzt in den jeweiligen Positionen der Forschenden zu einem unterschiedlichen Machtverständnis.

Macht erscheint stets als das Potenzial, *etwas zu tun*, doch wandelt sich der Referenzpunkt für die Handlung je nach Perspektive. Oftmals korrespondieren Machtansätze beispielsweise mit den jeweiligen Erfordernissen ihrer Zeit, wenn sie bspw. auf die Machtausübung von Nationalstaaten selbst (Morgenthau 1993), die Macht-

---

[1] Für die konstruktiven Hinweise zu einer früheren Version des Beitrages danken wir Maria Behrens, Leo Bieling, Joscha Wullweber sowie Annika Lietz. Mögliche Fehler verantworten selbstverständlich wir.

beziehungen zwischen Staaten in Form von Interdependenzen (Wright 1965) oder auf die Macht privater Akteure in der Global Governance (Cutler et al. 1999) fokussieren. Zudem stehen teilweise kaum zu vergleichende Konzeptionen von Macht nebeneinander: die Fragen, welche Dimensionen der Machtbegriff beinhaltet (Baldwin 1993) oder ob Macht in der Interaktion entsteht (Guzzini 2010), versuchen der Macht selbst auf die Spur zu kommen und sie in ihrer Komplexität zu erfassen. Das erfordert andere Merkmale zu ihrer Typologisierung als die Frage, was die Wirksamkeit von Macht konstituiert; welche Ressourcen etwa ihrer Ausübung zugrunde liegen (Waltz 1979) oder wie übertragbar diese Ressourcen sind (Baldwin 2002; Keohane 1986). Den Ausdruck von Macht anhand ihrer *Gesichter* zu charakterisieren (Bachrach/Baratz 1979; Barnett/Duvall 2005; Lukes 2005) fokussiert zunächst auf die Erscheinungsformen von Macht und bedingt eine andere Analyseebene als die Effekte von Macht in Institutionen zu ergründen (Keohane 1986). Macht in ihrer Gleichzeitigkeit als repressives und generierendes Moment wahrzunehmen (Foucault 1977) fokussiert gleichermaßen auf ihre Ressourcen und ihre Effekte, während die Analyse von Macht als Herrschaft eher auf die strukturelle Wirkung von Macht in systemischer Hinsicht abzielt (Strange 1993).

Die Perspektive auf Macht in der Global-Governance-Literatur hat unter anderem aufgezeigt, dass die Dezentralisierung von Machtressourcen durch die Globalisierung die Notwendigkeit eines Neudenkens von Macht im Sinne zunehmender Dynamik erfordert (Guzzini 2005). Ausgehend von der Abhängigkeit politischer Entscheidungen vom Wettbewerb um Definitionshoheiten sowie neuen Akteurskonstellationen spielt insbesondere diskursive Macht in der globalisierten Welt und medialisierten Politik eine herausragende Rolle (West/Loomis 1998; Hajer 2003, 2009). Dabei ist die diskursive Macht vor allem als Bestandteil des politischen Instrumentariums nichtstaatlicher Akteure in den wissenschaftlichen Fokus gerückt (Holzscheiter 2005; Kollman 2008). Insbesondere werden auch Transnationale Unternehmen (TNUs) als Akteure, die im zunehmenden Maße und mit größerem Einfluss diskursive Macht ausüben, wahrgenommen (Fuchs 2007: 66). Über die Definition von politischen Problemen und Lösungen, durch die Gestaltung ihres Images als ökonomische, politische und gesellschaftliche Akteure sowie des Images staatlicher und anderer nichtstaatlicher Akteure wie auch durch die Definition des Politischen und des Privaten an sich gestalten TNUs den diskursiven Kontext politischer Entscheidungen mit (Bowman 1996; Fuchs 2005, 2007; Scherrer 1999).

Über die Mitgestaltung des diskursiven Kontextes hinaus können private Akteure auch politische Entscheidungen selbst gestalten. Dies ist etwa bei den mehr oder weniger privaten Regierungsleistungen der Fall. So erzielen TNUs Steuerungseffekte im Bereich von Initiativen der *Corporate Social Responsibility* (CSR) und der

Public Private Partnerships (PPPs). Indem TNUs ihre Gemeinwohlorientierung unter Beweis stellen, profilieren sie sich beispielsweise als nachhaltige Akteure und bringen gleichzeitig ihre Interessen in den Politikprozess ein (Beisheim et al. 2008). Sie erhöhen auf diese Weise ihre Legitimität als Akteure internationaler Politik und stärken zugleich ihre Glaubwürdigkeit, die im Zirkelschluss letztlich erneut Effekte für ihre Legitimität haben kann (Fuchs 2007). Die Ko-Konstitution von (in diesem Fall) Glaubwürdigkeit und Legitimität erfordert ein Verständnis von Macht im Hinblick auf ihr generatives, weniger auf ihr repressives Potenzial, das insbesondere in der sprachlichen Vermittlung beobachtbar ist.

Bisher vorliegende empirische Untersuchungen zur diskursiven Macht von Akteuren in der Global Governance fokussieren häufig nicht ausreichend auf die kommunikative und performative Vermittlung von Macht.[2] Insbesondere die Umstände und Effekte ihrer sprachlichen Vermittlung und die sich daraus ergebenden Konsequenzen für die Rolle der RezipientInnen müssen dabei berücksichtigt werden. Vor diesem Hintergrund möchte dieser Beitrag eine Weiterentwicklung des konzeptionellen Verständnisses diskursiver Macht leisten, das einen besseren Zugang zu diskursiver Macht an sich und den Machtpotenzialen auch nichtstaatlicher Akteure erlaubt. Ausgehend von dem Prozesscharakter diskursiver Macht betont das Kapitel die Rolle der Rezeption, speziell den Verstehensakt durch das Individuum, als Gelingensbedingung für die effektive Ausübung diskursiver Macht (Graf 2013).

Dem Prozesscharakter diskursiver Macht gerecht zu werden, bedeutet, das Resultat diskursiver Machtausübung – wie etwa die Akquise von Autorität (Fuchs 2007: 6) – gleichzeitig auch als Bedingung diskursiver Macht zu verstehen. Legitimität und Glaubwürdigkeit werden so zu Ressourcen und Effekten diskursiver Macht. Sie sind einerseits ein Ergebnis diskursiver Machtausübung, konstituieren andererseits auch die Diskursposition des Akteurs, die eine Machtausübung erst ermöglicht. Die Berücksichtigung des Prozesscharakters diskursiver Macht durch die Integration des subjektiven Rezeptionsprozesses schließt die Lücke zwischen Diskursposition und Machteffekt, weil sie sowohl den Äußerungsakt als auch den Machteffekt als Ausübung diskursiver Macht (von TNUs) begreift.

Nach einer Einführung in die Entwicklungen diskursiver Machtkonzeptionen in machttheoretischen Klassikern der Politikwissenschaft wie auch neueren Ansätzen, hebt dieses Kapitel den diffusen und prozesshaften Charakter diskursiver Macht und die damit verbundenen Konsequenzen hervor bzw. zeigt Auslassungen auf. In der Erweiterung bestehender Machtkonzeptionen wendet es sich der verstehenden Rezeption zu, um aus ihr neue, relevante Einsichten für eine konzeptionelle Weiter-

---

2   Selbst die Studien, die sprachliche Untersuchungen vornehmen, setzen den Schwerpunkt eher auf die Resultate diskursiver Macht und nicht auf diskursive Macht an sich (Kolleck 2011).

entwicklung diskursiver Machtverständnisse zu generieren. Der abschließende Abschnitt fasst die konzeptionellen Resultate der Diskussion zusammen und reflektiert sie auch in Bezug auf konkrete empirische Anwendungen.

2. Diskursive Macht in der Politikwissenschaft

2.1 Formen opaker Macht

Macht kann opake Formen annehmen, wenn ihre Ressourcen und Effekte der Gegenständlichkeit entbehren[3]. Ihre Wirkungsweisen und Konsequenzen sind in diesem Fall hochdynamisch und dezentralisiert. Sie lassen sich nicht ohne weiteres nachvollziehen und verbleiben buchstäblich im Dunklen. Solche Formen der Macht finden in vielen Klassikern der politikwissenschaftlichen Machtforschung einen Niederschlag, selbst wenn diesbezügliche Referenzen oft übersehen werden. Diskursive Machtformen blieben undurchsichtig und ihre Bedeutung spielte keine übergeordnete Rolle, da sie nicht eigentlicher Gegenstand der Analyse war. Opake Machtformen waren lange eher das Nebenprodukt zu den „gewichtigen" Formen der Machtanalyse – erst die Öffnung der Disziplin für konstruktivistische Ansätze und die neuen Akteurskonstellationen durch die Globalisierung haben sowohl die Relevanz für die Erforschung opaker Machtformen verstärkt als auch die Analyse opaker Machtformen ermöglicht.

Bereits Dahl spricht im Zuge seiner Anerkennung der Regierungsleistung nicht demokratisch gewählter Akteure, der *Social and Economic Notables,* opake Machtformen an (Dahl 1961: 63ff.). Weil seine Forschungsperspektive jedoch auf politisch legitimierte Machtausübung in Demokratien abzielt, sind andere Akteure der Machtausübung nicht Teil seines Forschungsinteresses. Dahls akteurszentriertes Machtverständnis spricht zudem eine opake Machtform an, wenn er das ‚intuitive' Wissen beschreibt, das Akteur A erlaubt, Macht auszuüben, um Akteur B dazu zu bringen, etwas zu tun, dass er normalerweise nicht tun würde (Baldwin 2002: 177; Lukes 1974). VertreterInnen der *Epistemic-Communities*-Perspektive würden die Intuition bei Dahl heute vermutlich als soziales Lernen rekonstruieren (Haas 1992). Bourdieu'sche Ansätze würden intuitives Verhalten als habituelle Praktik beschreiben (Reckwitz 2008) und im Anschluss an Foucault ließe sich Intuition auch als Form der Selbstregierung des Individuums lesen (Lemke 2007).

In den 1960er Jahren heben Bachrach/Baratz die Bedeutung der „unmeasurable elements" (1979: 56) hervor, die Entscheidungsfindungen beeinflussen und räu-

---

[3] Grundsätzlich lassen sich materielle Machtressourcen wie etwa Waffen besser abbilden als diskursive Machtressourcen wie etwa Glaubwürdigkeit.

men ein, dass Werte für die Ausübung von Macht eine zentrale Rolle spielen, weil Entscheidungen vor dem Hintergrund existierender Ideologien getroffen werden. Sie unterscheiden zwei Gesichter der Macht: das erste Gesicht ist die Fähigkeit des Akteurs, eine Entscheidung durchzusetzen, das zweite Gesicht der Macht bezieht sich auf den Ausschluss von Problematiken von der Entscheidungsfindung. Bemerkenswert ist der Einschluss der ‚Masse', deren Form der Machtausübung in Form von Manipulation operationalisiert wird (Bachrach/Baratz 1979: 37). Die Steuerungseffekte der öffentlichen Meinung sind für die Konsequenzen, die Entscheidungsfindung oder -verhinderung bedeutsam und somit nennen Bachrach/Baratz implizit einen Machtbereich, der opake Elemente enthält.

Auch Baldwin (1985, 2002) registriert opake Formen von Macht, wenn er die monolithische Struktur der Machtausübung infrage stellt und ihre Multidimensionalität betont (1993). Baldwin hebt es als besonderes Merkmal seines kausalen Machtverständnisses hervor, dass Machtausübung die partielle Verhaltensänderung von Akteur B, verursacht durch Akteur A, einschließe, wobei ‚Verhalten' im weitesten Sinne Glauben, Absichten, Meinungen, Erwartungen und Gefühle mit einschließe (Baldwin 2002: 178). Tatsächlich allerdings werden diese opaken Machtbereiche nicht weiter untersucht und finden bei den Machtebenen Baldwins lediglich bei den *symbolic* oder den *diplomatic means* Anwendung.

Sehr deutlich klingen auch bei Giddens (1988) Aspekte eines diskursiven Verständnisses opaker Macht an und es werden durch den Fokus auf Interaktion zwischen Akteur und Struktur sowie die Zirkularität von Machtprozessen vor allem wichtige Grundlagen für die Entwicklung von Konzepten diskursiver Macht gelegt. Stärker als Bachrach/Baratz fokussiert Giddens die Dualität von Objekt und Subjekt in Machtstrukturen und leitet auf diese Weise eine grundlegende Dialektik der Herrschaft ab. Das Wechselspiel wird deutlich, wenn er die Handlungsmöglichkeiten für das Subjekt in die gesellschaftlichen Strukturen eingebettet sieht. Eine diskursive Ebene wird auch bei Giddens erkennbar, wenn er die Mechanismen zum Machterhalt beschreibt: Register, Akten und Symbole in Baumrinden (1988: 366). Obwohl in der Betonung der Dualität von Struktur und Akteur das ubiquitäre Machtverständnis angedeutet wird, das kennzeichnend für einen diskursiven Ansatz wäre, schwächt Giddens diese Gleichzeitigkeit allerdings wieder ab, indem er sich stärker auf der strukturellen Ebene verortet und der gesellschaftlichen Einbettung der Akteure den Vorzug gibt (vgl. Barnett/Duvall 2005: 52ff.).

Strange wiederum spricht eine opake Machtform an, wenn sie explizit die wechselseitige Beziehung von Macht zu Wissen beschreibt (Strange 1993: 226). Sie ist jedoch festgelegt hinsichtlich der Richtung der Machtausübung. Ihr zufolge liegt die Macht des Hegemons darin, einen Rahmen aus akzeptablen Regeln, Institutionen und Gewohnheiten aufzubauen, die auf den Akteur einwirken. Die Rückwirkung des Akteurs auf die gesellschaftliche Konstellation spielt im Vergleich eine untergeordnete Rolle. Demnach ist Macht bei Strange der Einfluss auf Wissen, dessen Akquisition, Kommunikation und Speicherung (1993: 226). Da es Strange mehr um die nicht intendierten Effekte von Machtausübung geht, die zu einer systematischen Begünstigung bestimmter Gruppen führen (Guzzini 2005), bleibt die Konsequenz dieses Macht-Wissen-Nexus im Hinblick auf den betroffenen Akteur und auf die opake Dimension unterbeleuchtet.

2.2 Diskursive Ansätze der Macht

Kritisch und konstruktivistisch inspirierte Machtanalysen haben schließlich eine dezidierte Verschiebung der Aufmerksamkeit hin zu den opaken Formen der Macht bewirkt und dabei zunehmend ontologische und epistemologische Fragen in den Vordergrund gerückt (Hellman et al. 2003; Schaber/Ulbert 1994). Die Rezeption von Habermas (1981) und Bourdieu (1982) hat gleichzeitig eine Ausdifferenzierung des Forschungsfeldes gefördert. Zudem hat der Einschluss von poststrukturalistischen Konzepten (Foucault 1981) diskursive Analysen jenseits des *middleground* (Adler 1997) hervorgebracht (Epstein 2011; Milliken 1999).

Diskursive Ansätze konzentrieren sich auf Macht in Form von Legitimität und Autorität. Diese wird interaktiv und habituell in angewandten Diskursen und Praktiken deutlich, die Akteure er- und entmächtigen (Guzzini 2010: 5). Somit fokussieren sie auf die Interessenformation als Ort der Entstehung von Macht, sowie ihre direkten, indirekten und möglicherweise verhaltensändernden Effekte. Lukes' (1974) Konzeption von Macht kommt dem sehr nahe. Während sein erstes Gesicht der Macht auf die Möglichkeit abhebt, Entscheidungen durchzusetzen, und das zweite Gesicht im Anschluss an Bachrach/Baratz das Verhindern von Entscheidungen mit einschließt (Lukes 1974: 15), wendet sich schließlich besonders das dritte Gesicht der Macht den Entscheidungen (und Nicht-Entscheidungen bzw. Nicht-Konflikten) zu, die auf *internalisierten* Normen und Interessen basieren. Das dritte Gesicht der Macht formt demnach „perceptions and preferences in such way that they accept their role in the existing order of things, [...] because they see it as natural and unchangeable [...]" (Lukes 1974: 24). Bereits Lukes benutzt die mit diesem dritten Gesicht verbundene Macht auch als im Verhältnis zum Individuum stehend und unterstreicht damit indirekt die aktive Rolle des Rezipienten, weil der Rezipient sowohl Empfänger als auch Absender von Macht ist, die damit nicht unabhängig vom Äußerungs- oder Rezeptionsprozess betrachtbar ist (Lukes 2005: 478). Wichtig ist vor allem Lukes Erkenntnis festzuhalten, dass Macht nicht intentional oder aktiv intervenierend sein muss (2005: 479). Hierin ist ein Anhaltspunkt dafür zu sehen, dass einer diskursiven Machtausübung nicht zwangsläufig eine eindeutig definierbare Strategie zugrunde liegen muss.

Dieses in gewisser Weise diffuse Machtverständnis wird bei Barnett/Duvall (2005) explizit verfolgt. Sie identifizieren vier Gesichter der Macht. *Compulsory power* bezieht sich auf die direkte Möglichkeit eines Akteurs, Macht über einen anderen auszuüben. *Institutional power* bezeichnet den indirekten Einfluss von Organisationen, die einem Akteur langfristig zum Vorteil verhelfen. *Structural power* betrifft die direkte Konstitution von Fähigkeiten und Interessen von Akteuren. *Productive power* ist die diffuse Produktion von Subjektivität in Glaubenssystemen und Signifikationsprozessen. Die produktive Form der Macht wirkt im Anschluss an Foucault über Diskurse, soziale Prozesse und Glaubenssysteme, durch die Bedeutung produziert, stabilisiert, belebt, erfahren und transformiert wird. Barnett/Duvall erhellen opake Machtformen darauf aufbauend aus zwei Gründen. Zum einen fokussieren sie bewusst auf Akteur und Struktur, ohne einer Wirkungsdimension den Vorzug zu geben und betonen die Überschneidungen von struktureller und diskursiver Ebene. Zum Zweiten heben sie mit der Inkorporierung von produktiver Macht die ermöglichenden Merkmale von Macht hervor (Barnett/Duvall 2005: 55f.).

Obwohl Barnett/Duvall die Interaktion zwischen den verschiedenen Ebenen noch stärker als Lukes hervorheben, ziehen sie allerdings keine Konsequenzen aus dieser Erkenntnis. Sie sehen die unterschiedlichen Machtformen gleichberechtigt nebeneinander: „So, there is no most basic form [of power, Hervorh. d. A.]" (Barnett/Duvall 2005: 67) und verkennen damit, dass *compulsory, institutional* und *structural* power stets über eine diskursive Praktik jedweder Form vermittelt werden. Wenn sie die Bedeutung der Subjektformation als Ergebnis des produktiven Machtdiskurses hervorheben, stellt sich die Frage, ob *compulsory, institutional* und *structural* power überhaupt AdressatInnen haben, wenn diese grundlegende Machtdimension nicht immer Teil der Machtausübung und Rezeption an sich wäre. Die Reichweite und Bedeutung diskursiver Macht kann entsprechend nicht abgebildet werden, wenn lediglich die Verschränkung der unterschiedlichen Ebenen miteinander betont wird. Das auch von Barnett und Duvall hier noch nicht ausreichend anvisierte Forschungsdesiderat muss darin bestehen, die Bedeutung der diskursiven Ebene für die Existenz der anderen zu analysieren.

Die Reichweite und Bedeutung von opaken Machtformen kann nicht abgebildet werden, wenn lediglich die Verschränkung der unterschiedlichen Ebenen miteinander betont wird. Nicht nur die Wechselwirkung zwischen Akteur und Struktur, sondern erst auch die Konzeption von Macht als (mittelbarem) Prozess wird ihrer Komplexität gerecht. So dienen Filme beispielsweise in Nyes Arbeiten (2002, 2004) als typisches Beispiel für *soft power*. Die instrumentelle Ebene der staatlichen Zensur und die strukturelle Dimension im Hinblick auf die Behörden, die zensieren, bleiben dabei unbeachtet. Ebenso verhält es sich mit Geld als Ressource für instrumentelle Macht (Waltz 1979). Die strukturelle Dimension wird bei der Betrachtung internationaler Organisationen wie des IMF oder der Weltbank, dem globalen Bankwesen oder den internationalen Finanzmärkten deutlich. Der diskursive Charakter von Geld wird schon dort erkennbar, wo die konsensuale Verständigung über die Bedeutung von Geld und die letztlich textliche Vermittlung des Wertes über beispielsweise einen Geldschein, den Wert einer Aktie, die Legitimität eines Wechsels erst zur Zuweisung seines Wertes und damit zu seiner Funktion führen. Generell besteht das Forschungsdesiderat hier darin, die unterschiedlichen Ebenen von Macht bezogen auf ein Phänomen zu untersuchen, und nicht nur die Dependenzen zwischen diesen Ebenen, sondern auch die Bedeutung einer Ebene für die Existenz einer anderen zu analysieren. Bei Barnett und Duvall ist das Fehlen dieser Perspektive besonders augenfällig, weil sie mit Foucault eine produktive Machtebene integrieren, die sie gleichsam selber wieder inaktivieren, indem sie mit dem Fokus auf Repression ihre Reichweite beschneiden.

Fuchs (2007) schließlich hat sich explizit mit diskursiver Macht (von TNUs) im mehrdimensionalen Machtgefüge beschäftigt. Während sie instrumentelle Macht akteurszentriert und mit einem direkten Einfluss eines Akteurs auf einen anderen definiert und (materielle) strukturelle Macht über die Möglichkeiten zur Entfaltung von Machtoptionen, die sich aus der Kontrolle von Akteuren über insbesondere ökonomische und technologische Netzwerke ergeben, fokussiert sie bei der diskursiven bzw. der ideellen, strukturellen Macht auf die Ebene der Ideen und die normativen relationalen Machtverbindungen (Fuchs/Glaab 2011; Fuchs/Lederer 2007). Fuchs definiert diskursive Macht als die Fähigkeit, Politiken und den Politikprozess als solchen durch die Formung von Ideen und Normen zu beeinflussen.

> „Discursive power shapes perceptions and identities and fosters the interpretation of situations as of one type rather than another. Thus, it influences the framing of policy problems and solutions, of actors in the political process, and of politics and the political as such (Fuchs 2007: 60).“

Die analytische Abgrenzung diskursiver Macht von instrumenteller und struktureller Macht hebt unterschiedliche Wirkungsebenen und Steuerungseffekte von Macht hervor. Die Effekte diskursiver Macht werden dort deutlich, wo Akteuren die Fähigkeit zugesprochen wird, Politiken und Politikprozesse zu beeinflussen (Sterling-Folker 2005: 665), indem sie gesellschaftliche Ideen und Normen formen. Die Steuerungseffekte diskursiver Macht sind entsprechend weniger mittelbar und diffuser als die der instrumentellen und strukturellen Macht. Diskursive Macht kann zwar auch einen direkten Einfluss auf den Politikprozess haben, ihre Wirkmächtigkeit besteht jedoch vor allem in der Formung des Kontextes, in dem Regieren sattfindet. Fuchs

(2007) konstatiert als Resultat der erfolgreichen Ausübung diskursiver Macht durch TNUs entsprechend die Erhöhung der Legitimität von TNUs als politische Akteure internationaler Politik. Gleichzeitig erkennt sie an, dass diese Erhöhung der Legitimität sowohl ihr diskursives, als auch das instrumentelle und strukturelle Machtpotenzial von Akteuren beeinflusst, und öffnet damit die Tür für eine prozessorientierte Analyse diskursiver Macht und der Zirkularität dieser Prozesse.

Diskursive Macht als Prozess zu analysieren und von der Koppelung an eindeutig zurechenbare Ressourcen zu trennen, bedeutet, diskursive Macht nicht als ergänzende Machtform neben anderen zu begreifen. Diskursive Macht als transportierte Bedeutung zu begreifen, die auf zirkulär verlaufenden Prozessen beruht, bedeutet vielmehr, auch instrumentelle und strukturelle Machtebenen als von diskursiver Macht durchdrungen zu begreifen. Sicherlich ist diskursive Macht auch deshalb bedeutsam, weil sie sehr diffus und nur schwer zu identifizieren ist. Ihre besondere Wirkmächtigkeit aber, die die Politikwissenschaft bislang unterschätzt, liegt in ihrer Bedeutung für die Relevanz jeder anderen Machtform.

Allerdings greift auch Fuchs' Konzeptualisierung diskursiver Macht zu kurz. So verfolgt sie die Dualität von Subjekt und Objekt im Diskurs nicht bis zum Ende und vernachlässigt speziell die Rolle des Individuums bzw. den für die Gewährung von Legitimität durch die AdressatInnen diskursiver Macht notwendigen Verstehensakt und seine Bedingungen. Auch setzt sie sich nicht ausreichend dezidiert mit den Wirkungskanälen diskursiver Macht und ihrer sprachlichen Vermittlung auseinander. Schließlich werden bei ihr wie auch bei den anderen genannten Ansätzen die Unzulänglichkeiten der bisherigen theoretischen Konzeptionen in einer gewissen Beliebigkeit der Umschreibung diskursiver Macht und ihrer Wirkungskanäle deutlich: Ideen und Normen (Fuchs 2007); Bedeutung, Identitäten, Diskurse, Wissen (Barnett/Duvall 2005); Glauben, Absichten, Meinungen, Erwartungen und Gefühle (Baldwin 2002). Wissen spielt eine zentrale Rolle, es dient wiederum als Oberbegriff für Handlungspläne, Ziele, Werte und Interessen (Gill 2000; Haas 2004). Allen diesen Charakterisierungen diskursiver Macht ist gemein, dass sie die Kanäle beschreiben, durch die diskursive Macht im Prozess ihrer Ausübung wirkt und die von ihr umgekehrt (wieder)geschaffen werden.

3. Erweiterung: Verstehende Rezeption als Bestandteil diskursiver Macht

Diskursive Ansätze beschreiben bislang die Wirkungskanäle, den Weg, den diskursive Macht im Zuge ihrer Ausübung nimmt, mehr als diskursive Macht an sich. Durch die Beliebigkeit ihrer Operationalisierung mit unterschiedlichen Wirkungskanälen bleibt diskursive Macht selbst stets abstrakt. Wirkungskanäle diskursiver

Macht werden jedoch erst relevant, wenn sie als bedeutungsvoll angesehen werden können. Entsprechend sind es Zuschreibungen durch das Subjekt, die zur Legitimität eines politischen Akteurs führen und somit diskursive Macht erst konstituieren. Wenn diskursive Macht durch Wirkungskanäle wie Ideen, Werte, Präferenzen usw. wirkt, braucht sie das aktiv handelnde Subjekt, das präferiert, glaubt, legitimiert, weiß und Aufmerksamkeit zollt, um bedeutungsvoll zu werden.[4] Ist diskursive Macht an die Legitimität des Akteurs gekoppelt, ist die Zuschreibung von Legitimität ein unentbehrlicher Konstitutionsakt. Somit ist die verstehende Rezeption durch das Subjekt eine Gelingensbedingung für die effektive Ausübung diskursiver Macht. Die Beantwortung der Frage „Was ist diskursive Macht?" kann also nur über die Beantwortung der Frage „Wie wirkt diskursive Macht?" erfolgen und bedarf einer performativen Analyse[5].

Mit Foucault kann diskursive Macht als Diskurs erfasst werden, der abbildet und erschafft, was als wahr und erstrebenswert aber auch als Abweichung vom Etablierten gilt. Er bildet die Unabgeschlossenheit der Macht und ihre Mittelbarkeit, die in der Metapher des Netzes zum Ausdruck kommt, ab (Foucault 1977: 96). Mit der Integration des Foucault'schen Machtverständnisses wird die Analyse diskursiver Macht im dynamischen Ausübungsprozess über Wirkungskanäle betrachtbar. Ins Zentrum der Analyse muss dabei die Rezeption diskursiver Macht auf der Ebene des Subjektes gerückt werden. Nicht der Blick auf die Artikulation von Normen, sondern die Rezeption der Normen (durch das Individuum) ist entscheidend für die Frage, warum eine Handlung Einzug in die diskursive Formation dessen erhält, was anerkanntermaßen einen Wahrheitsanspruch haben kann. Erst die Rezeption der Aktivität ermöglicht die Betrachtung der diskursiven Wirkung und somit im Rückschluss die Betrachtung der Manifestation des Diskurses als soziale Praxis, die wiederum Hinweise auf das Wesen der diskursiven Macht an sich ermöglicht.

Macht ist für Foucault das Kräfteverhältnis, das die Dinge antreibt und sie zueinander gleichsam osmotisch in Bewegung hält (Foucault 1977: 93). Diskursive Macht gleicht einem Netz mit einer Vielzahl von AkteurInnen und Strömungen, das sich nicht als äußerlich zu Dingen verhält, sondern konstitutiv für das gesellschaftliche Leben an sich ist. So ist nach Foucault klar, dass alle Handelnden sich gegenseitig beeinflussen, in ihrem Handeln auf Gewordenes, etwa Wissen, rekurrieren und

---

[4] Die interessante Frage, wann ein Wirkungskanal bedeutungsvoll ist oder nicht, kann hier nicht weiter verfolgt werden. Hinsichtlich der Ausübung diskursiver Macht wird ein Wirkungskanal zumindest erst politisch relevant, wenn eine Rezeption (im weitesten Sinne) erfolgt. Ein Wirkungskanal, beispielsweise eine Norm, transportiert Bedeutung nur dann, wenn wenigstens an sie gedacht wird.

[5] Vergleiche auch das etwas anders gelagerte Plädoyer Guzzinis für die performative Analyse von „what does ‚power' do" (Guzzini 2005: 495, 508).

den Prozess des Werdens fortschreiben. Das Verhältnis der Dinge zueinander lässt sich nicht trennen und verläuft zirkulär. Foucault beschreibt daher kein Machtverhältnis, das entweder repressiv oder produktiv wirkt. Vielmehr unterstreicht er die Gleichzeitigkeit der Kräfteverhältnisse. Macht bei Foucault ist nicht entweder *power to* oder *power over*, sie ist stets beides. Dieses Verhältnis spiegelt sich in der Relation von Beherrschten und Beherrschenden. Es gibt keinen Fürsten bei Foucault, keinen einzelnen Usurpator, doch es gibt Strategien, die im Zusammenwirken verschiedener Akteure andauernd hervorbringend und/oder repressiv wirken (Foucault 1977: 97). Strategien werden dabei durch das geformt, was als wahr rezipiert wird und den damit verbunden Geltungsanspruch hat, der sich wiederum auf ein System etablierter Wahrheiten stützt. Der Einschluss des Foucault'schen Machtverständnisses zeigt, dass die Wirkungskanäle nur ein Teil dessen sind, was diskursive Macht ausmacht.

Die Frage wann es zur ‚verstehenden Rezeption' durch das Individuum kommt, hängt von der Position des Individuums im *Netz der Macht* und der bestehenden Wissensformation ab, die durch die Performance des Akteurs jeweils aktiviert wird.[6] Mit ‚verstehender Rezeption' ist hier die spezifische Form der *Einordnung* einer Äußerung durch das Individuum gemeint, die zu einer Reproduktion bestehender Werte mit der Möglichkeit zur Verschiebung dieser Werte führt. Mit den Worten im Sinne Butlers (2008): das Subjekt kann im Prozess der Anrufung eine Beziehung zwischen dem Signifikat[7] und sich selbst herstellen und integriert es in den Prozess der Subjektformation. In diesem Fall handelt es sich um einen gelungenen Ausübungsakt diskursiver Macht. Kann die Äußerung in die bestehenden Wert- und Wissensmaßstäbe des rezipierenden Individuums integriert werden, entsteht kein Widerspruch, der zur Ablehnung der Äußerung führen könnte. Ruft die Artikulation im Gegenteil dazu Widerspruch hervor, droht die Ausübung diskursiver Macht zu

---

6   Butler meint mit Performanz die ritualisierte Zitation von Sprechakten. Sie grenzt sie von spontanen Artikulationen ab und konstatiert, dass der Sprechakt das Bedeutungsfeld so perpetuieren muss, dass es über den Akt an sich hinaus geht (Butler 2008: 11). Butler beschreibt den Prozess der Subjektwerdung mit dem Modus der Anrufung nach Althusser (1977). Demnach wird ein intelligibles Subjekt hervorgebracht, wenn eine Beziehung zwischen einem bestimmten Signifikat und einem Individuum hergestellt wird.

7   Entscheidend für die Entwicklung sogenannter poststrukturalistischer Ansätze war der französische Strukturalismus der 1960er. Grundlegend für die Arbeiten von Derrida oder Levi-Strauss und richtungsweisend für die Sprechakttheorie, die Konversationsanalyse und die Semiotik war die Teilung des sprachlichen Zeichens in Signifikat und Signifikant, die de Saussure 1931 in *Allgemeine Fragen zur Sprachwissenschaft* vorgelegt hat. Ein Signifikat stellt die Bedeutung eines Wortes dar, ein Signifikant seine lautmalerische Abbildung. Entscheidend war de Saussures Erkenntnis, dass nicht der lautmalerische Ausdruck (Signifikant) eine Folge der Wortbedeutung (Signifikat) ist, wie es die Phonologie bislang angenommen hatte, sondern dass die Beziehung der beiden zueinander arbiträr ist; d. h. lediglich auf die gesellschaftliche Vereinbarung zurückzuführen ist, in der sie jeweils verabredet wird.

scheitern und ihre Wirkmächtigkeit muss bezweifelt werden. Verstehende RezipientInnen sind also Subjekte, die Normen, die sinnvoll strukturiert und in diskursive Praktiken eingebettet sind, aufnehmen und sie mit dem bestehenden Wissensvorrat verbinden, indem sie die Signifikate der Artikulation in den andauernden Prozess der Diskursformation integrieren (Graf 2013). Entsprechend ist der Analysefokus für diskursive Macht über den Wirkungskanal hinaus der Punkt innerhalb des (Macht-)Netzes, an dem sich Artikulation und Rezeption zusammen mit den vorhandenen Wissensvorräten bzw. den strukturierenden Kontextbedingungen über einen gewissen Zeitraum hinweg materialisieren.

Wichtig ist in diesem Zusammenhang, dass ‚verstehende Rezeption' nicht als einförmiger Akt, sondern als multidimensionaler, dynamischer Prozess anzusehen ist, der je nach Individuum differiert. Zudem kann die Kontinuität dieses Prozesses nicht als andauernd vorausgesetzt werden und er kann sich in der Regel auch nicht völlig identisch wiederholen. Die Zusammensetzung der unterschiedlichen Wirkungskanäle diskursiver Macht, wie bspw. Normen, Ideen und Überzeugungen, haben demnach je nach Individuum – abhängig u. a. von seiner Diskursposition – einen anderen Stellenwert und führen je nach Identität des Individuums zu anderen Einschätzungen. Schicht, Ethnizität, Alter, Religion, Geschlecht, Bildung und so fort sind in diesem Zusammenhang als Identitätsbausteine zu nennen, die durch die unterschiedliche Wahrnehmung von Phänomenen auf der Erscheinungsebene zur unterschiedlichen Rezeption durch das Individuum führen (Dean 2007; Lorber 1994).

4. Ausblick

Die bisherige Diskussion hat aufgezeigt, dass diskursive Macht eine diffuse und über ihren konstitutiven Einfluss auf andere Machtdimensionen auch besonders wirkmächtige Form der Macht ist. Darüber hinaus hat die Diskussion die Allgegenwärtigkeit diskursiver Macht deutlich gemacht, die nicht zwangsläufig eine Intention oder strategische Nutzung voraussetzt (Feindt/Oels 2005), und die sich gegen die monokausale Erklärung von relationalen Verbindungen sperrt (Guzzini 2005). Schließlich hat sie demonstriert, dass eine Analyse diskursiver Macht einer Berücksichtigung der Prozesshaftigkeit ihrer Ausübung und der zentralen Rolle des rezipierenden Subjekts bedarf. Neben einer fachlichen Notwendigkeit zur Analyse der sprachlichen Vermittlung und Subjektformation im Ausübungsprozess diskursiver Macht birgt dieser Einschluss das Potenzial – ganz im Sinne der diskursanalytisch-kritischen Tradition – verschleierte Machtprozesse zu demaskieren.

Die Integration einer performativen Perspektive verdeutlicht zudem, dass eine Ausübung diskursiver Macht eine Adaption des jeweiligen Diskurses bei gleichzeitigem Rekurs auf akzeptierte Normen voraussetzt und weist damit auf Bedingungen für das Gelingen oder Scheitern der Ausübung diskursiver Macht hin. Zitiert ein Akteur mit ritualisierten Sprechakten bestimmte Wirkungskanäle, die in der Identitätsformation des Subjektes relevant sind, und werden diese entsprechend rezipiert sowie in den Prozess der Subjektbildung integriert, eröffnet das die Möglichkeit für den Akteur zum Regieren. Der Steuerungseffekt diskursiver Macht besteht dann darin, durch die gezielte Nutzung bestimmter Wirkungskanäle die Rezeption zu stimulieren und die strukturierenden Kontextbedingungen zu verändern.

Diskursive Macht ist in Zeiten von Globalisierung und Global Governance insbesondere für die IPÖ ein zentrales Thema. Der Fokus auf die Schnittstelle zwischen Wirtschaft und Politik hat die IPÖ traditionell eher auf materielle Phänomene denn auf diskursive fokussieren lassen. Erst kritische, neogramscianische und poststrukturalistische Ansätze haben vermehrt den Blick auf die Rolle diskursiver Macht gelenkt und erhellen zunehmend den ehemals opaken Bereich. Allerdings haben entsprechende Untersuchungen, zum Beispiel zur diskursiven Macht von TNUs, dabei genau die oben herausgearbeitete Bedeutung ihrer sprachlichen Vermittlung und deren Rezeption nicht ausreichend berücksichtigt. Gerade diese Bereiche sind es jedoch, die angesichts aktueller Herausforderungen in der IPÖ von Bedeutung sind. Die Frage danach, welches Wertesystem die materiellen und strukturellen Entwicklungen etwa der globalen Finanzarchitektur stützt, verlangt zunehmend eine systematische Analyse diskursiver Macht. Im Hinblick auf zunehmende Verrechtlichungsprozesse jenseits etablierter Staatlichkeit sind Fragen nach der erwartbaren Akzeptanz offenkundig und implizieren die Berücksichtigung diskursiver Macht im Hinblick auf die (Re-)Aktualisierung bestehender Wissens- und Überzeugungssysteme.

Diskursive Macht um ihr generatives Potenzial zu erweitern und die Prozesshaftigkeit ihrer Wirkung sichtbar zu machen, hat gezeigt, dass die verstehende Rezeption durch das Subjekt ein gewichtiger Bestandteil ihres möglichen Regierungspotenzials und somit konstitutiv für ihre effektive Ausübung ist. Die Integration der Rezeption in die Heuristik zur Erforschung diskursiver Macht bedeutet, einen Punkt im allumfassenden Netz diskursiver Macht zu identifizieren und von dort ausgehend ihrer zirkulär verlaufenden (Re-)Aktualisierung und Wirkmächtigkeit nachzugehen. Insbesondere diskursive Macht privater Akteure wie TNUs mit mäandernden Grenzen, uneinheitlichen Ausrichtungen und einem Potpourri unterschiedlicher Aktivitäten (Ulbert 2005: 7) kann auf diese Weise erfasst werden. Die Anerkennung unterschiedlicher Facetten bei der diskursiven Machtausübung von TNUs verhindert die Reduktion ihrer Interessen auf einzelne Beweggründe wie Gewinnstreben oder Gemeinwohlorientierung und eröffnet die Möglichkeit zur exakteren Betrachtung, die auch den schöpferischen Akt unter den gegebenen kontextuellen Umständen berücksichtigt. Damit kann die diskursive Macht von TNUs in der Global Governance, aber auch die diskursive Macht anderer Akteure, umfassender und zugleich differenzierter erforscht werden.

Literatur

Adler, Emanuel 1997: Seizing the Middle Ground. Constructivism in World Politics, in: European Journal of International Relations 3: 3, 319-363.
Althusser, Louis 1977: Ideologie und ideologische Staatsapparate. Aufsätze zur marxistischen Theorie, Hamburg. Verl. für d. Studium d. Arbeiterbewegung.
Bachrach, Peter/Baratz, Morton S. 1979: Power and Poverty, New York, NY. Oxford University Press.
Baldwin, David 1985: Economic Statecraft, Princeton, NY. NJ: Princeton University Press.
Baldwin, David (Hrsg.) 1993: Key Concepts in International Political Economy, Aldershot. Elgar.
Baldwin, David 2002: Power and International Relations, in: Carlsnaes, Walter/Risse-Kappen, Thomas/Simmons, Beth A. (Hrsg.): Handbook of International Relations, Thousand Oaks, CA, Sage Publications, 177-191.
Barnett, Michael/Duvall, Raymond 2005: Power in International Politics, in: International Organization 59: 01, 39-75.
Beisheim, Marianne/Liese, Andrea/Ulbert, Cornelia 2008: Transnationale öffentlich-private Partnerschaften. Bestimmungsfaktoren für die Effektivität ihrer Governance-Leistungen, in: Politische Vierteljahresschrift Sonderheft: 41, 452-474.
Bourdieu, Pierre 1982: Die feinen Unterschiede. Kritik der gesellschaftlichen Urteilskraft, Frankfurt a. M. Suhrkamp.
Bowman, Scott R. 1996: The Modern Corporation and American Political Thought. Law, Power, and Ideology, University Park, PA. Pennsylvania State University Press.
Butler, Judith 2001: Psyche der Macht. Das Subjekt der Unterwerfung, Frankfurt a. M. Suhrkamp.
Butler, Judith 2008: Haß spricht. Zur Politik des Performativen, Frankfurt a. M. Suhrkamp.
Cutler, Claire/Haufler, Virginia/Porter, Tony (Hrsg.) 1999: Private Authority and International Affairs, Albany, NY. State University of New York Press.
Dahl, Robert A. 1961: Who Governs? Democracy and Power in an American City, New Haven, CT. Yale University Press.
Dean, Mitchell 2007: Governing Societies. Political Perspectives on Domestic and International Rule, Berkshire. Open University Press.
Epstein, Charlotte 2011: Who Speaks? Discourse, the Subject and the Study of Identity in International Politics, in: European Journal of International Relations 17: 2, 327-350.
Feindt, Peter H./Oels, Angela 2005: Does Discourse Matter? Discourse Analysis in Environmental Policy Making, in: Journal of Environmental Policy and Planning 7: 3, 161-173.
Foucault, Michel 1981: Archäologie des Wissens, Frankfurt a. M. Suhrkamp.
Foucault, Michel 1977: Der Wille zum Wissen, Frankfurt a. M. Suhrkamp.
Fuchs, Doris 2005: Commanding Heights? The Strength and Fragility of Business Power in Global Politics, in: Millennium – Journal of International Studies 33: 3, 771-801.
Fuchs, Doris 2007: Business Power in Global Governance, Boulder, CO. Lynne Rienner Publishers.

Fuchs, Doris/Glaab, Katharina 2011: Material Power and Normative Conflict in Global and Local Agrifood Governance: The Lessons of 'Golden Rice' in India, in: Food Policy 36: 6, 729–735.

Fuchs, Doris/Lederer, Markus 2007: Business Power in Global Governance. A Framework for Analysis, in: Business and Politics 9: 3, 1–17.

Giddens, Anthony 1988: Die Konstitution der Gesellschaft. Grundzüge einer Theorie der Strukturierung, Frankfurt a. M. Campus-Verlag.

Gill, Stephen 2000: Knowledge, Politics and Neo-Liberals Political Economy., in: Stubbs, Richard/Underhill, Geoffrey R. D. (Hrsg.): Political Economy and the Changing Global Order, Ontario, Oxford University Press, 48–59.

Graf, Antonia 2013: Doing Sustainability – die Macht des Subjekts als Bestandteil diskursiver Unternehmensmacht, in: Brodocz, Andre H. S. (Hrsg.): Variationen der Macht, Baden-Baden, Nomos, 113– 131.

Guzzini, Stefano 2000: The Use and Misuse of Power Analysis in International Theory, in: Palan, Ronen (Hrsg.): Global Political Economy. Contemporary Theories, New York, NY, Routledge, 53–66.

Guzzini, Stefano 2005: The Concept of Power. A Constructivist Analysis, in: Millenium: Journal of International Studies: 33(3), 495–522.

Guzzini, Stefano 2010: Power Analysis. Encyclopedia Entries, Copenhagen. Danish Institute for International Studies.

Haas, Peter M. 1992: Introduction: Epistemic Communities and International Policy Coordination, in: International Organization 46: 01, 1–35.

Haas, Peter M. 2004: When Does Power Listen to Truth? A Constructivist Approach to the Policy Process, in: Journal of European Public Policy 11: 4, 569–592.

Habermas, Jürgen 1981: Theorie des kommunikativen Handelns, Frankfurt a. M. Suhrkamp.

Hajer, Maarten 2009: Authoritative Governance. Policy-making in the Age of Mediatization, New York, NY. Oxford University Press.

Hajer, Maarten 2003: A Decade of Discourse Analysis of Environmental Politics. Achievements, Challenges, Perspectives. (Vortrag mit Konferenzpapier: Does Discourse Matter?), Hamburg.

Hellman, Gunther/Wolf, Klaus D./Zürn, Michael (Hrsg.) 2003: Die neuen Internationalen Beziehungen, Baden-Baden. Nomos.

Holzscheiter, Anna 2005: Discourse as Capability: Non-State Actors' Capital in Global Governance, in: Millennium – Journal of International Studies 33: 3, 723–746.

Keohane, Robert O. 1986: Theory of World Politics: Structural Realism and Beyond, in: Keohane, Robert O. (Hrsg.): Neorealism and its Critics, New York, NY, Columbia University Press, 158–203.

Kolleck, Nina 2011: Global Governance, Corporate Responsibility und die diskursive Macht multinationaler Unternehmen. Freiwillige Initiativen der Wirtschaft für eine nachhaltige Entwicklung?, Baden-Baden. Nomos.

Kollman, Kelly 2008: The Regulatory Power of Business Norms: a Call for a New Research Agenda, in: International Studies Review 10: 3, 397–419.

Laclau, Ernesto/Mouffe, Chantal 2001: Hegemony and Socialist Strategy. Towards a Radical Democratic Politics, London. Verso.

Lemke, Thomas 2007: Gouvernementalität und Biopolitik, Wiesbaden. VS Verlag.

Lorber, Judith 1994: Paradoxes of Gender, New Haven, CT. Yale University Press.

Lukes, Steven 1974: Power: A Radical View, in: Giddens, Anthony (Hrsg.): Studies in Sociology, London, Macmillan, 9–63.

Lukes, Steven 2005: Power and the Battle for Hearts and Minds, in: Millennium – Journal of International Studies 33: 3, 477–493.

Milliken, Jennifer 1999: The Study of Discourse in International Relations: A Critique of Research and Methods, in: European Journal of International Relations 5: 2, 225–254.

Morgenthau, Hans J./Thompson, Kenneth W. 1993: Politics Among Nations. The Struggle for Power and Peace, Boston, MA. McGraw-Hill.

Nye, Joseph S. 2002: The Paradox of American Power. Why the World's only Superpower Can't Go it Alone, Oxford; New York.

Nye, Joseph S. 2004: Soft power. The Means to Success in World Politics, New York.
Reckwitz, Andreas 2008: Unscharfe Grenzen. Perspektiven der Kultursoziologie, Bielefeld.
Schaber, Thomas/Ulbert, Cornelia 1994: Reflexivität in den Internationalen Beziehungen, in: Zeitschrift für Internationale Beziehungen 1: 1, 139–169.
Scherrer, Christoph 1999: Globalisierung wider Willen? Die Durchsetzung liberaler Aussenwirtschaftspolitik in den USA, Berlin. Edition Sigma.
Sterling-Folker, Jennifer/ Shinko, Rosemary E. 2005: Discourses of Power: Traversing the Realist-Postmodern Divide, in: Millennium – Journal of International Studies 33: 3, 637–664.
Strange, Susan 1993: The Persistent Myth of Lost Hegemony, in: Baldwin, David (Hrsg.): Key Concepts in International Political Economy, Aldershot, Elgar, 212–235.
Ulbert, Cornelia 2005.: Konstruktivistische Analysen der internationalen Politik: Von den Höhen der Theorie in die methodischen Niederungen der Empirie. (Papier für die Sektion Internationale Politik der DVPW), Mannheim.
Waltz, Kenneth 1979: Theory of International Politics, Boston, MA. McGraw-Hill.
Weber, Max 1972: Wirtschaft und Gesellschaft, Tübingen. Mohr Siebeck.
West, Darrell M./Loomis, Burdett A. 1998: The Sound of Money. How Political Interests Get What They Want, New York, NY. W.W. Norton.
Wright, Quincy 1965: A Study of War, Chicago, IL. University of Chicago Press.

Subjekttheorie, Hegemonien und Identitäten
Friederike Habermann

1. Einleitung

Die Auseinandersetzung um die Berücksichtigung von Identität in der IPÖ scheint längst gewonnen.[1] Über 1.350 Titel listet bereits eine 2008 erschienene Bibliographie zum Thema „Gender in International Political Economy" auf (Schwenken/Basten/Becklake 2008). Auch ethnische Aspekte finden zunehmend Berücksichtigung, vor allem postkoloniale TheoretikerInnen tragen hierzu wesentlich bei – L.H.M. Ling und Arturo Escobar seien beispielhaft genannt (für einen Überblick vgl. Purkarthofer 2009).

Diese Veröffentlichungen bleiben allerdings, wenn auch nicht ignoriert und ab und zu zitiert, erstaunlich einflusslos nicht nur auf orthodoxe, sondern auch auf heterodoxe IPÖ. Darum wird im Folgenden zunächst kurz an Beispielen (kritischer) IPÖ-Ansätze skizziert, was aus postfeministischer und postkolonialer Sicht (immer noch) fehlt: die (Re)Konstruktion von Identitäten in Prozessen der globalen politischen Ökonomie (2). In einem weiteren Abschnitt wird diese Leerstelle für das Terrain der Internationalen Politischen Ökonomie am Beispiel der *Global Care Chain* verdeutlicht (3). In diesem Sinne versuche ich, mit meinem jenseits von IPÖ entwickelten Ansatz einer subjektfundierten Hegemonietheorie (4) zu erfassen, wie jede politisch-ökonomische Entwicklung mit Identitätskonstruktionen verwoben ist. Im Ausblick folgen einige Gedanken dazu, wie eine Theoretisierung der subjektfundierten Hegemonietheorie für die globale Ebene aussehen könnte (5).

---

1 Der Problematik, von Identität zu sprechen, beispielsweise als ‚sexueller Identität' statt ‚sexueller Orientierung', und der damit verbundenen Assoziation von etwas ‚natürlich Gegebenem', bin ich mir bewusst. Doch suggeriert umgekehrt ‚Orientierung' die Freiheit der Wahl. Jenseits von Determinismus und Voluntarismus geht es im Poststrukturalismus ja gerade um die Interdependenz von Struktur und Subjekt. Des Weiteren bin ich mir bewusst, dass ich nicht klar unterscheide zwischen ‚individueller Identität' und ‚Identitätskategorien', denn Identität ist von Identitätskategorien nicht abspaltbar.

2. Die Konstruktion von Identität als Leerstelle in der IPÖ

„You Just Don't Understand. Troubled Engagements Between Feminists and IR Theorists" betitelte Ann Tickner einen Aufsatz im *International Studies Quarterly* 1997, gefolgt von einer Streitschrift aus dem Jahr 2005 gegen die nicht zuletzt von Robert Keohane (1998) erhobene Forderung, feministische Forschung habe sich etablierter Methoden zu bedienen, um ernst genommen zu werden. Dabei stellt sie klar, dass es feministischer Theorie nicht einfach um die Addition von Aspekten geht, welche Frauen betreffen, sondern gerade um grundsätzlich andere methodische Herangehensweisen. „You Still Don't Understand: Why Troubled Engagement Continue Between Feminists and (Critical) IPE", unterstützte 2006 Georgina Waylen diese Position mit explizitem Bezug auf kritische Theoretiker(innen). In ihrer Studie kommt sie zu dem Schluss, dass ungeachtet einer gelegentlichen positiven Bezugnahme auf feministische AutorInnen auch die Mehrzahl der Arbeiten, die sich aus kritischer Perspektive mit der globalen politischen Ökonomie beschäftigen, geschlechtsneutral vorgehe. Die Minderheit, die dies nicht tue, thematisiere die Rolle von Frauen lediglich auf eine additive Weise: Meist werde entweder auf die besonderen Auswirkungen von Globalisierungsprozessen auf Frauen hingewiesen, wobei diese als homogene Kategorie und passive Opfer dargestellt würden, oder Frauen würden zwar als aktive Subjekte wahrgenommen, aber lediglich in Form von Frauenbewegungen, die sich gegen diese Auswirkungen engagierten.

Ohne postkoloniale Ansätze mit feministischen gleichsetzen zu wollen: In ihren jeweiligen kritischen Ausrichtungen hat sich durchgesetzt, Identitäten nicht als gegeben anzunehmen – geht es doch das eine Mal um die Aufhebung einer als essenziell missverstandenen Grundlage für Sexismus und das andere Mal um die Aufhebung einer als essenziell missverstandenen Grundlage für Rassismus: „Postkoloniale Theorien versuchen allgemein, zugeschriebene Identitäten als Produkt historischer Prozesse, als ökonomisch und politisch hergestellt sowie in ihrer Verknüpfung mit bestehenden Herrschaftsverhältnissen aufzuzeigen" (Purkarthofer 2009: 50).

Feministisch-postkoloniale IPÖ charakterisieren Anna M. Agathangelou und L.H.M. Ling wie folgt: „postcolonial feminism casts the concepts of power, borders, security, and wealth as the product of a particular set of social relations, inflected by race, gender, class, and culture" (Agathangelou/Ling 2004: 519). Mit anderen Worten: Feministisch-postkoloniale Analyse, insbesondere im poststrukturalistischen Sinne, versteht Identitätskategorien nicht als addierbare Verhältnisse im Sinne abtrennbarer Einzelerscheinungen, sondern als im Wechselverhältnis entstanden und untrennbar miteinander verknüpft. Anne McClintock formuliert, „they come into existence *in and through* relation to each other – if in contradictory and conflictual ways. In this sense, gender, race and class can be called articulated categories" (McClintock 1995: 5).

Während innerhalb der feministischen und intersektionalen Diskussion, und zwar sowohl in (sozial-)konstruktivistischen als auch in dekonstruktivistischen/ poststrukturalistischen Ansätzen, häufig der Fokus auf die Konstruktion von Identität gelegt wird bei häufig gleichzeitiger Vernachlässigung einer gesellschaftstheoretischen Einbettung dieser Ungleichheitskategorien (wie zunehmend selbstkritisch reflektiert wird; vgl. u. a. Knapp 2005: 75), liegt bei der Übernahme des Konstruktivismus in den Internationalen Beziehungen – eingeführt durch die Arbeiten von Alexander Wendt (u. a. 1999) – das Augenmerk auf der sozialen Konstruktion internationaler Strukturen (1995: 73).

Selbst in Arbeiten von Autoren wie Bob Jessop, einem der bekanntesten und einem der wenigen männlichen Vertreter einer kritischen IPÖ, die sich explizit mit Geschlechterverhältnissen auseinandersetzen, zeigt sich, wie die Konstruktion von Identität „als Produkt historischer Prozesse, als ökonomisch und politisch hergestellt" immer wieder verloren geht. In einem Aufsatz von 1997 untersucht Jessop die sich durch die Globalisierung ergebenden Veränderungen als „Auswirkungen auf die Geschlechterverhältnisse" (Jessop 1998: 263). In den Auseinandersetzungen um Hegemonie selbst spielten Frauen üblicherweise lediglich eine unterstützende Rolle, denn sie seien „angesichts der Dominanz der weißen, heterosexuellen, gesunden Männer (,WHAMs', white heterosexual able-bodied men) ohne wesentlichen Einfluss in der ‚großen' Politik" (Jessop 1998: 267). Was diese Männlichkeit, dieses Weißsein, die (Zwangs-)Heterosexualität und der *ablelism* der ‚großen' Politik jedoch bedeuten könnte, wird nicht weiter untersucht, sondern dient implizit der Begründung, warum auf dieser Ebene Geschlechterverhältnisse keine große Rolle spielten. In einem Aufsatz von 2001 betont Jessop zwar, er arbeite auf der Grundlage antiessenzialistischer Einsichten des ‚*third wave feminism*', allerdings unternimmt er trotz dieses expliziten Bezugs auf dekonstruktivistische Theorien auch hier keine entsprechende Subjektkritik. Patriarchale Verhältnisse versteht er schlicht als dem modernen Staat im Prinzip entgegengesetzt, da es sich um ein dem Untergang geweihtes vormodernes Erbe handele. Hinsichtlich der Interessen von Frauen sieht er keinerlei in den Staat *sui generis* eingelassene Selektivität; dies begründet er hier gerade mit dem antiessenzialistischen Argument, dass von gegebenen Interessen von Frauen oder Männern nicht gesprochen werden könne (Jessop 2001: 5). Von einer Untersuchung der interdependenten Verhältnisse zwischen Strukturen und Subjekten kann im Ansatz Jessops also – der Rhetorik zum Trotz – nicht gesprochen werden.

Allerdings gilt auch für feministische Ansätze in der IPÖ, dass der o. g. Anspruch nicht ausreichend eingelöst wird. Viele Theoretikerinnen grenzen sich zwar gegenüber einem positivistischen Wissenschaftsverständnis ab, indem sie beispielsweise, wie Tickner (2005: 4), „the centrality of questions of reflexivity and the subjectivity of the researcher" betonen; die Interdependenz von Identität und gesellschaftlichem Kontext wird in ihren Arbeiten aber nicht erfasst.

Das Konzept „triad analytics" von Spike Peterson „posits identities (subjectivity, self-formation), meaning systems (symbols, discourse, ideologies) and social practices/institutions (actions, social structures) as *co-constituting* dimensions of social realities" (2003: 40). Hier findet sich also ähnlich wie bei Wendt der Fokus auf der Konstruktion sozialer Realitäten; die Konstruktion der Identitäten fehlt letztlich auch in ihren Arbeiten.

Ähnlich hinterfragt der diskurstheoretische IPÖ-Ansatz von Marieke de Goede (u. a. 2003) explizit die Annahme einer prädiskursiven Existenz ökonomischer Materialitäten wie Geld oder Kapital; zudem legt sie großen Wert auf die Einbeziehung kultureller Aspekte sowie von Alltagspraktiken. Sich von dem Missverständnis abgrenzend, wonach Poststrukturalismus sich in Diskursanalyse erschöpfe, betont sie mit Bruno Latour, „a dichotomy between the ideal and the material is untenable". Tatsächlich bezieht sie hierin Identität, im Folgenden von Finanzakteuren, explizit mit ein: „The technical nature of the processes of registering, charting and calculating which bring financial knowledge into being, means that financial agents are not so much consciously and purposefully wielding power, but are themselves initiated through, as well as limited by, discourses of the right and proper within the financial domain." Gleichzeitig jedoch verfolgt sie diese Dimension nicht weiter, sondern lediglich wieder die umgekehrte Wirkrichtung: wie zum einen Diskurs und zum anderen die Praktiken von Finanzakteuren ökonomische Realitäten konstruieren.

Die bereits zitierten Agathangelou und Ling konzipieren ein theoretisches IB-Modell namens „Worldism". Grundlage dessen seien folgende „epistemological commitments":

> „1) *intersubjectivity*, defined as institutionalized social structures that emerge through the labor of agents in relation to other agents; 2) *agency*, which ‚reverberates' with Others in a constant process of creating, articulating, and becoming; 3) *identity*, whose abstract subjectivity (e. g. notions of Self) emerges from materiality (e. g. the body) and the social relations of production that produce it; 4) *critical syncretic engagement*, which fosters exploration and experimentation at the interstices of multiple worlds where conflict and contestation most pressure the need for negotiation, adaptation, and reformulation; and 5) *accountability*, which stems from the Self's inescapability from the Other" (2004: 42).

Tatsächlich erfassen Ling und Agathangelou damit alle Ebenen der Interdependenz, und es finden sich weiter unten im angebrachten Beispiel einer Global Care Chain entsprechende Ergebnisse von Ling und, in diesem Fall, Kimberly Chang, welche Identität als geworden innerhalb eines Prozesses internationaler politischer Ökonomie aufzeigen. Doch auch bei Ling u. a. fehlt ein Konzept, auf welche Weise es zum Zusammenspiel der genannten fünf Elemente kommt.

Als explizit intersektionale Kapitalismusanalyse, die mehrere die Gesellschaft strukturierende Herrschaftsverhältnisse in den Blick nimmt, versteht sich der Ansatz von Sonja Buckel (2012). Buckel argumentiert, dass eine solche Analyse die miteinander verwobenen gesellschaftlichen Herrschaftsverhältnisse als Ausgangspunkt wählen müsse. Für das Beispiel der europäischen Migrationspolitik untersucht Buckel Klasse, Geschlecht, das Nord-Süd-Verhältnis sowie Ethnizität als vier Dimensionen internationaler Arbeitsteilung. Sowohl die bereits zitierte Kritik von Knapp an der Konzentration auf Identität in intersektionalen Studien aufgreifend als auch die Kritik auf eine nationale Fokussierung intersektionaler Analysen, welche die postkolonialen Bestimmungsmomente ausblende (Castro Varela/Dhawan 2009: 317), schließt sie sich dem Mehrebenenansatz von Gabriele Winker und Nina Degele (2009) an. Statt jedoch tatsächlich die einzelnen Herrschaftsverhältnisse als Ausgangspunkte zu wählen, wählen Winker und Degele – und mit ihnen auch Buckel – kapitalistische Vergesellschaftung als theoretische Klammer, um die Verknüpfungen und gegenseitige Durchdringung gesellschaftlicher Ungleichheiten untersuchen zu können. Mit Bezug auf Brigitte Aulenbacher und Birgit Riegraf (2012) argumentiert Buckel ferner, unter Kapitalismus sei dann nicht mehr nur das Kapitalverhältnis zu verstehen, sondern die immer schon vergeschlechtlichte, rassialisierte und (post)koloniale herrschende Vergesellschaftung mittels Warentausch und Akkumulationsdynamik. In diesem Sinne gebe es keinen reinen Kapitalismus, der auf rein logischer Ebene aus dem Geflecht von Herrschaftsverhältnissen zu extrahieren wäre (Buckel 2012: 81). Buckel betont zudem die Konstruktion von Identität in diesen Prozessen, wenn sie schreibt: „‚Frauen' und ‚Männer' sind dabei keine gegebenen biologischen Entitäten, sondern Verkörperungen gesellschaftlicher Machtverhältnisse: Geschlechter werden als zwei und nur zwei mit einem jeweils konträren Begehren entlang der heterosexuellen Matrix gesellschaftlich produziert"; genauso wenig sei Ethnizität eine biologische Gegebenheit (Buckel 2012: 84, 87). Die Veränderungen von Identität in den gesellschaftlichen Prozessen ihres Beispiels europäischer Migrationspolitik werden allerdings nicht weiter verfolgt.

Buckels Ansatz entspricht, wie im Namen richtig wiedergegeben, einer Analyse von Kapitalismus unter Berücksichtigung anderer Herrschaftsverhältnisse. Sie untersucht das *sich auf die Konstruktion von Geschlecht oder Ethnizität auswirkende Kapitalverhältnis*. Die Privilegien von Weißen, des Globalen Nordens und/oder von Männern werden als Kontext der internationalen Arbeitsteilung analysiert, aber nicht als selbst 'Geschichte machend' – also durch Kämpfe vorangetrieben, die auf dem Streben um Hegemonie oder um Emanzipation als Identitäten beruhen. Dies gilt auch für das von Buckel mitentwickelte Konzept eines „Hegemonieprojekts", mit dem explizit angesichts der „offensichtlichen Überkomplexitätsproblematik" versucht werde, eine plausible Reduktion vorzunehmen.

Diese ‚Überkomplexität' macht es tatsächlich unmöglich, alle Aspekte hegemonialer Prozesse einzubeziehen, das wird auch in meinem Beispiel der Global Care Chain deutlich. Worauf ich damit verweisen möchte, ist zweierlei: Erstens spielt bei *jeder* Fragestellung die Interdependenz von Strukturen und Subjekten eine Rolle, in diesem Beispiel besonders offensichtlich, weil hier die verschiedenen Identitätskategorien *race*, *gender*, *class* deutlich miteinander verwoben hervortreten. Zweitens sind nicht nur ökonomische Veränderungen hierfür auslösend und auf beispielsweise das Geschlechterverhältnis sich auswirkend, sondern jedes Ringen um Hegemonie bzw. Emanzipation (bzw. hier um Gleichstellung) als eine bestimmte Identität (hier insbesondere jenem von Frauen, welches sich im Verhältnis mit Nation, Klasse, *whiteness*, *ablelism* etc. artikuliert).

3. „Boundary Work": Das Beispiel einer *Global Care Chain*

Prozesse der Konstruktion – ob von Identität oder gesellschaftlichen Strukturen – beginnen nie bei null. Das ist stets zu berücksichtigen, und doch muss an einer Stelle mit der Analyse eingesetzt werden. So geht es im Folgenden um die heutige Erscheinung einer Global Care Chain: Feministische Theoretikerinnen wie Agathangelou (2004) und Brigitte Young (1999, 2000) sprechen von der Rückkehr von den *„maids"* und *„madams"* bzw. von der „Herrin" und der „Magd". „Herrin" ist hier die beruflich erfolgreiche, in der Regel weiße Frau in einem Land des Nordens bzw. Westens. Da Frauen fast ungebrochen weiterhin für die Reproduktion im Privatbereich zuständig sind, gilt: Nur durch die Delegierung von Versorgungsarbeiten an Haushaltshilfen können sich berufstätige und sozial privilegierte Frauen hiervon befreien. Die Rolle der ‚Magd' fällt in der Regel einer zugewanderten, nicht-weißen Frau aus einem Land des Ostens oder des Globalen Südens zu – manchmal unter Bedrohung von Abschiebung, fast immer ohne berufliche Alternative: Bedingungen, die MigrantInnen zwingen, ihre Arbeitskraft billig zu verkaufen. Während sich die beruflich erfolgreiche Frau auf diese Weise, für Außenstehende oft unsichtbar, von Versorgungsarbeiten befreit, ist die migrantische Frau entweder der traditionellen Doppelbelastung ausgesetzt (in Partnerschaft oder alleinerziehend), mit den üblichen Einschränkungen ihrer Verfügbarkeit im Berufsleben als auch im privaten Bereich, und/oder sie hat sich gezwungen gesehen, ohne ihre Kinder zu migrieren und diese von Verwandten im Heimatland betreuen zu lassen – und damit für Jahre von diesen getrennt zu leben. Diese ursprünglich von Arlie Hochschild (2000) als *„Global Care Chain"* bezeichnete transnationale Umschichtung von Betreuungs- und Reproduktionsarbeit ist keine Seltenheit, sondern zunehmend Normalität (Parreñas 2001: 19). Explizit geht es dabei um Grenzziehungen zwischen Identitäten, wie Pei-Chia Lan (2003) mit ihrem Terminus „*boundary work*" verdeutlicht. Im Folgenden sei dies holzschnittartig für die einzelnen Ausformungen dargestellt.

The ‚madam'

Bei der privilegierten Frau wird die Hausarbeit durch die Übertragung auf informalisierte Erwerbsarbeit unsichtbar, und so innerhalb einiger hochqualifizierter Bereiche die weibliche Arbeitskraft der maskulin gedachten abstrakten Arbeitskraft gleichgesetzt (Young 1998: 191). Durch diese nicht nur doppelte, sondern ‚dreifache Freiheit' (Brenssell/Habermann 2001) für hochqualifizierte Frauen ergeben sich bessere Aufstiegschancen und mehr Gleichberechtigung – im Sinne einer Anpassung ihrer Lebensverhältnisse – zwischen ihnen und Männern der (vor allem europäischen und nordamerikanischen) Mittel- und Oberklasse. Die Nichtzuständigkeit für Hausarbeit stellt allerdings immer noch nicht wie beim Mann ein quasi ‚primäres Geschlechtsrollenmerkmal' dar, sondern ein sekundäres: ein erst durch die Vermischung mit den Trennlinien von Klasse, ‚Rasse' und Nation ermöglichtes. Die 2013 geführte öffentliche Diskussion über eine Frauenquote für Führungspositionen verdeutlicht das dahinterstehende Ringen um Gleichstellung von Frauen, welches sich jedoch nur im Spannungsverhältnis mit anderen Herrschaftsverhältnissen artikuliert durchzusetzen vermag.

The ‚master'

Interessanterweise scheint die Delegation der Versorgungsarbeit nur dann Aufgabe des Mannes zu sein, wenn dieser homosexuell und/oder alleinstehend ist. So beschreibt ein Arbeitgeber, wie er, als seine Tochter bei ihm einzog, aufgrund dieser Aufgaben „Probleme mit meinem Rollengefühl" bekam und depressiv und aggressiv wurde. Durch die Haushaltshilfe habe er sich dann auch auf der Straße anders gefühlt. Helma Lutz sieht dies als Illustration dafür, dass die Frage, wer welche Arbeiten ausführe, Identität stifte. In diesem Sinne sehe der männliche Arbeitgeber seine Transformation in diesem Prozess als ‚Reparatur des natürlichen Geschlechtercodes' (Lutz 2008: 105f.).

The ‚maid'

Nach Bridget Anderson (2000: 2) können aus dem Status als Migrantin resultierende Lohnunterschiede allein nicht die Tatsache begründen, warum überwiegend ethnisierte Frauen als Hausangestellte gesucht werden. Erst rassistische Stereotype in Verbindung mit dem ungesicherten Aufenthaltsstatus konstruierten die Frauen als speziell für Hausarbeiten geeignet. Dies führe zu einer zunehmenden *racialisation* von Hausarbeit. Gleichzeitig werde ein neuer hegemonialer Alltagsverstand über den angemessenen Standort von MigrantInnen in Industrieländern erzeugt (Persaud 2003: 125). Diese würden in der Regel „*de-classed*", da weder Schichtenzugehörigkeit noch Ausbildung die ethnisierte Zuordnung als Putzkraft brechen können – und es sind gerade die besser ausgebildeten Frauen, welche Migration als Option begreifen (Lutz 2008: 33). Dem Ausdruck *doing gender* entsprechend formuliert Randolph Persaud (2003: 133): „Race *works* in constituting these systems of inside/outside. Race is thus a verb."

Hausangestellte reproduzieren bei ihrer täglichen Arbeit zwangsläufig auch den überlegen Status ihrer Arbeitgeberin als bürgerlich, erfolgreich, sauber und – je mehr diese ethnische Arbeitsteilung zum gesellschaftlichen Faktor wird – weiß. Gleichzeitig reproduzieren sie sich selbst dabei als Gegenbild: als Unterklasse, als dreckig und außerhalb der bürgerlichen Gesellschaft – und konstruieren damit unfreiwillig aufgrund ihrer ökonomischen Situation Subjektpositionen und soziale Verhältnisse, die im Kontrast zu ihren eigenen Interessen stehen.

Hinzu kommen die Veränderungen in ihren Verhältnissen zu Lebenspartnern und Kindern, welche ihre Rollen als Ehefrau und Mutter transformieren. Dies muss nicht, kann aber mit Emanzipationsbestrebungen verbunden sein; in jedem Fall aber resultieren hieraus verschobene Identitäts(re)konstruktionen.

Die männliche ‚Maid'

Migranten sind von denselben *'De-classed'*-Effekten betroffen wie Frauen; nicht zuletzt jene in Los Angeles bei den großen Reinigungsfirmen als *janitors* angestellte, aber auch in Deutschland sind nicht selten osteuropäische Männer in Privathaushalten angestellt (Lutz 2008: 49). Bei diesen überlagert ihr migrantischer Status nicht nur ihre ursprüngliche *class*, sondern auch ihr Geschlecht. Anderson benutzt auch hierfür – wie bei den arbeitgebenden Frauen nach ihrer Befreiung vom ‚Geschlechtsrollenmerkmal' der Hausarbeit – den Ausdruck ‚*de-gendered*' (Anderson 2000: 17, 81).

Nichtmigrierte Partner und Väter

Ihrem traditionellen Verständnis als Ernährer der Familie entsprechend fühlen sich viele durch die neoliberale Globalisierung erwerbslos gewordene Männer ihrer Identität beraubt und verfallen in Identitätskrisen (Lutz 2008: 167). Aus diesem Grund sind es auch gerade solche Männer von in den Norden migrierten Frauen, welche sich ihrer eigenen männlichen Rolle durch eine anerkannte berufliche Stellung und ein entsprechendes Einkommen bestätigt wissen, die sich ‚an der Mutter statt' um ihre

Kinder zu kümmern beginnen – während für die Mehrzahl anscheinend der damit verbundene Prozess des *de-gendering* ihre Männlichkeit zu stark gefährden würde, und die Familienarbeit an die Großmütter oder andere Frauen weitergereicht wird (Parreñas 2001).

... und ihre Kinder

Ausbildungskosten für Kinder gelten als wesentlicher Migrationsgrund; so werden die Kinder migrierter Eltern(teile) häufiger als andere zu Privatschulen geschickt. Tatsächlich ergeben einige Studien bessere schulische Erfolge der Kinder migrierter Eltern (Episcopal Commission u. a. 2004). Ein weiterer Grund hierfür kann darin liegen, dass den Kindern durch die Eltern sehr deutlich gemacht wird, dass diese für ihre Ausbildung das Leid der Abwesenheit auf sich nehmen (Parreñas 2005: 107). So eröffnen sich teilweise Karrieremöglichkeiten, die es ansonsten nicht gegeben hätte (Lutz 2008: 140). Andererseits ergeben Studien ebenfalls, dass dort, wo insbesondere die Mutter ins Ausland gegangen ist, die Kinder relativ oder sogar absolut schulisch schlechter abschneiden (Parreñas 2005; Episcopal Commission u. a. 2004). William Kandel und Grace Kao (2001) stießen in einer Studie in Mexiko zusätzlich auf das Phänomen, dass auch jene, die besser abschneiden, weniger bestrebt sind, weiter zu studieren, da sie für sich selbst Migration in Betracht ziehen, dafür aber keine besondere Bildung notwendig ist.

Ähnlich uneindeutig, aber ganz parallel, fallen die Ergebnisse hinsichtlich der körperlichen Konstitution aus: Während sich zum einen wiederum ein besserer Zustand hinsichtlich Größe, Gewicht und Erkrankungshäufigkeit feststellen lässt vor allem für jene Kinder, von denen beide Elternteile migriert sind, schneiden dort, wo insbesondere die Mutter abwesend ist, die Kinder gesundheitlich schlechter ab (Episcopal Commission u. a. 2004).

Die Aspekte der *Global Care Chain* können hier nur angerissen werden. Für eine detailliertere Analyse greife ich an anderen Stellen (u. a. Habermann 2008) auf den Ansatz der Gouvernementalität von Michel Foucault zurück. Zudem birgt eine derartig kurze Darstellung die Gefahr, die darin involvierten Identitäten bzw. Menschen als rein passiv diesen Prozessen ausgesetzt darzustellen, statt sie als auch Handelnde mit in die Analyse einzubeziehen. So stießen Kimberly Chang und L.H.M. Ling (2000) bei ihrer Untersuchung philippinischer Hausangestellter in Hongkong auf eher unerwartete Reaktionen und damit auf noch weitere Identitätsverschiebungen: Um ihrem sexualisierten Image etwas entgegenzusetzen, leben viele von diesen eine besonders christliche ‚reine' Identität, während einige andere ihre Geschlechtsidentität ins Männliche queeren.

Doch welches Ergebnis sich bei der Beeinflussung der einzelnen Identitäten, welche von der Global Care Chain betroffen sind, auch immer ergibt, und so ambivalent die Resultate von Studien sind, eines ist sicher: Identitäten verändern sich massiv in den mit der *Global Care Chain* verbundenen Prozessen, und die darin verwobenen Menschen werden in Zukunft durch ihre veränderten Identitäten gesellschaftliche Strukturen anders formen als ohne, und sie werden die Geschichte ihrer Länder und der Welt anders prägen, als es sonst der Fall wäre.

Insofern stellt einerseits das Ringen um Hegemonie als Identität sowie andererseits die Einbeziehung von Identitäts(re)konstruktionen ein wesentliches Moment auch in der IPÖ dar, und es fehlt eine theoretische Konzeption, wie sich durch Prozesse von in der Globalisierung sich neu artikulierenden Herrschaftsverhältnissen Identitäten hinsichtlich der Kategorien *sex, race* und *class* neu ausformen. Eine Möglichkeit hierfür stellt die subjektfundierte Hegemonietheorie dar (Habermann 2008).

4. Subjektfundierte Hegemonietheorie

Nicht zufällig greifen kritische Theoretikerinnen wie Jessop, Buckel oder de Goede auf Antonio Gramscis Hegemonietheorie zurück, bietet diese doch eine hilfreiche Grundlage, wenn es darum geht, die Komplexität gesellschaftlicher Kräfte zu erfassen. Nimmt Gramsci selbst die Kräfte innerhalb eines Staates in den Blick, so suchen neogramscianische Ansätze Wege, dies auf die globale Ebene zu übertragen (vgl. den Beitrag von Bieling in diesem Band). Doch während in diesen, wie selbst für die spannendsten Ansätze oben beschrieben, das Ringen um Hegemonie und Emanzipation auf den Konflikt zwischen Arbeit und Kapital reduziert wird, muss es darum gehen, dieses Ringen um Hegemonie in all seinen Aspekten als ‚Geschichte machend' zu verstehen und zu analysieren.

Ernesto Laclau und Chantal Mouffe übernehmen Gramscis Ansatz, zeigen jedoch auf, dass sich das letztlich auf die Binarität von KapitalistInnen und ArbeiterInnen reduzierte Identitätsverständnis selbst theorieimmanent nicht halten lässt. Das Ringen um Hegemonie sei stattdessen als ein Prozess zu verstehen, durch welchen Identität als Resultat modifiziert wird. In diesem kommt es zu Verschiebungen bzw. zur Produktion von Interessen und Identitäten (Laclau/Mouffe 2000: 123ff., 141).

Diese entscheidende Erkenntnis wird aber weder in den späteren Arbeiten von Laclau noch von Mouffe für Herrschaftsverhältnisse jenseits von Kapital und Arbeit weitergedacht.[2] Darum beziehe ich die postkolonialen bzw. postfeministischen Ansätze von Stuart Hall (u. a. 1989, 1994) und Judith Butler (u. a. 1990, 1998) mit

---

2   Allerdings aus fast gegensätzlichen (theoretischen) Gründen. Vgl. ausführlicher hierzu Habermann (2008: 93f.).

ein. Mit diesen gehe ich zunächst davon aus, dass es nicht nur eine einzige Quelle von Hegemonie gibt, dass sich Privilegien also nicht nur aus der Mehrwertproduktion ableiten lassen, und dass das Ringen um Hegemonie (und um Emanzipation) in allen Sphären der Gesellschaft stattfindet sowie zwischen allen Formen von Identitätsgruppen. Hall versteht dabei kulturelle Praktiken als Orte der alltäglichen, mikropolitischen Umsetzung hegemonialer Kämpfe. In seiner Theorie wird das permanente *shifting* von Hegemonie in seiner ganzen Zählebigkeit offensichtlich: alltäglich wiederholt, doch als historisch verfestigte Formen, und dabei wiederum sich stets verschiebend. Butler sieht Identität als Prozess, bei dem regulierende Normen sich durch ihre erzwungene ständige Wiederholung materialisieren. Allerdings sei dies kein einseitiger Prozess, in dem nur der Diskurs wirkmächtig werde; nur sei das (beispielsweise körperliche) ‚Reale' ohne diesen nicht denkbar: Es gibt uns nicht jenseits von Diskurs. Gleichzeitig seien Subjekte ihrer Identität durch deren Verkörperung hartnäckig verhaftet.

Das Streben nach Hegemonie impliziert also stets die Abgrenzung einer Identitätsgruppe von einer oder mehreren anderen Identität(en): Wo Frauen unterdrückt sind, müssen Männer sich als besonders ‚männlich' geben und ‚verweiblichtes' Verhalten tabuisieren; wo Privilegien an ‚Weißsein' geknüpft sind, wird notfalls mit Gewalt versucht, eine ‚weiße' Identität zu konstruieren – sowohl durch kulturelle Abgrenzung als auch mit biopolitischen Maßnahmen im engeren Sinne wie der Sanktionierung ‚gemischtrassiger' Ehen.[3] Mit anderen Worten: Jede Hegemonie (re) produziert Identitäten.

Hieraus bilden sich historische Blöcke als komplexe Gebilde von Kräfteverhältnissen. *Sex, race, class* und weitere Formen von Identitätskategorien existieren nur in Relation zueinander und verändern sich beständig durch ihre Beziehungen und im Zusammenhang mit den hieraus geformten und (wiederum nicht ökonomisch verkürzt zu verstehenden) Strukturen. So lässt sich beispielsweise die fordistische Rolle der weißen Hausfrau nicht ausschließlich aus ihrer subalternen Position gegenüber dem weißen Familienernährer heraus verstehen. Es braucht zudem die Betrachtung ihrer auch privilegierten Positionierung: Sei es das Spannungsfeld zwischen diesem bürgerlichen Ideal und widersprüchlicher Realität in der Arbeiterklasse, sei es die Tatsache, dass das Hausfrauenmodell nur möglich war auf der Grundlage der ökonomischen Ausbeutung des kolonialisierten Globalen Südens (bzw. der oftmals nicht weniger ausbeuterischen postkolonialen Weltwirtschaftsbeziehungen). Hier kommen sexistische und rassistische Privilegien zum Tragen, die sich nicht auf Ökonomie be-

---

3 Foucault zeigt, wie auf produktive Weise an die Stelle der alten souveränen ‚Todesmacht' des feudalen Zeitalters – zu töten als höchstem Ausdruck der Macht – die Biomacht tritt, um „das Lebende in einem Bereich von Wert und Nutzen zu organisieren" (1993: 171).

grenzen lassen, doch lassen sie sich auch nicht von Ökonomie isolieren. Wesentlich ist darüber hinaus, dass es sich bei all diesen gesellschaftlichen Positionierungen nicht nur um ‚Rollen' handelt, sondern um Mechanismen der Identitätskonstruktion. An diesen haben nicht nur verselbstständigte Strukturen ihren Anteil, sondern ebenso das alltägliche Handeln der darin verorteten Subjekte.

Dazu trägt nicht zuletzt der Staat bei, der Menschen nur entweder als männlich oder als weiblich anerkennt und sie nach ihren Pässen mit unterschiedlichen Rechten versieht. Auch dies ist kein einseitiger Prozess. Nach Michel Foucault ist es umgekehrt entscheidend, das *Zu-Staat-Werden* von Praktiken darzustellen (Foucault 2000: 69f.). Doch *Zu-Staat-Werden* bedeutet nicht zuletzt eine Verfestigung der Diskurse, die mit den Kämpfen um Hegemonie verwoben sind. Gramsci weiterdenkend versteht Nicos Poulantzas den Staat als „die materielle Verdichtung eines Kräfteverhältnisses" (Poulantzas 2002: 159).

Im Ringen um Hegemonie und um Emanzipation werden also nicht nur die Identitäten und deren Interessen, sondern auch der gesellschaftliche Kontext (re)produziert. Dies geschah und geschieht wesentlich in Interaktion mit und im (mit Gramsci gesprochen: erweiterten) Staat als Terrain für das Ringen sozialer Kräfte um gesellschaftliche Regulation – auch auf der globalen Ebene. Für diese gehe ich noch stärker als der neopoulantzianische Ansatz mit seinem Konzept einer „Verdichtung von Kräfteverhältnissen zweiter Ordnung" von transnationalen Wirkungen hegemonialer Interessen durch Identitätsgruppen aus.[4]

All dies zusammenführend, versuche ich mit meiner subjektfundierten Hegemonietheorie nicht nur zu zeigen, welche Bedeutung Identitäten bei der Transformation der Gesellschaft zukommt, sondern zu analysieren, wie das Streben nach Hegemonie (und Emanzipation) als Identität immer eine Verschiebung von Identitäten impliziert und zugleich hierdurch wiederum die Strukturen transformiert.

5. Ausblick

Die eingangs beispielhaft dargestellten Vereinfachungen identitätspolitischer Aspekte in kritischer IPÖ führen zu einem doppelten Phänomen: Während die Bedeutung feministischer oder antirassistischer Aspekte nicht selten betont wird, fehlen diese dann – trotz aller Abgrenzungen zu Ökonomismus und Reduktionismus – im Kern der jeweiligen Analyse. Identitäten werden als unabhängig von gesellschaftlichen Entwicklungen dargestellt, und damit zumindest implizit als essenzialistisch aufgefasst. Dies wird in keiner Weise dem feministischen und/oder postkolonialen

---

[4] Zum neopoulantzianischen Ansatz vgl. den Beitrag von Ulrich Brand in diesem Band.

Diskussionsstand gerecht und ist nicht nur theoretisch unzureichend, sondern kann auch nicht dem Anspruch kritischer Theorie genügen, welche einem vielzitierten Diktum von Robert Cox zufolge sich die Aufgabe stellt, Möglichkeiten und Triebkräfte sozialer Emanzipation zu identifizieren (Cox 1981: 128ff.) – denn Emanzipation erschöpft sich nicht im Kapitalverhältnis.

Stattdessen besteht in diesen Prozessen eine Interdependenz von *sex*, *race* und *class*, und Identitäten werden zwischen diesen Herrschaftsverhältnissen beständig reproduziert – nie identisch, aber in Kontinuitäten. Und während beispielsweise viele durch *class* und *race* privilegierte Frauen nur das Ringen um ihre Emanzipation als Frau in den Blick nehmen, entstehen neue hegemoniale Ausformungen mit neuen subalternen Positionierungen.

In diesem Sinne argumentiere ich, dass es eines feministisch und postkolonial inspirierten poststrukturalistischen Ansatzes bedarf, um soziale, politische, kulturelle und ökonomische Prozesse weder als den Subjekten äußerlich noch als den Subjekten vorausgehend misszuverstehen. Stattdessen geht es darum, der Interdependenz von Strukturen und Subjekten (im Sinne einer unaufhebbaren Koexistenz) analytisch gerecht zu werden. Wie dies genau der Fall ist, ist ein kontingenter und äußerst komplexer Prozess, der theoretisch zwar wohl immer nur reduziert erfasst werden kann, dessen Blindstellen jedoch nicht immer dieselben bleiben sollten.

Auf die Rückwirkungen der aufgrund veränderter Identitäten veränderten *Entscheidungen* von Subjekten (im poststrukturalistischen Sinn, vgl. Wullweber in diesem Band) auf den gesellschaftlichen Kontext konnte in diesem Papier nicht eingegangen werden. Doch hoffe ich, die Verbindung von Strukturen und Subjekten als historisch miteinander verwoben und sich ebenso untrennbar weiterentwickelnd ansatzweise in ihrer Bedeutung auch für die Internationale Politische Ökonomie verdeutlicht zu haben. Obwohl von mir überwiegend für Identitätskonstruktionen entlang geschlechtlicher oder rassistischer Differenzlinien angewandt (Habermann 2008), impliziert sie, dass jede Formierung von Identitätsgruppen mit dem Ringen um Hegemonie und Emanzipation einhergeht. Das bedeutet nicht, auf das Heranziehen anderer theoretischer Ansätze zu verzichten, im Gegenteil. Doch während Identität als ‚weiches Thema' gilt, bleibt die Analyse der ‚harten' Themen unzureichend ohne die Berücksichtigung ihrer Verquickung mit Identität. Ökonomie – und wie das Stichwort Nationalität resp. ‚*imagined communities*' verdeutlicht, internationale Ökonomie im Besonderen – basiert auf der Zuschreibung von Identitätskategorien und sie bedingt diese, das heißt sie produziert, reproduziert und verändert beständig Identitäten.

Dabei besteht weiterer Forschungsbedarf, die für die nationale Ebene konzipierte (subjektfundierte) Hegemonietheorie auf die globale zu heben, ohne wieder in die oben kritisierten Verkürzungen zu verfallen. Abschließend möchte ich eine theoretische Linie aufzeigen, ohne diese als die einzig mögliche zu postulieren:

Im Ansatz einer ‚Verdichtung zweiten Grades' gehen Ulrich Brand, Christoph Görg und Markus Wissen (2007; vgl. auch Brand in diesem Band) auf Gramsci und Nicos Poulantzas aufbauend davon aus, dass sich die Verallgemeinerung von Interessen für die transnationale Ebene in multiskalaren institutionellen Konfigurationen ‚materiell verdichtet', wobei keine Linearität von der nationalen auf die internationale Ebene bestünde, sondern komplexe Beziehungsgeflechte zwischen multiskalaren Verdichtungen, worin die sozialen Kräfteverhältnisse selbst (neu) geformt würden. Als internationale Akteure neben den Nationalstaaten besonders genannt werden transnationale Klassenakteure, aber auch international agierende NGOs und Wissensgemeinschaften, die Massenmedien sowie translokale Akteure und Koalitionen, z. B. von Indigenen und Basisbewegungen.

Ohne die Einbeziehung der Veränderung von sozialen Identitäten verbleibt auch dieser Ansatz essenzialisierend, und ohne die ausdrückliche Berücksichtigung der Privilegien durch Weißsein, Mannsein etc. fällt auch dieser Ansatz auf die ökonomistische Reduktion zurück. Dennoch wird er der Komplexität globaler Machtstrukturen vergleichsweise gerecht – wobei allerdings fraglich bleibt, ob durch explizite Akteure wie den genannten tatsächlich alle hegemonialen Interessenswirkmächte erfasst werden, die nicht nur kapitalistische, sondern beispielsweise weiße oder männliche Vormachtstellungen absichern. Die Wirkweise eines ‚globalen Alltagsverstands' ist sicher nicht von Kolonialismus und Imperialismus zu trennen, geht über die Vermittlung von Medien, Ideologien etc. hinaus, und darf nicht als global homogen missverstanden werden. Vor allem aber handelt es sich hier häufig nicht um bewusste Aktionen (oder Verschwörungen) hegemonialer Gruppen, sondern um ‚Foucault'sche Hegemonien' (Christoph Scherrer), das heißt verselbstständigte Diskurse, die zwar unterschiedliche Privilegien mit sich bringen, letztlich jedoch alle Subjekte unterwerfen.

Es kann nicht nur eine Antwort darauf geben, wie diese Komplexität zu bearbeiten ist. Doch immer wieder die Interdependenz politischer Prozesse mit Identitäten in der theoretischen Reduktion außen vor zu lassen, bedeutet, dies stets zu entnennen, Identitäten zu essenzialisieren und damit einen wichtigen Ansatzpunkt für die Analyse von Herrschaft zu verlieren. Das Verständnis der subjektfundierten Hegemonietheorie von Identitäten als (re)konstruiert im Zusammenspiel sozialer Kräfteverhältnisse eröffnet darum eine notwendige theoretische Perspektive.

Literatur

Agathangelou, Anna M. 2004: The Global Political Economy of Sex. Desire, Violence, and Insecurity in Mediterranean Nation States, New York, NY: Palgrave Macmillan.
Agathangelou, Anna M./Ling, L.H.M. 2004: Power, Borders, Security, Wealth. Lessons of Violence and Desire from September 11, in: International Studies Quarterly 48, 517–538.
Anderson, Bridget 2000: Doing the Dirty Work? The Global Politics of Domestic Labour, London: Zed Books.
Armstrong, Nancy 1987: The Rise of the Domestic Women, in: *Armstrong, Nancy*/Leonard Tennenhouse (Hrsg.), The Ideology of Conduct: Essays in Literature and the History of Sexuality, London: Methuen, 96–141.
Brand, Ulrich/Görg, Christoph/Wissen, Markus 2007: Verdichtungen zweiter Ordnung. Die Internationalisierung des Staates aus einer neo-poulantzianischen Perspektive, in: Prokla 37: 372, 217–234.
Brensell, Ariane/Habermann, Friederike 2001: Geschlechterverhältnisse – eine zentrale Dimension neoliberaler Hegemonie (Studie für die Gesellschaft für sozialwissenschaftliche Forschung und Publizistik mbH), Berlin.
Buckel, Sonja 2012: ‚Managing Migration' – Eine intersektionale Kapitalismusanalyse am Beispiel der Europäischen Migrationspolitik, in: Berliner Journal für Soziologie 22, 79–100.
Butler, Judith 1990: Das Unbehagen der Geschlechter, Frankfurt a.M: Suhrkamp.
Butler, Judith 1998: Weitere Reflexionen zu Hegemonie und Gender, in: Marchart, Oliver (Hrsg.): Das Undarstellbare der Politik. Zur Hegemonietheorie Ernesto Laclaus, Wien: Turia + Kant, 209–224.
Castro Varela, Maria do Mar/Dhawan, Nikita 2009: Mission Impossible. Postkoloniale Theorie im deutschsprachigen Raum?, in: Reuter, Julia/Villa, Paula Irene (Hrsg.): Postkoloniale Soziologien, Bielefeld: transcript, 239–260.
Chang, Kimberly A./Ling, L.H.M. 2000: Globalization and its Intimate Other: Filipina Domestic Workers in Hong Kong, in: Chowdhry, Geeta/Nair, Sheila (Hrsg.): Gender and Global Restructuring: Sightings, Sites and Resistances, London: Routledge, 27–43.
Cox, Robert 1981: Social Forces, States and World Orders: Beyond International Relations Theory, in: Millennium 10: 2, 126–155.
de Goede, Marieke de 2003: Beyond Economism in International Political Economy, in: Review of International Studies 29, 79–97.
Escobar, Arturo 2009: Territories of Difference. Place, Movements, Life, Redes, Durham, NC: Duke University Press.
Episcopal Commission for the Pastoral Care of Migrant and Iterant People u. a. 2004: Hearts Apart. Migration in the Eyes of Filipino Children, in: http://smc.org.ph/heartsapart/pdfs/Hearts%20Apart.pdf; 07.03.2012.
Foucault, Michel 1993: Der Wille zum Wissen. Sexualität und Wahrheit 1, Frankfurt a.M.: Suhrkamp.
Foucault, Michel 2000: Staatsphobie, in: Bröckling, Ulrich/Krasmann, Susanne/Lemke, Thomas (Hrsg.): Gouvernementalität der Gegenwart – Studien zur Ökonomisierung des Sozialen, Frankfurt a.M.: Suhrkamp, 68–71.
Gramsci, Antonio 1991–2002: Gefängnishefte. Kritische Gesamtausgabe, Hamburg: Argument-Verlag.
Habermann, Friederike 2008: Der homo oeconomicus und das Andere. Hegemonie, Identität und Emanzipation, Baden-Baden: Nomos.
Hall, Stuart 1989: Gramscis Erneuerung des Marxismus und ihre Bedeutung für die Erforschung von ‚Rasse' und ‚Ethnizität', in: Räthzel, Nora (Hrsg.): Stuart Hall – Ideologie, Kultur, Rassismus. usgewählte Schriften 1, Hamburg: Argument, 56–91.
Hall, Stuart 1994: Der Westen und der Rest. Diskurs und Macht, in: Hall, Stuart: Rassismus und kulturelle Identität. Ausgewählte Schriften 2, Hamburg: Argument-Verlag, 137–179.
Hochschild, Arlie Russel 2000: Global Care Chains and Emotional Surplus Value, in: Giddens, Tony/Hutton, Will (Hrsg.): On the Edge: Globalization and the New Millennium, London: Sage Publishers, 130–146.
Jessop, Bob 1998: Nationalstaat, Globalisierung, Gender, in: Kreisky, Eva/Sauer, Birgit (Hrsg.): Geschlechterverhältnisse im Kontext politischer Transformationen. Politische Vierteljahrsschrift, Sonderheft 28, 262–292.

Jessop, Bob 2001: The Gender Selectivities of the State, in: http://www.lancs.ac.uk/search/index.htm?cx=015049136984008940906%3Aw6id2ed8vzw&cof=FORID%3A10&ie=ISO-8859-1&q=Bob+Jessop+Gender+selectivities&sa=Search&siteurl=www.lancs.ac.uk%2Fresearch%2Findex.htm#1062; 07.03.2012.

Kandel, William/Kao, Grace 2001: The Impact of Temporary Labour Migration on Mexican Children's Educational Aspirations and Performance, in: The International Migration Review 35: 4, 1205–1231.

Keohane, Robert O. 1998: Beyond Dichotomy: Conversations Between International Relations and Feminist Theory, in: International Studies Quarterly 42, 193–198.

Knapp, Gudrun-Axeli 2005: ‚Intersectionality' – ein neues Paradigma feministischer Theorie? Zur transatlantischen Reise von ‚Race, Class, Gender', in: Feministische Studien 23, 68–81.

Laclau, Ernesto/Chantal Mouffe 2000: Hegemonie und radikale Demokratie. Zur Dekonstruktion des Marxismus, Wien: Passagen.

Lan, Pei-Chia 2003: Maid or Madam? Filipina Migrant Workers and the Continuity of Domestic Labor, in: Gender and Society 17: 2, 187–208.

Ling, L.H.M. 2000: Global Passions within Global Interests: Race, Gender, and Culture in our Postcolonial Order, in: Palan, Ronan (Hrsg.): Global Political Economy: Contemporary Theories, London: Routledge, 242–255.

McClintock, Anne 1995: Imperial Leather: Race, Gender and Sexuality in the Colonial Conquest, London: Routledge.

Parreñas, Rhacel Salazar 2001: Servants of Globalization: Women, Migration and Domestic Work, Standford, CA: Stanford University Press.

Parreñas, Rhacel Salazar 2005: Children of Global Migration: Transnational Families and Gendered Woes, Standford, CA: Stanford University Press.

Persaud, Randolph B. 2003: Power, Production and Racialization in Global Labor Recruitment and Supply, in: Bakker, Isabella/Gill, Stephen (Hrsg.): Power, Production and Social Reproduction. Human In/Security in the Global Political Economy, Basingstoke: Palgrave Macmillan, 124–145.

Poulantzas, Nicos 2002: Staatstheorie. Politischer Überbau, Ideologie, Autoritärer Etatismus, Hamburg: VSA.

Purkarthofer, Petra 2009: Rassismus, Maskulinismus und Eurozentrismus als materielle Praxen postkolonialer Hegemonie, in: Hartmann, Eva/Kunze, Caren/Brand, Ulrich (Hrsg.), Globalisierung, Macht und Hegemonie, Münster: Westfälisches Dampfboot, 43–69.

Schwenken, Helen/Basten, Anna/Becklake, Sarah 2007/08: Bibliography Gender in International Political Economy, in: http://www.garnet-eu.org/fileadmin/documents/news/2007-12-18%20GIPE_Bibliography_complete+update1.pdf; 07.03.2012.

Tickner, J. Ann 1997: You Just Don't Understand: Troubled Engagements Between Feminists and IR Theorists, International Studies Quarterly 41, 611–632.

Tickner, J. Ann 2005: What is Your Research Program? Some Feminist Answers to International Relations Methodological Questions, in: International Studies Quarterly 49, 1–21.

Waylen, Georgina 2006: You Still Don't Understand: Why Troubled Engagement Continue Between Feminists and (Critical) IPE, in: Review of International Studies 32, 145–164.

Wendt, Alexander 1999: Social Theory of International Politics, Cambridge: Cambridge University Press.

Winker, Gabriele/Degele, Nina 2009: Intersektionalität. Zur Analyse sozialer Ungleichheiten, Bielefeld: transcript.

Young, Brigitte 1998: Genderregime und Staat in der globalen Netzwerkökonomie, in: Prokla. Zeitschrift für kritische Sozialwissenschaft 28: 111, 175–198.

Young, Brigitte 1999/2000: Die Herrin und die Magd. Globalisierung und die Re-Konstruktion von ‚class, gender and race', in: Widerspruch. Beiträge zur sozialistischen Politik 19: 38, 47–59.

Internationalisierung des Staates
Ulrich Brand

1. Einleitung

Dieser Artikel möchte einen Beitrag dazu leisten, die Transformation des Nationalstaates im Kontext der kapitalistischen Globalisierung und ihrer Krise besser zu verstehen. Es wird vorgeschlagen, mit dem Begriff des sich *internationalisierenden Staates* eine bislang prekäre, aber sich entwickelnde politische Materialität zu erfassen. Die konkreten Formen und Funktionen dieser Materialität entwickeln sich auf unterschiedlichen Maßstabsebenen (*scales*), die miteinander artikuliert sind. Ihre je spezifische Bedeutung variiert räumlich und zeitlich. Gesellschaftliche Trans- und staatliche Internationalisierung finden demnach nicht außerhalb der nationalstaatlich organisierten Gesellschaften statt, sondern sind mit diesen vermittelt. Das Verhältnis von Politik und Ökonomie, gesellschaftliche Interessen und Kräfte sowie ihr Verhältnis zueinander geraten mit diesem theoretischen Ansatz systematischer in den Blick als in anderen Theorien der IPÖ. Der Begriff der Internationalisierung des Staates wird in den historisch-materialistischen Ansatz einer „neo-poulantzianischen" IPÖ eingebettet, der wiederum eng mit der „neo-gramscianischen" IPÖ und der Regulationstheorie verbunden ist (vgl. die Beiträge von Hans-Jürgen Bieling und Thomas Sablowski).

Im Folgenden skizziere ich kurz den Stand der Debatte um die Internationalisierung des Politischen innerhalb der Disziplin der Internationalen Politischen Ökonomie und ihrer Unterdisziplin der Internationalen Beziehungen. Anschließend begründe ich theoretisch meine *home domain*, die historisch-materialistische Staatstheorie, und hebe wichtige Elemente einer Zeitdiagnose hervor. Dann werden Kernelemente des Begriffs der Internationalisierung des Staates skizziert, daher die internationalen politischen Institutionen, die als materielle Verdichtung gesellschaftlicher Kräfteverhältnisse *zweiten Grades* bezeichnet werden. Ich schließe mit einem kurzen Ausblick.

2. Warum den internationalisierten Staat theoretisieren?

In der politikwissenschaftlichen Disziplin der Internationalen Beziehungen gibt es seit den 1980er Jahren eine intensive Diskussion über die Entwicklung politischer Autorität jenseits des Nationalstaates. Institutionalistische Ansätze dominieren diese Diskussion und stellen sich gegen neorealistische Annahmen. Eine wichtige Charakterisierung internationaler Institutionen stammt von Robert O. Keohane (1990: 732), der sie definiert als „persistent and connected sets of rules, formal and informal, that prescribe behavioral roles, constrain activity, and shape expectations". In den unterschiedlichen Strömungen der Regimetheorie finden wir ein ausgearbeitetes Verständnis internationaler, meist als intergouvernemental konzeptualisierter autoritativer Strukturen (Hasenclever/Mayer/Rittberger 1997; spezifisch für Umweltregime Young/Schroeder/King 2008). Die Rolle von NGOs und transnationalen Unternehmen wird gesehen, aber Staaten bleiben zentral. Obwohl internationalen Regimen eine gewisse Autonomie zugestanden wird, gehen die Regimetheorie und verwandte Ansätze insgesamt davon aus, dass es sich um die *geliehene Macht* der Nationalstaaten handelt. Es wird für die internationale Politik der Begriff des „Regierens" verwendet, nicht jener des Staates.

Der Begriff der Multi-Level-Governance kommt aus der Europaforschung und soll „verhandelte, nicht-hierarchische Beziehungen zwischen Institutionen auf transnationaler, nationaler, regionaler und lokaler Ebene" anzeigen (Peters/Pierre 2000: 131f., Übers. d. A.; vgl. auch Hooghe/Marks 2001; Brunnengräber 2009). Erforscht werden interessengeleitete und politikfeldspezifische Verhandlungen zwischen nationalen Regierungen, mit der EU-Bürokratie und anderen Akteuren, die den Anspruch haben, Probleme zu lösen. Aber auch in diesem Debattenstrang wird der Staat mit dem Nationalstaat gleichgesetzt und nicht auf anderen räumlichen Ebenen verortet (vgl. die Kritik von Wissen 2007). Eine andere Strömung, nämlich die meisten Beiträge zur Diskussion um Global Governance, betont demgegenüber stärker die Rolle nichtstaatlicher Akteure (Commission on Global Governance 1996; Held/Koenig-Archibugi 2005; Behrens 2005, 2010). Der Nationalstaat wird hier als ein Akteur neben anderen gefasst. Allerdings leidet die Diskussion um Global Governance an der Vermischung normativer, analytischer und deskriptiver Perspektiven, was mit dem Ziel vieler Beiträge zu tun hat, politikberatend relevant zu sein. Entsprechend oszilliert die Gleichstellung staatlicher und nichtstaatlicher Akteure auf internationaler Ebene zwischen Analyse und Normativität (Brunnengräber 2009).

Zusammengefasst verwenden institutionalistische Beiträge den Staatsbegriff nicht für die internationale Ebene. Der Staat wird a priori als Nationalstaat konzeptualisiert (mit seinen lokalen Ausformungen) und die Dichotomie von nationaler und internationaler/transnationaler Ebene wird tendenziell reproduziert (siehe auch die Kritik von Shaw 2000; Robinson 2004: 94ff.). Und schließlich fehlt den meisten Ansätzen ein Verständnis der Herrschaftsförmigkeit aktueller Dynamiken. Eben diese stehen im Fokus anderer Ansätze.

Martin Shaw betont aus einer neo-weberianischen Perspektive das Verhältnis der Internationalisierung des Staates und militärischer Macht und entwickelt den Begriff des *internationalised, post-imperial Western state conglomerate*, das erfolgreich aus der Integration des westlichen Staatenblocks nach dem Zweiten Weltkrieg entstand (Shaw 2000: 116ff.). Heute habe der westliche Globalstaat neben seiner Macht auch eine enorme Legitimität; andere Staaten müssten kooperieren und die Regeln akzeptieren, sonst würden sie ausgeschlossen. Damit gelingt es Shaw, wichtige Dimensionen aktueller globaler Machtverhältnisse sowie das Verhältnis zwischen dominanten Staaten und internationalen Institutionen zu skizzieren. Gleichwohl bleiben bei Shaw internationale politische Institutionen eine Art erweiterte Instrumente dominanter Nationalstaaten und in seinem Ansatz kommen soziale Kräfte jenseits der nationalen Staaten nicht vor.

Die feministischen Internationalen Beziehungen bzw. Internationale Politische Ökonomie entwickeln demgegenüber eine herrschaftskritische Perspektive, insbesondere durch die Kritik der *Malestream*-Ansätze: Hinterfragt werden die geschlechterrelevante Bedeutung von öffentlich und privat, das reduktionistische Verständnis der Ökonomie, die männliche Konstruktion internationaler Politik sowie die Vorstellung, dass in der internationalen Politik die ‚großen Männer' und Entscheidungen zentral wären und dass dort Eigeninteressen und Rationalität herrsche (vgl. Sauer 2001: Ziai/Habermann 2009: Hajek/Kinzel 2011 und Caglar in diesem Band).

Es gibt inzwischen einen breiten Literaturbestand zu den konkreten Vergeschlechtlichungsprozessen (internationaler) politischer Institutionen und dazu, wie feministische Forderungen auf machtförmige Art und Weise in hegemoniale Projekte integriert oder ausgeschlossen werden (vgl. den Überblick von Prügl 2004). Gleichwohl ist auch in vielen feministischen IB- und IPÖ-Ansätzen der Staat nicht theoretisiert; im Unterschied zur Ökonomie, die Gegenstand einer breiten Literatur feministischer Ökonomie ist (vgl. Elson 1994; Caglar 2009). Birgit Sauer (2001: 78ff.) stellt eine Ausnahme dar und schlägt vor, Poulantzas' Begriff des Staates als soziales Verhältnis in feministische Theorien zu integrieren. Damit kann sie zeigen, wie Maskulinität und asymmetrische Geschlechterverhältnisse – als kapitalistische Lebens- und Denkweisen – tief in die staatlichen Apparate eingeschrieben sind und wie der Staat selbst als Akteur und Diskurs vielfältige soziale Verhältnisse vergeschlechtlicht. Zudem ist eine Existenzweise des Staates seine relative Autonomie und seine Konstitution durch unterschiedliche Staatsapparate hindurch. Der Staat ist jedoch nicht nur ein strukturierender und selektiver Apparat, sondern auch ein strategisches Feld, auf dem unterschiedliche Kräfte ihre Interessen und Identitäten stärken wollen (ebd.: 166; vgl. auch Wöhl 2007).

3. *Home Domain*: Historisch-materialistische Staatstheorie und die Analyse internationaler Politik und Ökonomie

Den Defiziten einer unzureichenden Theoretisierung des Staates und seiner Internationalisierung soll im Folgenden aus einer historisch-materialistischen Analyseperspektive entgegengearbeitet werden. Zunächst stelle ich wichtige Ansätze der materialistischen IPÖ dar, schätze sie ein und skizziere einen eigenen Vorschlag.

3.1 Aktuelle Debatten

Historisch-materialistische Ansätze fokussieren sehr viel mehr als die oben skizzierten institutionalistischen Perspektiven auf die sozio-ökonomischen Reproduktionsmodi der Gesellschaft und betonen die Rolle sozialer Akteure, insbesondere des sich transnationalisierenden Kapitals und die Tatsache, dass die aktuellen Transformationsprozesse hochgradig herrschaftsförmig und krisenhaft sind. Michael Hardt und Antonio Negri (2000) nennen die entstehenden Formen neuer Souveränität *Empire* und meinen damit ein Netzwerk politischer und ökonomischer Regime, die sich international konstituieren und politisch wirksam werden. Gleichwohl hängt die „Pyramide der globalen Konstitution" von Nationalstaaten ab, insbesondere von den USA und den anderen G8-Staaten (ebd: 261). Ihr Einsatzpunkt sind jedoch die vielfältigen Kämpfe der Subalternen, deren Wünsche und emanzipatorischen Forderungen das Kapital permanent dazu zwinge, das Kapitalverhältnis durch ein neues Produktionsregime, neue Subjektivitäten und Biopolitik sowie gestützt auf militärische Macht herrschaftlich zu restrukturieren – und zwar zunehmend unter transnationalisierten Bedingungen. Der Nationalstaat filtert „the flow of global circulation and regulators of the articulation of the global command; in other words, they capture and distribute the flows of wealth to and from global power, and they discipline their own populations as much as this is still possible" (ebd.: 310). Und dennoch bleiben hinter dem Gedanken des disziplinierenden Filters politische Institutionen als Terrains von Auseinandersetzung und Momente der Stabilisierung sozialer Verhältnisse unterbelichtet (vgl. die Kritik von Buckel/Wissel 2001). Staat und Kapital verschmelzen tendenziell.

Die Rolle sozialer Kräfte in der (Re-)Produktion globaler ökonomischer und politischer Strukturen ist auch Gegenstand neo-gramscianischer IPÖ (Opratko/Prausmüller 2011; Bieling in diesem Band). Diese geht davon aus, dass soziale Kräfte auf der internationalen Ebene wichtiger werden und dass ein erweiterter Hegemoniebegriff beim Verständnis der internationalen Verhältnisse hilft. Dieses Verständnis von Hegemonie als spezifische Form der Herrschaft erweiterte die IPÖ und ermöglichte grundlegende Beiträge zu den Restrukturierungen des globalen Kapitalismus seit den 1980er Jahren. Stephen Gill schlug den Begriff des transnationalen Machtblocks vor, der die wachsende strukturelle Macht des transnationalen Kapitals ausdrückt. Zudem wurde sein Konzept des globalen Konstitutionalismus breit rezipiert, demzufolge heute eine politisch-juridische Struktur entsteht, mittels derer die liberalen Verfassungsgrundsätze – insbesondere in Eigentumsfragen – universalisiert werden (Gill 1995; Bieling 2010; kritisch Hartmann 2009).

Auch William Robinson (2004) argumentiert aus einer neo-gramscianischen Perspektive, dass der transnationale kapitalistische Staat „comproses thoses institutions and practices in global society that maintain, defend, and advance the emergent hegemony of the (this) global bourgeoisie and its projects of constructing a new global capitalist historic bloc" (ebd.: 100). Dennoch wird der Staat auf eine funktionalistische Art und Weise zum Instrument transnationaler Klassenherrschaft und seine Hauptfunktion (oder gar die einzige?) ist „to create and maintain the preconditions for the valorization and accumulation of capital in the global economy" (ebd.: 101).

Insgesamt wird in neo-gramscianischen Ansätzen der Staat nicht als soziales Verhältnis, sondern eher als institutionalisierte Form transnationaler Kapitalmacht verstanden (weitere Kritiken vgl. Habermann 2008 und Habermann in diesem Band). Damit bleibt in den unterschiedlichen, insbesondere angelsächsischen neo-gramscianischen Beiträgen unterschätzt, dass Hegemonie staatsvermittelt ist und dass der transnationale Machtblock sehr wesentlich durch internationalisierte Nationalstaaten konstituiert wird. Daher reicht der Fokus auf die Strategien transnationaler Kräfte und ihrer Denkfabriken nicht, sondern die Mediation durch Staat im Sinne eines verdichteten Kräfteverhältnisses muss begriffen werden.

3.2 *Historisch-materialistische Staatstheorie*

Denn, so die diesem Beitrag zugrundeliegende Annahme, der internationalisierte Staat bleibt ein entscheidendes Terrain, um Konflikte innerhalb der herrschenden Klassen und gegenüber anderen Klassen sowie entlang anderer Konfliktlinien zu bearbeiten. Umgekehrt kann der Staat aber nicht nur über seine Institutionen verstanden werden.

Im Folgenden werden daher eigene theoretische Überlegungen hinsichtlich des internationalisierten Staates angestellt. Ausgangspunkt ist ein Verständnis des Staates als soziales Verhältnis und nicht als autonome Einheit oder gar rational handelnder Akteur im Sinne eines vorgegebenen *nationalen Interesses* und auch nicht als Durchsetzungsinstanz von Kapitalinteressen (vgl. auch den Beitrag von Behrens).

Mit dem hier vorgestellten Verständnis kann die Rolle unterschiedlicher sozialer Akteure im Prozess gesellschaftlicher Reproduktion begriffen werden. Indem der internationalisierte Staat als soziales Verhältnis verstanden wird, können funktionalistische Perspektiven vermieden werden, die internationale Politik darauf reduzieren, dass Probleme gelöst, internationale Verhältnisse stabilisiert oder die Bedingungen der Kapitalakkumulation erfüllt werden. Dafür soll zunächst auf die Frage eingegangen werden, warum es aus historisch-materialistischer Perspektive überhaupt solcher staatstheoretischer Reflexionen bedarf, um internationale Politik und die internationale politische Ökonomie zu verstehen (zur neueren Diskussion Wissel/Wöhl 2008; Wissen 2011; aus feministischer Sicht Löffler 2011; Poulantzas aktualisierend Demirovic et al. 2010; Demirovic 2007; Bretthauer et al. 2006).

Zum einen wird der Staat als immer noch entscheidendes, wenn auch umkämpftes Strukturmerkmal kapitalistischer Gesellschaften verstanden. Während der Governance-Begriff eher auf Steuerungsmuster und die Interaktionsmodi verschiedener Akteure abhebt und den Staat meist als einen Akteur unter vielen behandelt (oder ihn zumindest unhinterfragt voraussetzt), verspricht sich die historisch-materialistische Staatstheorie Aufschlüsse über den Staat aus der theoretischen Erklärung seiner Existenz. Warum sondert sich in kapitalistischen Gesellschaften eine Instanz ab, die spezifische Existenzweisen, Herrschaftsmodi und -funktionen innehat? Die allgemeine Antwort lautet, dass das Funktionieren des Kapitalismus – der sich durch Warenproduktion und herrschaftsförmige Arbeitsteilung, Lohnarbeit und die entsprechende Abwertung von nicht bezahlter Reproduktionsarbeit, Profitorientierung, die private Aneignung des Mehrprodukts sowie Krisenhaftigkeit auszeichnet – von einer solch institutionell und diskursiv separierten Instanz abhängt, die *relativ* unabhängig von den Klassen die allgemeinen Reproduktionsbedingungen sichert. Der Staat ist ein strukturiertes soziales Verhältnis neben anderen wie dem Lohnverhältnis, dem Geschlechterverhältnis, der Struktur des Weltmarktes, der internationalen Arbeitsteilung oder der gesellschaftlichen Naturverhältnisse. Werden diese Verhältnisse nicht sozial stabilisiert, geraten essentielle Bedingungen sozio-ökonomischer Prozesse in Gefahr: Vorhersagbarkeit, Planbarkeit und insbesondere die Sicherheit von Investitionsentscheidungen. Genau das erleben wir derzeit.

Neben dieser *strukturellen Perspektive* auf kapitalistische Gesellschaften argumentiert die historisch-materialistische Staatstheorie, dass soziale Kräfte und ihre Strategien, politische und soziale Auseinandersetzungen sowie die gesellschaftlichen Kräfteverhältnisse konstitutiv sind und entsprechend für ein materialistisches Staatsverständnis und dass sich die unterschiedlichen Kräfte als solche in den Auseinandersetzungen konstituieren, finden überall in der Gesellschaft statt und sind mehr oder weniger sichtbar, intensiv und strategisch (vgl. Jessop 2008; Poulantzas 2002; Hirsch/Kannankulam/

Wissel 2008; Demirovic/Adolphs/Karakayali 2010; die strukturwirkende Rolle von Identitäten und Diskursen betonend: Habermann und Wullweber in diesem Band). Staat und die an sozio-ökonomische und kulturelle Verhältnisse rückgebundenen Akteure sind ko-konstitutiv; dabei bilden sie eigene Materialitäten und Logiken aus, sie sind einander aber nicht äußerlich. Das ist ein Kerngedanke, den Staat als soziales Verhältnis zu verstehen.

Politische Projekte werden zwar innerhalb der gesamten Gesellschaft und gegenüber unterschiedlichen Adressaten formuliert. Eine besondere Bedeutung spielt hier aber auch der Staat. Denn dieser ist mit seinen Mitteln wie Gewalt, Gesetzen, Legitimität, materiellen und immateriellen Ressourcen entscheidend, um gesellschaftliche Kompromisse, Bündnisse und möglicherweise den Machtblock zu organisieren und so eine gewisse Kohärenz zwischen unterschiedlichen und teilweise konkurrierenden herrschenden Kräften herzustellen, deren allgemeines Interesse darin besteht, die allgemeinen Reproduktionsbedingungen ihrer Herrschaft aufrechtzuerhalten. Der Staat als soziales Verhältnis stellt damit ein Terrain dar, auf dem unterschiedliche Kämpfe zwischen den unterschiedlichen herrschenden Kräften, aber auch zwischen diesen und den beherrschten ausgetragen werden. Er kann daher als *strategisches Feld* (Poulantzas 2002: 168) für die Schaffung von Konsens bezeichnet werden. Auf diesem Feld können unterschiedliche, vor allem die in einem Konkurrenzverhältnis stehenden herrschenden Kräfte, ihre Konflikte austragen, Projekte formulieren und diesen eine gewisse Kontinuität geben. Kräfteverhältnisse werden stabilisiert bzw. in geordnetem Rahmen transformiert. Der Staat ist dabei kein neutrales oder gar passives Terrain, sondern wirkt strukturierend auf die Verhältnisse ein. Der Staat kann daher als Teil der – weltweit, national, lokal oder translokal strukturierten – gesellschaftlichen Verhältnisse verstanden werden und ist insofern eine komplexe „materielle Verdichtung sozialer Kräfteverhältnisse" (Poulantzas 2002: 159).

Die Materialität der verdichteten gesellschaftlichen Widersprüche und Kräfteverhältnisse äußert sich in den Staatsapparaten, d. h. in den dortigen Relevanzen, Wissen, Plausibilitäten, Orientierungen des Staatspersonals, verfügbaren materiellen und immateriellen Ressourcen, und die verschiedenen Kräfte müssen sich mit ihren Strategien in gewisser Weise auf die bestehenden Funktionsmodi beziehen. Das meint Poulantzas damit, wenn er darauf hinweist, dass die Apparate eine eigene Dichte herausbilden, die sich bestimmten Veränderungen der Kräfteverhältnisse widersetzt (ebd.: 162). Zudem kommt es in den einzelnen Apparaten zu je spezifischen Verdichtungen, im Wirtschaftsministerium sind diese anders als im Umweltministerium, da der Stellenwert der Apparate verschieden ist und die in ihnen verdichteten und ihnen gegenüber agierenden gesellschaftlichen Kräfte.

Der Staat erhält seine Ressourcen und seine Legitimität zwar aus der Gesellschaft, aber er entwickelt eigene Macht- und Handlungsmodi in Form von Regeln, bürokratischer Kompetenzen, Aufmerksamkeitshaltungen des Staatspersonals etc. Insofern verfügen die Apparate über Formen der *infrastrukturellen Macht*, um das gesellschaftliche Leben mitzuorganisieren (ten Brink 2008: 73f.).

Damit können auf einer allgemeinen Ebene spezifische staatliche Politiken als instabile Kompromisse zwischen sozialen Kräften verstanden werden, die durch bestimmte Staatsapparate oder gar Gruppen innerhalb einzelner Apparate formuliert werden. Die Kohärenz von Politiken wird also weniger intentional von einem Zentrum – etwa der über Richtlinienkompetenzen verfügenden Kanzlerin – hergestellt, sondern wird im teilweise spannungsgeladenen Zusammenspiel einzelner Apparate erreicht, die wiederum nicht losgelöst sind von allgemeinen Orientierungen. Ob eine einigermaßen einheitliche oder zumindest nicht zu widersprüchliche Orientierung staatlicher Politiken gelingt, hängt davon ab, was Bob Jessop als *Staatsprojekte* bezeichnet, deren „essential theoretical function is to sensitize us to the inherent improbability of the existence of a unified state and to indicate the need to examine the structural and strategic factors which contribute to the existence of ‚state effects'" (Jessop 1990: 9).[1]

Mit dem Begriff der *strategischen Selektivität* (Jessop 1990, 2008) kann angezeigt werden, dass staatliche Politiken Konsequenzen für die Handlungsfähigkeit unterschiedlicher sozialer Akteure haben. Aber auch hier muss das Verhältnis zwischen Staat und sozialen Kräften als beidseitiges verstanden werden, was für den Begriff der strategischen Selektivität folgenreich ist. Historisch-spezifische Staaten privilegieren also bestimmte Strategien, Interessen, Bündnisse, Handlungsformen, Diskurse und artikulieren sie mit den Handlungs- und Machtmodi der einzelnen Staatsapparate.

4. Die Internationalisierung des Staates

Für eine historisch-materialistische Staatstheorie ist die globalisierungsvermittelte Transformation von Gesellschaften, die unten erläutert wird, Ausgangspunkt aktueller theoretischer Reflexion. Die wichtige Frage, ob man eigentlich seit der Entwicklung der kapitalistischen Produktionsweise und insbesondere seit dem 19. Jahrhundert von einem internationalisierten Staat sprechen kann, lasse ich hier unbehandelt. Das Folgende wird auf die letzten 30 Jahre bezogen und bezieht sich damit auf die

---

[1] Insofern geht Jessop von einer deutlich geringeren und fluideren Kohärenz aus als Poulantzas.

mittlere Abstraktionsebene der Herausbildung einer neuen, post-fordistischen Entwicklungsweise (vgl. Atzmüller et al. 2013 und den Beitrag von Sablowski).[2]

Zum einen sollte die Internationalisierung des Staates als hochgradig konfliktiver und kontingenter Prozess verstanden werden, in dem sich der kapitalistische Machtblock restrukturiert, also die in asymmetrischen Bündnissen zusammengeschlossenen gesellschaftlichen Kräfte und dabei insbesondere die unterschiedlichen Kapitalfraktionen (Wissel 2007; Bieling 2010; Kannankulam/Georgi 2012). Eine zentrale Dynamik besteht darin, dass sich aus der Krise des Fordismus heraus das Arbeit-Kapital-Verhältnis im Sinne einer Spaltung und Schwächung von Lohnabhängigen verändert, um Kapitalakkumulation zu gewährleisten und die bestehenden Sozialstrukturen zu sichern (vgl. Röttger 2009; aus geschlechterkritischer Perspektive Kreisky 2001; bereits früh: Poulantzas 1973). Es haben sich eine neue internationale Arbeitsteilung sowie transnationalisierte Produktions-, Tausch- und Konsumnormen herausgebildet und in vielen Branchen sind die Kernfirmen in allen Ländern mit eigener Produktion präsent oder organisieren Produktionsketten mittels Subfirmen. Die unterschiedlichen und ungleichzeitigen ökonomischen, politischen und kulturellen Prozesse der Internationalisierung waren und sind eng verbunden mit der versuchten Revitalisierung kapitalistischer Dynamik und damit einhergehend einer Restrukturierung von Klassen-, Geschlechter-, rassistischen und anderen Verhältnissen (vgl. Purkarthofer 2009; Ziai/Habermann 2009). Insbesondere das weltmarktorientierte Kapital war in der Lage, seine Projekte zu realisieren. In diesem Prozess entwickelten sich internationale Netzwerke von Unternehmen, Medien u. a. sowie inter- und transnationale kulturelle Horizonte. Und es entstanden vermehrt internationale politische Strukturen. Diese Prozesse sind nicht zuvorderst von außen aufgezwungen, sondern wurden auf komplexe Art und Weise interiorisiert. Es handelt sich um eine *passive Revolution* von oben (Antonio Gramsci 1991: 966ff.; siehe Bieling in diesem Band), die sich seit 2008 in einer massiven Krise befindet. Derzeit erleben wir heftige Auseinandersetzungen um Krisenstrategien, die unter dem Begriff des Postneoliberalismus diskutiert werden können (Brand/Sekler 2009; zu theoretischen und zeitdiagnostischen Akzentuierungen durch die aktuelle Krise vgl. auch Staatsprojekt Europa 2012; Oberndorfer 2012; Demirovic/Sablowski 2012). Dennoch gibt es starke Kon-

---

2   Bislang habe ich auf der abstrakten und einfachen Ebene der kapitalistischen Produktionsweise argumentiert. Auf einer mittleren Abstraktionsebene heben etwa die Regulationstheorie oder die neo-gramscianische IPÖ – in Differenzen zu Ansätzen der Spielarten des Kapitalismus (*varieties of capitalism*, Hall/Soskice 2001; Schmidt 2000) – hervor, wie sich Gesellschaften mit Dominanz der kapitalistischen Produktionsweise in unterschiedlichen historischen Phasen mit gewissen Gemeinsamkeiten hinsichtlich der Organisation des Staates, der Unternehmen, der Lohnverhältnisses oder der Regulation der Konkurrenz entwickeln. Prominent wurde der Begriff des Fordismus. Auf der konkreteren Ebene der Gesellschaftsformation werden dann die je spezifischen Ausprägungen untersucht (vgl. Alnasseri et al. 2001).

tinuitäten, insbesondere die Macht der Vermögensbesitzer, aber auch die Orientierung an einem liberalen Weltmarkt.

Die Regulation sozialer Verhältnisse und insbesondere des Lohnverhältnisses und damit einer Grundbedingung von Kapitalakkumulation hängt von institutionellen Regulationsformen ab, um die multiskalar sich herstellenden gesellschaftlichen Widersprüche und Konflikte zu bearbeiten, d. h. von einem Netzwerk internationaler Regulation (Hirsch 1993; Wöhl 2007) bzw. einer *transnationalen imperialen Netzwerkstruktur* (Wissel 2007; Demirovic 2007: 267), in dem sich verschiedene Regime und Regulationsformen zusammen mit einer transnationalen Ökonomie zu recht flexiblen Machtnetzwerken verdichten.

Auf der theoretischen Ebene sollte allerdings offen bleiben, wie sich historisch-konkret soziale Prozesse und insbesondere soziale Kräfteverhältnisse auf unterschiedlichen räumlichen Ebenen institutionell verdichten. Die Vorabfestlegung auf den Nationalstaat als entscheidende Ebene, auf der sich Kräfteverhältnisse verdichten und so zu staatlicher Politik werden, ist unterkomplex. Die Materialisierung der politischen Form als Staat – und hier unterscheide ich mich von anderen Arbeiten (vgl. etwa Hirsch/Kannankulam 2009) – muss nicht unbedingt der Nationalstaat sein, der die sozialen Kräfteverhältnisse verdichtet und dem Machtblock eine gewisse Kohäsion und Dauerhaftigkeit gibt. Es wird davon ausgegangen, dass es sich beim internationalisierten Staat um die *multiskalare materielle Verdichtung sozialer Kräfteverhältnisse* handelt.

5. Die internationalen Staatsapparate: Die materielle Verdichtung gesellschaftlicher Kräfteverhältnisse *zweiten Grades*

Deutlich wird der Stellenwert des oben skizzierten Gedankens daran, dass internationale Staatsapparate nicht lediglich Produkt intergouvernementalen Handelns oder Teil von Global Governance sind. Ihre Konstitution ist komplexer. Meine zentrale, hier nur angedeutete Überlegung lautet, dass die internationalen politischen Institutionen (insbesondere formelle Organisationen, aber auch Netzwerke und Rahmenabkommen) neben den lokalen und nationalen Apparaten als materielle Verdichtung gesellschaftlicher Kräfteverhältnisse *zweiten Grades* verstanden werden (Brand/Görg/Wissen 2007; Maria Behrens, in diesem Band, betont mit dem Begriff der Transnationalisierung des Staates hingegen die Entkopplung von nationalen Kräftekonstellationen). Die politischen und gesellschaftlichen Kräfteverhältnisse sind eben nicht nur auf der nationalstaatlichen Ebene verdichtet, sondern multiskalar. Dennoch spielt die nationalstaatliche Ebene eine besondere Rolle und zwar über die Exekutiven als zentrale Akteure internationaler Politik, die wiederum verdichtete Kräfteverhältnisse sind und sich als historisch konkretes *nationales Interesse* äußern. Gleichwohl gibt es auf internationaler Ebene auch eigenständige Kräfte, die in den je spezifischen Konfliktfeldern Bündnisse bilden und gegenüber den Apparaten ihre Interessen und Strategien formulieren.

Joachim Hirsch und John Kannankulam haben darauf hingewiesen, dass der Begriff der materiellen Verdichtung zweiten Grades irreführend sein kann, da damit die unterschiedlichen Qualitäten der Materialität insbesondere auf nationalstaatlicher und auf internationaler Ebene verwischt werden könnten. „Denn das Spezifische ist nicht, dass es auch auf inter- oder transnationaler Ebene zu Verdichtungen im Sinne von Widerspruchsbearbeitungen kommt, sondern dass deren *Materialität* angesichts eines nicht vorhandenen internationalen Staates und Gewaltmonopols eine andere Qualität hat. Im Einzelstaat ist dieser sehr wesentlich von der Zentralisierung des Gewaltapparats und seiner formellen Besonderung gegenüber den sozialen Klassen, oder mit Max Weber zu sprechen, dem ‚staatlichen Gewaltmonopol' bestimmt [...]" (Hirsch/Kannankulam 2009: 202f.).

Der Einwand macht Präzisierungen notwendig. Gleichwohl teile ich nicht das Argument, das Staatlichkeit eng an das Gewaltmonopol bindet. Zum einen sind auch internationale Formen des Gewaltmonopols denkbar – am ehesten wohl in der EU –, zum anderen werden andere Staatsfunktionen abgewertet. Auch in den internationalen Apparaten können sich einigermaßen kohärente Staatsprojekte als Teil hegemonialer Projekte ausbilden. Die sind jedoch stark rückgekoppelt an die Ebene der mächtigen Nationalstaaten.

Die Materialität der Apparate besteht nicht nur in der Akzeptanz der sie konstituierenden und materiell aufrechterhaltenden Regierungen, insbesondere der mächtigen, sondern auch in den eigenen Regeln sowie in den rechtlichen, diskursiven, epistemischen, gewaltförmigen und finanziellen Mitteln, mit denen die Apparate agieren. Gleichwohl werden die Politiken meist von nationalstaatlichen Regierungen umgesetzt. Allgemein gesagt verfügen die internationalen Apparate daher nicht über eine eigene Staatsmacht, um gesellschaftliche Verhältnisse zu stabilisieren und dominanten oder gar hegemonialen Projekten Kontinuität zu geben. Gleichwohl kann eine Dichte und Widerstandskraft gegen den Willen dominanter Staaten entstehen. Das Konzept der Verdichtung zweiten Grades impliziert keine a priori feststehende Hierarchie zwischen den verschiedenen räumlichen Maßstabsebenen, denn das würde ja eine Hierarchiespitze voraussetzen. Es ist abhängig von den konkreten historischen Entwicklungen, in welchem Verhältnis die nationale und internationale Ebene stehen und welche Asymmetrien zwischen ihnen existieren.

6. Ausblick

Staatliche Politik spielt auch und gerade unter den Bedingungen des globalisierten Kapitalismus eine Rolle. Zu fragen ist daher nach den konkreten Formen von Politik; das wird vor allem in der aktuellen Krise deutlich, muss aber theoretisch begriffen werden. Der skizzierte neo-poulantzianische Ansatz bietet einige Konzepte, um den internationalisierten Staat und – als einen zentralen Bestandteil – insbesondere den internationalen Staatsapparat theoretisch zu begreifen und empirisch zu erforschen. Es handelt sich bislang eher um ein Forschungsprogramm, das in den letzten Jahren vor allem vor dem Hintergrund internationaler Umweltpolitik und der Konflikte um die Aneignung genetischer Ressourcen entwickelt wurde (Görg/Brand 2006; Brand et al. 2008; Brand 2009). Notwendig sind daher Einsichten anderer Konfliktfelder, um die Tragfähigkeit des Ansatzes besser einschätzen und die aktuellen Transformationsprozesse besser verstehen zu können. Einige offene und wichtige Fragen sind: Wie ist der transnationale Machtblock konkret organisiert, wie restrukturiert er sich in der aktuellen Krise und was bedeutet das für subalterne Akteure? Wie kann Staatsmacht unter den Bedingungen eines multiskalaren Staates konzeptualisiert werden? Kommt es zu Prozessen der Supranationalisierung, d. h. zu einer relativ starken Autonomie von internationaler Politik? Welches Verhältnis zwischen internationaler Politik und internationalem Recht lässt sich gegenwärtig konstatieren? Müsste die politische Form auf der internationalen Ebene anders konzeptualisiert werden? Was sind die Grenzen der Staatsintervention, insbesondere in die globalisierte, aktuell krisenhafte Ökonomie? Zu wenig berücksichtigt sind bislang poststrukturalistische Perspektiven und entsprechend ein stärkerer Stellenwert für Diskurse und Identitäten (vgl. Habermann 2008; Wullweber 2009).

Der internationale Staatsapparat als *materielle Verdichtung sozialer Kräfteverhältnisse zweiten Grades* betont strukturelle Momente und deren Transformation wie auch die Strategien von Akteuren und Kräfterelationen in der internationalen Politik. Hier müssen die Modi und Funktionen der Staatsapparate berücksichtigt werden. Ein Vorteil, den Staat als soziales Verhältnis zu begreifen, liegt darin, die recht komplexen staatlich-politischen und gesellschaftlichen Entwicklungen in ihrer gegenseitigen Konstitution zu begreifen.

Bei den vorgestellten Überlegungen handelt es sich hier um einen eher tastenden Versuch, eine wichtige Dimension des internationalisierten Staates zu konzeptualisieren. Es handelt sich um heuristische, Forschung anleitende Kategorien, die nicht die Mannigfaltigkeit nationaler und lokaler Staaten übergehen sollen. Eine wichtige Annahme ist jedoch, dass die hier fokussierten internationalen Staatsapparate einem vom Anspruch her westlich-bürokratischen Organisationsmodell mit klaren Regeln und professionellem Personal, Hierarchien, Weisungen sowie deren

Ausführung folgen. Insofern sind die Überlegungen zwar eurozentristisch, doch das rechtfertigt sich für die internationale Politik m. E. mit der Vormachtstellung der dominanten Länder. Begrifflich wie empirisch müssen die komplexen Prozesse der materiellen Verdichtung wie auch die Apparate selbst genauer untersucht werden. Insofern handelt es sich hier in der Tat um ein kollektiv noch weiter zu entwickelndes und dann anzugehendes Forschungsprogramm.

Literatur

Alnasseri, Sabah/Brand, Ulrich/Sablowski, Thomas/Winter, Jens 2001: Raum, Regulation und die Periodisierung des Kapitalismus, in: Das Argument 43: 1, 146–159.
Atzmüller, Roland/Becker, Joachim/Brand, Ulrich/Oberndorfer, Lukas/Redak, Vanessa/Sablowski, Thomas (Hrsg.) 2013: Fit für die Krise? Perspektiven der Regulationstheorie: Westfälisches Dampfboot.
Behrens, Maria 2010: Global Governance, in: Benz, Arthur (Hrsg.): Governance – Regieren in komplexen Regelsystemen, Wiesbaden: VS Verlag für Sozialwissenschaften, 104–124.
Behrens, Maria (Hrsg.) 2005: Globalisierung als politische Herausforderung: Global Governance zwischen Utopie und Realität, Wiesbaden: VS Verlag für Sozialwissenschaften.
Bieler, Andreas/Morton, Adam David 2006: Neo-Gramscian Perspectives in International Relations, in: Bieler, Andreas/Bonefeld, Werner/Burnham, Peter/Morton, Adam David (Hrsg.): Global Restructuring, State, Capital and Labour: Contesting Neo-Gramscian Perspectives, Houndmills: Palgrave, 9–27.
Bieling, Hans-Jürgen 2010: Die Globalisierungs- und Weltordnungspolitik der Europäischen Union, Wiesbaden: VS Verlag für Sozialwissenschaften.
Brand, Ulrich 2009: The Internationalised State and Its Functions and Modes in the Global Governance of Biodiversity: A Neo-Poulantzian Interpretation, in: Kütting, Gabriela/Lipschutz, Ronnie (Hrsg.): Environmental Governance : Power and Knowledge in a Local-Global World, London: Routledge, 100–123.
Brand, Ulrich/Wissen, Markus 2012: Global Environmental Politics and the Imperial Mode of Living: Articulations of State-Capital Relations in the Multiple Crisis, in: Globalizations 9: 4, 547–560.
Brand, Ulrich/Görg, Christoph/Wissen, Markus 2007: Verdichtungen zweiter Ordnung. Die Internationalisierung des Staates aus einer neo-poulantzianischen Perspektive, in: Prokla 37: 2, 217–234.
Brand, Ulrich/Sekler, Nicola (Hrsg.) 2009: Postneoliberalism: A Beginning Debate, Development Dialogue Nr. 51, Uppsala: Dag-Hammarskjöld-Stiftung.
Bretthauer, Lars/Gallas, Alexander/Kannankulam, John/Stützle, Ingo (Hrsg.) 2006: Poulantzas lesen. Zur Aktualität marxistischer Staatstheorie, Hamburg: VSA-Verlag.
Brunnengräber, Achim 2009: Die politische Ökonomie des Klimawandels, München: oekom-Verlag.
Buckel, Sonja/Wissel, Jens 2001: Age of Empire, in: Das Argument 43: 3, 416–425.
Caglar, Gülay 2009: Engendering der Makroökonomie und der Handelspolitik. Potenziale transnationaler Wissensnetzwerke, Wiesbaden: VS Verlag für Sozialwissenschaften.
Commission on Global Governance 1996: Our Global Neighbourhood, Oxford: Oxford University Press.
Demirovic, Alex 2007: Nicos Poulantzas. Eine kritische Auseinandersetzung, Münster: Westfälisches Dampfboot.
Demirovic, Alex/Adolphs, Stefan/Karakayali, Serhat (Hrsg.) 2010: Das Staatsverständnis von Nicos Poulantzas, Baden-Baden: Nomos.

Demirović, Alex/Sablowski, Thomas 2012: Finanzdominierte Akkumulation und die Krise in Europa, in: PROKLA 42: 1, 77–106.
Elson, Diane 1994: Micro, Meso, Macro: Gender and Economic Analysis in the Context of Policy Reforms, in: Bakker, Isabella (Hrsg.): The Strategic Silence: Gender and Economic Policy, London: Zed Press, 33–45.
Gill, Stephen 1995: Globalization, Market Civilization and Disciplinary Neo-Liberalism, in: Millennium: Journal of International Studies 24: 3, 399–424.
Görg, Christoph/Brand, Ulrich 2006: Global Regulation of Genetic Resources and the Internationalization of the State, in: Global Environmental Politics 6: 4, 101–123.
Gramsci, Antonio 1991ff: Gefängnishefte, hrsg. von Bochmann, Klaus/Haug, Wolfgang-Fritz, Hamburg: Argument Verlag.
Habermann, Friederike 2008: Der homo oeconomicus und das Andere. Hegemonie, Identität und Emanzipation, Baden-Baden: Nomos.
Hajek, Katharina/Kinzel, Katherina 2011: Hegemonie, Geschlecht und Weltordnung. Feministische und neogramscianische Ansätze in der IPÖ, in: Opratko, Benjamin/Prausmüller, Oliver (Hrsg.): Gramsci global. Neogramscianische Perspektiven in der Internationalen Politischen Ökonomie, Hamburg: Argument-Verlag, 125–144.
Hall, Peter A./Soskice, David 2001: An Introduction to Varieties of Capitalism, in: Hall, Peter A./Soskice, David. (Hrsg.): Varieties of Capitalism. The Institutional Foundations of Comparative Advantage, Oxford: Oxford University Press, 1–68.
Hasenclever, Andreas/Mayer, Peter/Rittberger, Volker 1997: Theories of International Regimes, Cambridge: Cambridge University Press.
Hardt, Michael/Negri, Antonio 2000: Empire, Cambridge: Harvard University Press.
Hartmann, Eva/Kunze, Caren/Brand, Ulrich (Hrsg.) 2009: Globalisierung, Macht, Hegemonie. Perspektiven einer kritischen Internationalen Politischen Ökonomie, Münster: Westfälisches Dampfboot.
Hartmann, Eva 2009: Alles was Recht ist – Recht in der IPÖ, in: Hartmann, Eva/Kunze, Caren/Brand, Ulrich (Hrsg.): Globalisierung, Macht, Hegemonie, Münster: Westfälisches Dampfboot, 242–268.
Held, David/Koenig-Archibugi, Mathias (Hrsg.) 2005: Global Governance and Public Accountability, Malden: Blackwell Publishing.
Hirsch, Joachim 1993: Internationale Regulation. Bedingungen von Dominanz, Abhängigkeit und Entwicklung im globalen Kapitalismus, in: Das Argument 35: 2, 195–222.
Hirsch, Joachim/Kannankulam, John/Wissel, Jens (Hrsg.) 2008: Der Staat der bürgerlichen Gesellschaft. Zum Staatsverständnis von Karl Marx, Baden-Baden: Nomos.
Hirsch, Joachim/Kannankulam, John 2009: Die Räume des Kapitals. Die politische Form des Kapitalismus in der „Internationalisierung des Staates", in: Hartmann, Eva/Kunze, Caren/Brand, Ulrich (Hrsg.): Globalisierung, Macht, Hegemonie, Münster: Westfälisches Dampfboot, 181–211.
Hooghe, Liesbet/Marks, Gary 2001: Multi-Level Governance and European Integration, Lanham: Rowman & Littlefield Publishers.
Jessop, Bob 2008: State Power, Cambridge: Polity Press.
Jessop, Bob 1990: State Theory. Putting the Capitalist State in its Place, Cambridge: Polity Press.
Kannankulam, John/Georgi, Fabian 2012: Die europäische Integration als materielle Verdichtung von Kräfteverhältnissen. Hegemonieprojekte im Kampf um das „Staatsprojekt Europa", Arbeitspapier der Forschungsgruppe Europäische Integration an der Philipps-Universität Marburg.
Keohane, Robert O. 1990: Multilateralism: An Agenda for Research, in International Journal 45: 4, 731–764.
Kreisky, Eva 2001: Weltwirtschaft als Kampffeld. Aspekte des Zusammenspiels von Globalismus und Maskulinismus, in: Österreichische Zeitschrift für Politikwissenschaft 30: 2, 137–160.
Löffler, Marion 2011: Feministische Staatstheorien. Eine Einführung, Frankfurt a. M.: Campus-Verlag.
Oberndorfer, Lukas 2012: Hegemonie Krise in Europa – Auf dem Weg zu einem autoritären Wettbewerbsetatismus?, in: Staatsprojekt Europa (Hrsg.): Die Krise der EU. Zwischen autoritärem Etatismus und europäischem Frühling, Münster: Westfälisches Dampfboot.
Opratko, Benjamin/Prausmüller, Oliver (Hrsg.) 2011: Gramsci global. Neogramscianische Perspektiven in der Internationalen Politischen Ökonomie. Hamburg: Argument.

Pierre, Jon/Peters, B. Guy 2000: Governance, Politics and the State, New York, NY: Palgrave.
Poulantzas, Nicos 1973: Die Internationalisierung der kapitalistischen Verhältnisse und der Nationalstaat, in: Hirsch, Joachim/Jessop, Bob/Poulantzas, Nicos (Hrsg.) 2001: Die Zukunft des Staates, Hamburg: VSA-Verlag.
Poulantzas, Nicos 2002: Staatstheorie. Politischer Überbau, Ideologie, Sozialistische Demokratie, Hamburg: VSA-Verlag.
Prügl, Elisabeth 2004: International Institutions and Feminist Politics, in: Brown Journal of World Affairs 10: 2, 69–84.
Purkarthofer, Petra 2009: Rassismus, Maskulinismus und Eurozentrismus als materielle Praxen postkolonialer Hegemonie, in: Hartmann, Eva/Kunze, Caren/Brand, Ulrich (Hrsg.): Globalisierung, Macht, Hegemonie, Münster: Westfälisches Dampfboot, 43–69.
Robinson, William I. 2004: A Theory of Global Capitalism: Production, Class, and State in a Transnational World, Baltimore, MD: The Johns Hopkins University Press.
Röttger, Bernd 2009: Gramsci, Gewerkschaften und kritische IPÖ. Formbestimmungen und Formwandel des Klassenkonfliktes, in: Hartmann, Eva/Kunze, Caren/Brand, Ulrich (Hrsg.): Globalisierung, Macht, Hegemonie, Münster: Westfälisches Dampfboot, 92–121.
Sauer, Birgit 2001: Die Asche des Souveräns. Staat und Demokratie in der Geschlechterdebatte, Frankfurt a. M.: Campus Verlag.
Schmidt, Vivien A. 2000: Still Three Models of Capitalism? The Dynamics of Economic Adjustment in Britain, Germany and France, in: Czada, Roland/Lütz, Susanne (Hrsg.): Die politische Konstitution von Märkten, Wiesbaden: VS Verlag für Sozialwissenschaften, 38–73.
Shaw, Martin 2000: Theory of the Global State. Globality as an Unfinished Revolution, Cambridge: Cambridge University Press.
Staatsprojekt Europa (Hrsg.) 2012: Die Krise der EU. Zwischen autoritärem Etatismus und europäischem Frühling, Münster: Westfälisches Dampfboot.
ten Brink, Tobias 2008: Geopolitik. Geschichte und Gegenwart kapitalistischer Staatenkonkurrenz, Münster: Westfälisches Dampfboot.
Wissel, Jens 2007: Die Transnationalisierung von Herrschaftsverhältnissen. Zur Aktualität von Nicos Poulantzas' Staatstheorie, Baden-Baden: Nomos.
Wissel, Jens/Wöhl, Stefanie (Hrsg.) 2008: Staatstheorie vor neuen Herausforderungen. Analyse und Kritik, Münster: Westfälisches Dampfboot.
Wissen, Markus 2007: Politics of Scale. Multi-Level Governance aus der Perspektive kritischer (Raum-)Theorien, in: Brunnengräber, Achim/Walk, Heike (Hrsg.): Multi-Level-Governance. Klima-, Umwelt- und Sozialpolitik in einer interdependenten Welt, Baden-Baden: Nomos, 229–249.
Wissen, Markus 2011: Gesellschaftliche Naturverhältnisse in der Internationalisierung des Staates, Münster: Westfälisches Dampfboot.
Wöhl, Stefanie 2007: Mainstreaming Gender? Widersprüche europäischer und nationalstaatlicher Geschlechterpolitik, Königstein/Taunus: Helmer.
Wullweber, Joscha 2009: Von hegemonie- und diskurstheoretisch inspirierte Internationale Politische Ökonomie, in: Hartmann, Eva/Kunze, Caren/Brand, Ulrich (Hrsg.): Globalisierung, Macht und Ökonomie, Münster: Westfälisches Dampfboot, 122–142.
Wullweber, Joscha 2010: Hegemonie, Diskurs und Politische Ökonomie. Das Nanotechnologie-Projekt, Baden-Baden: Nomos.
Young, Oran R./Schroeder, Heike/King, Leslie. A. (Hrsg.) 2008: Institutions and Environmental Change: Principal Findings, Applications, and Research Frontiers, Cambridge: The MIT Press.
Ziai, Aram/Friederike, Habermann 2009: Von ‚triad analytics' bis ‚worldism'. Feministische Perspektiven in der IPÖ, in: Hartmann, Eva/Kunze, Caren/Brand, Ulrich (Hrsg.): Globalisierung, Macht und Ökonomie, Münster: Westfälisches Dampfboot, 70–91.

Internationale Politische Ökonomie und akademische Disziplin

Kees van der Pijl[1]

1. Einleitung

Internationale Politische Ökonomie erschließt sich nicht in der Kombination von Ökonomie und Politik oder der Rückkehr zum klassischen Ansatz der politischen Ökonomie[2]: „The real achievement of IPE was not to bring in economics [into political sciences], but to open up a critical investigation into change in historical structures" (Cox 2002: 79). Im vorliegenden Kapitel soll diese Entwicklung anhand der Ausdifferenzierung klassischer Sozialwissenschaften in verschiedene, voneinander getrennte akademische Disziplinen – beginnend mit der Trennung von Ökonomie und Soziologie – verdeutlicht werden. Dieser Prozess wurde insbesondere in den USA forciert, wo die akademische Arbeitsteilung wie wir sie heute kennen ihr spezifisches Profil erlangte: „The departmental structure appeared only in American universities, although since mid-[20th] century it has gradually spread to Europe and elsewhere" (Abbott 2001: 123). Im Folgenden werde ich skizzieren, inwieweit die Internationale Politische Ökonomie – oder vielmehr, da umfassender: die Globale Politische Ökonomie – den Versuch darstellt, eine umfassende Sozialwissenschaft unter Berücksichtigung ihrer Geschichtlichkeit wiederherzustellen.

Im Zeitalter der Aufklärung bis zur Französischen Revolution entwickelte die klassische Gesellschaftstheorie – und die politische Ökonomie als ein Gegenstand dieser Disziplin – eine Reihe von Theorien, wobei jede dieser Theorien für sich ein Prinzip der Optimierung beanspruchte: Individuelle Freiheit führe angeblich zu gesellschaftlicher Harmonie. Adam Smith argumentierte in seinem 1776 veröffentlichten Werk *Wealth of Nations*, dass der Markt ein solches Optimierungsprinzip auf dem Gebiet der politischen Ökonomie darstelle. Ansonsten war Smith ein Universalgelehrter, der auch andere Gebiete untersuchte. Auch sein Zeitgenosse Immanuel Kant widmete sich allen Aspekten gesellschaftlichen Denkens. Kant war auch der

---

[1] Übersetzung Lukas Neißl und Aylin Kaya
[2] Ich danke Joscha Wullweber und Stefan Beck für ihre hilfreichen Anmerkungen hinsichtlich meines früheren Entwurfs.

erste, der über die Evolution des Universums schrieb. Darum drehte sich die Aufklärung: erst der Himmel – im wörtlichen Sinn – war die Grenze des Denkmöglichen. Die Französische Revolution offenbarte den herrschenden Klassen in Europa die gefährlichen Momente des Optimismus der Aufklärung. Die unvoreingenommene Untersuchung der Grundlagen von gesellschaftlicher Macht und Wohlstand barg Gefahren in sich, die die Gesellschaftsordnung gefährden konnten. Deshalb mussten beide Aspekte – die politische Struktur gesellschaftlicher Macht und die Organisation von gesellschaftlichem Denken – abgeändert werden, um radikale Veränderungen zu verhindern. So argumentierte Edmund Burke in seinen berühmten *Reflections on the French Revolution* von 1790, „a state without the means of some change is without the means of its conservation" (Burke 1934: 23). Deshalb muss das Wissen, auf dem kontrollierter Wandel fußt, auf diesen Zweck zugeschnitten werden. Während der Restaurationsperiode nach der Niederlage Napoleons zeichnete sich eine neue Phase großen wissenschaftlichen Fortschritts ab, die von Hegels dialektischem Verständnis von Geschichte und Ricardos Theorie der Wohlstandsverteilung zwischen verschiedenen Klassen geprägt war. Erst zögerlich, und in Gramscis Worten *molekular*, gewannen die demokratischen Kräfte erneut Auftrieb und führten zu den gesellschaftlichen Auseinandersetzungen von 1830 und 1848, die die Verbreitung konstitutioneller Regierungen vorantrieben. Im Jahr 1848 wurde auch das *Kommunistische Manifest* von Marx und Engels veröffentlicht. Erstmals wurden die rasante weltweite Verbreitung der kapitalistischen Produktionsweise und die Idee, dass Geschichte durch Klassenkämpfe fortschreitet, auf derart treffende Weise formuliert, dass die Entwicklung einer Sozialwissenschaft, die eine Strategie der flexiblen Anpassung untermauerte, dringend notwendig wurde. In diesem Prozess begannen sich die verschiedenen Untersuchungsbereiche in voneinander getrennte Fachrichtungen aufzuteilen; vordergründig um der Herausforderung des historischen Materialismus gerecht zu werden.

In diesem Kapitel skizziere ich die aus meiner Sicht zentralen Momente dieses Veränderungsprozesses: Erstens, die Trennung einer axiomatisch-deduktiven ökonomischen Disziplin von einer empirischen Soziologie (die jedoch paradoxerweise auch das Gebiet der Ökonomie als eines ihrer wichtigsten Untersuchungsfelder umfasst). Zweitens, eine Darstellung, wie in Deutschland innerhalb der *Staatswissenschaften*, in denen die Wirtschaftswissenschaften und die Soziologie noch vereint waren, der Herausforderung des Marxismus begegnet wurde. Abschließend wird diskutiert, auf welche Weise in der englischsprachigen Tradition und insbesondere in den USA der Philosophie insgesamt ausgewichen und stattdessen ein Fokus auf Epistemologie und Methodik gelegt wurde, wodurch die Organisation der Sozialwissenschaften in akademische Disziplinen ermöglicht wurde.

2. Wirtschaftswissenschaften und Soziologie

Der Liberalismus entstand gewissermaßen im Windschatten der neuen Weltmacht Großbritannien nach der Niederlage Napoleons im Jahr 1815. So schreibt Wallerstein, „there followed a thrust to consolidate and justify this hegemony in the domains of culture and ideology" (2001: 191). In keinem Bereich war dies so offensichtlich wie in der politischen Ökonomie, in der sich britische Theoretiker einen Namen machten, als das Land zur ‚Werkstatt der Welt' wurde und somit einen *First-Mover*-Vorteil begründete, der bis zur Krise Anfang der 1870er Jahre unangefochten blieb.

Die politische Ökonomie von Smith und Ricardo basiert auf der Arbeitswerttheorie, die Arbeitszeit zum gemeinsamen Maßstab macht, um den Wert von auf dem Markt getauschten Waren vergleichbar zu machen. Die Arbeitswerttheorie fußt auf dem Kern bürgerlichen Denkens, wonach Wohlstand nicht wie in der Vergangenheit auf Privilegien oder vererbten Ansprüchen basiert, sondern aus Arbeit entsteht. Allerdings bleibt bei Smith unklar, was letztendlich Wert darstellt und wie dieser generiert wird. So behauptet er, dass die *ultimative* Quelle von Wertschöpfung auf die unterschiedlichen Einkommenskomponenten, wie beispielsweise Grundzins oder Profit, zurückzuführen sei. Dieses widersprüchliche Verständnis ermöglichte es, Wert als einen anteilsmäßigen Anspruch zu verstehen. Demzufolge beschrieb John Stuart Mill (1806–1873) den Fabrikbesitzer als Wohltäter der Gesellschaft, der den Wohlstand statt ihn für sich einzubehalten, als Produktionskapital zur Verfügung stellt und somit *Arbeit gibt* (also als Arbeit*geber* fungiert). Mill ebnete damit den Weg für einen völlig neuen ökonomischen Ansatz, der auf einer neuen Werttheorie fußt: der *Marginalismus*.

Der Marginalismus baut auf den doppeldeutigen Annahmen Smiths und Ricardos in Bezug auf die Quellen von Wohlstand auf und reformuliert die politische Ökonomie entlang utilitaristischer Prinzipien als Entscheidungspsychologie. W. Stanley Jevons (1835–1882), der 1876 den Lehrstuhl für politische Ökonomie an der Universität London übernahm, benannte das Fachgebiet in *Wirtschaftswissenschaften* (*economics*) um, da seiner Meinung nach „erroneous and practically mischievous" (zitiert nach Meek 1972: 88) Ideen innerhalb der politischen Ökonomie an Boden gewannen und „popular among the lower orders" (ebd.) wurden. Inmitten des zunehmenden Bestrebens, „to abandon Ricardo's theory of value because it leads to socialism" (Labriola 1908: 82), wandte sich Jevons gänzlich von der Verknüpfung von Wert und Arbeitszeit ab. Er entwickelte Mills Ideen weiter, indem er nun subjektiven (Grenz-)Nutzen als die Quelle von Wertschöpfung betrachtete. Dieser Ansatz siedelt jeden Anspruch auf Einkommen auf derselben ethischen Ebene an: Ein Kapitalist, ein Grundbesitzer, ein Arbeiter – alle streben nach einem optimalen Ertrag für den *Faktor*, den sie anbieten. Die Arbeitswerttheorie hingegen liefert nicht nur eine Erklärung für die Quelle neuen Wohlstandes, sondern impliziert auch, dass diejenigen, die tatsächlich arbeiten, grundsätzlich einen größeren Anspruch an der Wertschöpfung haben. Darüber hinaus ist die Arbeitswerttheorie darum bemüht, die inneren Mechanismen der Ökonomie aufzudecken, wohingegen die Grenznutzentheorie die Frage unbeachtet lässt, *warum* einige Menschen reich werden, während andere den Kürzeren ziehen. Diese Tatsache wird stattdessen quasi als Naturphänomen interpretiert. Jevons *Theorie der Sonnenflecken* (*Sunspot Theory*), der zufolge Sonnenflecken verantwortlich für den Konjunkturzyklus sind, zielt auf eine Naturalisierung der kapitalistischen Produktionsweise ab und entzieht diese somit der politischen und gesellschaftlichen Kritik (Davis 2002: 222f.). Alfred Marshall überarbeitete anschließend die klassischen und marginalistischen Traditionen und fügte sie zu einem einzigen Narrativ zusammen, das sein Schüler Arthur C. Pigou später mit dem berühmten Satz ‚It's all in Marshall' umschrieb. Damit ‚verteidigte' Marshall Ricardo, indem er anführte, dass Ricardos Werttheorie „though obscurely expressed [...] anticipated more of the modern doctrine of the relations between cost, utility and value than has been recognised by Jevons and other critics" (zitiert nach Meek 1972: 93). Damit wurde der entscheidende Streit über die Quelle von Wertschöpfung (Arbeit oder ‚Nutzen') gänzlich vernachlässigt.

In Frankreich formalisierte Auguste Comte die fortschrittlichen Auffassungen seines Lehrers Henri de Saint-Simon in einer wissenschaftlichen Geschichtsphilosophie: dem *Positivismus*. Comte gilt als Mitbegründer der modernen Soziologie, die auch entstand, um mit den Rissen in der Gesellschaft, die die Französische Revolution, Napoleon, die Restauration und 1848 hinterlassen hatten, umzugehen. Émile Durkheims Soziologie verfolgte nach den Erfahrungen mit der Pariser Kommune 1871 dasselbe Ziel. Durkheim war der Auffassung, dass es Aufgabe des Staates sei, den Klassenantagonismus abzuschwächen und gesellschaftliche Solidarität aufrechtzuerhalten (Durkheim 1964: 379; Zeisel 1975: 122f.). Durkheims Befürwortung des Klassenkompromisses beruhte auf einem Vergleich zwischen der Grundlage von Solidarität in einer traditionellen Gesellschaft und den objektiven Eigenschaften einer industriellen Gesellschaft. Er lehnte die britische Auffassung des Besitzindividualismus ab. Aus der französischen Perspektive ist das frei entscheidende Individuum eine bedeutungslose Abstraktion, da es der Staat ist, der die Gesellschaft zusammenhält. Selbst als der Marginalismus auch in Frankreich Einzug hielt, wurde dieser von Léon Walras entlang objektiver Gesichtspunkte, wie beispielsweise Knappheit und Gleichgewicht, ausgelegt: „the Walrasian framework bears none of the [utilitarian] underpinnings of Jevons' Theory of Political Economy" (Watson 2005: 59).

In der zweiten Hälfte des 19. Jahrhunderts verlagerte sich das ökonomische Zentrum in Europa zunehmend nach Deutschland. Friedrich Lists Konzept der späten Industrialisierung, das er in den 1830er Jahren im US-amerikanischen Exil entwickelte, setzte ebenso einen starken, richtungsweisenden Staat voraus. In demselben Geist argumentierte der preußische Historiker Heinrich von Treitschke 1864, dass es ein aufstrebendes Land nicht leisten kann, die Macht seiner Exekutive zu schwächen und sich mit einem „state of the English/Belgium type" (zitiert nach Kuczynski 1977: 171) zufriedenzugeben. Als 1871 die Vereinigung Deutschlands unter preußischer Führung erfolgte, etablierten sich diese Ideen als Teil eines „current of resistance" (Wallerstein 2001: 192) zum liberalen Universalismus: die *Staatswissenschaften*.

Seit ihrer Gründung zu Zeiten von Fichte und Humboldt im damals französisch besetzten Berlin waren die deutschen Sozialwissenschaften staatsorientiert und zudem eng mit dem Gebiet der Philosophie verbunden, auf dem sich die deutsche Wissenschaft besonders hervortat. Obwohl die deutschen Universitäten nicht so unmittelbar der Rekrutierung von Beamten dienten, wie die von Napoleon gegründeten *Elitehochschulen* (*Grandes Écoles*), half der privilegierte Status des öffentlichen Dienstes, die Attraktivität einer Beamtenlaufbahn für Universitätsabsolventen aufrechtzuerhalten und somit die zentrale Rolle des Staates zu verankern.

3. Die Herausforderung des Marxismus

Ein weiterer Grund dafür, dass sich die deutschen (und in geringerem Ausmaß die österreichischen und russischen) Sozialwissenschaften um Konzepte eines starken Staates gruppierten, war, neben dem Schutz vor englischem Kapital, die ArbeiterInnenbewegung. Einhergehend mit der rasanten Industrialisierung nach 1871 wuchs auch die deutsche Sozialdemokratie. Anfänglich orientierte sich die deutsche Sozialdemokratie an der staatssozialistischen Auffassung von Ferdinand Lassalle. Doch die Zuspitzung kapitalistischer Klassenverhältnisse in der Industrie machte die Sozialdemokratie empfänglicher für die Marx'sche Variante der Arbeitswerttheorie, die Marx mithilfe von Hegels Dialektik in eine Theorie der Voraussetzungen des Sozialismus historisierte.

Die Profittheorie von Ricardo hat ihren Ursprung in dem Teil der Arbeitszeit, die nicht notwendig ist, um den Gegenwert der Reproduktionskosten der Arbeitskraft des Arbeiters zu produzieren. Das Verhältnis zwischen notwendiger Arbeit (abgedeckt vom Lohn) und Mehrarbeit (Profit) variiert mit der gesamtgesellschaftlichen Produktivität. Marx argumentiert stattdessen, dass das Kapital gezwungen ist, die notwendige Arbeitszeit zu reduzieren und den Mehrwert zu steigern, der anschließend unter den verschieden Kapitalisten als Profit aufgeteilt wird (Marx 1967,

MEW Band 26.2: 407f.). Löhne, die Länge des Arbeitstages, die Einführung und Anwendung von Maschinen, der tendenzielle Fall der Profitrate als Ergebnis des wettbewerbsbedingten Ersatzes von lebendiger Arbeit durch Maschinen und andere Formen ‚toter Arbeit' – all das ist dem Kräfteverhältnis zwischen den Klassen unterworfen. Durch die Organisierung der ArbeiterInnenklasse kann dieses Kräfteverhältnis maßgeblich beeinflusst werden.

Die wirkmächtige politische Ökonomie von Marx übte zunehmenden Einfluss auf die deutsch(-sprachig)e ArbeiterInnenbewegung aus. Nach dem Tod von Marx gab Friedrich Engels die wesentlichen Grundsätze an eine neue Generation von ArbeiterInnenführerInnen weiter, wobei er oft eine didaktische und schematische Wende vollzog, die dazu neigte, das historisch-materialistische Erbe wieder in seine beiden wesentlichen Bestandteile zu zerlegen: (naturalistischer) Materialismus und Idealismus. Der Materialismus untermauerte eine positivistische Theorie ökonomischer Kausalität, wobei hierfür Rudolf Hilferdings *Finanzkapital* (1973) aus dem Jahr 1910 – von Karl Kautsky auch als vierter Band des *Kapitals* beschrieben – beispielhaft angeführt sei. 1925 präzisierte Hilferding seine historische Perspektive mit der These vom *organisierten Kapitalismus*, mit der er behauptete, dass der organisierte Kapitalismus unter einer parlamentarischen Regierung mit sozialistischer Mehrheit in den Sozialismus transformiert werden könnte (Fülberth 1991: 19f.). Auch Karl Kautsky, nach dem Tod von Engels die führende Persönlichkeit in der deutschen Sozialdemokratie, relativierte die potenzielle Gefahr des Imperialismus für die ArbeiterInnenklasse. Selbst beim Ausbruch des 1. Weltkrieges 1914 behauptete Kautsky, dass sich der Imperialismus aus dem „steten Fortgang der nötigen landwirtschaftlichen Zufuhr zur Industrie" (1914: 911) entwickelt und es somit nur eine Frage der Zeit sei, bis die imperialistischen Länder zur Einsicht kommen würden, dass es ökonomisch vernünftiger wäre, den Imperialismus zu überwinden (‚Ultraimperialismus') und die Peripherie gemeinsam auszubeuten (ebd.).

Innerhalb der deutschen Sozialdemokratie wurde die linke Kritik an der sozialdemokratischen Passivität gegenüber dem Imperialismus vor allem durch Rosa Luxemburg und ihr 1913 erschienenes Werk *Akkumulation des Kapitals* formuliert. Wie Hilferding war auch Luxemburg um eine ‚Aktualisierung' von Marx' *Kapital* bemüht. Sie argumentierte, dass sich der Kapitalismus historisch in einem nichtkapitalistischen gesellschaftlichen Umfeld herausbildet und entwickelt (Luxemburg 1966: 289). Der Imperialismus ist demzufolge der weltweit ausgetragene, endgültige Konkurrenzkampf um die verbleibenden Akkumulationsmöglichkeiten. Auch Lenin kritisierte Kautsky in *Der Imperialismus als höchstes Stadium des Kapitalismus* und betonte, dass der Imperialismus die Voraussetzungen schafft, damit die schwächsten Glieder in der Kette der rivalisierenden imperialistischen Blöcke durch Revolutionen gebrochen werden (Lenin 1917: 295f.).

All diese Debatten fanden außerhalb der Universitäten statt und wurden nach der Russischen Revolution tabuisiert. Bereits in den 1870er Jahren reagierte die deutsche akademische Welt auf den Aufstieg der ArbeiterInnenbewegung, indem Bismarcks Konzept des repressiven Sozialstaates aufgegriffen wurde. Im Jahr 1873 gründeten akademische Staatswissenschafter – die sogenannten *Kathedersozialisten* – den *Verein für Socialpolitik*, der sich für Sozialreformen einsetzte. Ökonomen wie Gustav Schmoller, Begründer der sogenannten Historischen Schule der Nationalökonomie, sein Student Werner Sombart und andere wandten sich zugunsten einer evolutionären Auffassung ökonomischer Formen und aufeinanderfolgender Stufen in der Organisation der Wirtschaft – vom Haushalt bis zur Weltwirtschaft – von der Theorie ab. Im Zeitraum von 1890–1917 war Schmoller Präsident des *Vereins für Socialpolitik*, der auch den Nationalökonomen und Soziologen Max Weber (1864–1920) zu seinen aktiven Mitgliedern zählte.

Weber formulierte seine Ideen im Rahmen der neokantianischen, hermeneutischen Tradition auch deshalb, um sich vom Marxismus (und seinem eigenen, anfänglichen Materialismus) abzugrenzen. In *Die Protestantische Ethik und der Geist des Kapitalismus* aus dem Jahr 1904/05 und dem posthum veröffentlichten Werk *Wirtschaft und Gesellschaft* versuchte Weber zu erklären, warum Deutschland erst so spät in den Wettbewerb mit dem liberalen Westen eingetreten ist, welche Strategie helfen würden, um in diesem Wettbewerb aufzuholen und wie die ArbeiterInnenklasse in den Staat integriert werden könnte. Nach der Rückkehr von einer Reise in die USA im Jahr 1904 war Weber einer der ersten Wissenschaftler, die erkannten, dass ein amerikanisches Zeitalter bevorstand. Wie Rehmann (1998: 20ff.) allerdings betont, war Webers Ausblick auf dieses Zeitalter sehr ambivalent. Wie die französischen Soziologen waren auch die deutschen Staatswissenschaftler, im Gegensatz zu den britischen Utilitaristen, Reformisten, die einen flexiblen, ‚investigativen' Ansatz in der Untersuchung gesellschaftlicher Fragen befürworteten (Therborn 1976: 225). Während die Wirtschaftswissenschaften dem britischen Vorbild folgten, orientierte sich die Soziologie als akademische Disziplin an der französischen Tradition. In Deutschland wurde weder die akademische Arbeitsteilung in Disziplinen zur Gänze vollzogen, noch konnte sich der Marginalismus durchsetzen. Die Historische Schule der Nationalökonomie hielt sich von theoretischen Debatten fern und der Angriff auf die Arbeitswerttheorie im deutschsprachigen Europa ging stattdessen von Österreich-Ungarn aus. Insbesondere Carl Joseph Menger, ein Beamter der Doppelmonarchie, und Eugen von Böhm-Bawerk, Finanzminister in den 1890er Jahren und

Autor des 1896 erschienenen *Zum Abschluss des Marxschen Systems*, machten sich in diesem Zusammenhang einen Namen (vgl. Young im vorliegenden Band).

4. (Akademische) Disziplin und Methode

Die in Großbritannien vollzogene Wende von der politischen Ökonomie zur utilitaristischen Ökonomie, die nicht länger die inneren Mechanismen der Ökonomie hinterfragt, kann mit einem langen Prozess der Vermeidung von umfassendem und spekulativem Denken in Verbindung gebracht werden. Sowohl auf den Britischen Inseln als auch in Nordamerika – dem ursprünglichen *Locke'schen Kerngebiet*, wie ich es nenne – folgte man diesem agnostischen, empirischen (oder im Falle der utilitaristischen Ökonomie deduktiv-axiomatischen) Ansatz. John Locke, der Ideologe der Glorreichen Revolution von 1688, war zutiefst auf diese Doktrin eingeschworen und gründete seine Erkenntnistheorie, die er im Jahr 1690 in *An Essay Concerning Human Understanding* darlegte, auf diesem Prinzip (Locke 1993: 273, passim).

Der Vorrang der Epistemologie gegenüber ontologischen Fragen, die die englisch(-irische) empirische Tradition von Locke und George Berkeley charakterisierte, fand ein starkes Echo bei David Hume (1711–1776). Hume, der diese Priorisierung zur Grundlage seiner Sittenlehre machte, behauptete, dass Menschen durch Assoziationen zu Ideen kommen, die sie anschließend in gewohnheitsmäßige Begriffe wandeln. Adam Smith, Protegé von Hume, entwickelte dessen Ideen zum Freihandel weiter. Diese intellektuelle Entwicklung war eine radikalisierte Variante des ursprünglichen Locke'schen Empirismus. In den USA waren die Universitäten lange unter der Kontrolle von VertreterInnen des puritanischen Protestantismus, was dazu führte, dass systematische Philosophie als gemeinsamer Ankerpunkt des Wissenschaftsbetriebes in Nordamerika weitestgehend fehlte und noch immer fehlt. Auf Grundlage eigener detaillierter Untersuchungen der Zusammensetzung der Hochschulverwaltung schlussfolgerte Clyde Barrow, dass es bis weit in die 1890er Jahre Ziel der universitären Ausbildung war, die protestantische Ethik und den „moral character through the development of mental discipline" (1990: 8ff., Tabellen 2.3–2.5) weiterzugeben.

Erst im 20. Jahrhundert wurden die Geistlichen aus den Universitätsgremien verdrängt. Die berüchtigten Prozesse um die Freiheit der Wissenschaft, die diese Einschränkungen verdeutlichten, zwangen den SozialwissenschaftlerInnen in gewissem Grad auch eine nach innen gerichtete Spezialisierung auf, die eine Aufspaltung in akademische Disziplinen begünstigte: „In case after case of university pressure brought against social scientists in the 1880s and 1890s, the conservative and moderate professional leaders [...] [made] clear the limited range of academic freedom [...]. *A degree of professional autonomy was achieved by narrowing its range*" (Ross 1991: 118, Herv. d. A.). Die Philosophen, die damals eine weitere Eindämmung des britischen Empirismus zugunsten des Pragmatismus einforderten, können treffend mit William James' berühmtem Aphorismus beschrieben werden: *An idea is true if it works*. Nach Hughes schien der intellektuelle Horizont mit dem von William James im Jahr 1907 veröffentlichten Buch *Pragmatism* abgesteckt zu sein: „everything became simple, direct, unequivocal. No longer was it necessary to break one's head over Kantian metaphysics and Teutonic hair-splitting" (Hughes 1958: 112).

Von nun an nahm die Schwerpunktsetzung auf sozialwissenschaftliche ‚Methoden' immer stärker zu (Parmar 2012: 7). Im Zeitraum von den 1880er bis in die 1920er Jahre kristallisierte sich dementsprechend, und durch Finanzierungsstrategien und Berufsverbote bestärkt, eine universitäre Makrostruktur und ein akademischer Arbeitsmarkt heraus (Abbot 2001: 126). Da die akademischen Disziplinen allesamt auf Methoden basieren, die als universell anwendbar gelten, unterscheiden sie sich somit lediglich in Bezug auf den Forschungsgegenstand, auf den diese Methoden angewendet werden (Barrow 1990: 140, 160). Aufgrund der Tatsache, dass Philosophie nicht als gemeinsames Fundament der Sozialwissenschaften fungierte, etablierte sich eine ‚interdisziplinäre' gemeinsame Methodologie, die sowohl die Welt der AkademikerInnen als auch der PraktikerInnen durch gemeinsame Methoden vereinte. Dies entsprach auch den Interessen der großen Forschungsstiftungen: Keine ‚Elfenbeintürme des Wissens', sondern Wissen in den Händen zertifizierter ExpertInnen, das zur Ausübung von Macht herangezogen werden konnte (Parmar 2012: 63). Die Wirtschaftswissenschaften und die Soziologie hatten sich bereits in den 1880er Jahren im Zuge der Auseinandersetzungen um die neu gegründete *American Economics Association* (AEA) formell voneinander getrennt. Die AEA war die erste Organisation in einer Reihe von „specialized, functionally oriented professional organizations" (Ross 1991: 63), die zusammen mit den Universitäten danach strebten, die „control over access to specialized knowledge" (ebd.) zu monopolisieren. Während die AEA anfangs durchaus fortschrittlich war und von William Graham Sumner, dem Begründer der Soziologie in den USA, als zu radikal kritisiert wurde, wendete auch sie sich schon bald der neoklassischen Orthodoxie zu.

Der letzte Baustein in der disziplinären akademischen Arbeitsteilung war die verspätete Gründung einer angloamerikanischen Makrostruktur (der *Council on Foreign Relations* in den USA und das *Royal Institute of International Affairs* in Großbritannien) für die Disziplin der Internationalen Beziehungen (IB), die im Windschatten der Versailler Friedenskonferenz beschlossen wurde. Dieser Schritt diente der Verdrängung der politisch-ökonomischen Imperialismustheorie und ihrer Herausforderung für die westliche und bürgerliche Hegemonie (Krippendorff 1982: 25ff.).

Disziplin wurde nie aus rein intellektuellen Erwägungen durchgesetzt: Beispielsweise wurde Eugene Debs (Anführer der *Socialist Party of America*) 1918 zu zehn Jahren Gefängnis verurteilt, da er den 1. Weltkrieg in einer Rede als „capitalist war" (zitiert nach Burch 1981: 227) bezeichnet hatte. Wenn man bereits für die Schlussfolgerung der Imperialismustheorie ins Gefängnis kam, welche Möglichkeit gab es dann überhaupt, die disziplinären akademischen Grenzen zu überwinden?

5. Postdisziplinäre Globale Politische Ökonomie oder endlose Fragmentierung?

„Early students of political economy were polymaths who wrote on economics, politics, civil society, language, morals and philosophy", schreiben Bob Jessop und Ngai-Ling Sum (2001: 90). Die IPÖ erwies sich in der Wiederherstellung einer – wie Jessop und Sum es nennen – postdisziplinären Sozialwissenschaft als wichtiger Hebel. Meine These in diesem abschließenden Teil lautet, dass die Sozialwissenschaft entweder zu einem umfassenden postdisziplinären Ansatz zurückkehrt (in dem selbstverständlich weiterhin viele thematisch spezialisierte ExpertInnen arbeiten und verschiedene Theorien angewendet werden, in dem jedoch auch die Relevanz angrenzender Felder und Disziplinen in Hinblick auf das bearbeitete Thema ausdrücklich anerkannt werden) oder in der endlosen Zunahme von Disziplinen und Unterdisziplinen verhaftet bleibt, in der den thematisch spezialisierten ExpertInnen nur eine beschränkte Anzahl von Spezialtheorien zur Verfügung steht.

Im Entstehungsprozess einer wirtschaftswissenschaftlichen Disziplin in den USA kristallisierten sich ein separater und schlussendlich vorherrschender Marginalismus und ein Institutionalismus heraus, der marktzentriertes Denken ablehnte. Die Etablierung der Wirtschaftswissenschaften als Disziplin wurde auch vor dem Hintergrund ausgefochten, ob andere Disziplinen bei der Untersuchung des Markttausches hinzugezogen werden sollten (für weitere Beispiele siehe van der Pijl 2009). Der Institutionalismus entstand durch das Zerwürfnis zwischen den Gründern der AEA rund um Richard Ely und den Kritikern rund um William G. Sumner. Nachdem Ely von seiner Position in der AEA abgelöst wurde und die Vereinigung nun von Mainstream-Ökonomen dominiert wurde, sahen sich die deduktiv-marginalistischen Wirtschaftswissenschaften mit einer amerikanischen Variante der deutschen Historischen Schule der Nationalökonomie konfrontiert: umgetauft in (evolutionären) Institutionalismus. In diesem Trennungsprozess trieben die Vertreter des Institutionalismus auch das pragmatische Prinzip der direkten empirischen Beobachtung voran und machten sich den Sozialdarwinismus und Herbert Spencers These des ‚*Survival of the Fittest*' zu eigen. Dies war innerhalb einer *frontier society*, in der die indigene amerikanische Bevölkerung durch die kapitalistische Gesellschaft langsam verdrängt wurde, eine populäre These. Am wichtigsten ist jedoch, dass die Vertreter des Institutionalismus eine explizite Anthropologie in das Feld der Wirtschaftswissenschaften einbrachten.

Die Bezeichnung *Institutionalismus* wurde auf der AEA-Konferenz im Jahr 1918 verwendet, wobei Thorstein Veblen (1857–1927) als dessen Hauptrepräsentant galt. Der Institutionalismus vereinte all diejenigen, die den „abstract theories of market exchange and price equilibration" (Veblen, zitiert nach Brick 2006: 69) etwas entgegensetzen wollten, indem sie die gesamte Bandbreite ökonomischer Praktiken und ihre gesellschaftliche Einbettung untersuchten. Veblen studierte in den USA (zusammen mit Sumner, dem ursprünglichen Kritiker von Ely, und prominentester Vertreter des Sozialdarwinismus Spencers) Anthropologie und Soziologie. In *The Theory of the Leisure Class* (1899) argumentierte Veblen, dass alle Gesellschaften durch eine Klasse charakterisiert sind, die von Arbeit freigestellt ist und die Geschmacksformen und viele der Gewohnheiten der Gesellschaft vorgibt (vgl. Horn im vorliegenden Band). Laut Veblen eifern in jeder Gesellschaft Menschen anderen Menschen nach – insbesondere denjenigen, die ein beneidenswertes Leben führen. Und was Menschen heute tun, wird zur Gewohnheit und zu den verkrusteten *Institutionen* von morgen (Veblen 1899: 118). Veblen sieht in der modernen kapitalistischen Ökonomie zwei Gewohnheiten, die in Institutionen verankert wurden: die Institution der *Aneignung* und die der *Produktion*. Mit ersterer assoziiert Veblen ein finanzielles Interesse, das sich mit einer Grundstimmung von Rivalität überlappt; letzteres verbindet er mit einem industriellen Interesse. In anderen Worten gibt es *industry* und *business*. Letzteres ist die Domäne des Kapitalbesitzers, der aufgrund seines zielgerichteten Profitinteresses Märkte manipuliert und alles ‚sabotiert', was von der Industrie (die Veblen als ehrliche Wertarbeit versteht) produziert wird.

Großen Einfluss auf die erste Generation von Institutionalisten hatte der Sozialdarwinismus. Edwin R. A. Seligman leitete seinen ökonomischen Determinismus von dem italienischen Marxisten Achille Loria ab, verlieh ihm jedoch eine biologistische Note, da er behauptete, dass gesellschaftlicher Wandel von einem „inexorable law of nature" (zitiert nach Ross 1991: 188) determiniert wird, „which is the struggle for existence through natural selection" (ebd.).

Einer der meistgelesenen Institutionalisten heute ist Karl Polanyi (1886–1964). Insbesondere die Bezugnahme auf die Anthropologie in seinem Werk ist berühmt. Polanyi ist in der Tat ein Beispiel dafür, Ökonomie aus einem postdisziplinären Standpunkt zu untersuchen. Während Commons große Organisationen als Schlüsselinstitutionen der Zwischenkriegsjahre identifizierte, sah Polanyi groß angelegte Planung als Schlüsselinstitution dessen, was zur Gewohnheit in der Gesellschaft wurde. In *The Great Transformation* von 1944 spricht Polanyi von einer gesellschaftlichen Doppelbewegung (*double movement*) als ungewolltem Effekt, der Gesellschaft den selbstregulierenden Markt aufzuzwängen. Die nicht marktförmigen Beziehungen, in die der Markt bislang eingebettet war, und die Umwelt werden dabei zerstört. Demnach beeinträchtigt die Annahme der Kommodifizierung der ‚Arbeit' – dass Arbeiter nur für den Markt produziert werden und deshalb in ihrer Bedarfsmenge auf dem Markt erscheinen – den eigentlichen Prozess menschlicher Reproduktion.

Arbeit stellt nach Polanyi nur eine fiktive Ware dar und Menschen werden nicht für den Markt produziert (Polanyi 1957: 73). Deshalb werden in der Praxis Versuche, den selbstregulierenden Markt auf Arbeitsbeziehungen und Arbeitsangebot auszuweiten, ab einem bestimmten Punkt stets von *sozialen Schutzmaßnahmen* begleitet (keine Kinderarbeit, Mutterschutz, bezahlter Urlaub, Arbeitszeitgesetzgebung, Schulpflicht usw.). Anderenfalls würde eine Gesellschaft ihre menschliche Grundlage zerstören. Gleiches gilt auch für *Boden* und *Geld*, die auch nicht für den Markt produziert werden und folglich geschützt werden müssen, wenn die Natur oder das Währungssystem nicht zur Gänze zerstört werden sollen. Selbstverständlich stellen diese fiktiven Waren keine willkürliche Auswahl dar. Sie sind jeweils *Produktionsfaktoren*, auf denen die gesamte marginalistische Argumentation beruht. Das bedeutet keinesfalls, dass Polanyi Antikapitalist war oder beabsichtigte, den Markt als gesellschaftliche Einrichtung abzuschaffen. Er war vielmehr der Meinung, dass im Laufe der Geschichte Märkte zwar existiert haben (er selbst stellte zahlreiche Untersuchungen zu den Frühformen der Marktwirtschaft an), diese jedoch *immer in die Gesellschaft eingebettet* waren. Das bedeutet auch, dass ein spezifisches Wirtschaftssystem, die Marktwirtschaft bzw. der Kapitalismus (ein Begriff, den Polanyi zu vermeiden versuchte), immer in einer Vielzahl gesellschaftlicher Rahmenbedingungen existiert. Der Varieties-of-Capitalism-Ansatz, der an diese Annahme anknüpft, stellt eine angewandte Version des heutigen Institutionalismus dar (vgl. Beck/Scherrer im vorliegenden Band).

Indem die institutionalistische Schule die Anthropologie mit einbezog, machte sie deutlich, welche Annahmen die abstrakten Theorien des Markttausches und des Preisgleichgewichts einfach voraussetzten. Hinter jedem unvollständigen, *disziplinären* Ansatz verbirgt sich eine verkürzte Variante aller anderen Ansätze, mit dem einzigen Unterschied, dass diese durch die nicht vollständige Einbeziehung des analytisch-konzeptionellen Inventars der anderen Disziplinen abstrakt und reduziert bleiben. Demnach findet sich auch in der neoklassischen Ökonomie beispielsweise die Anthropologie (des transhistorischen ‚rationalen' Individuums), die Psychologie (die Rationalität eines eigennützigen und nutzenmaximierenden Subjekts) und die Politikwissenschaften (ein anständiger Staat, der nicht durch Sozialgesetzgebung eingreift, das Privateigentum schützt usw.) wieder. Alle diese Axiome sind in den orthodoxen Wirtschaftswissenschaften enthalten, jedoch reduziert auf implizite oder explizite *Ceteris-paribus*-Klauseln. Indem jede Disziplin der Sozialwissenschaften die Gesellschaft in ihrer Totalität aus möglichst enggefasster Perspektive holographisch darstellt, tragen die verschiedenen Disziplinen zu einer Ansammlung partieller Verständnisse bei, die einen geschlossenen Katalog von Annahmen über verschiedene Aspekte gesellschaftlicher Existenz beinhalten. Diese Annahmen werden wiederum von den ExpertInnen anderer Disziplinen meist nicht einmal berücksichtigt, es sei denn, sie schließen verkürzte Varianten der anderen Perspektiven ein. Dennoch ist keine der anderen akademischen Disziplinen so starr und axiomatisch wie die neoklassische Ökonomie, da jene der Variation von Zeit und Raum tendenziell offener gegenüberstehen und eher empirisch arbeiten.

Die studentischen Protestbewegungen der späten 1960er Jahre gegen den Vietnamkrieg sowie gegen Rassismus und Imperialismus im Allgemeinen zielten darauf ab, das vorherrschende Monopol in den akademischen Disziplinen zu brechen; außer womöglich in den Wirtschaftswissenschaften, das noch heute ein Bollwerk der Orthodoxie darstellt. In der Tat wurde in den 1980er Jahren mit der neoliberalen Konjunktur, verbunden mit Thatcher und Reagan, eine radikalisierte Version des axiomatischen Utilitarismus propagiert: *Rational Choice*. In den meisten Gebieten konnten starr gezogene Grenzen der positivistisch-empirischen Methode jedoch durch politisch-intellektuellen Aktivismus aufgelöst werden. Dadurch konnten Ansätze, wie der Institutionalismus und andere marginalisierte Gedankenstränge aus ihrer im Kalten Krieg auferlegten Isolierung ausbrechen.

Die Herausforderungen, denen die Menschheit heute gegenübersteht, können nicht länger von eng spezialisierten TechnokratInnen angegangen werden, sofern das überhaupt jemals möglich war. Es ist vielmehr notwendig, die Kohärenz sozialwissenschaftlicher Theorie zu begründen. Internationale Politische Ökonomie bzw. besser Globale Politische Ökonomie sollte in diesem Zusammenhang nicht als eine weitere Spezialdisziplin verstanden werden, sondern vielmehr als ein pluralistisches, integratives und postdisziplinäres Programm.

Literatur

Abbott, Andrew 2001: Chaos of Disciplines. Chicago: University of Chicago Press.
Barrow, Clyde W. 1990: Universities and the Capitalist State: Corporate Liberalism and the Reconstruction of American Higher Education, 1894-1928. Madison, Wisconsin: University of Wisconsin Press.
Böhm-Bawerk, Eugen von [1896]: Zum Abschluß des Marxschen Systems. Berlin.
Brick, Howard 2006: Transcending Capitalism: Visions of a New Society in Modern American Thought. Ithaca, NY: Cornell University Press.
Burch, Philip H., Jr. 1981: Elites in American History, 3 Vols. New York: Holmes & Meier.
Burke, Edmund 1934: Reflections on the Revolution in France [1790] and Thoughts on French Affairs [1791]. [Vol. IV of the Works of Edmund Burke]. Oxford: Oxford University Press, London: Humphrey Milford.
Cox, Robert W. 2002: The Political Economy of a Plural World. Critical Reflections on Power, Morals and Civilization. London: Routledge.
Davis, Mike 2002: Late Victorian Holocausts: El Niño Famines and the Making of the Third World. London: Verso.
Durkheim, Emile 1964 [1933, 1893]: The Division of Labor in Society, 5. Edt. New York: Free Press, London: Collier-Macmillan.
Fülberth, Georg 1991: Sieben Anstrengungen, den vorläufigen Endsieg des Kapitalismus zu begreifen. Hamburg: Konkret.
Gramsci, Antonio 1971: Selections from the Prison Notebooks. New York: International Publishers.
Hilferding, Rudolf 1973 [1910]: Das Finanzkapital. Frankfurt: Europäische Verlagsanstalt.
Hughes, H. Stuart 1958: Consciousness and Society: The Reorientation of European Social Thought 1890–1930. New York: Vintage.
James, William 1994 [1907]: Der Pragmatismus: Ein neuer Name für alte Denkmethoden, 2. Aufl. Hamburg: Meiner Verlag.
Jessop, Bob/Sum, Ngai-Ling 2001: Pre-disciplinary and Post-disciplinary Perspectives. In: New Political Economy 6: 1, 89–101.
Kautsky, Karl 1914: Der Imperialismus. In: Die Neue Zeit: 2. Band, 908–922.
Krippendorff, Ekkehart 1982 [1975]: International Relations as a Social Science. Brighton: Harvester.
Kuczynski, Jürgen 1977: Gesellschaftswissenschaftliche Schulen [Vol. 7, Studien zu einer Geschichte der Gesellschaftswissenschaften]. Berlin: Akademie-Verlag.
Labriola, Antonio 1908 [1896]: Essays on the Materialistic Conception of History. Chicago: Charles H. Kerr & Co.
Lenin, V. I. 1917: Imperialism, the Highest Stage of Capitalism. In: Collected Works, Vol. 22. Moscow: Progress.
Locke, John 1993 [1690]: An Essay Concerning Human Understanding. London: Dent, Vermont: Tuttle.
Luxemburg, Rosa 1966 [1913]: Die Akkumulation des Kapitals. Ein Beitrag zur Ökonomischen Erklärung des Imperialismus. Frankfurt: Neue Kritik.
Meek, Ronald 1972 [1956]: The Marginal Revolution and its Aftermath. In: *Hunt, Emery K./Schwartz, Jesse G.* (Hrsg.) 1972: A Critique of Economic Theory. Harmondsworth: Penguin.
Marx, Karl 1962–1983 [1867, 1885, 1894]: Das Kapital: Kritik der politischen Ökonomie. In: Marx-Engels Werke (MEW), Band 23–25, Berlin: Dietz Verlag.
Marx, Karl 1967 [1905–1910]: Theorien über den Mehrwert. In: Marx-Engels Werke (MEW), Band 26.1–26.3, Berlin: Dietz Verlag.
Marx, Karl/Engels, Friedrich 1959 [1848]: Manifest der Kommunistischen Partei. In: Marx-Engels Werke (MEW), Band 4, Berlin: Dietz Verlag, S. 459–493.
Mill, John Stuart 1929 [1859]: On Liberty. London: Watt's.
Parmar, Inderjeet 2012: Foundations of the American Century: The Ford, Carnegie and Rockefeller Foundations in the Rise of American Power. New York: Columbia University Press.
Pigou, Arthur C. 1956: Memorials of Alfred Marshall. New York: Kelly & Millman Inc.
Polanyi, Karl 1957 [1944]: The Great Transformation. The Political and Economic Origins of Our Time. Boston: Beacon.

Rehmann, Jan 1998: Max Weber: Modernisierung als passive Revolution: Kontextstudien zu Politik, Philosophie und Religion im Übergang zum Fordismus. Berlin: Argument Verlag.

Ross, Dorothy 1991: The Origins of American Social Science. Cambridge: Cambridge University Press.

Smith, Adam 1999 [1776]: Der Wohlstand der Nationen: Eine Untersuchung seiner Natur und seiner Ursachen, 8. Aufl. München: Deutscher Taschenbuchverlag.

Therborn, Göran 1976: Science, Class and Society: On the Formation of Sociology and Historical Materialism. London: Verso.

Van der Pijl, Kees 2009: A Survey of Global Political Economy. PDF Web-Textbook, Version 2.1. In: http://www.sussex.ac.uk/ir/research/gpe/gpesurvey.

Veblen, Thorstein 1994 [1899]: The Theory of the Leisure Class. New York: Dover.

Wallerstein, Immanuel 2001 [1991]: Unthinking Social Science. The Limits of Nineteenth-Century Paradigms, 2. Edt. Philadelphia: Temple University Press.

Watson, Matthew 2005: Foundations of International Political Economy. Basingstoke: Palgrave Macmillan.

Weber, Max 2006 [1904/1905]: Die protestantische Ethik und der Geist des Kapitalismus, 2. Aufl. München: C.H. Beck.

Weber, Max 1976 [1921/1922]: Wirtschaft und Gesellschaft: Grundriß der verstehenden Soziologie, 5. Aufl. Tübingen: Mohr Verlag.

Zeisel, Hans 1975: Zur Geschichte der Soziographie. In: *Jahoda, Marie, Lazarsfeld, Paul F./Zeisel, Hans* 1975 [1933]: Die Arbeitslosen von Marienthal. Ein soziographischer Versuch. Frankfurt: Suhrkamp.

Autorinnen und Autoren

Stefan Beck studierte Politikwissenschaft an der Freien Universität Berlin. Promotion an der Universität Kassel zum Thema Merkantilismus der Bundesrepublik Deutschland. Seine Forschungsschwerpunkte sind die Politischen Ökonomien Deutschlands und Europas, die komparative Kapitalismusforschung und die Dynamik internationaler Wertschöpfungsketten. Er ist Mitherausgeber von: *Surviving Globalization. Perspectives for the German Economic Model, Dordrecht: Springer (2005)*.

Maria Behrens ist Professorin für Internationale Beziehungen und Vergleichende Politikwissenschaft an der Bergischen Universität Wuppertal. Ihre Arbeitsschwerpunkte sind Internationale Politische Ökonomie sowie Vergleichende Außenpolitikforschung. Zu ihren jüngsten Veröffentlichungen zählen: *Der transnationale Wettbewerbsstaat, in: Journal für Entwicklungspolitik, Schwerpunktheft: Tiefe Integration in den Nord-Süd-Beziehungen, 28(2), 2012, 28–53 (gem. mit Holger Janusch); Great ‚Normative Power': The European and American Trade Approaches with Chile and Mexico. European Foreign Affairs Review 17(3), 2012, 367–386 (gem. mit Holger Janusch)*.

Hans-Jürgen Bieling ist Professor für Politik und Wirtschaft (Political Economy) und Wirtschaftsdidaktik an der Eberhard Karls Universität Tübingen. Er forscht und lehrt vor allem zu Themen der Internationalen Politischen Ökonomie, Europäischen Integration sowie Staats- und Politiktheorie. Zu seinen Veröffentlichungen zählen: *Die Globalisierungs- und Weltordnungspolitik der Europäischen Union (Wiesbaden 2010), Internationale Politische Ökonomie. Eine Einführung, 2. Aufl. (Wiesbaden 2011), Theorien der europäischen Integration, 3. Aufl. (Hrgs. mit Marika Lerch, Wiesbaden 2012)*.

Thilo Bodenstein ist Associate Professor am Department of Public Policy an der Central European University in Budapest. Seine Forschungsinteressen sind Internationale und Vergleichende Politische Ökonomie, Entwicklungspolitik und Politik der EU. Er hat an der Universität Konstanz zum Thema Außenwirtschaftsreformen promoviert.

Danach war er Senior Researcher am Zentrum für Entwicklungspolitik in Bonn, wissenschaftlicher Mitarbeiter am Jean Monnet Centre an der Freien Universität Berlin und Visiting Scholar am Center for European Studies an der Harvard University.

Ulrich Brand ist Professor für Internationale Politik an der Universität Wien. Seine Arbeitsschwerpunkte sind: Global Governance und Internationale Politische Ökonomie, internationale Umwelt- und Ressourcenpolitik, kritische Staats- und Regulationstheorie, regionaler Schwerpunkt ist Lateinamerika. Er veröffentlichte kürzlich: *Crisis and continuity of capitalist society-nature relationships. The imperial mode of living and the limits to environmental governance.* In: Review of International Political Economy 2012 (mit Markus Wissen); *Regimes in Global Environmental Governance and the Internationalization of the State: The Case of Biodiversity Politics.* In: International Journal of Social Science Studies 2013 (mit Christoph Görg). Mitherausgeber von: *Fit für die Krise? Perspektiven der Regulationstheorie.* Westfälisches Dampfboot. Münster 2013.

Gülay Caglar ist promovierte Politikwissenschaftlerin und Mitarbeiterin am Fachgebiet Gender und Globalisierung an der Landwirtschaftlich-Gärtnerischen Fakultät der Humboldt-Universität zu Berlin. Forschungsschwerpunkte: Internationale Politische Ökonomie, Global Governance-Forschung, Geschlechterforschung, Wissenspolitologie. Publikationen: *Feminist Strategies in International Governance* (London; New York 2013, hrsg. mit Elisabeth Prügl und Susanne Zwingel), *Engendering der Makroökonomie und Handelspolitik. Potenziale transnationaler Wissensnetzwerke* (Wiesbaden 2009).

Doris Fuchs ist Professorin für Internationale Beziehungen an der Westfälischen Wilhelms-Universität Münster. Ihre Forschungsschwerpunkte liegen an den Schnittstellen von Politik, Ökonomie und Nachhaltigkeit. Insbesondere untersucht sie die politische Macht nicht-staatlicher, vor allem wirtschaftlicher Akteure, und fokussiert hierbei unter anderem auf die Konzepte und Bereiche der Finanzialisierung, des nachhaltigen Konsums, des globalen Agrar- und Nahrungsmittelsystems und der Klima- und Energiepolitik. Zu ihren Veröffentlichungen zählen: *Business Power in Global Governance, Institutions for Environmental Stewardship* und *Globalization and Global Governance*, sowie diverse Aufsätze u.a. in *Millenium, Global Environmental Politics, Agriculture and Human Values, Competition & Change, Journal of Consumer Policy* sowie *Food Policy*.

Antonia Graf ist wissenschaftliche Mitarbeiterin am Lehrstuhl für Internationale Beziehungen und Entwicklungspolitik an der Westfälischen Wilhelms-Universität Münster. Dort betreut sie ein BMBF-Projekt zur Erforschung situationsspezifischer Governance-Impulse für die Transformation des Energiesystems. Weitere Forschungsschwerpunkte von ihr sind Theorien der Internationalen Politischen Ökonomie, Normen in den Internationalen Beziehungen, globale Umweltpolitik sowie reflexive Methoden der Politikwissenschaft. Kürzlich erschien von ihr *Doing Sustainability, in: Brodocz, Andre und Hammer, Stefanie (Hrsg.): Variationen der Macht, Baden-Baden, Nomos, 113-131 (2013)*.

Friederike Habermann ist Ökonomin, Historikerin und hat in Politischer Wissenschaft promoviert. Sie arbeitet als Autorin und freie Wissenschaftlerin. In ihren Forschungen beschäftigt sie sich mit dem Verwobensein von Herrschaftsverhältnissen, Globalen Sozialen Bewegungen sowie alternativen Wirtschaftsformen. Zu ihren Veröffentlichungen zählen: *Der homo oeconomicus und das Andere. Hegemonie, Identität und Emanzipation (Baden-Baden 2008), Der unsichtbare Tropenhelm. Wie koloniales Denken noch immer unsere Köpfe beherrscht (Klein Jasedow 2013)* sowie *Geschichte wird gemacht. Etappen des globalen Widerstands (Hamburg 2013)*.

Marcel Heires ist wissenschaftlicher Mitarbeiter am Fachbereich Gesellschaftswissenschaften der Goethe-Universität Frankfurt. Er hat Politikwissenschaft in Darmstadt und Amsterdam studiert. Seine Forschungsschwerpunkte liegen im Bereich Internationale Beziehungen sowie Internationale und Vergleichende Politische Ökonomie, insbesondere die Themen Finanzialisierung und Finanzmarktregulierung.

Hansjörg Herr ist Professor für Volkswirtschaftslehre in Bereich Supranationale Integration an der Hochschule für Wirtschaft und Recht Berlin. Seine Arbeitsschwerpunkte liegen im Bereich der der monetären Makroökonomie, der europäischen Integration und der Entwicklungsökonomie. Er unterrichtet unter anderem in der Global Labour University. Zusammen mit Michael Heine publizierte er ein paradigmatisch orientiertes Lehrbuch der Volkswirtschaftslehre (Oldenbourg Verlag 2013). Weitere Publikationen sind zusammen mit Sebastian Dullien und Christian Kellermann: *Decent Capitalism. A Blueprint for Reforming our Economies, (London, Pluto Press 2011)* und zusammen mit Milka Kazandziska: *Macroeconomic Policy Regimes in Western Industrial Countries (London, Routledge 2011)*.

Laura Horn ist Associate Professor of International Relations and European Integration am Department for Society and Globalisation an der Universität Roskilde (Dänemark). Ihr Arbeitsschwerpunkt ist die kritische politische Ökonomie der europäischen Integration. Zu ihren Veröffentlichungen zählen *Regulating Corporate Governance in the EU – Towards a Marketisation of Corporate Control (Palgrave, 2011)* sowie *Contradictions and Limits of Neoliberal European Governance (Palgrave, 2008, hrsg. mit Bastiaan van Apeldoorn und Jan Drahokoupil)*.

Oliver Kessler ist Professor für Internationale Beziehungen an der Staatswissenschaftlichen Fakultät der Universität Erfurt. Seine Forschungsinteressen liegen im Bereich der allgemeinen Sozialtheorie, Theorien der Internationalen Beziehungen, Internationalen Politischen Ökonomie sowie der Politik des Völkerrechts. Zu seinen Veröffentlichungen zählen: *Kessler, Oliver/Herborth, Benjamin (2013): Recognition and the constitution of social order, in: International Theory 5(1): 155–160* sowie *Kessler, Oliver (2012): Sleeping with the enemy? On Hayek, the current economic crisis and constructivist thought in IPE, in: Review of International Studies 38(2): 275–299*.

Andreas Nölke ist Professor für Politikwissenschaft, insbesondere Internationale Beziehungen und Internationale Politische Ökonomie am Fachbereich Gesellschaftswissenschaften der Goethe-Universität Frankfurt. Seine Forschungsschwerpunkte sind Finanzialisierung, Vergleichende Kapitalismusforschung, die „BRICS" und die Wirtschafts- und Währungsunion. Zu seinen Veröffentlichungen zählen: *Politische Ökonomie der Finanzialisierung, Wiesbaden 2013 (Herausgeber, zusammen mit Marcel Heires)* und *Der Aufstieg der großen Schwellenländer in der Weltwirtschaft, Wiesbaden 2013 (Herausgeber, zusammen mit Simone Claar und Christian May)*.

Hans Pühretmayer studierte Philosophie und Politikwissenschaft in Innsbruck, Frankfurt/Main und Wien. Seit 1998 lehrt er vor allem am Institut für Politikwissenschaft der Universität Wien. Seine Forschungsschwerpunkte sind: Politische Theorie, Wissenschaftstheorien der Sozialwissenschaften, Ideologie- und Diskurstheorien. Zu seinen Veröffentlichungen zählt: *Bedeutung wissenschaftstheoretischer Reflexionen für den politikwissenschaftlichen Erkenntnisproduktionsprozess, in: Kreisky, Eva/Löffler, Marion/Spitaler, Georg (Hg.): Theoriearbeit in der Politikwissenschaft (Wien 2012), S. 33-50*.

Thomas Sablowski ist Referent für Politische Ökonomie der Globalisierung am Institut für Gesellschaftsanalyse der Rosa-Luxemburg-Stiftung. Er promovierte in Politikwissenschaft an der J.W. Goethe-Universität Frankfurt/M. mit der Dissertation Italien nach dem Fordismus, Münster: Westfälisches Dampfboot 1998. Er veröffentlichte zusammen mit Alex Demirović kürzlich: *Finanzdominierte Akkumulation und die Krise in Europa*, Berlin: Rosa-Luxemburg-Stiftung 2012. Er ist Mitherausgeber von: *Fit für die Krise? Perspektiven der Regulationstheorie*, Münster: Westfälisches Dampfboot 2013.

Christoph Scherrer studierte Volkswirtschaft in Frankfurt, promovierte in der Politologie in Frankfurt und habilitierte in Berlin. Seit 2000 Professor für „Globalisierung & Politik" an der Universität Kassel. Seine Forschungsinteressen liegen im Bereich der Internationalen Politischen Ökonomie, insbesondere die Steuerung des Weltmarkts im Sinne sozialer und ökologischer Nachhaltigkeit. Publikationen: *Food Crisis: Implications for Labour (Mering, Hrsg. zus. mit D. Saha, 2013, im Erscheinen); Sozialkapitel in Handelsabkommen. Begründungen und Vorschläge aus juristischer, ökonomischer und politologischer Sicht (Baden-Baden 2012, Hrsg. zus. mit A. Hänlein); China's Labor Question (Mering, Hrsg. 2011).*

Stefan A. Schirm ist Professor für Politikwissenschaft, Lehrstuhl für Internationale Politik, an der Ruhr-Universität Bochum. Zuvor lehrte er an den Universitäten München und Stuttgart und forschte als J. F. Kennedy Fellow am Center for European Studies der Harvard University. Forschungsschwerpunkte: Gesellschaftsorientierte Theorien der IB/IPÖ; Global Economic Governance. Neueste Publikationen: *Internationale Politische Ökonomie (UTB Nomos: Baden-Baden 2013); Global Politics are Domestic Politics. A Societal Approach to Divergence in the G20, in: Review of International Studies 39 (2013) 3, pp. 685-706.*

Stefan Schmalz ist Akademischer Rat am Institut für Soziologie an der Friedrich Schiller-Universität Jena; Studium, Arbeit und Promotion in Marburg, Baltimore, Bogotá, Kassel und São Paulo; Forschungsschwerpunkte: Internationale Politische Ökonomie, Arbeits- und Entwicklungssoziologie; Zu seinen aktuellen Veröffentlichungen zählt: Comeback der Gewerkschaften? Machtressourcen, innovative Praktiken, internationale Perspektiven (Frankfurt/New York 2013, Hg. zusammen mit Klaus Dörre).

Kees van der Pijl (em.) lehrte an der Universität Amsterdam und von 2002 bis 2012 in Sussex. Seine Forschungsschwerpunkte sind: Transnationale Klassen, Ideengeschichte in den Internationalen Beziehungen sowie Politische Ökonomie. Zu seinen Veröffentlichungen zählen: *The Making of an Atlantic Ruling Class (1984, republished 2012), Vordenker der Weltpolitik (1996), Transnational Classes and International Relations (1998), Global Rivalries from the Cold War to Iraq (2006), Nomads, Empires, States (2007, Deutscher Memorial Prize 2008)* und *The Foreign Encounter in Myth and Religion (2010).*

Joscha Wullweber ist promovierter Politologe und Akademischer Rat an der Universität Kassel. Studium der Politischen Wissenschaften an der Universität Hamburg, MA Global Political Economy an der University of Sussex, Großbritannien. Er ist Sprecher des Arbeitskreises Internationale Politische Ökonomie der DVPW. Forschungsschwerpunkte: Theorien und Methoden der Internationalen Politischen Ökonomie und der Internationalen Politik, Finanzwirtschaft, Forschungs-, und Technologiepolitik sowie geistiges Eigentum. Zu seinen Veröffentlichungen zählen: *(2010): Hegemonie, Diskurs und Politische Ökonomie. Das Nanotechnologie-Projekt, Baden-Baden: Nomos; (2012): Hegemonie- und Diskurstheorien. Gesellschaftskritische Perspektiven, Bielefeld: Transcript (mit Iris Dzudzek and Caren Kunze).*

Brigitte Young (em.), Professorin für Internationale Politische Ökonomie, Institut für Politikwissenschaft, WWU Münster. Young ist Deutsche Delegierte im EU-COST Projekt: *Systemic Risks, Financial Crisis and Credit* (2009-2014), und leitet die Arbeitsgruppe *Systemic Risks, Crises, and the Search for Financial Stability in Modern Finance* (mit Ch. Scherrer). Sie ist Mitglied des *Scientific Advisory Committee* des von der EU-7RP geförderten Projekts, organisiert von der University Leeds, UK: *Financialisation, Economy, Society and Sustainable Development* (2010-2015). Arbeitsschwerpunkte: Globale Governance der Finanzmärkte; Euro Schulden/Bankenkrise; Theorien der Internationalen Politischen Ökonomie/Feministische Politische Ökonomie. Kürzlich erschienene Publikation mit I. Bakker und D. Elson, *Questioning Financial Governance from a Feminist Perspective, Routledge (2011).*